교육학개론

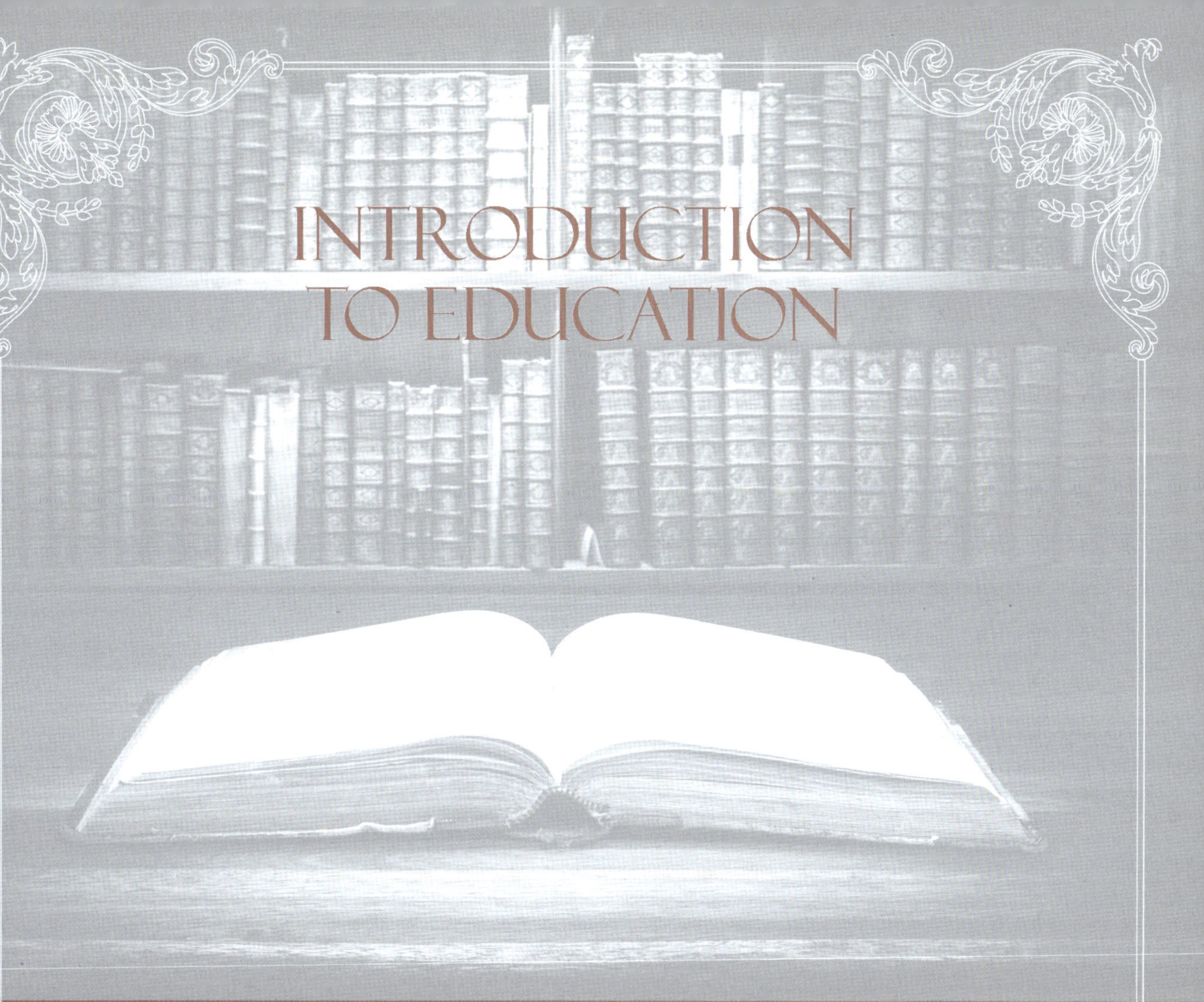

INTRODUCTION
TO EDUCATION

교육학개론

대표저자 **안길훈**

정수애 · 권경애 · 엄재춘 · 김회엽 · 조혜영
조남미 · 조영옥 · 전상준 · 신봉호 공저

동문사

머리말

진짜 아이들을, 너무 지혜롭지 않은,
너무 많이 배우지도, 너무 착하지도 않은
그러나 자유분방하고 생기발랄한,
그리고 좋고 싫음 사이를 오르락내리락하는,
격렬하고, 변덕스럽고, 느긋하고, 모험적이고, 수수하고, 수줍어하는
바람에 흔들리는 시든 잎사귀처럼 정신없이 놀고 장난치는
비록 잘못을 저지르고, 다치고, 그리고 종종
우리 삶의 알 수 없는 무게에
고통과 두려움이 있어도, 여전히 행복하고
세상에서 가장 행복한 자리를 내놓지 않는.
단순한 생활, 참된 말,
이로 말미암아 그들의 마음은 나날이 굳세질 터!
책과 자연, 어린 시절의 즐거움이여!
그리고 지식, 명예로운 것이나,
활력을 잃으면서까지 얻을 것은 아니다.

워즈워드, 서곡 143에서
-교육학명문 100선, 김성훈 편저-

"교육이란 무엇인가?"라는 물음이야말로 끊임없이 묻고 되묻는 가운데 일어나는 우리 인간의 모든 영역에서 일어나는 활동이라 생각한다. 우리는 태어나서 대학까지의 학교교육을 통해 다양한 형태의 교육활동을 받아왔다. 필자 또한 오랫동안 학생들을 가르치면서 교육이란 무엇인가라는 물음에 대하여 쉽게 답을 내리지 못하곤 한다. 그러나 하나 분명한 것은 워즈워드의 서곡에서처럼 '활력을 잃으면서까지 얻을 것은 아니다.'라는 것만은 분명하다고 본다.

플라톤(Plato)은 모든 인간은 천성적으로 서로 다른 기질과 적성을 가지고 태어나며, 사회는 각 개인이 타고난 적성에 따라 자신에게 알맞은 일과 역할을 할 때 사회가 안정되고 발전할 수 있다고 하였다. 페스탈로치(Pestalozzi)는 은둔자의 「황혼」이라는 책에서 '왜 인간은 올바르게 진리를 추구하지 않는가? 왜 인간은 인생에 기쁨과 행복을 가져다 주는 그의 본성의 필요를 알려하지 않는가? 인간이 이러한 진리에 도달하는 방법은 그의 본성의 필요를 충족시키는 것'이라고 하였다. 교육은 개인의 천성과 자질을 찾아내어 이를 계

발시켜 주고 사회발전에 기여할 수 있도록 해야 한다. 인간의 천성은 수많은 유형이 있지만 그것이 교육을 통해 올바르게 발휘되어야 할 책무성도 우리 교육자들과 사회구성원들의 몫이다.

우리는 또 하나의 의미 있는 결과물을 조심스럽게 세상에 내밀어 본다. 다시 한 번 여러분들의 많은 관심과 담금질이 필요하다고 생각한다. 여러 가지로 부족한 점들에 대해서는 여러분의 꾸지람과 질책을 바탕으로 계속 보완해 나갈 생각이다.

이 책은 무엇보다도 세부전공을 중심으로 제1장 교육의 의미와 목적(신봉호), 제2장 교육사 및 교육철학의 이해(조남미), 제3장 교육의 심리학적 이해(조영옥), 제4장 교육현상의 사회학적 이해(엄재춘), 제5장 교육과정 및 교육평가(전상준), 제6장 교육공학의 이해(안길훈), 제7장 교육행정의 이해(권경애), 제8장 생활지도와 상담(신봉호), 제9장 대안교육의 이해(조혜영), 제10장 다문화교육의 이해(정수애), 제11장 평생교육의 이해(김회엽), 제12장 학교폭력의 이해(엄재춘)로 책임 집필하였다.

그동안 이 책이 나오기까지 지원해 주신 동문사 이중수 사장님, 유재영 상무님을 비롯한 관계자 여러분들께 진심으로 감사드린다.

2019년 1월

순천대학교 향림골에서

저자 대표 전상준

Contents

차 례

Contents

차 례

01
CHAPTER

교육의 의미와 목적

인간의 특징을 규정하는 말에는 '이성적·사회적·언어적·도구적 동물' 등 여러 가지가 있다. 그런데 인간은 교육을 반드시 필요로 하며, 항상 교육 속에서 살아가는 존재이다. 이런 점에서 인간에 대한 어떤 규정 못지않게 인간은 '교육적 동물'로 특징지을 수 있다.

인간의 존엄이라는 측면에서 보면 인간은 이 세상에 태어날 때부터 이미 인간이다. 하지만 늑대소녀 이야기와 같이 아직 교육받지 않은 아이를 인간이라고 말할 수 없다(서울대학교 교육연구소, 1999). 그것은 식물의 경우에도 마찬가지이다. 아직 잘 익지 않아서 제 맛이 나지 않는 과일은 진정한 의미의 과일이라고 볼 수 없다. 동일한 의미에서 인간은 교육을 받음으로써 비로소 진정한 의미의 인간이 되며, 교육받은 만큼 진정한 의미의 인간이 된다. 이런 점에서 인간은 '교육적 동물'이라고 볼 수 있다.

인간 이외의 동물에게도 무엇인가 가르치고 배우는 것이 있을 것이다. 늑대소녀들은 늑대들과 사는 사이에 무엇인가를 배웠고, 그 결과 늑대와 같은 인간이 되었다. 이와 유사하게 인간들도 함께 사는 사이에 무엇인가를 가르치고 배운다. '세 사람이 함께 가면 반드시 나의 스승이 있다(三人行必有我師焉)'는 공자의 말처럼 인간이 모여 사는 곳에는 언제나 교육이 있다고 보아야 할 것이다. 교육은 인간이 모여 있는 삶 속에서는 언제나 일어나는 거의 자연적이며 필수 불가결한 삶의 현상이라고 볼 수 있다. 특히 오랜 기간을 통하여 누적된 문화와 삶의 양식을 가지고 있고, 그것을 가르치고 배우는 것과 같은 체계화된 교육활동은 인간에게서만 찾아볼 수 있는 특징적인 것이다. 이런 점에서도 인간은 '교육적 동물'이다.

이제 막 교육학을 공부하려는 사람들은 누구나 '교육은 무엇인가'란 질문을 제기할 것이다. 하지만 교육이 무엇인가 하는 질문은 교육이 인간의 삶과 깊은 관련을 맺고 있는 만큼 쉽게 대답할 수 없는 어려운 질문이다. 즉, 교육이 무엇인가 하는 물음에 대답하는 것은 인간의 삶이 무엇인가 하는 것을 대답하는 것만큼이나 어려운 것이다. 특히 오늘날 인간의 삶은 다양한 사회·문화적 관계 속에 복잡하게 얽혀 있으며, 삶의 모습이 급격하게 변화하기 때문에 '교육이란 무엇이다'라고 규정하기가 더더욱 어려운 실정이다. 교육이 무엇인가 하는 질문에 정확히 대답할 수 있다면 그것은 교육학 공부의 시작이 아니라 종착점에 가까이 가 있는 것이다. 그렇지만 교육이 무엇인가 하는 질문은 교육학 공부를 시작하는 출발점에서부터 교육학을 공부하는 동안 내내 계속해서 탐구해야 할 질문이다(윤정일 외, 2007).

1 교육의 개념

1) 교육의 어원

인간은 태어나서 죽을 때까지 끊임없이 무엇인가를 배우고 가르치면서 교육과 밀접한 관계 속에서 살아간다. 우리는 늘 교육적 경험을 하고 있지만 교육을 한마디로 정의하기는 쉽지 않다. 교육의 어원을 살펴보면 교육을 이해하는 데 도움이 될 것이다.

동양의 고전에서 교육이라는 단어는 『맹자』에 최초로 등장한다. 맹자는 흔히 『논어』, 『중용』, 『대학』과 함께 사서(四書)에 포함되는 대표적인 유학 경서 중 하나이다. 이 책의 '진심장구(盡心章句)' 상편에 군자의 세 가지 즐거움(君子三樂)이 소개되고 있다. 그 첫째는 부모가 생존해 계시고 형제가 아무런 탈이 없는 상태요, 둘째는 하늘을 우러러 한 점 부끄러움이 없고 사람에게도 부끄러움이 없는 삶을 사는 것이요, 셋째는 천하의 영재를 얻어 교육하는 것이다(父母具存 兄弟無故 一樂也, 仰不愧於天俯不作於人 二樂也, 得天下英才 而教育之 三樂也). 군자의 세 번째 즐거움을 이야기하면서 '교육'이 언급되고 있다. 여기서 주목할 점은 맹자가 고대 중국의 교육적 이상인 군자의 즐거움을 먼 곳에서 찾지 않고 인간의 일상적 삶 속에서 찾고 있다는 것이다.

한자의 敎(교)는 老와 子가 합쳐진 것으로 자식이 늙은이를 모시고 받든다는 의미이다. 더 엄밀히 말해서 윗사람이 하는 일을 아랫사람이 본받도록 지도·편달하는 일이 바로 敎라 할 수 있다. 동양의 전통적인 교육 개념에 효도, 공경, 훈육 등의 의미가 깊게 배어 있는 것은 이러한 연유에서이다. 또한 한자의 育(육)은 養과 生이 합쳐진 것으로 원래 '아이를 낳아 잘 기른다'는 뜻과 함께 자녀를 길러 착하게 만든다는 뜻을 담고 있다. 여기에는 물질적·

신체적·정신적 도움과 지원의 의미가 깊게 스며들어 있다. 동물과 달리 인간의 양육이 교육에서 결정적인 이유는 정신·심리적 도움 없이는 교육적 행위가 성공을 거두기 힘들기 때문이다. 요약하면 동양에서 교육(教育)의 의미는 '가르치고 기르는 일'이다.

서양의 경우 education은 educare에서 유래되었는데, 이는 e(밖으로)라는 접두사와 ducare(이끌어 내다)라는 라틴어의 합성어이다. 교육은 인간의 내부에 있는 소질, 가능성 등을 밖으로 이끌어 내는 작업인 것이다. 영어의 education이나 독일어의 erziehung는 여기서 파생된 단어이다. 서양교육의 근원을 추적해 보면 교육은 아직 미성숙한 상태에 있는 피교육자의 내부에 숨겨진 소질, 잠재 능력, 가능성 등을 기르고 육성하는 일과 밀접하게 관련되어 있다(이종철 외, 2010).

교육을 지칭하는 또 다른 단어 pedagogy는 paidos(어린이)와 agogos(이끈다)의 합성어로, 그리스 시대에 교육을 담당하는 노예이면서 가르치는 사람이란 뜻을 지닌 그리스어 paidagogos에 그 기원을 두고 있다(윤정일 외, 2007). 그리고 가르치는 노예란 의미의 '교복(教僕)'은 오늘날 교사의 효시가 되었다. 교복은 귀족 자제들을 학교에 데리고 다니면서 교육을 받게 하였고, 가정에서 기본 예의범절과 생활태도 등을 가르치는 가정교사의 역할을 하였다.

교육에 관한 동서양의 관점이 약간 다른 것을 알 수 있다. 동양에서는 윗사람이나 어린 아이들에게 무엇인가를 가르쳐서 착한 방향으로 이끌어 가는 데 교육의 초점을 두고 있다. 이는 교육이 행해지는 방향이 학습자의 '밖에서 안으로' 향하고 있음을 알 수 있다. 반면 서양은 아이들이 자신의 내부에 존재하는 재능과 잠재능력을 밖으로 표출하고 실현할 수 있도록 돕는 데 교육의 초점을 두고 있다. 이는 교육이 행해지는 방향이 학습자의 '내부에서 밖으로' 향하고 있음을 알 수 있다.

2) 교육의 기본적 의미

어원의 고찰을 통해서 알 수 있듯이 교육이라는 말은 두 가지 의미로 사용되고 있다. 하나는 성숙한 사람들이 미성숙한 사람들을 이끌고 인도하여 보다 가치 있는 상태로 만들고 형성한다는 의미이다. 또 다른 하나는 성숙한 사람들이 미성숙한 사람들의 내면에 있는 잠재 가능성을 계발하고 성장할 수 있도록 도와준다는 의미이다. 전자는 교육시켜야 할 내용이나 가치의 표준이 이미 학습자 밖에 있으며, 학습자들에게 그 내용을 익히도록 하고 가치의 표준을 받아들이도록 하는 데에 강조를 둔다는 점에서 주형(鑄型) 또는 조형(造型)의 관점이다. 이에 반하여 후자는 학습할 주된 내용이 학습자의 내면에 있으며, 이것을 밖으로 이끌어 내고 잘 성장하도록 도와주는 데에 강조를 둔다는 점에서 성장 또는 조력(助力)의 관점에서 교육을 이해하는 것이다.

어원에서 살펴본 '교육(敎育)'이라는 말이 '교(敎)'와 '육(育)'의 합성어라는 점에서 짐작할 수 있듯이 교육은 주형으로서의 교육과 성장으로서의 교육이라는 두 측면을 동시에 가지고 있는 것으로 이해해야 한다. 다시 말하면 교육은 외적인 기준에 따라 어떤 상태로 인간을 이끈다는 주형의 의미와 미성숙자가 선천적으로 가지고 있는 어떤 능력들이 바람직하게 발현되도록 도와준다는 성장의 의미를 함께 지니고 있는 것이다. 이는 교육이 단순히 외적인 것의 주입이나 내적인 것의 발현만으로 설명될 수 있는 것이 아니라 내적인 것과 외적인 것이 적절하게 상호작용하는 것을 통하여 이루어지는 것임을 뜻한다. 즉, 교육은 개인과 둘러싼 환경의 상호작용을 통하여 보다 바람직한 인간을 구현하는 과정이다.

이상을 통하여 교육이 인간의 내적·외적인 조건들을 최대한 활용하여 인간을 보다 바람직한 방향으로 계발하는 것임을 알 수 있었다. 그러나 이러한 어원과 기본적 의미의 탐색은 초보적이고 기초적인 이해를 보여 줄 뿐이다. 따라서 교육에 대한 보다 명확한 이해를 위해서는 어원을 통하여 드러난 의미가 구체적으로 무엇을 뜻하는가를 앞으로의 탐구 속에서 계속적으로 밝혀 나가야 할 것이다. 그러한 노력이 결실을 맺는 만큼 교육의 의미는 더욱더 분명해질 것이다(윤정일 외, 2007).

3) 교육의 정의

(1) 조직적 정의

조작적 정의는 교육을 기술적 또는 조작적 관점에서 정의하는 것이다. 교육을 정의할 때 그 정의가 적어도 어떤 활동이 그 정의에 해당되는 것이며, 어떤 활동이 그 정의에 해당되지 않는가 하는 것을 식별할 수 있게 명확히 진술되었으면 좋겠다는 것이다. 여기서 한걸음 더 나아가 그러한 활동이 어떤 요소를 포함하고 있으며 어떤 과정으로 이루어져 있는지를 알 수 있게 해 주었으면 하는 것이다. 그래야 우리는 그 정의가 지칭하는 활동을 분명히 알 수 있으며 그 활동이 일어나는 기본적인 조건과 절차를 알 수 있다. 이러한 정의 방식이 바로 조작적 정의이다. 조작적 정의의 창시자인 브릿지만에 의하면 "개념의 의미는 일련의 조작에 지나지 않는다." 다시 말해서 구체적으로 조작할 수 있는 내용을 담고 있지 않는 개념이나 정의, 즉 조작이 불가능한 개념이나 정의는 무의미한 것에 지나지 않는다. 그러므로 교육과 관련하여 교육을 조작적으로 정의한다는 것은 교육활동에 포함되는 기본적인 요소와 그 요소들이 작용하는 실제적인 과정과 방법을 보여 줄 수 있도록 정의하는 것이다.

조작적 정의의 대표적인 예는 교육을 '인간행동의 계획적인 변화'로 보는 정범모(1968)의 정의에서 찾아볼 수 있다. 이 정의에서는 '인간행동', '계획적', '변화'라는 실제 교육의 과정에서 포함되는 기본적인 요소와 그 요소의 의미를 규정하고 있다. 여기서 '인간행동'은 교육의 대상, '계획적'은 교육의 의도성과 계획성, 그리고 '변화'라는 것은 교육의 목적 또는 결과에 대한 언급으로 이해할 수 있다. 이 정의에 의하면 교육이란 물리현상이나 화학현상이 아닌 인간의 행동을 다루는 활동이며, 기르고자 하는 인간행동에 관한 명확한 목표가 설정되어 있어야 하는 활동이다. 또한 교육은 인간행동을 기를 수 있는 일정한 계획과 과정과 방법이 있는 활동이다. 조작적 정의는 비의도적인 교육이나 잠재적 과정을 통한 교육들이 제외된다는 점에서 교육을 다소 좁게 규정하기는 하지만 교육의 기본적인 구성 요소와 교육적 과정의 성격을 제시해 준다는 점에서 교육을 이해하는 데 중요한 의미를 찾는다.

(2) 기능적 정의

기능적 정의는 활동 그 자체의 의미나 목적에 의해 정의하는 것이 아니라 목적을 위한 수단이나 도구로 규정하는 것이다. 이 정의는 교육이 수행하는 외적 기능을 중심으로 교육을 정의하는 방식이다. 이처럼 기능적으로 정의하는 방식은 그 기능을 어떤 관점에서 보느냐에 따라 아주 다양하게 정의 될 수 있다. 예를 들어, 교육을 개인, 국가, 사회발전을 위한 수단이나 문화계승 및 발전의 수단 등으로 여긴다. 오늘날 우리 사회에서 교육을 규정하는 데에 있어 가장 팽배해 있는 것이 이러한 기능적 정의에 의한 것이라고 할 수 있다. 그러나 이러한 관점은 교육행위 자체의 가치나 의미를 훼손할 가능성을 지니고 있다. 즉, 교육을 기능적 관점을 중심으로 파악하게 되면 교육은 교육 자체의 가치를 등한시하게 될 가능성을 안고 있으며, 나아가 교육을 지나치게 기능적으로 파악하는 것은 교육을 교육이 아닌 다른 활동으로 변질시킬 가능성을 안고 있는 것이다. 이것은 우정을 자신의 이익을 위한 수단으로 보거나 종교를 많은 재물을 얻기 위한 수단으로 볼 때 우정이나 종교가 타락하게 되는 것과 같은 이치이다. 그러나 교육에는 이런 기능적 측면이 있으며 필요하다는 것도 부인할 수 없는 사실이다. 이러한 기능적 정의는 교육의 도구적 가치나 외재적 가치를 중요시하는 입장을 견지하며 교육이 기여해야 한다고 생각하는 대상에 따라 무수히 정의할 수 있다.

(3) 규범적 정의

규범적 정의는 활동 속에 들어 있는 가치와 가치를 실현하는 데에 요구되는 기본적인 기준을 분명히 드러내는 방식으로 정의하는 것이다. 교육에 대한 규범적 정의의 가장 대표적인 예는 피터스(R. S. Peters)에게서 찾아볼 수 있다. 피터스에 의하면 교육은 기본적으로 합리적인 사고와 활동(경험내용)으로 입문시키는 성년식이다. 여기서 합리적 사고와 경험내용은 인간이 되는 데 그리고 인간다운 삶을 사는 데 없어서는 안 될 요소이다. 출생 시에는 동물로서의 인간이 합리적인 사고와 경험을 배움으로써 진정한 의미의 인간이 된다는 점에서 이것은 교육활동 그 자체 내에 들어 있는 가치이다. 이런 점에서 이것은 교육의 내재적 목적 또는 내재적 가치라고 불린다. 그런데 그러한 목적을 달성하기 위해서는 그러한 목적에 맞는 내용과 그러한 목적에 맞는 방법으로 가르쳐야 한다. 합리적인 사고를 기른다고 하면서 합리적 사고를 기르는 데는 아무런 관련이 없는 내용을 가르친다거나 합리적 사고를 사용하지 않는 비합리적인 방법으로 가르친다면 그것은 목적에 위배된다.

따라서 피터스에 의하면 교육은 "가치 있는 내용(합리적 사고방식과 지적 안목)이 도덕적으로 온당한 방법으로 의도적으로 전달하는 과정 또는 전달된 상태"로 정의된다. 이러한 정의는 교육 그 자체에 내재된 의미를 중심으로 정의하기 때문에 교육을 상당히 좁게 정의하기는 하지만 교육활동의 본질적 측면을 보여 준다는 점에서 교육을 이해하는 데 매우 중요한 의미를 갖는다(윤정일 외, 2007).

4) 교육의 목적

(1) 교육의 내재적 목적

교육의 내재적인 목적은 교육을 통해 획득해야 할 인간의 이상적인 가치로 오랫동안 인정하고 있는 지·정의·심미적 가치를 추구하는 것이다. 이 세 가지 가치 영역에는 다양한 가치가 포함되어 왔다.

지적 영역의 목적은 지적 호기심과 이해, 창의성 함양, 진리와 정의에 대한 사랑, 세계와 우주를 이해하는 포용성 등의 인지적 안목을 기르는 것이다. 이러한 내재적 목적은 인지적 안목을 가진 교육받은 사람을 육성하는 것이다. 교육받은 사람은 지식의 소유자가 아니라 지적인 넉목을 가진 자이고, 이를 행동으로 실천하는 동시에 지혜를 가진 자다.

도덕적인 안목을 포함한 정의적인 영역의 가치는 지적 영역과 함께 중요한 가치이다. 선, 절제, 관용은 변하지 않는 고전적인 덕목이며 이와 함께 이해, 우정, 사랑, 동정 등은 인간의 행복한 삶을 이끄는 중요한 가치를 지닌 덕목이다. 교육의 내재적 목적은 이러한 인간의 도덕성과 감정을 지배하는 덕목을 육성하는 것이다.

심미적 덕목은 예술을 통해 아름다운 영혼을 육성하여 행복하고 조화로운 인간의 삶을 추구하는 목적을 지니고 있다. 예술을 통하여 아름다움을 추구하는 인간의 욕망을 정상적으로 충족시키면 정결한 정신세계와 영혼의 미적 세계를 가진 자로서 아름다운 영혼을 지닌 교육받은 자이다.

(2) 교육의 외재적 목적

교육의 외재적 목적은 개인의 삶을 지배하는 생계와 관련되고 국가·사회적인 입장에서는 효율적인 인력의 양성을 통한 국가발전과 직결된다. 통상적으로 외재적인 목적은 직업, 수입, 결혼, 명성, 권력 등을 획득하는 수단으로 연결되고, 국가적으로는 전문 인력의 양성을 위한 방법으로 인식된다. 외재적 목적은 교육을 통하여 성취하려는 목적이 가시적이며 개인과 사회의 이익에 부합되기 때문에 매력적이고 명확한 제시가 가능하다. 따라서 대부분의 국가와 사회는 외재적인 목적의 달성 여부에 관심이 많고 국가·사회를 위한 인재 배출의 척도가 외재적 목적을 평가하기 위한 기준이 되어 왔다. 슐츠(T. Schultz)의 인간자본론은 교육의 외재적인 목적을 정당화시키는 이론 중의 하나이다.

또한 개인의 입장에서 보아도 교육의 수단적 당위성을 설명하는 매력적인 투자요인이 된다. 교육을 통해 부(富)와 사회지위와 명예를 얻을 수 있다는 사회통념은 개인이 교육을 받는 동기가 되는 동시에 구성원 간의 경쟁을 부추기며 사회의 발전 동력이 되어 왔다.

(3) 교육받은 사람과 교육의 내재적 목적

교육의 목적을 내재적·외재적으로 구분하여 보면 교육의 원래 목적을 위해 선택해야 할 목적은 분명해진다. 교육의 목적은 선택의 문제라기보다는 우선순위의 문제이기 때문이다. 생계를 위해 교육을 수단화하는 외재적 목적은 교육의 본질을 왜곡하는 것으로 보기 때문에 내재적 목적을 교육의 목적으로 표면화시키는 것이다.

그러나 현실은 외재적 목적이 교육의 중요한 동기요인으로 작용한다. 따라서 우리는 교육의 외재적 목적을 실제적인 교육의 목적으로 내세우기도 하고 그것을 동기 요인으로 이용하기도 한다. 교육의 내재적 목적은 당장은 삶과 생계에 관련이 없는 추상적인 목적이기 때문에 열정적인 추구 대상이 되지 못한다. 그러나 내재적인 목적을 추구하는 삶은 교육받은 인간이 되기 위한 길이다. 교육받은 인간은 교육을 통해서 획득한 지식을 확산하고 새로운 지식을 창조하는 열정에 빠져들며 지적 자유를 향유한다. 이는 창조적 지성인을 의미하며, 실제로 지적 자유인은 스스로의 지적 능력과 인격적 고매함으로 사회적인 지위와 존경을 받게 되어 외재적 목적을 달성할 가능성이 많고 또 그렇게 되는 것이 당연하다. 물론 현실적으로 이런 인과관계가 명확하게 확인되지 않더라도 교육의 내재적 목적은 어떤 이익을 전제로 추구하는 것이 아니므로 우선 대상이 되어야 한다.

그러나 내재적 목적이 아무리 당연한 추구의 대상이라 할지라도 현실적인 이익 때문에 대부분의 사람은 교육의 외재적인 목적에 우선하고 있다. 그래서 외재적인 목적은 학교를 졸업한 후에 달성되거나 달성될 것으로 기대하고 최선을 다하여 노력하게 되는데, 막상 학교를 졸업하고 외재적인 목적이 달성되면 교육받은 사람으로서의 내재적 목적을 추구하는 욕구는 감퇴하거나 소멸되고 만다. 그 결과 수많은 대학의 졸업자가 직업인으로 전락하며 교육받은 사람으로서의 품위를 잃어버리고 심지어 도덕적 타락의 길로 접어들기도 한다. 이는 우리 사회의 지식인이 이미 증명하고 있다. 내재적인 목적을 추구하며 교육받은 사람의 품성을 지닌 사람이 부수적으로 사회적인 인정과 지위와 명예를 얻게 되는 사회는 정상적이며 건전한 사회이다. 또한 교육의 내재적 목적이 우선적으로 추구되고 그 결과에 의해 부수적으로 외재적인 목적을 달성하는 사회는 교육을 통해 꿈을 실현하고 발전과 희망이 있는 사회이다. 많은 젊은이가 이런 교육적인 모델을 통해 꿈과 희망을 갖고, 교육을 받으며 지적 희열에 빠져들고, 도덕적이고 인간적인 품성을 함양하고, 아름다운 영혼을 가지기 위해 예술적 호기심에 심취하는 이성적인 상태가 진정한 교육의 목적이 되어야 한다(김진한, 2011).

2 교육의 가능성과 필요성

1) 교육의 필요성

왜 교육이 필요한가? 이 질문에 대한 보편적인 답은 인간이 다른 동물에 비해 매우 미완성의 상태로 태어나 철저한 보호와 지속적인 교육이 없으면 생존하기 어렵기 때문이라는 것이다. 이처럼 교육은 가장 원초적으로는 이런 필요 때문에 요구되는 것이라고 할 수 있다. 인간에게 교육이 필요하다고 하는 것은 개인적 측면, 문화적 측면, 사회적 측면, 국가적 측면, 경제적 측면에서 필요로 구분하여 생각해 볼 수 있다. 개인적 필요는 다시 생존을 위한 필요와 사회적 존재로서의 인간적 생활을 위한 필요로 나누어 생각해 볼 수 있다. 생존을 위해서 교육이 필요하다는 말은 인간이 생명을 유지하기 위해서는 교육이 필요하다고 하는 것이다. 생존을 위한 것은 단순히 인간이 갖는 신체적 특성만으로 이해될 수 있는 것이 아니다. 신체적인 기능이 제대로 발휘하기 위해서 교육의 기간이 필요하다고 하는 것은 생존을 위한 교육의 필요를 말하는 일차적인 지점이기는 하지만, 인간의 신체적 능력이 제대로 발휘된다고 하더라도 그것은 다른 동물들에 비하면 아주 무능한 것에 불과하다. 인간이 열악한 신체적 조건 속에서도 지구상에 번성하게 된 데는 다른 동물에는 없는 정신 능력이 있기 때문이다. 늑대소녀 이야기에서도 알 수 있는 것처럼 인간의 정신 능력과 사고 능력은 선천적인 것만으로 보기는 어렵다. 그리고 인간다운 정신·사고 능력은 인간으로서 생존을 유지하고 인간다운 삶을 향유하는 기초가 된다. 인간은 신체·정신적으로 아주 미약한 존재로 출생하기 때문에 교육이 반드시 필요하다고 할 수 있다.

개인적인 측면에서 또 다른 이유는 인간다운 생활을 향유하기 위하여 교육이 필요하다는 것이다. 인간은 인간으로서 존엄을 누리고 싶어 하며 자신의 삶의 의미와 가치를 실현하려는 자아실현의 욕구도 가지고 있다. 그러나 인간은 문화를 누적적으로 발전시켜 왔으며, 또한 앞으로도 그러할 것이기 때문에 전수해야 할 문화내용은 점점 더 다양하고 복잡하게 된다. 인간이 진정한 의미의 인간이 되기 위해서는 그 당시 사회에 있는 문화의 내용을 알아야 한다.

교육은 인간이 인류 문화의 정수를 전달받아 인간으로서의 존엄을 누리는 생활을 하고 자신의 삶의 의미와 가치를 실현하는 생활을 하기 위하여 반드시 필요한 것이다.

사회적 측면에서 교육이 사회의 존속과 문화 발전의 측면에서 반드시 필요하다고 하는 것이다. 사회의 존속은 유한한 개인들의 삶 속에서 이어져 나가는 문화 요소를 지속적으로 보존하는 양식으로서의 교육을 필요로 한다. 교육이 없다면 개인의 유한성으로 인해 사회는 지속되지 못할 것이며 문화 전달 역시 불가능할 것이다. 인간에게 교육이 없었다면 인류는 누적된 문명이나 문화의 현상을 기대할 수 없었을 것이며, 동물적인 생활만을 반복하여 왔을 것이다. 즉, 교육이 발전하면 교육을 통한 훌륭한 인적 자원의 생산이 이루어져 빠른 사회 발전을 꾀할 수 있으며, 사회가 발전하면 발전된 사회를 유지 발전시키는 데 필요한 인적 자원을 생산하기 위하여 교육의 발전이 이루어지는 것이다. 이처럼 교육은 사회의 유지와 존속, 그리고 발전을 위하여 필요한 것이다.

문화적 측면에서 교육은 자기가 속해 있는 집단의 문화를 전달하고 보존하며 발전·창조시킨다. 이를 위해서 교육은 문화 속에 내포된 것 중 가장 가치 있는 것을 교육과정에 포함시켜 그것을 다음 세대에게 전달함으로써 그들로 하여금 기존의 문화를 수용하게 하고 새로운 문화 창조에 참가할 수 있는 힘을 길러 주는 역할을 한다. 그러므로 문화적 측면에서 교육의 필요성은 그 사회가 지니는 문화의 연속성과 창조성이 사라지는 것을 막기 위해서라고 할 수 있다.

국가적 측면에서 교육은 한 나라의 흥망성쇠와 밀접한 관련이 있다. 이 때문에 모든 국가는 교육을 가장 중요하게 여기고 있다. 현대교육의 다원화는 그 어느 때보다도 교육의 필요성을 절감하게 하고 있으며, 이로 인해 국가는 국민교육을 질적으로 향상시키기 위하여 노력하고 있다. 또한 국가는 교육을 질적으로 향상시키는 것과 더불어 건강한 국민정신과 애국심을 고취시키고 있다. 교육이 이러한 기반을 둘 때 국가발전이 기대될 수 있다.

마지막으로 경제적 측면에서 교육의 필요성을 살펴보면 경제성장은 생산의 기본요소인 자원, 자본, 노동에 의해서 달성될 뿐만 아니라 외적 요소인 개인의 심리적 특성, 사회의 특성, 교육 등의 요소에 의하여 이루어진다. 그러나 과거와 달리 고도의 성장과 빠른 변화는 기존의 경제 성장에 제동을 걸고 있다. 그러므로 빠르게 변화하는 경제 환경에 능동적으로 적응하기 위해서는 교육에 의한 인간 능력, 인력의 개발이 중요시되고 있다. 마셜(A. Marshall)은 교육을 고차생산을 위한 수단으로 생각하였으며, 교육수준이 경제성을 추진하는 데 강력한 영향력을 지닌다고 강조하였다. 또한 사회학에서 기능이론가들은 교육수준이 사회계층을 결정하는 중요한 요인이며, 교육이 사회계층의 이동과 변화에 관계가 있다고 주장한다(이종철 외, 2010).

2) 교육의 가능성과 한계

교육의 필요성은 교육의 가능성을 전제하고 있다. 아무리 교육이 필요한 것이라 하더라도 실제로 교육이 가능하지 않다면 무의미할 것이다. 랑에펠드(M. Langeveld)는 인간을 교육이 필요한 존재인 동시에 교육이 가능한 존재로 보았다. 케이(Ellen Key)는 "부모의 팔에 안겨 잠든 영아의 모습을 지닌 생명에는 인류의 미래가 잠들어 있고 그의 발끝에는 역사의 장래가 꿈틀거리고 있다."고 말하였다. 교육은 개인의 삶을 좌우하고 인류의 미래를 결정지을 만큼 많은 가능성을 가지고 있다. 그렇지만 교육이 모든 것을 가능하게 하는 것도 아니다. 교육에는 분명 한계도 있다. 먼저 교육의 가능성을 살펴보자. 인간은 어떤 면에서 어느 정도까지 교육이 가능한가?

첫째, 인간의 성장 가능성이 교육을 가능하게 한다. 인간은 태어날 때 미약한 현실성을 지니고 있는 반면 커다란 가능성을 지니고 있다. 인간은 신체·정신적 측면에서의 성장 가능성이 다른 동물에 비해 월등하다. 무엇보다도 인간의 신체적 특징인 직립보행에 따른 두 손의 자유로운 사용이 가능한 점, 체중에서 차지하는 뇌의 중량 비율이 다른 동물보다 훨씬 높은 점, 정교한 언어구사 능력을 가지고 있는 점은 인간이 동물과 달리 훌륭한 문화를 발전시키는 원동력일 뿐만 아니라 교육이 가능하도록 만들어 주는 요인들이기도 하다.

둘째, 인간의 정신적 특성이 교육을 가능하게 한다. 심리학의 연구들은 인간이 뛰어난 기억과 학습능력을 지니고 있음을 밝혀 왔다. 또한 인간의 호기심, 탐구심, 모험심, 자아실현 욕구는 다른 동물에게서 찾아보기 힘든 특성이다. 이런 특성들은 인간이 성장할 수 있는 가능성을 말해 주는 내적 조건들이다. 앞에서 언급한 사회적 환경이 갖춰진다고 저절로 교육이 이루어지는 것은 아니다. 교육을 가능하게 하는 인간의 내적 조건이 필요하다. 그 내적 조건이 바로 인간의 정신능력이다.

교육의 가능성을 신뢰하는 자들은 여러 형태로 자신의 입장을 피력하였다. 로크(J. Locke)는 인간이 출생 시 백지 상태로 태어난다는 백지설을 주장하였다. 가능성만 가진 채 아직 무엇에도 물들지 않은 백지 상태의 인간이 어떤 교육을 받는가에 따라 결과가 천차만별로 달라질 수 있음을 알 수 있다. 행동주의 심리학자인 왓슨(J. Watson)은 "나에게 열두 명의 건강한 어린아이들을 맡겨 주고 내가 원하는 적절한 여건을 갖춘 장소를 마련해 주면 그들의 재능, 취미, 성향, 능력, 직업, 종족에 관계없이 어떤 유형의 인간으로든지, 즉 의사, 변호사, 예술가, 상인, 심지어 거지나 도둑으로도 만들 수 있다(윤정일 외, 2002)."고 주장하였다. 이는 교육을 통해 어떤 인간도 만들어 낼 수 있다는 '교육 만능설'이다. 교육의 가능성에 대한 신뢰가 지나치면 이처럼 교육 만능설에 이르게 된다.

교육은 만능이 아니다. 교육에도 한계가 있다. 인간의 유전적 요인과 환경은 성장 가능성에 한계를 부여한다. 유전과 환경은 교육에 영향을 미치는 중요한 요소들이다. 양자의 상호작용 속에서 인간은 성장한다. 특히 교육은 좋은 환경을 조성하여 성장 가능성을 극대화하려는 노력을 한다. 그러나 유전적 요소가 인간의 발달에 결정적 영향을 미치는 중요한 요소임을 부인할 수 없다. 또한 교육이 환경 요인을 모두 통제할 수 있는 것도 아니다. 일란성 쌍생아라 하더라도 성장 환경을 달리 하면 발달에 있어서 매우 다른 결과를 가져올 수 있다. 이처럼 유전과 환경의 제약은 교육의 한계를 설정한다. 또 현대교육이 안고 있는 각종 병리 현상은 교육의 한계를 느끼게 한다. 개인차를 고려하지 않고 결과만을 중시하는 교육 풍토는 많은 개인에게 좌절감을 맛보게 하기도 한다.

3 교육의 3요소

1) 교수자

교수자는 교육활동에서 가르치는 위치에 있는 사람을 통칭한다. 교육이 교육자의 주도적 계획과 실천에 의존하여 이루어질 수밖에 없는 한 그 역할의 중요성과 책무성의 막대함에 비추어 교수자는 '교육의 주체'가 된다. 교수자의 역할을 중심으로 그 의미를 넓게 생각해 보면 가정에서 부모나 형제, 사회생활에서 만나는 선배나 후배 그리고 친구 등도 교수자로서의 역할을 할 수 있을 뿐만 아니라 더 나아가 사회교육 단체, 제도, 매스컴, 인터넷, 다양한 환경까지도 교수자와 같은 역할을 한다는 점에서 교수자로 볼 수 있다. 넓은 의미에서 교수자는 교육대상인 학생을 지도하고, 조력하며, 자극하여 과거의 상태보다 성장하도록 하는 데 직·간접적으로 기여하는 모든 사람과 환경을 지칭하는 말로 사용할 수 있다. 좁은 의미로는 가르치는 일정한 장소가 있고 그곳에서 가르치는 사람, 소위 '선생님'을 의미한다. 교육현상은 다양한 형태로 이루어지고 관점에 따라 교사에게 요구되는 조건이나 자질 또한 다양하다. 이들 가운데 성실, 정직, 책임, 공정 등의 추상적 덕목에서부터 관찰력, 사고력, 언변, 명랑, 해학 등의 심리적 특성, 교육에 대한 바람직한 지식, 기술, 태도 등과 같은 노력도 요구된다. 교육을 주도하는 주체로서 교육자는 요구되는 요건을 완벽하게 갖춘다는 것은 실제로 불가능한 일이다. 그러나 그러한 다양한 논의 가운데 학교교육에서 요구되는 교사의 중요한 자질은 크게 세 가지로 요약될 수 있다. 첫째, 가장 기본적인 교사의 자질은 가르치는 교육내용에 대한 해박한 지식이다. 교육활동은 한마디로 교육내용을 가르치고 배우기 위하여 교사와 학생이 상호작용하는 것이라고 할 수 있다. 교사가 학생을 지도하고 이끄는 구체적인 목표가 교육내용이기 때문이다. 교육내용에 대한 교사의 해박한 지식은 교육의 성패를 좌우하는 중요한 지표라고 할 수 있다. 둘째, 교사는 교육내용을 가르치는 방법에 대한 전문적인 지식을 가지고 있어야 한다. 교사는 교육내용을 학습자에게 전달하는 것이 주요한 임무인 만큼 교사가 갖고 있는 지식을 학습자에게 효과적으로 전달하는 방법에 대한 지식이 요구된다. 그런데 교육방법을 안다는 것은 단순한 절차나 과정을 아는 것으로 이해해서는 안 된다. 교육은 공장에서 기계를 다루는 기술이나 단순한 사물을 다루는 기술을 통하여 이루어지는 것이 아니라 살아 움직이는 생명체에 대한 것이며, 감정과 정신과 영혼을 가진 인간을 대상으로 한다. 따라서 교사는 교육에 필요한 고도의 전문적 기술로서의 교육방법에 대한 지식을 지니고 있어야 하며, 그러한 지식의 향상을 도모하기 위해 노력하여야 한다. 셋째, 교사는 건전하고 바람직한 인격을 갖추고 있어야 한다. 교사는 인간에 대한 존엄성과 잠재 가능성에 대한 믿음, 인간과 사회를 긍정적·진보적·발전적으로 변화시킬 수 있다는 믿음, 학습자에 대한 적절하고 긍정적인 태도 등과 같은 인격을 바탕으로 하는 교육관을 교육현장에서 실천해야 한다. 또, 교사가 갖추어야 할 인격은 바람직한 인성과 긍정적 신념, 바람직한 태도와 가치관 그리고 교육과 학습자에 대한 사랑 등이다. 그리고 교사에게 요구되는 태도로는 학생에 대하여 적절하고 긍정적인 태도와 같은 것을 들 수 있다. 이는 학생들에게 긍정적인 기대감을 형성하도록 하여 학생들의 학업성취에 매우 중요한 영향을 미친다. 마지막으로 교육에 대한 사랑이라고 하는 것은 교사가 교육을 함에 있어 갖추어야 할 정의적인 요소로서 교육내용의 탐구와 관련되는 학문에의 동경적 사랑, 학생에 대한 헌신적 사랑, 교사로서의 자신의 삶에 대한 무한한 사랑 등을 의미한다.

2) 학습자

교육활동은 학습자를 대상으로 하는 것이다. 학습자가 미성숙하여 가르침을 필요로 한다는 것이 바로 교육의 출발점이며, 학습자가 성숙한 상태에 이르렀을 때 교육은 끝이 난다고 할 수 있다. 교육목적의 설정, 교육내용의 선정과 구성, 교육방법의 적용, 학습결과의 평가 등과 관련된 교육활동은 학습자를 중심으로 이루어지는 의미 있는 실천 활동이다. 이와 같은 관점에서 학습자는 교육활동에의 핵심적인 대상이며, 교육의 시작과 끝이라고 할 수 있다. 학습자는 단순히 교수자의 지식을 받아들이는 수동적 대상이나 모방자가 아니라 성장 가능성을 가지고 배우고 변화하는 주체로서 교육의 가장 중요한 위치를 차지하는 존재이다. 인간 삶의 과정에서 다양한 형태의 앎이 이루어지고 있으며, 이러한 관점에서 모든 사람은 학습자이다. 누구나 학습자의 위치에 설 수 있다는 것은 누구나 학습의 필요성과 그것을 통한 성장 가능성을 가지고 있다는 뜻이다. 교육은 학습자가 성장가능성을 가지고 있다는 전제에서 출발한다. 만일 학습자의 성장 가능성이라는 교육의 전제를 부정한다면 교육의 존재 이유가 사라져 버리며, 교육은 성립할 수 없게 된다. 인간의 신체적 성장과 지능은 유전적으로 결정되기도 하지만 생후의 환경과 경험에 따라서 상당한 영향을 받는다. 이와 같은 의미에서 인간이 출생 후의 경험과 환경에 따라서 변화한다는 성장 가능성에 대한 믿음이 교육의 근거를 제공하는 것이다. 그러므로 학습자는 교육활동의 객체나 수동적 존재로만 파악되어서는 안 된다. 학습자를 학습활동의 핵심적 위치로 인식하는 일은 교육활동이 무엇보다 학습자 스스로에 의하여 이루어질 때, 효과적인 교육이 된다는 것이다. 학습자는 새로운 미래의 세계를 향하여 적극·주체적으로 성장하여야 하며, 능동적으로 배우고자 하는 강한 의지를 가지고 있어야 한다. 즉, 학습자가 자신의 성장 가능성을 믿고 학습에 적극적으로 참여하여 교육의 목적을 달성하겠다는 의지를 보일 때 성과는 보다 확실하게 나타난다. 학습자가 교육의 객체라고 하여 교육활동의 소극적 추종자, 단순한 모방자로 남아서는 안 될 것이다. 교수자도 교육의 결과로서 학습자가 크게 성장하는 자연스런 현상, 즉 청출어람(靑出於藍)을 기대하는 자세로 학습자의 잠재 가능성을 믿고 교육활동에 임해야 한다. 이런 점에서 학습자는 교육의 주체이며, 교육은 일차적으로 학습자에게서 시작하여 학습자에게서 끝맺는 것이라고 말할 수 있다.

3) 교육내용

교육내용은 교육활동에서 교수자와 학습자를 연결시켜 준다는 의미에서 교육의 매개체로서 교육의 핵심을 차지한다. 교육내용은 인류가 역사 이래로 축적하여 온 지식, 기술, 가치, 행위규범, 물질적 산물 등이 포함될 수 있다. 이 내용은 문화를 구성하는 모든 요소로서 현재의 삶과 관련하여 의미 있고,

가치 있는 것들은 다음 세대에 전달할 필요가 있다. 이와 같은 교육내용은 현재의 삶과 관련하여 의미 있고 가치 있는 것으로 선정된 것이다. 이런 점에서 교육내용은 역사상 가상 가치 있는 문화내용의 총제이며 정수라고 할 수 있다. 교육내용을 효과적으로 가르치기 위해서 일정한 구조와 체계적인 조직이 있어야 한다. 교육활동에서 다루어지는 모든 내용이 교육내용이라고 할 수 없으며, '교육내용은 적어도 학습자의 삶에 어떤 의미가 있는가?' 하는 개인적 차원과 '사회의 필요'라고 하는 사회적 차원에서 그 타당성이 인정될 때, 의미를 가지게 된다. 그리고 그 의미는 인간·인생·세계관을 포함하는 넓은 의미의 가치관에 따라 다양한 측면에서 설정될 수 있음에 유념해야 할 것이다.

교육내용은 '가치가 있다'라고 인정된 문화유산과 생활경험이다. 이 교육과정을 교재라고도 한다. 올바른 교육이란 교육내용을 매개체로 하여 주체와 객체가 사랑과 존경으로 실천하는 상호작용이다. 이와 같은 뜻에서 교육내용은 교육을 성립시키는 데 있어서 필수 불가결한 하나의 요소이다. 교육내용은 가치가 있는 것으로 인정된 문화유산과 건전한 생활경험이 풍부하게 포함되어 있어야 할 뿐 아니라 교육하기에 합당하고 체계가 있도록 꾸며야(구성해야) 한다. 그러므로 교육내용이 학습자에게 잘 전달하기 위해서는 서로 비슷한 내용을 선별하여 모으는 응집성이 있어야 하고, 학습의 난이도에 따라서 이들을 순차적으로 제시하는 계열성이 있어야 하며, 서로 다른 내용들 간의 관련성이 잘 설명되는 총합성이 있어야 한다.

4 교육의 제 형태

1) 형식적 교육과 비형식적 교육

일반적으로 우리가 교육이라고 하면, 학교를 통한 교육을 연상할 정도로 형식적 교육을 중시하여 왔으나, 최근 문화·사회구조와 경제·생산구조의 획기적 변화와 함께 가정과 사회가 교육적으로 부정적 기능을 크게 나타내면서 비형식적 교육의 중요성이 강조되고 있다. 형식적 교육이란 특정한 교육의 이념과 목적에 따라 적절한 교육과정을 편성하여 특정 장소에서 학습자에게 계획·지속적으로 일정 기간 동안 실시하는 교육의 형태이다. 형식적 교육에서 말하는 형식의 구성요소는 교육시설과 설비, 교수자, 교육내용, 학습자 등의 유형의 요소와 교육목적, 교수－학습활동, 교수자와 학습자 사이의 인간관계와 상호작용 등의 무형의 요소를 포함한다. 이러한 형식적 교육의 대표적인 예로 국가가 학력이나 학위를 공식적으로 인증하는 교육으로서 초·중·고등학교에서 이루어지는 학교교육을 들 수 있다. 그 외에도 학원이나 강습소, 양성소 등의 평생교육기관에서 의도적으로 실시하는 교육도 넓은 의미에서는 형식적 교육에 포함시킬 수 있다.

이에 반하여 비형식적 교육은 교육의 3요소가 조직적으로 작용하는 교육기관에 의하지 않고 자연과 사물, TV 및 신문과 같은 정보·통신매체, 사회생활을 통한 인간관계 등 다양한 삶의 현장에서 이루어지는 무의도적 교육을 말한다. 인류사회 초기에는 가정이나 사회를 중심으로 비형식적 교육이 이루어졌으나 원시시대에 사회적·집단적으로 거행된 성년식과 함께 고대사회에서 학교교육이 출현함으로써 비형식적 교육의 형태는 형식적 교육과 공존하게 된다. 오늘날과 같은 현대 지식기반사회에서는 TV, 신문, 인터넷 등과 같은 정보통신환경은 비형식적 교육의 형태로 사람들에게 매우 강력한 영향력을 미치고 있다. 비형식적 교육의 대표적인 예로 교사, 학생, 교과서, 교실, 시간표 등을 모두 갖추고 있지만, 국가의 인증을 받지 않은 교육으로써 사설기관에서 이루어지는 학력보충교육, 연수원에서 이루어지는 기업교육, 시민교육 등을 말한다.

형식적 교육과 비형식적 교육은 모두 의도적 교육(intentional education)에 해당한다. 왜냐하면 국가의 학력인증을 받는다는 점을 제외하고는 모두 '교육을 주된 목적으로' 하는 체계적 교육활동이기 때문이다(한승희, 2004).

2) 가정교육, 학교교육 그리고 사회교육

(1) 가정교육

가정은 혼인, 입양, 혈연으로 결속된 하나의 집단으로 생활근거가 되며, 삶(生活)과 앎(敎育)이 터전이다. 가정의 구조와 기능은 역사발전의 단계에 따라 변천하여 왔지만 혈연과 사랑으로 묶어진 구조적 특징과 자녀의 출산·양육은 가정의 특징적인 기능이다. '세 살 버릇 여든까지 간다'는 우리 속담은 가정의 교육적 의의를 잘 표현하는 말이다. 가정교육은 인간 교육의 기초로서 부모가 자녀의 교육을 지도하고 돕는 교육의 형태이다. 전통사회에서 삶, 생산, 교육은 명백하게 분리되지 않고 통합되어 이루어졌으며, 아동들은 가정에서 생활하면서 생산과 관련된 지식과 기능을 배우고 지역사회에서 사회적 규범과 가치를 학습할 수 있었다. 그러나 산업사회에서는 대규모 생산방식에 의한 경제적 기능의 변화에 따른 맞벌이 부부의 증가와 핵가족 현상의 심화, 학교를 중심으로 하는 대중교육의 증가 등과 같이 생활양식에 변화를 초래하면서 전통적인 가정이 가지는 교육적 기능을 수행하기 어렵게 되면서 가정교육의 기능을 변화시켰다. 그러나 최근 정보·통신기술의 발달은 가정이 다시 생산과 교육의 터전이 될 수 있는 가능성을 넓혀주고 있다.

가정교육의 일반적인 특징은 다음과 같다(윤정일 외, 2003).

첫째, 가정은 아동에게 주어지는 최고의 교육환경으로 자연적이며 무의도적으로 이루어지는 교육이다. 가정교육은 가족적 유대라는 강한 연대감과 동질감을 바탕으로 어우러지며, 삶 속에서 지속적으로 이루어진다는 점에서 기본적 인성의 형성, 가치관 및 생활태도의 형성, 규범적 태도 형성 등에 있어서 강력한 영향을 미친다.

둘째, 가정은 강한 애정을 중심으로 결속된 집단으로 애정의 습득과 생성원리를 습득하는 곳으로 인간성의 기초를 형성하는 곳이다. 인간은 어린 시절의 대부분을 부모 형제와 생활하면서 보내게 되며, 이 과정에서 심리·정서·사회적 특성을 습득하고 형성한다.

셋째, 가정교육의 내용은 삶의 과정에서 요구되는 기본 지식, 기능, 덕성 등으로 구성된다. 언어, 식사, 예절 등은 가정교육의 주요 내용으로, 특히 언어 학습은 단순한 의사소통의 수단을 넘어서 사고, 감정, 행동의 원리를 내재하는 점에서 매우 중요하다.

넷째, 가정교육의 기능은 일정한 교육과정에 의한 학교교육과는 다르게 항상 자녀의 심신 보호와 배려가 배경이 되고 있는 특징을 가진다. 적절한 보호는 아동의 건전한 인성과 심신의 발달에 도움이 되며, 계속되는 새로운 변화에서도 안정감을 가질 수 있도록 하는 점에서 중요한 교육적 기능을 가진다.

(2) 학교교육

학교는 일정한 교직원, 학교건물, 설비 등을 갖추고 정선된 문화유산으로 구성된 교육과정에 의하여 전문적인 지식을 계속적으로 가르치며 배우는 제도화된 교육활동이 이루어지는 곳이다. 학교교육은 사회생활 속에서 자연적으로 행해지고 있는 교육을 학교라는 지정된 장소에서 일정한 기간 동안 계획·의도·조직적으로 교육을 행하는 것이며, 유치원, 초등학교, 중등학교, 대학교에서 이루어지는 교육을 총칭한다. 어느 나라를 막론하고 학교교육을 통하여 사회, 국가, 인류에 공헌할 수 있는 인간을 양성하려는 노력을 하고 있으며, 선진국은 10년 정도의 의무교육을 국민 모두에게 제공하고 있다. 문화가 발달하고 국력이 부강할수록 학교 진학률도 높아지고 재학기간도 길어진다.

학교교육은 형식교육과 동의어로 사용되며, 학교 밖에서 이루어지는 학교 외 교육(out of school education), 사회교육 또는 성인교육과 대조된다. 오늘날 학교교육은 가장 대표적인 형태의 교육으로 일반적으로 교육을 지칭할 때는 학교교육을 뜻한다. 학교교육의 중요한 기능적 특징을 살펴보면 다음과 같다. 첫째, 학교교육의 주요 기능은 문화유산을 전승함으로써 사회의 유지와 존속을 가능하게 한다. 일반적으로 문화는 언어, 사상, 제도, 규범 등을 포함한 인간의 생활방식과 사고방식으로 인류역사를 통하여 형성된 것이다. 인간이 인간성을 유지하고 인간다운 삶을 영위할 수 있는 것도 교육을 통한 문화유산의 전승이 가능하기 때문이다. 둘째, 학교교육은 문화유산의 전달을 통하여 사회 통합과 통제의 기능을 수행한다. 인간은 문화유산인 행동양식, 가치관, 사회규범 등을 습득함으로써 유사한 인격과 행동적 특성을 형성한다. 셋째, 학교교육은 사회 선발 및 지위 결정의 기능을 한다. 학교는 청소년을 선발하여 미래사회생활에서 사회적 지위 결정에 필요한 중요한 요소로 작용한다. 넷째, 학교교육은 사회변화에 따른 새로운 지식과 기술을 학생들에게 전수함으로써 사회변화와 발전을 촉진한다. 다섯째, 학교교육은 개인의 성장과 발달을 최대한으로 신장시키려는 환경을 소성하여 개인의 자아실현에 도움을 준다.

(3) 사회교육

사회는 인간이 생활하는 삶의 터전으로 가정과 학교와 함께 또 하나의 중요한 교육의 무대이다. 사회는 인간이 사회생활에 필요한 지식, 기술, 태도 등을 습득하는 곳이며, 학교교육을 통하여 습득한 교육내용을 직접 실습하는 장소이고, 평생 동안 삶의 터전으로서 교육의 무대이다. 사회교육은 일반적으로 학교교육 이외에서 실시되는 의도적이고 조직적인 교육활동이다. 그러나 교육 대상에 누구를 포함시키느냐에 따라서 학자마다 약간 다르게 정의되고 있다. 사회교육은 교육의 주요 대상이 유아, 청소년, 성인, 노인 등을 포함하는 학교 밖에서 실시되는 조직적이고 계속적인 교육활동의 총체로 넓은 의미로 정의되기도 한다. 다른 한편으로는 학교 밖의 청소년과 성인을 주요 대상으로 실시하는 조직적인 교육활동으로 좁은 의미로 정의되기도 한다. 사회교육이란 용어는 교육이 이루어지는 공간개념에 중점을 두고 학교 밖의 사회에서 이루어지는 교육이라는 뜻으로 명명한 것이며, 일본과 한국에서 사용된다. 그러나 영·미권에서는 성인학습자를 대상으로 능력을 계발하고, 지식의 이해를 높이며, 기능 및 전문적 자질을 향상시키려는 일체의 조직적 교육활동을 성인교육이라 칭한다.

사회교육은 경우에 따라서는 평생교육(life-long education)과 혼동하여 사용될 수 있을 정도로 평생교육에서 강조하고 있는 교육이다. 평생교육은 좁은 의미로는 넓은 의미의 사회교육과 동의어로 사용되지만, 넓은 의미로 보면 학교교육을 포함한다. 넓은 의미에서 평생교육은 인간의 삶에 대한 질(質) 향상을 위한 교육이념을 추구하기 위하여 태교에서 시작하여 유아교육, 아동교육, 청소년교육, 성인교육, 노인교육이 수직적으로 통합하는 교육이며, 가정교육, 학교교육, 사회교육이 수평적으로 통합되는 교육이다. 평생교육의 관점에서 살펴볼 때, 인간은 시·공간을 초월하여 교육받는 존재이며, 보다 가치 있고 행복한 삶을 살기 위하여 교육을 필요로 하는 존재이다. 이와 같은 관점에서 평생교육은 사회교육과 유사한 개념이며, 많은 부분에서 사회교육과 겹치지만 사회교육보다는 넓은 범위에서 이루어지는 교육이다.

사회교육의 개념을 넓은 의미로 정의하든 좁은 의미로 정의하든 학교교육을 제외한다. 따라서 사회교육은 학교교육과 몇 가지 점에서 차별화된다. 첫째, 사회교육은 학교교육과는 다르게 학습자가 자발적으로 교육에 참여하는 특징이 있다. 학교교육은 강제성의 특성이 있으나, 사회교육은 법적 강제력이 없으므로 교육활동에 참여는 의무가 아니며, 자율적인 학습활동이 이루어진다. 둘째, 사회교육은 개인의 삶과 관련된 필요와 요구, 또는 지역사회의 현실적인 문제를 해결하는 학습내용을 중심으로 구성된다. 학교교육의 내용이 직접 경험을 추상화하고 개념화한 간접경험이라면 사회교육은 현실에 직접 적용할 수 있는 생활경험이 주요 학습내용으로 구성된다. 셋째, 학교교육은 대부분 동질적인 집단으로 구성된 학생들에게 동일한 교육내용을 가르치지만, 사회교육의 학습내용이나 방법은 학습자의 성격, 규모, 요구 등에 따라 다양하게 구성된다(한숭희, 2004).

5 교육학의 성격·구조·연구방법

1) 교육학의 성격

모든 학문은 고유한 연구대상과 연구방법을 가지고 있다. 교육이란 인간을 가르치고, 인간이 배우는 일이라고 본다면, 교육학이란 이러한 가르치고 배우는 일에 대한 학문이라 할 수 있다. 우리나라의 대표적인 교육학사전인 『교육학용어사전』에서는 교육학을 "교육의 현상과 행위에 관한 학문적 탐구과정과 그 과정을 통해 획득된 지식의 체계를 통칭하는 말"(서울대학교 사범대학 교육연구소, 1994)이라고 정의하고 있다.

헤르바르트(J. F. Herbart)가 『일반교육학』에서 교육학을 하나의 독립된 학문영역으로 만들려는 시도를 한 이후 오늘날까지 교육학에 대한 학문적 논쟁이 끊임없이 이어져 왔다. 교육학은 과연 응용과학인가, 독립과학인가에 대한 논쟁을 소개하면 다음과 같다(이병승 외, 2006).

우선 헤르바르트의 교육학은 엄격히 말해서 독립과학적 성격을 띠기보다는 응용과학적 성격을 띤다고 주장한다. 그들은 헤르바르트가 교육학을 하나의 학(學)으로 성립시킨 공적을 인정하면서도 그가 교육의 목적을 윤리학의 연구대상인 '도덕적 품성'에 두었고, 이 도야의 방법을 심리학에서 찾았기 때문에 그의 교육학은 심리학과 윤리학의 응용과학에 지나지 않는다고 주장한다.

나토르프(Natorp)는 교육의 목적을 순전히 윤리학에 둔 헤르바르트의 이원론에 반대하여 교육목적을 도덕, 과학, 예술의 조화로운 발전에 두고 이를 실현하기 위해 윤리학, 논리학, 미술이 그 기초과학이 되어야 한다고 주장하였다. 그러나 그 역시 교육학을 응용과학으로 이해했다는 점에서 헤르바르트의 입장과 크게 다를 바가 없다. 이들 외에도 슐라이어마허(D. E. Schuleimacher)는 교육은 정치학과 마찬가지로 논리학의 응용분야에 지나지 않는다고 주장하며, 베버(M. Weber)는 교육학은 정치학과 미학의 응용과학에 지나지 않는다고 하여 교육의 학문적 자율성과 독립성을 인정하려 들지 않았다.

반면에 교육학을 응용과학이 아니라 독자적인 학문분야임을 강조했던 학자는 모이만(E. Meumann)이나. 그는 『실험교육입문강의』(1997)에서 교육학이 여러 기초과학과 보조과학을 가지고 성립하긴 했으나, 이 때문에 학문의 독립성이 손상되는 것은 아니라고 주장하였다.

크리크(E. Krieck)는 교육의 본질이 명백하고 교육이라는 사실을 정립하게 하는 법칙과 교육과정이 뚜렷하여 독자적인 연구대상과 목적과 방법이 있기 때문에 교육학은 독립과학으로서의 '교육과학'이라고 주장하였다. 이런 관점에서 그는 종전의 헤르바르트 교육학은 독립과학이라기보다는 응용과학에 지나지 않는다고 비판하였다.

오늘날 교육학의 독립성과 자율성을 의심하는 사람은 거의 없다. 하나의 학문이 독립된 과학으로 인정받기 위해서는 독자적인 연구 분야가 있어야 하고, 독자적인 연구목적이 있어야 하며, 독자적인 연구방법이 있어야 하고, 고유한 평가방법 등을 구비해야 한다. 이제 교육학은 이러한 조건들을 구비하고 있다는 점에서 독립과학으로서의 손색이 없다. 즉, 미성숙한 존재를 이상적인 상태로 발달시키려는 교육학의 독자적인 관점은 다른 어떤 학문분야에서도 찾아 볼 수 없는 것이며, 교육과정 안에서 나타나는 여러 가지 교육현상 및 사실들을 독특한 방법으로 관찰, 실험, 평가하려 한다는 점에서 연구방법의 독자성을 확보하고 있다.

교육학은 크게 교육철학과 교육과학으로 양분한다. 교육과학은 교육활동이나 과정 안에서 일어난 교육현상을 관찰, 실험하여 결과를 정확하게 기술(description)하는 데 목적을 두는 데 반해, 교육철학은 이루어져야 할 당위적인 판단을 문제 삼는다. 즉, 존재하는 인간과 사회에 대한 연구가 아니라 존재해야 할 인간과 사회에 대해 규범적인 탐색을 해 간다. 교육과학과 교육철학은 동전의 양면과 같은 것이어서 어느 한쪽만이 지나치게 강조될 경우 교육학이 균형 있는 발전을 이루기 어려워진다. 교육의 궁극적인 목적이 전인의 양성에 있다고 할 때 이 두 분야의 균형 있는 발전이 있어야 한다(한상길 외, 2012).

2) 교육학의 구조 및 영역

교육학이 독립된 학문으로 정립된 이후 많은 양적·질적 발전이 이루어짐에 따라 교육학의 분야 또는 학문적 체계는 다양화되었다.

교육학을 보다 잘 이해하기 위해서는 교육학이 학문적으로 어떤 구조를 가지고 있는가를 시각화해 볼 수 있다는 주장도 있다. 교육학의 구조에 관한 여러 가지 논의 틀이 있지만 가장 대표적인 입장으로는 교육학의 학문적 구조도를 들 수 있다. 그는 “교육학이란 인간형성(교육현상)을 대상으로 하는 자율적인 종합과학”이라고 정의하고 “교육이란 인간 발달을 의도적으로 지도(teaching or instruction)하며 향도(嚮導, guidance)하는 과정”이라고 하였다. 여기서 지도란 지식 및 기술을 교육자가 피교육자에게 전수하는 경우를 가리키는 것이며, 향도란 참고가 될 만한 정보를 제공해 줌으로써 조언을 받은 사람이 스스로 생각하여 의사결정을 하게 되는 것을 전제한다.

한기언(1990)은 교육학의 다양한 하위영역을 크게 '기초교육학, 교육방법학, 교과교육학'의 세 영역으로 구분하고 학문적 구조도를 제시하였다. 그는 교육활동이란 역사적 상황과 정치, 경제, 사회, 문화, 종교 등의 사회와 자연현상 속에서 이루어지는 것이라고 하였다.

실제적으로 우리나라에서 교육학의 분야 혹은 체계는 대학에서 독립된 전공으로 자리 잡고 있으며, 대체로 교육학 개론을 포함하여 열 개의 하위영역으로 구성되어 있다. 이들 하위 전공영역은 예비교사들을 위한 교직과목의 주요 내용을 이루고 있다. 이들 교과목을 상술하면 다음과 같다(이지헌 외, 2005: 31-35).

'교육사'에서는 교육의 제도, 사상, 이념에 대한 역사탐구를 한다. 어떤 학문에서는 대상을 역사적으로 탐구하는 것은 학문과 연구의 기본 전제이다. 장소에 따라서 교육사는 동양교육사, 서양교육사로 구분될 수 있다. 동양은 다시 중국·한국·일본교육사 등으로 세분해 볼 수 있다. 교육학이 유럽에서 학문으로 정립된 점에서 비춰 볼 때, 서양교육사 탐구는 한국교육사의 필수조건으로 볼 수 있다. 아직 학문적으로 정련되지는 않았지만 고대 중국이나 우리 고유의 전통에서 교육적 가치를 추출해 내는 작업도 시도되고 있다. 과거, 현재, 미래로 이어지는 교육의 통사를 파악하는 일은 교육학의 다른 전공영역을 공부하기 위한 하나의 준비과정으로도 볼 수 있다.

'교육철학'은 교육의 목적과 이념을 탐구하는 학문이며, 사람들이 갖고 있는 교육관에 관심을 기울인다. 교육이란 무엇이고, 교육의 목적은 무엇인가 하는 물음이 논의의 출발점이다. 왜냐하면 방향 정립 없이 교육을 한다는 것은 나침반 없이 항해를 하는 것처럼 무모하고 위험한 일이기 때문이다. 주춧돌을 잘 놓아야 견실한 건축물이 완성되듯이, 교육도 교육목적이나 이념을 확립한 후에야 비로소 바람직한 인간형성이라는 과업을 성공적으로 수행할 수 있을 것이다. 교육철학은 교육현상에 대한 본질적 탐구를 목적으로 한다. 교육의 개념, 교육 사상, 교육사조 등은 교육철학의 탐구주제가 된다. 이들

주제에 대하여 분석, 평가, 사변, 통합의 방법으로 연구한다. 현대에 접어들면서 분석철학, 비판철학, 해석학, 현상학, 구조주의, 구성주의, 포스트모더니즘, 생태주의 등을 교육에 접목시키려는 노력이 활발해 지고 있다.

'교육심리학'은 교육의 대상인 학습자를 이해하는 데 필수적인 학문이다. 교육철학이 교육의 목적(what)에 대한 답을 구하는 것이라면, 교육심리학은 교육의 방법(how)에 대한 해답을 찾는 노력으로 볼 수 있다. 심리학의 여러 분야 가운데 발달심리학과 학습심리학은 교육과 긴밀한 연관을 지니고 있다. 인간의 발달단계에 따른 교육적 처방을 제시하고 학습조건과 기억, 연상, 파지, 재생 등의 문제를 다룬다. 지적·정의적 특성들의 발달 양상과 이론, 성격과 적응의 문제도 교육심리학에서 연구하는 내용들이다. 생활지도와 상담의 필요성이 증대하면서 이들 영역이 독립된 분야가 되었다. 하지만 엄밀히 따지면 생활지도는 학습지도와 함께 교육의 심리적 기초에 해당하며, 상담 또한 학습자의 심리, 적응, 진로 등의 문제를 해결하는 전문기법이라는 점에서 교육심리학의 영역에 포함시킬 수 있다.

'교육사회학'은 프랑스의 사회학자이며 교육학자인 뒤르켐(E. Durkheim)이 창시한 학문이다. 사회와 교육, 문화와 교육의 관계를 연구한다. 교육을 사회화의 과정으로 간주하게 되면서 사회화 이론, 사회화 기관, 사회화 유형 등에 관한 광범위한 연구들이 진행되고 있다. 계급, 계층, 교육기회의 문제 등도 마르크스주의의 영향을 받은 학자들이 지속적으로 탐구하고 있다. 교육열이 하나의 사회문제가 되고 있는 우리 현실에서 학벌사회, 학력사회, 교육경쟁과 입시, 선발 등의 문제는 교육문제의 사회적 성격을 단적으로 보여준다. 가령 자본주의사회에서 학교교육, 열악한 농어촌교육, 학생자살의 원인과 대책, 일탈 청소년의 사회화 과정 등은 교육문제가 사회문제임을 보여주는 연구주제들이다. 또한 세계경제, 국가경쟁력, 개인의 욕구충족과 자아실현을 위해 학교를 통한 교육제도에서 평생학습사회로의 교육에 대한 요구가 변화되면서 사회교육이나 평생교육에 대한 관심이 높아지고 있다.

'교육과정'은 교육내용에 관한 학문으로, 비교적 인접학문에 의존하지 않는 영역이다. 국가 단위의 교육과정, 교과서와 교재의 편찬 및 개발, 교육과정 운영 등이 하위영역에 포함된다. 교육과정은 교과중심 교육과정, 경험중심 교육과정, 학문중심 교육과정, 인간중심 교육과정으로 변천해 왔다. 전통적인 교재와 교사중심의 교육과정은 아동의 자발성과 창의력을 존중하는 경험중심, 생활중심 교육과정의 도전을 받게 되었다. 경험중심 교육과정이 기초학력의 저하라는 한계에 부딪히면서 다시 수학과 과학 등 기초학문을 중시하는 학문중심 교육과정으로 바뀌게 되었으며, 학문중심 교육과정이 극도의 '엘리트주의적'이라는 비판을 받고 나서 다시 학습자중심의 인간중심 교육과정으로 바뀌게 된다. 교육과정의 변천은 배후의 사회, 문화적 변동과 밀접한 관련이 있으며, 교육과정의 기본내용에 국가와 사회의 요구를 반영한다.

'교육평가'는 교육에서 검사의 비중이 높아짐에 따라 그 중요성이 날로 더해 가는 분야 가운데 하나이다. 교육평가의 영역, 유형, 절차 등을 기초적으로 학습한 후 교육목표 분류에 따라 인지적·정의적 영역을 평가하게 된다. 능력평가에서 인성평가, 결과중심에서 과정중심으로 평가의 초점이 바뀌는 점에 특히 유의할 필요가 있다. 최근에 도입된 '수행평가'는 교육에서 평가가 얼마나 중요한 위치를 점하고 있는지를 잘 보여주는 예가 될 것이다. 최근에는 학교평가나 교육청 평가와 같은 조직이나 기관에 대한 평가가 소규모이긴 하지만 늘어 가는 추세이다. 하지만 평가를 점수를 주고 등위 정하는 것으로만 인식해서는 곤란하다.

평가를 위해서는 다양한 검사도구의 특성과 활용방법을 터득해야 한다. 평가결과를 정확하게 산출하기 위해서는 통계처리의 도움을 받아야 한다. 교육연구나 교육연구법도 평가의 연장선상에서 생각해 볼 수 있다. 교육대상을 양적으로 연구할지 질적으로 연구할지를 결정해야 할 것이고, 다양한 연구방법을 활용하여 이론을 심화하거나 현장의 문제를 포괄하게 된다. 조사연구, 관찰연구, 실험연구와 같은 전통적 연구방법 외에도 다양한 '질적 연구방법'이 개발되어 있고, 양자를 통합하는 통합적 방법도 늘어나고 있는 추세이다.

'교육방법'은 가르치고 배우는 일에 관한 전반적인 내용을 그 연구대상으로 한다. 수업에 관한 다양한 이론, 수업설계, 수업모형 등을 여기서 다룰 수 있다. 설명기술, 동기유발, 발문기술 등은 수업을 담당하는 교사의 핵심능력으로 간주되며, 교육방법에서 간과해서는 안 되는 주제이다. 실제 수업에서 어떤 방법을 쓸 것인지는 매우 중요하다. 교사는 강의법, 토의법, 세미나, 개별학습, 협동학습 등 다양한 교수법 중에서 적절한 방법을 선택해야 한다. 최근 들어 탐구수업, 창의성 개발수업, 문제중심학습, 시뮬레이션, 역할학습 등이 소개되고 있다. 시청각 매체의 활용은 교육방법의 연장선상에서 교육공학 연구의 중심주제가 된 지 오래이다.

'교육공학'은 현재 교육학의 하위영역 가운데 가장 수요가 많은 분야이다. 교육공학은 이제 교육학의 전공분야로서 자리를 굳혔으며, 교육공학과로 독립된 학과를 설립한 경우도 있다. 교육공학에서 다루는 내용은 교육체제 개발과 교수매체이다. 대표적인 매체로 정보화사회를 선도하는 컴퓨터와 인터넷의 교육적 활용에 초점을 두고 있다. 멀티미디어를 활용하여 교수 자료를 개발하고, 효율적인 프레젠테이션 기법을 개발하는 일도 교육공학의 몫이다. 교육방송, 원격교육, 가상교육의 지속적 확충도 교육정보화를 실현하는 관건이며, 교육공학에 주어진 과업이다.

'교육행정학'은 학교조직, 학제, 교육행정기구, 단체 활동 등을 포괄적으로 다루는 영역으로, 교육의 지원시스템에 관한 학문으로 볼 수 있다. 중앙집권적 구조를 가지고 있는 우리나라의 경우, 교육과학기술부에서 정책을 결정하면, 단위학교에서까지 구속력을 가지게 된다. 지방교육자치의 확대로 권한이 상당부분 이양되고는 있으나 중앙의 결정은 구속력을 갖게 된다. 한국교원단체 활동에 관한 사안이나 장학행정, 교육인사행정, 학교시설 및 사무관리, 학교와 학급경영 등도 교육행정의 주된 영역 안에 포함된다. 교육 분야에서도 기업에서와 같이 '경영마인드'가 확산되면서 교육의 효율성, 효과성 문제는 지식기반사회의 교육인적자원 관리차원으로 발전해 가고 있다. 교육예산의 운용과 관리를 다루는 교육재정 분야와 교육의 법적 기초를 다루는 교육법 분야도 교육행정의 하위 영역이다.

3) 교육학의 연구방법

(1) 경험적·과학적 연구방법

경험적·과학적 연구방법은 사실적·경험적 문제를 다루기 위한 연구방법으로서, 사실에 대한 경험적 조사와 관찰, 실험을 통해 교육현상에 대한 객관적 지식을 체계적으로 구축해 나가는 연구방법이다. 경험적·과학적 연구방법에서는 사실에 대한 객관적인 관찰이 강조되며, 연구자의 개인적인 입장이나 가치판단은 배제된다. 사실에 대한 객관적인 기술을 하기 위해 사실을 계량적으로 파악하는 양적 접근을 강조하며, 주어진 사실이나 현상을 일정한 방향으로 통제하거나 조작함으로써 원하는 변화를 가져오는 것을 목표로 추구한다.

(2) 사변적·철학적 연구방법

사변적·철학적 연구방법은 개념적·규범적 문제를 다루기 위한 연구방법으로서, 교육현상과 관련하여 제기되는 문제들을 개념적·논리적 분석과 가치판단을 통해 규명해 나가는 연구방법이다. 사변적·철학적 연구방법에서는 개념의 명료화, 논리적 타당성의 검토, 가치의 판단, 가치판단의 근거에 대한 설명과 정당화 등을 통해 교육현상이나 문제를 설명하고 규정하려는 연구방법이다. 경험적·과학적 연구방법이 연구자의 주관적 가치판단을 배제하고 양적 접근을 강조하는 데 비해, 사변적·철학적 연구방법은 연구자의 주관적 가치판단과 사변(思辨)에 기초하여 이루어지기 때문에 주로 질적 접근방법을 취하게 된다. 그리고 경험적·과학적 연구방법이 인과론적 보편법칙의 발견을 통해 현상을 설명하고, 예측하고, 통제하기 위해 사용되는데 비해, 사변적·철학적 연구방법은 특정한 가치판단이나 관점에서 현상의 의미나 가치를 평가하고 현상에 대한 합리적 이해를 형성해 나가기 위해 사용되는 연구방법이다.

이상에서 살펴본 바와 같이 경험적·과학적 연구방법과 사변적·철학적 연구방법은 어느 것이 더 중요하거나 우수한 방법이라고 말할 수는 없다. 이는 교육현상과 관련하여 제기되는 문제 가운데 사실적·경험적 문제와 개념적·규범적 문제 중 어느 것이 더 중요하거나 좋은 문제인지를 말할 수 없는 것과 마찬가지이다. 교육현상을 제대로 올바르게 이해하고 설명하기 위해서는 이 두 종류의 문제가 규명되어야 하며, 두 가지 유형의 연구방법이 종합적으로 활용되어야 할 것이다.

02
CHAPTER

교육사 및 교육철학의 이해

역사적 사실의 맥락에서 교육의 역사를 구분하여 본다는 것은 어려운 작업일 수도 있다. 놀(Nohl)에 의하면 "역사는 교육적 골동품을 수집하거나 위대한 교육자들을 흥미롭게 알리는 것이 아니라, 교육 발전에 있어서 그 이념의 연속성을 표현하는 것이다(김빛나·조상식, 2013 재인용)."라고 규명하였다.

교육에 있어서 철학이 미치는 영향은 실로 지대하다. 교육목표, 교육의 방향, 교육방법, 교육과정을 수립하는 데 중요한 초석이 되며, 교육철학을 바탕으로 교육 이론이 정립된다. 교육철학은 학교장의 경영 방침, 교사가 학생을 대하는 자세, 교수-학습 방법에서도 나타난다.

교육문제를 논의하다 보면 교육의 의미와 목적, 교육적인 논의 및 주장들의 논리적 타당성과 정당성의 문제가 제기된다. 이는 교육문제를 해결하기 위해서는 철학적 탐구가 요구된다는 말이다(고미숙, 2006).

교직을 선택하려는 학생이나 교육에 관심 있는 사람들은 다양한 교육철학에 대한 관점들을 살펴 볼 필요가 있다.

교육사 및 교육철학의 이해를 돕기 위해서 앞부분에서는 한국 교육사와 서양교육사를 나누어 기술하고, 뒷부분에서는 교육철학의 개념, 교육철학의 기본 관점들, 현대교육철학으로 설명하였다.

1 한국교육사의 이해

1) 한국교육의 기원

고대 우리민족은 씨족 공동체의 구성원으로서의 생활을 하면서 애니미즘(animism)·샤머니즘(shamanism)·토테미즘(totemism) 등의 신앙을 토대로 집단의 결속력을 다지는 종교의식에 영향력을 행사하는 교육적 요소를 포함시켰다. 성년식을 치르면서 종교적인 삶 속에서 다음 세대를 이끌어 갈 성장세대는 육체적인 고통과 시련을 이겨냄으로써 사회구성원의 자질과 능력을 구비하게 된다.

『삼국유사』에 등장하는 단군신화(檀君神話)에는 우리 고유의 민족의식과 삶의 원형이라 할 수 있는 인간관, 세계관, 사회관 등이 포함되어 있어 고조선시대의 교육적 의의를 찾아볼 수 있다. '인간이 사는 온 세상을 두루 널리 이롭게 하라'는 우리 민족의 삶의 이상과 사유방식이 담겨진 홍익인간(弘益人間)의 이념 속에는 천(天)·지(地)·인(人) 삼재사상(三才思想)의 표현이라는 견해도 도출될 수 있다(신차균 외, 2013). 현재 3조만 전해지고 있는 팔조금법(八條禁法)의 내용에는 살인, 상해, 절도 등에 엄한 규범을 제시하고, 여자의 정절을 귀하게 여겼다.

2) 삼국시대의 교육

고대국가 체제 정비는 법률적 상징 율령(형법, 민정법)의 반포와 사상적 상징은 불교의 공인이라고 할 수 있다. 삼국시대 교육의 성립과 발전에는 형식적인 교육에 영향을 미친 유교와 일반대중의 종교적인 신념, 가치관 형성에 기여한 비형식적인 교육으로서 민족문화의 뿌리 형성과 민중의 교화에 역사적 의의를 제공한 불교가 있었다.

(1) 고구려의 교육

삼국 중 가장 먼저 국가와 교육체제를 갖춘 고구려는 소수림왕 2년(372)에 최초의 관학인 태학을 설립하였다. 상류계층의 자제를 대상으로 한 고등교육기관으로서 국가의 고급관리 양성에 목적을 두었다. 교육내용은 주로 오경(『시경』, 『서경』, 『주역』, 『예기』, 『춘추』)과 삼사(『사기』, 『한서』, 『후한서』) 등으로 구성되었을 것이고, 인원은 300명 내외로 8년 반을 수업연한으로 두었다고 한다.

경당은 사립 민간 교육기관으로서 『구당서』와 『신당서』에 의하면 전국적인 규모를 이루었고, 평민부터 귀족 모두를 수용하였으며, 초등에서 중등 수준까지 다양한 교육편제를 구성하며, 독서습사(讀書習射)와 송경습사(誦經習射) 등으로 문무일치의 교육내용을 포함하여 무예가 출중하거나 뛰어난 인재들은 태학에서 수업을 받을 수 있었다. 신라의 화랑도와 비슷하며, 서당교육의 원형으로 작용하기도 하였다.

(2) 백제의 교육

학교가 있었다는 직접적인 기록은 미비하지만, 간접적인 자료들로 살펴보면 '박사'라는 명칭에서 학교제도 설립의 가능성을 제기할 수 있다. 『삼국사기』에 의하면 근초고왕(375) 때 박사 고흥(高興)에게 『서기(書記)』를 만들도록 하였으며, 일본의 기록(285)에 의하면 박사 왕인(王仁)에 의해 『논어』와 『천자문』이 전해졌다고 한다. 오경박사는 『시경(詩經)』, 『서경(書經)』, 『역경(易經)』, 『예기(禮記)』, 『춘추(春秋)』를 담당하고 의박사, 역박사 등의 다양한 영역의 박사가 존재했을 거라고 추정한다. 또한 실용학문을 중시하여 농업기술, 직조, 의학, 천문, 지리, 예술 영역 등에서 뛰어난 자질의 사람들로 인하여 삼국의 나라 중에서 가장 아름답고 찬란한 문화를 이뤘음을 짐작할 수 있다.

(3) 신라의 교육

'화랑도(花郎徒)'는 신라 고유의 교육제도로서 본래 자생집단에서 시작하였다. 초기 민간의 청년전사집회에서 유래된 것으로 이후 반관반민의 조직체로 확대되어 진흥왕(재위 540~576) 때 국가 차원에서 조직화되었다. 『삼국사기』에서 보면 최치원(857~?)의 '난랑비서(鸞郎碑序)'에 "우리나라에는 현묘한 도가 있으니, 풍류라 이른다. 이는 실로 삼교(三敎)를 포함하여 중생을 교화한다. 집에 들어오면 효도하고 나가면 나라에 충성하는 … 그 행함이 없는 일에 처하고 말없는 가르침을 행하는 것 … 모든 악한 일을 하지 않고 착한 일만을 행함…"이라고 화랑도 정신을 표현하고 있다. 화랑은 수려한 외모와 덕성, 왕족이나 귀족 신분으로 14~18세가 주축이고, 낭도들은 계급불문하고 귀족사회와 평민사회를 연결하는 교량적 역할을 주도하였다.

화랑도 교육의 목적은 실생활 중심의 전인 교육으로 유학교육과 더불어 수려한 산천들을 돌아다니면서 인격도야와 정서 함양을 심신수련과 군사훈련을 통하여 이루어 냈다. 교육이념으로서의 세속오계의 내용은 사군이충(事君以忠), 사친이효(事親以孝), 교우이신(交友以信), 임전무퇴(臨戰無退), 살생유택(殺生有擇)이 있다.

(4) 통일신라시대의 교육

통일된 이후 확장된 영토를 다스리기 위해서 여러 방면으로 견제할 제도적 장치의 필요성은 국가의 근간을 이룰 인재양성과 관리 선발을 위한 다양한 교육제도의 설치가 요구되었다.

당나라 '국자감'의 영향을 받은 최초의 국립 종합대학의 면모를 갖춘 '국학'의 설립(신문왕 2년, 682)은 중앙집권제 확립과 강화를 위해 유학의 연구와 보급을 원활하게 다루게 되었다. 교육내용은 유학의 주요 경전인 『논어』, 『효경』, 『주역』, 『상서』, 『모시』, 『예기』, 『춘추좌씨전』, 『문선』을 필수과목으로 정하여 충효사상을 고취시켰고, 15~30세의 귀족자제를 대상으로 입학자격을 부여하였으며, 주로 6두품 출신들이 많았다. 9년 수업연한 동안 중퇴, 기간연장, 장학금 지급 등이 시행되었다. 국학 안에는 문묘를 설치하였다.

국학과 연계하여 인재 선발을 위해 원성왕 4년(788)에 '독서삼품과'를 설치하여 기존 관리등용제도의 불만에 따른 사회문제를 해결하고자 하였다. 『춘추좌씨전』, 『예기』, 『문선』, 『논어』에 밝은 자를 상품, 『논어』, 『곡례』, 『효경』을 능통한 자를 중품, 『곡례』, 『효경』을 통달한 자를 하품, 『오경』, 『삼사』 『제자백가의 서』 등에 통달한 자를 특품으로 평가하였다. 우리나라 과거제도의 전신이라 할 수 있으나 기존 기득권을 가진 귀족들에 의해 확대 실시되지는 못하였다.

(5) 발해의 교육

발해는 고구려가 나·당연합군에 의해 망한 지 30여 년 후인 698년에 고왕(대조영)에 의해 건국되어 인근의 당, 일본, 신라 등과 활발한 교류를 통해 문화대국으로 꽃을 피워 '해동성국(海東盛國)'으로까지 불렸다. 10세기 전후 주변 국제정세 변화에 능동적으로 대처 못하여 926년에 거란에 의해 멸망하였다. 조선후기 실학자 유득공(柳得恭, 1749~1807)의 저서 『발해고(渤海考)』에 따르면 신라가 남쪽으로 차지하고 발해가 북쪽을 차지하는 시기를 '남북국시대'라고 칭하였다.

발해의 중앙관제는 3성(정당성, 선고성, 중대성)과 6부(충·인·의·지·예·신)로 이루어져 유교의 대표적 덕목으로 통치치념을 세웠음을 알 수 있다. 또한 별도로 서적관리를 맡은 문적원과 당나라의 국자감과 비견되는 중앙 최고의 교육기관인 '주자감(胄子監)'이 있었다. 입학자격은 왕족과 귀족자제로 한정되었을 것이며 교육내용도 유학을 위주로 5경과 역사서, 시 등과 기술교육으로는 천문, 역법, 의사 등으로 구성되었을 것이다.

건국 초기부터 당나라에 유학생을 파견하기도 하고 국자감에 입학시킨 기록도 있다. 발해 교육의 특이점은 '여사(女師)'제도인데, 중국 고대 궁중의 여자 스승을 일컫는 말이다. 여사는 모(姆), 여부(女傅) 등으로 나누어 왕족의 여성교육에 힘을 썼다.

3) 고려시대의 교육

고려는 삼국시대에 스며든 불교의 사상이 고유의 사상인 무속신앙과 결합하여 사회 전반적으로 커다란 영향을 주었다. 불교가 일반 백성들에게 삶의 지표로 깊숙이 침투하였다면, 유교는 국가체제 안에서 통치이념을 고찰시키기 위해서 작용되었다. 이는 형식적 교육으로는 유교의 경전을 채택하고 백성을 감화시키는 민중교육은 불교의 경전이 사용되었다.

지방호족세력을 견제하고 중앙집권 왕권 안정을 강화시키기 위해서 과거제도를 광종 9년(958)에 도입하였다. 과거는 제술업(시와 문장을 작성)과 명경업(경서의 뜻을 해석), 기술관을 선발하는 잡과(의복, 지리, 율), 교종과 선종의 승려를 뽑는 승과, 무신 등용을 위한 무과가 있었다. 시험은 매년 실시되었고, 성원 필요에 따라 등용되었다. 과거는 고시과목이 교육내용과 일치하면서 시험을 위한 학문에 대한 폐단을 낳았다.

관학을 대표하는 '국자감'의 설치는 성종 11년(992)에 되었다. 중국의 제도와 비슷하였으며, 오늘날의 대학교육의 수준이라 할 수 있다. 문묘를 설치하여 제례기능을 담당하고 교육활동인 학교제를 병존하였다. 국자감의 구성은 유학과인 국자학·태학·사문학은 유교의 경전을 연구하는 과정이고, 잡과인 율학·서학·산학 등은 직업교육으로서 기술직을 양성하는 육학으로 나누었다. 입학자격은 학문의 순위에 따라 신분의 차등을 두었다. 고려 말 성리학이 도입되고 공민왕 11년에 명칭이 성균관으로 바뀌면서 교육내용도 사서와 오경을 중심으로 바뀌었다.

학당은 고려 말 등장한 국자감의 하위에 속하는 중등교육을 담당하는 교육기관으로 국자감에서 교육을 받지 못하는 개경의 학생들이 그 대상이었다. 원종 2년 설치된 '동서학당'은 개경의 동쪽과 서쪽에 위치하여 문관 양성을 위한 유학 부흥이라는 사회적 배경에서 탄생하였다. '오부학당'은 공양왕 때 정몽주(鄭夢周, 1337~1392)가 성균관 대사성을 겸하면서 중앙과 남북에 세웠으며 오늘날 사립고등학교의 성격을 띠면서 조선시대에는 사학(四學)으로 축소되었다. 교육내용은 『대학』, 『중용』, 『논어』, 『맹자』, 『주역』, 『춘추』로 주로 구성되었다. 학당의 수업은 국자감과 유사하여 강학과 토론 등을 통한 교육을 실시하였고 국자감에 입학하기 위한 수업도 병행하였다.

지방에서는 향교가 주축을 이루어 중등교육기관의 역할을 수행하였다. 지방 관리의 자제나 서민의 자제를 대상으로 성현을 모시는 문묘인 대성전과 강학을 담당하는 명륜당이 있었다. 『고려사』에 보면 "제주(諸州)에 소하여 학교를 세워 교도를 넓혔다."라는 기록을 보면 향교는 전국적인 규모로 군현에 하나씩 설치된 기관이라는 것이다.

대표적인 사학으로는 국자감 수준의 고등교육기관으로 12도(十二徒: 함께 공부하는 집단)가 있었다. 12도는 몽고의 외침으로 고려 초기 중흥되었던 교육제도가 와해되자 실질적인 교육기관이 하나도 없는 상태에서 만들어졌다. 최충(崔沖, 984~1068)의 구재(九齋) 형태를 본받아 이름 있는 유학자들이 11도를 세웠다. 교육은 『주역』, 『시경』, 『서경』, 『예기』, 『논어』, 『맹자』, 『춘추』, 『주례』, 『효경』을 포함한 9경과 『사기』, 『안서』, 『후한서』의 3사 등이다.

교육방법으로는 신라의 화랑들처럼 산천을 주유하며 심신을 단련한 것과 비슷한 맥락으로 매년 여름 산속의 사찰에서 기거하면서 연수회 형식으로 행해진 하과(夏課)와 시 짓기 대회에서 성적이 우수한 사람에게 상을 주는 각촉부시(刻燭賦詩)도 있었다. 주로 상류층 자제들이었고 귀족사회의 인맥과 학벌을 형성하는 데 큰 역할을 하였다. 국학이 부진하였던 고려 중기에 등장하여 유학에 지대한 공헌을 하였으나 공양왕 3년(1391)에 폐지되었다.

고려시대 서당은 지방 일반서민계급의 자제들을 수용하였던 교육기관으로서 서민교육의 보급과 지방의 민중교화에 지대한 영향을 주었지만 조선시대와 비교하여 보면 그 규모가 작았다는 것을 짐작해 볼 수 있다.

대표적인 교육사상가로는 해동공자(海東孔子)라 불리는 최충(崔沖, 984~1068)과 선교회통(宣敎會通)과 정혜쌍수(定慧雙修)의 교학체계를 세운 지눌(知訥, 1158~1210), 주자의 성리학을 고려에 최초로 전한 성리학자인 안향(安珦, 1243~1306), 불교의 견성(見成)과 유학의 양성(養成)은 같은 것으로 본 최고의 문필가 칭호를 가지고 있는 이색(李穡, 1328~1396), 최초로 주자의 가례에 따라 가모를 세워 조상을 모시며 5부 학당과 향교를 세워 성리학 부흥에 기여한 정몽주 등이 있다.

4) 조선시대의 교육

(1) 조선시대 교육

조선시대의 교육은 유교에 기반을 두었으며, 교육을 통해 유교적 가치를 확대 재생산하면서 이상 국가를 추구하였다. 교육의 제도는 관학(官學)인 성균관(成均館), 사학(四學), 향교(鄕校) 등이 있으며, 사학(私學)으로는 서원(書院)과 서당(書堂)이 있었다.

성균관은 고구려의 태학과 신라의 국학, 고려의 국자감을 계승하면서 통치 이념인 유학을 널리 보급하여 국가체제를 확고히 하려는 의도가 포함되어 있다. 태조 7년(1398)에 건립되어 문묘와 명륜당이 중심이 되어 동서양재(東西兩齋), 존경각(尊經閣), 계성사(啓聖祠), 비천당(丕闡堂), 일양재(一兩齋), 벽입재(闢入齋), 육일각(六一閣) 등이 있으며, 태학(太學), 학궁(學宮), 반궁(泮宮), 현관(賢關)이라 불리기도 하였다. 직재는 정3품 대사성(大司成)이 관장하고, 입학자격은 소과 합격자인 생원과 진사인로 200명을 정원으로, 인원이 부족할 경우에는 사학의 학생들 중에서 충원하기도 하였다.

교육내용은 사서와 오경을 위주로 독서(讀書), 제술(製述), 습자(習字)로 나누었으며, 노장(老莊)과 불서(佛書), 백가(百家), 잡류(雜類) 등을 금하였다. 유생의 규율은 학령 11조를 통하여 규제하고, 자치활동으로는 장의(掌議)를 뽑아 재회를 통해 국가 시책의 실정과 교풍에 위배하는 것에 대해서는 유소(儒疏)를 올려 탄핵할 수 있었다. 유소가 통과되지 않으면 식당에 들어가지 않는 권당(捲堂), 수업을 거부하는 공재(空齋), 자퇴를 결의하는 공관(空館) 등을 강행하였다. 성균관 유생은 재학 중일 때 면세 및 면역의 특권을 가질 수 있었으며, 왕이 직접 실시하는 행학(幸學), 상별과 교시(敎示), 하사(下賜), 각종 특별시험 등에서 우선 선발될 수 있는 특혜를 누리는 정책적 배려가 있었다.

사학은 사부학당이라고도 하며 한양의 중(中學), 동(東學), 서(西學), 남(南學)에 설치한 성균관의 부속학교의 성격을 띤 중등교육기관으로서의 관학이다. 유교경전을 중심으로 교육내용이 구성되었고, 특히 소학은 필수 과목으로 중요시되었다. 사학의 유생들은 성균관에 입학하는 것과 생원·진사시 합격을 목표로 학업에 열중하였다.

향교는 향풍순화와 인재양성을 목적으로 고려 때부터 지방에 설치·운영되었으나 양란 이후 각 지방에 서원의 설립이 늘어나는 조선 중기 이후에는 향교가 교육기관으로서의 기능을 잃고 문묘제사를 모시는 형식만 남게 되었다. 주 교육내용은 소학과 사서오경의 독서와 강(講)과 제술 위주로 사학과 비슷하였다. 한양의 사대부 자제들이 주를 이루었다.

서원은 선현존숭과 후진양성을 목적으로 16세기 중반부터 각 지방에 널리 펴져 세워진 사학(私學)을 대표하는 교육기관이다. 성균관과 향교가 문묘를 두고 석전제를 거행했던 것과는 달리 서원은 우리나라의 뛰어난 선대 유학자와 구국충신을 모시는 사당을 설치하여 제향의례를 거행하였다. 서원은 특히 지역 양반사회의 결속력과 유대를 다지는 장소로서의 기능과 사림의 공론을 일으키는 기관이 되기도 하였다. 『소학』, 『사서오경』, 『제사성』, 『가례』, 『심경』, 『근사록(近思錄)』, 『자집(子集)』, 『사장(詞章)』 등이며, 그 당시 주류 학문이었던 성리학의 이기론(理氣論)과 심학(心學)이 중심이 되었다.

서당은 각 고을에 가르치는 훈장님과 가르칠 한 칸의 공간만 있으면 설치될 수 있는 소규모 초등교육기관으로서의 역할을 담당하였다. 『천자문』, 『동몽선습』, 『소학』 등의 문자 학습과 유학의 기초가 되는 학습과 인성교육에 많은 영향을 주었다고 한다. 일제강점기 시대에 이르기까지 우리민족의 도덕적·예향적(禮讓的) 고유의 향풍(鄕風)을 가꾸는 데 큰 역할을 했다고 볼 수 있다.

대표적인 교육사상가로 퇴계 이황(退溪 李滉, 1501~1570)은 많은 저서와 후학양성을 하면서 성리학의 존재와 당위의 관계를 '이(理)'와 '기(氣)'로 해명하고자 노력하였다.

율곡 이이(栗谷 李珥, 1536~1584)는 『격몽요결』, 『학교모범』, 『성학집요』 등의 저서들을 통해 조선 중기시대에 성리학의 교육이념을 정립하였다.

반계 유형원(磻溪 柳馨遠, 1622~1673)은 17세기 이후 성리학의 추상성과 현실괴리를 비판하고 양란 이후 피폐한 국력과 누적된 사회 모순을 치유하기 위한 경세치용(經世致用), 이용후생(利用厚生)을 추구하는 실학의 등장에 학문적 기초를 다지는 데 기여하였다.

성호 이익(星湖 李瀷, 1682~1764)은 사회 현실을 역사적으로 고찰해야 하며 이를 위해서는 실증적이고 비판적인 태도로 학문에 임해야 한다고 강조하였다.

다산 정약용(茶山 丁若鏞, 1762~1836)은 정치 경제 부문의 개혁에 주로 관심을 많이 가졌으며, 교육에도 상당한 관심을 쏟았다. 국자감과 태학으로 이원화된 학제를 주장하였다. 다산은 오학론(五學論)에서 당시의 성리학, 훈고학, 문장학, 과거학, 술수학의 해악을 강하게 비판하고 있다. 다산은 불가독설(不可讀說)을 주장하였다. 불가독설이란 우리 현실에 맞지 않고 교육적으로 해학을 끼치는 서적들을 읽어서는 안 된다는 주장이다.

(2) 조선시대 과거제도

조선의 과거제도는 소과 대과로 나누어져 성균관에 입학할 수 있는 자격이 부여되는 문과와 무관을 선발하는 시험인 무과, 전문 기술 관리를 뽑는 잡과(역·의·율·음양)로 구성되어 있다.

표 2-1 조선의 과거제도

구분	내용
목적	인재등용 및 관리 선발
응시자격	양인(평민) 이상만 가능
종류	문관(소과: 생진과, 대과: 문과) 무관(무과) 기술관(잡과: 역, 율, 의, 음양과)
시험순서	소과: 생원시, 진사시 대과: 초시, 복시, 전시 무과: 초시(원시, 향시), 복시, 전시
실시시기	식년시: 정기시험 매 3년 별시
특징	취재: 간단한 시험으로 기술인력 선발 강제시비: 문과 초시 초장 시험방식 논쟁 성종 때 강경으로 결정
기타	문음제도(2~3품 이상의 고위 자제)

5) 근대와 현대사회의 교육

(1) 개화기 시대의 교육

조선정부가 본격적인 근대교육 제도를 시작한 것은 갑오개혁이다. 정부기구를 내각제로 개편하면서 과거제도를 폐지하고 새로운 관리 임용 제도를 도입하고 근대적 교육행정기구인 학무아문(學務衙門)을 설립하였다. 학무아문의 고시(1894년 7월)에는 영재교육 실시의 시급함과 소학교와 사범학교를 설립하여 양반과 상민의 구분 없이 인재를 두루 양성하게 하였다. 홍범14조(1895)를 공포한 고종은 우수한 인재를 외국에 파견하여 학술과 기예를 배우도록 하였다.

근대교육에서 정부주도의 교육체제보다는 민간인 주도의 교육활동이 더 활발하게 진행되었다. 특히 민족 선각자들에 의해 벌어진 교육 사업은 올바른 사람을 통해 구국의 미래를 기약하려는 신교육을 시행하는 학교를 적극적으로 설립하였다. 원산학사(1883)를 비롯하여 흥화학교(1895), 중교의숙(1896), 정선여학교(1897), 순성여학교(1898) 등의 학교들과 함께 1907년에서 1909년 사이에 3천여 학교들이 민족문호 창달과 자주적 자존의식으로 무장한 투사들을 양성하여 민족의 자주독립을 쟁취하고자 하였으며, 교육 사업은 곧 구국

운동의 주춧돌이 되었다.

선교계의 대표적인 교육활동으로는 프랑스인 신부 매스트르(Maistre)에 의해 우리나라 최초의 서구식 교육기관인 '배론 성요셉 신학당(1855)'이 충북 제천에 설립되었다. 알렌(H. N. Allen)은 의료 선교사의 자격으로 국립병원 '광혜원(廣惠院, 1884)'을 개원하여 16명의 학생들을 뽑아 의학교육을 실시하였나. 아펜젤러(H. G. Appenzellcr)는 최초의 근대학교인 '배재학당'을 세웠는데 고종이 교명과 편액을 하사하였다. 언더우드(H. G. Underwood)는 고아원(1886)과 고아학당(언더우드 학당)을 운영하여 이후 경신학교(1905)로 개칭하고 연희전문학교(1917)로 개편하여 연세대학교의 탄생에 이르렀다. 스크랜턴(W. B. Scranton) 부인은 여성을 대상으로 교육을 실시하여 '이화학당'이라는 교명을 명성황후에게 하사받아 우리나라 최초의 여성교육기관이자 여권 신장의 요람을 만들었다.

(2) 일제강점기의 교육

일본의 강압에 의해 체결된 을사늑약(1905)은 조선의 외교권을 강탈당한 사건으로 식민지 지배체제를 존속시켰다. 통감부(1906)를 설치하여 조선의 우민화 정책을 실시하여 학교 수업 연한을 단축시켰다. 사립학교에 대한 통제는 사립학교령(1908)을 통해 강화하였고, 결국 1910년 8월에 조선총독부를 설치하여 조선을 강제 병합시켜 식민통치를 시작하였다.

사학의 민족교육 운동은 3·1 운동을 전후로 파생되었으며, 조선 본위의 교육과 교육진흥 운동으로 확산되었다. 대체로 사학의 교육목적은 나라를 되찾을 수 있는 인재를 양성하는 데 조력하였고, 사학의 실립자나 교사가 모두 독립운동의 유지를 받들어 긍지와 신념을 가지고 교육에 임하였다.

대표적인 민중교육운동으로는 동학사상을 천도교로 개명한 3대 교주 손병희(孫秉熙, 1861~1922)에 의해 체계적으로 이루어졌다. '천도교 청년당'을 조직하여 성별·연령·직업 등으로 나누어 민중 계몽 활동에 참여하였다. 특히나 『어린이』 잡지를 발행하여 아동에 대한 인식을 일깨워 주었으며, 어린이날(1922)을 제정하였다.

민족운동단체이면서 좌우합작 모임인 신간회(1927~1931)의 활동 내용인 "조선 농민의 교양에 전국적으로 노력하며, 조선인 본위의 교육을 확보한다는 것"은 일본의 식민교육에 대한 강력한 저항이었으며, 조선인 본위의 교육을 주장하여 야학과 강연회 등을 통한 사회교육에 주력하여 민족의 자부심 고취와 민중 계몽에 앞장섰다.

(3) 현대사회의 교육

정부수립과 함께 공포된 "모든 국민은 균등하게 교육받을 권리가 있으며, 적어도 초등교육은 의무적이며 무상으로 한다."는 제헌 헌법 제16조는 국민의 교육의 권리와 의무를 수반하였다. 1949년 12월 31일 교육법 제정·공포는 교육의 이념, 목적, 의무와 권리 등에 관한 제 규정을 명문화, 민주 교육을 위한 법적 장치가 제도적으로 마련되었다. 한국전쟁 이후 교육의 양적 팽창은 급속도로 진행되었으며, 고등교육의 발전과 의무 교육의 확대는 교육의 질적 발달에도 영향을 주었다. 대한민국 교육의 특징을 정리하면 다음과 같다(손승남 외, 2013).

① 학교제도의 근본구조는 단선형이다.

② 학교제도는 교육적 성격상 3단계로 구분되어 있다. 형식적으로는 6－3－3－4제 4단계로 되어 있으나, 기초학교 6년, 중간 또는 중계학교 6년(중학교 3년, 고등학교 3년), 종국 또는 종결학교 4년으로 구분되어 각기 교육적 성격을 달리하는 3단계의 학교를 연령 단계별로 한 단계씩 올라갈 수 있도록 되어 있다.

③ 남녀가 평등하게 교육을 받도록 되어 있고 평생교육의 이념이 법으로 보장된다.

④ 의무교육제도가 실시되어 중학교(9년)까지 무상으로 받을 수 있다.

⑤ 시각장애인·지적장애인·지체장애인·기타 심신장애인 등을 위한 통합교육이 추진되고 있다.

⑥ 각종 대학원이 전문대학원 체계로 바뀌면서 의학전문대학원, 법학전문대학원 등 고등교육의 체계가 변화하고 있다.

⑦ 유치원의 공교육화가 진행되고 있으며, 국가의 공교육 정책 또한 확대되고 있다.

⑧ 국가수준의 교육과정의 영향력이 큰 편이다. 또한 교육과정 개정이 너무 자주 이루어지고 있다. 1954년 제1차 교육과정을 제정한 이래 지금까지 10차례(2007·2009·2015개정교육과정 포함)에 걸쳐 교육과정을 개정하였다.

⑨ 지나친 사교육의 확대로 다양한 교육문제를 초래하고 있다. 이로 인해 공교육의 불신은 확대되고 공교육의 권위도 점차 약화되고 있다. 그에 따른 학부모의 경제적 부담 증대, 학생들의 삶의 피폐 등은 시급히 해결해야 할 과제이다.

2 서양교육사의 이해

1) 고대와 중세의 교육

(1) 고대 그리스의 교육

서양 문화의 근간을 이루는 고대 그리스시대는 인문주의와 자유교양교육의 단초를 마련한 시기였다. 폴리스(polis)라는 도시국가의 성격을 띤 그리스는 모든 시민이 정치적·군사적·교육적 공동체를 구성하는 독특한 체제를 발전시켰다. 폴리스 시민들은 지혜와 행동이 겸비된 전인과 윤리적 인간으로서, 삶의 목적과 방향을 부여받는 초인간적인 특징을 갖는다.

그리스 교육의 전반은 호머(Homer)의 『일리아드(Iliad)』와 『오디세이(Odyssey)』에 나타난 바람직한 인간상으로서의 행동, 용기, 인내, 절제 등의 실천적 덕목을 지닌 아킬레스(Achilles)와 지혜, 안목, 통찰, 문제해결 등의 지적 덕목을 겸비한 오디세우스(Odysseus)를 표방하였다. 폴리스에 유용한 시민의 자질은 국가중심의 철저한 교육으로 양산되었다. 교육방법으로는 음악과 체육교육을 통하여 지적·심미적·신체적 조화를 이룬 전인적 인간을 추구하였고, 자유교양교육(liberal education)이 중심이 되었다.

소피스트들(sophists)은 합리적으로 개인의 목적을 추구하여 교육목적, 교육과정, 교수방법 등에서 새로운 인간형을 육성하였기도 했지만 이전의 자연철학적 관점에서 상대주의적 지식관을 가지고 인간중심의 철학으로 전환시키면서 교육의 목적을 정치가, 웅변가로 성공하는 도구로 삼았기 때문에 지식, 즉 변론술, 수사학, 웅변술 등을 배우는 데 주안점을 두어 출세 위주의 입신양명에 그 뜻을 두었다.

소크라테스(Socrates, B.C. 469~399)는 행복·정의·용기 등의 덕목에 관하여 문답법으로 모든 인간이 무지의 자각을 통해 자신의 현 상태를 확인하고 실천력을 담보한 앎의 세계로 나아가 진리를 깨치는 '지행합일(知行合一)'을 추구하였다. 이에 앎은 단순한 지식의 획득이 아니라 보편적인 진리에 대한 인식을 의미하는 것으로 행위를 수반할 수밖에 없는 실천적 앎으로서의 지식의 보편타당성을 주장하였다. 교육방법으로는 무의식적 무지에서 의식적 무지를 이끌어 내는 단계인 반어법, 무지의 자각이 된 상태의 학습자를 참된 지식과 보편타당하고 합리적인 지식으로 이끄는 상기법, 교사가 우리의 의식에 내재한 무의식적 지식을 외부로 나오게 하는 산파법이다.

플라톤(Plato, B.C. 427~347)은 보편적이고 절대적이며 영원한 진리란 이데아의 세계에 존재한 것이며, 현상의 세계에 존재하는 것이 아니며, 교육의 목적은 현상계의 변화하는 사물의 법칙 이면에 내재한 사물의 이데아를 파악하는 안목을 기르게 하는 것이라고 주장하였다. 교육단계와 조기교육의 중요성을 강조하였는데, 유아기(0~5세)의 경험이 인간발달의 절반을 이루는 중요한 시기로 파악하였다. 이 시기에 비합리적이거나 비속한 것은 금지하며 감정이나 정서를 즉각적으로 만족시키는 것을 반대하고, 사려 깊은 교육은 유아의 평생교육에 기초하고, 유희를 기반으로 한 음악과 체육활동 중심의 교육내용을 펼쳤다.

아리스토텔레스(Aristotle, B.C. 384~322)는 플라톤의 이상주의에서 벗어나 실재의 세계에서 존재의 본질을 추구하며, 현실의 합리적 이성적 활동을 통한 실증과학을 중요시하였다. 국가에 봉사하는 시민의 양성을 위해 적극적인 교육을 강조하며, 중용의 원리를 만족시키는 덕을 함양하는 것으로는 용기와 절제를 통해 조화와 균형을 이루고자 하였다. 교육의 목적으로는 이성적 능력의 개발을 통한 덕의 획득으로 지적 탁월성과 도덕적 탁월성을 연마하여 행복에 도달하게 하는 것이다.

(2) 로마의 교육

그리스가 화려하고 심미적인 예술문화가 가졌다면, 로마는 상선하고 실용적이고 단순미를 강조한 문화가 지녔다. 로마가 그리스 영토를 점령했지만 그리스는 로마의 정신을 지배하였다고 볼 수 있다. 로마는 초기 공화정시대와 후기 제정시대로 나누어 설명할 수 있다.

초기 로마의 교육은 그리스 문화를 받아들이기 전의 실제적이고 실리적이며, 검소하고 강건하며, 도의심과 애국심이 강한 인간상을 추구하는 로마 고유의 교육적 성격을 띠고 있다. 생산에 근면하고 산업에 필요한 지식과 기술을 체득하고 도덕을 존중하며 애국적이고 검소한 생활태도를 가진 사람으로 길렀다. 교육내용은 12동판법(銅版法)이었고, 읽기·쓰기·셈하기와 축제일의 노래와 종교의식, 가정생활, 시민생활, 그리고 조상 때부터 전래해 온 전통과 습관들을 배웠다. 가정교육이 중심이 되어 아버지와 어머니는 가장 책임 있는 교사역할을 수행하였다. 기원전 3세기경에는 서민대중의 자제를 위한 초등교육기관으로서 루두스(Ludus), 중등학교로서 문법학교, 고등교육기관 정도의 수사학교 등이 생겨났다.

후기 제정시대 로마의 교육은 그리스 문화의 영향을 받아 지적인 인간의 양성과 도덕적이고 연설에 능숙한 웅변가를 기르기 위해 그리스로 유학을 가거나 그리스 철학자와 수사학자들이 로마로 유입되어 그리스 언어와 철학 등을 교육하였다. 가정교육에서 학교교육으로 변화하면서 초등교육기관에서는 읽기·쓰기·셈하기와 호머의 시들이 라틴어로 번역된 교재를 사용하였고, 중등교육기관에서는 문법, 수사학, 논리학, 산술, 기하, 천문학, 음악 등 7자유교양교육의 기초와 고등교육기관에서는 수사학이 중요 과목이고, 법학, 의학, 건축, 기계 등이 있었다.

웅변가이자 정치가인 키케로(M. T. Cicero, B.C. 106~43)는 교육의 목적을 인문주의적 교양을 지닌 웅변가 육성에 의의를 두었다. 바람직한 웅변가는 선천적인 소질, 교육과 훈련, 풍부한 지식과 유창한 언변을 통하여 교육받은 인간상 실현을 추구하였다. 키케로의 많은 저서에서 보여주는 수려하고 탁월한 문장은 후대 인문주의자들에게 많은 영향을 끼쳤다.

퀸틸리아누스(M. F. Quintilianus, A.D. 35~96)는 최초의 공교사로서 교육사상은 그의 저서 『웅변교수법』에 잘 나타나 있다. 이상적 인간상인 웅변가가 되기 위해서는 사물에 대한 지식, 적절한 용어, 우아한 태도, 역사와 법률에 대한 지식, 좋은 기억력, 좋은 담화법의 중요성을 강조하였다. 아동과 성인의 질적 차이와 아동의 개인차의 특성 등을 인정하여 엄격한 규율과 강압, 체벌에 의한 교육을 반대하였다. 그의 사상은 후대 인문주의 교육과 현대교육사상에 지대한 영향을 주었다.

(3) 중세의 교육

서양의 역사에서 중세는 서로마제국의 멸망(476)으로부터 르네상스운동이 움트는 15세기 직전까지의 약 1천여 년에 걸치는 시기를 말한다. 이 시대에는 인간생활의 모든 방면인 정치·경제·문화·교육 등의 각 영역에 걸쳐 로마 교황청을 중심으로 한 신념체계인 기독교 신앙과 민족적인 봉건제도에 기반을 두었다. 4세기 초 국교로 승인된 기독교에 사람들은 정신적인 안식처를 요구하여 신 중심, 내세 중심의 세계관에 심취하게 되었다.

그리스·로마시대에는 삶의 문제에 대한 해답을 현실 찾으려 했던 현세주의인 반면, 중세의 교육사상은 현세에 희망을 두지 않고 내세를 위한 준비기간으로서 현세의 삶의 활동을 내세에 도달하는 수단으로 삼았다. 아동의 심의 발달을 위해 사고를 일방적으로 지향하여 오직 신만을 존경하고, 신을 믿으며, 신에게 복종하는 것을 교육의 내용으로 삼는 것은 기독교의 사상으로 귀결되는 것으로 당연한 결과이다. 종교적 정서의 도야가 의지를 도야시키고, 인지발달 또한 가정·학교·사회교육에서 신에 대한 경건한 심정을 함양시키는 사명으로 작용하였다. 이런 주정주의적 교육은 스콜라철학을 발달하게 하였는데, 그리스·로마철학의 바탕 위에 기독교를 학문적으로 체계화함으로써 사상적 기초를 마련하고 중세교회를 지켜 내려는 열망에서 비롯되었다. 교회의 지도자, 성직자를 양성하려는 사원학교의 역할이 일반자녀들의 입학을 허용하면서 기초교육과 7자유교과(문법, 수사학, 변증법, 기학, 대수, 천문학, 음악) 외에 신학에 대한 배움의 과정이 스콜라철학의 발달에 지대한 영향을 주었다. 수도원 학교는 세속적인 욕망을 부정하는 고행과 금용적인 생활을 영위하면서 순결, 청빈, 복종을 약속하고 기도와 명상, 노동을 의무화하는 성직자, 수도사 등을 양성하는 데 목적을 두었다.

기사도교육은 봉건제도의 산물로서 무지하고 야만적인 기사들에게 기독교 정신을 통하여 용기와 충성·관용을 지닌 군인의 미덕을 겸비하고 예의와 공손·자비 등을 가진 무사를 양성하는 데 주력하였다. 생활현장에서 직접 실천할 수 있는 교육과 군사적 기술로 체육교육을 중시하여 신사교육의 지표가 됨으로써 후에 영국의 신사도 교육의 전형이 되었다.

시민계급의 등장으로 일반 시민교육에 대한 필요성이 제기되었다. 실제생활에서 활용할 수 있는 지식과 능력을 중시하고 생산적이고 직업적인 교육의 요구에 조합학교, 도시학교 등이 설립되었다. 전문적인 상업인을 위한 도제교육은 길드에서 직업기술 습득을 전문으로 한 기술자 양성 교육이 있다. 이런 제도적 공장교육은 유럽의 산업발전에 토대를 제공하였다.

중세대학의 설립과 발전은 7자유교과가 교육과정에서 널리 퍼져 사용하게 되면서부터이다. 십자군전쟁 이후 발생한 사회·문화적 충격은 기독교적 사상에 만족하지 못한 사람들에게 학문적 열기를 제공하였다. 교육과정은 7자유교과를 기초로 한 철학부에서 전공으로 진입해서는 신학, 의학, 법학을 전문적으로 연구하게 되었다. 최초의 대학인 이탈리아 볼로냐(1088), 살레르노(1096), 프랑스 파리(1109), 최초의 종합대학인 영국의 옥스퍼드(1167), 케임브리지(1209), 체코의 프라하(1348) 등이 설립되었으며, 16세기 말에는 100여 개의 대학들이 설립되어 발전되었다.

2) 르네상스시대의 교육과 종교개혁기의 교육

(1) 르네상스의 인문주의 교육

이탈리아의 르네상스 발생과 발달 이유는 지정학적 위치와 문화적 전통과 십자군전쟁으로 인한 유럽사회의 다양한 변화와 절대적이었던 교회 권위의 퇴조 등을 들 수 있다. 고대 로마의 화려한 문화유산을 간직하고 지중해 무역의 중심지로 각광 받으면서 도시와 상업의 발달은 경제적 번영을 안겨주었다. 탐미적이고 감각적·귀족적인 예술과 학문의 발전은 당대 최고의 예술가들과 학자들의 장이 되었으나 지나친 형식주의와 정치적 분열과 더불어 신항로 개척 시대 이후 쇠퇴기를 접하였다.

교육은 중세의 스콜라주의 교육에서 벗어나 그리스·로마의 자유인들의 삶을 재발견하고 고전을 통해서 인간의 자율성과 주도성을 되찾아 자기 삶의 주인이 되는 자유교육의 이념을 재생하였다. 개인적 인문주의는 지·덕·체의 조화로운 발달과 개성의 계발을 통해 자기 사고와 자기표현의 자유를 실현하면서 물질적·정신적으로 풍요로운 인생을 사는 것이다. 귀족적이었던 개인적 인문주의는 귀족 자제들의 교육기관의 설립함으로써 중등교육의 발생에 선구적 역할을 제공하였다. 이탈리아의 궁정학교, 프랑스의 콜레와 리세, 영국의 라틴 문법학교, 독일의 김나지움 등이 대표적이다.

북유럽의 르네상스는 인류의 복지에 도움을 주는 지적인 삶을 추구하며 전체로서의 사회에 기여하는 풍요한 삶을 실현하는 사회 개혁적·대중적인 성향을 추구하였다. 성서와 기독교 경전을 원어로 연구하였으며 본래의 기독교로 복귀하는 데 관심이 많았다. 사회적 인문주의는 일반대중의 무지를 계몽하고 지도계급의 이기심과 위선과 착취를 제거하는 데 관심을 두었다. 성서와 고전을 가르쳤으며 고전의 중요성은 종교적·사회적 수단으로 강조하였다. 르네상스 인문주의는 키케로 주의로 변질되면서 한계점을 드러냈다.

에라스무스(D. Erasmus, 1466~1536)는 르네상스 최고의 인문주의자로서 "인간은 태어나는 것이 아니라 만들어지는 존재이므로, 본성을 방법에 의하여 부단히 개발하고, 방법은 실천을 통하여 완성시켜야 한다."고 하였다. 고전을 중심으로 역사와 지리, 과학연구를 중요시하였는데, 고대의 언어와 문학이 아동 교육의 지적 원천이 될 수 있다고 보았다. 학습자의 내적 동기와 자발성은 학습에 흥미를 갖도록 운동, 놀이, 체조 등을 통한 조기교육과 체벌 없는 자유교육으로 이루어져야 참된 자유교육이라고 강조하였다. 대표적인 저서로는 『우신예찬』, 『아동교육론』이 있다.

(2) 종교개혁기의 교육

종교개혁 운동은 르네상스 운동의 연장으로 봉건적 지배체제와 형식적인 교권주의에 대한 투쟁은 오직 성서에 의해서만 구원을 얻을 수 있다는 신앙의 해방운동으로서 성서주의에로의 복귀운동으로 볼 수 있다. 중세의 내세중심주의에서 벗어나 현세에서의 삶 자체를 긍정하고 직업과 생산 활동에 가치를 부여함으로써 근대적인 산업발전의 계기를 마련한 것으로 평가된다(신차균 외, 2013).

히브리어, 라틴어로 쓰인 성경이 독일어로 번역됨으로써 성서를 통한 교육의 대중화에 기여하였다. 신교는 신앙의 자유와 더불어 인간 자체를 중요시하여 아동이 즐거운 교육과 과학적 진리를 이용하여 실용적인 인간을 기르는 데 기여하였다. 종교적인 것과 세속적인 것이 교육과정을 통해 종교와 생활이 조화를 이루는 교육이 이루어졌다. 기초교육으로서의 가정교육의 중요성을 강조하는 데 의의를 두었으며, 어머니의 교육적 지위도 향상시켰다. 모든 사람을 위한 위무교육이라는 관념과 국가가 설립하고 관리하는 학교라는 새로운 교육적 이상을 제시함으로써 근대교육제도에 지대한 영향을 주었다.

루터(M. Luther, 1483~1546)는 부정부패가 만연한 교회가 중심이 된 종교생활은 성서의 권위에 의존하여 각자의 이성과 양심에 따라 신앙생활을 영위해야 하는 것을 "사람은 율법을 지키는 것과는 관계없이 믿음을 통해서 하느님과 올바른 관계를 맺는다고 우리는 확신합니다."고 강조하였다. 국가의 역할은 학교를 세우고 국가 재정으로 운영해야 하며, 필요하다면 강제 수단을 써서라도 아동을 취학시켜야 한다는 점을 피력하였다. 학교에 대한 통제권을 교회가 아닌 국가가 가져야 한다는 공교육 사상보다는 모든 사람이 누구나 교육을 받을 수 있어야 한다는 의무교육 사상에 있다. 대표적인 교육사상가로는 칼뱅(J. Calvin, 1509~1564), 츠빙글리(U. Zwingli, 1484~1534), 멜란히톤(P. S. Melanchton, 1497~1560), 녹스(J. Knox, 1505~1564) 등이 있다.

3) 근대교육의 태동: 17~18세기의 교육

(1) 실학주의 교육

17세기는 근대문화의 확고한 토대가 구축되었고 과학문명의 새로운 패러다임이 시작되었던 시기이다. 자연과학과 철학의 발전이 가져온 진리 발견의 과학적 방법은 인간의 능력과 이성, 경험을 존중하는 실학주의 교육에 대한 관심으로 나타났다. 교육은 실생활이나 사물을 통하여 인간의 삶에 구체적으로 필요한 지식을 가르치는 실제적이고 궁극적인 목적을 가지고 있었다. 과학적인 탐구방법은 인간 생활의 실용적 가치에 관심을 가졌고, 인문주의 학교들의 교육과정의 비현실성 및 비실제성을 지닌 교육의 목적, 내용, 방법에 대한 비판과 동시에 자각을 하였다. 모든 생활 장면에서 인간에게 현실적인 의미를 부여하고 실제적인 이익을 가져다 줄 수 있는 자연의 비밀을 탐구하고 발견하고 활용해야 한다는 것이다.

인문적 실학주의는 고전을 연구하는 목적도 고전 그 자체에 목적을 두는 것이 아니라 그 속에 담겨져 있는 과학적·역사적·사회적 정보를 캐내어 지적 교육, 도덕적 교육, 사회적 교육, 종교적 교육, 신체적 교육을 통해 전인간성을 발달시키고자 하였다. 대표적인 사상가로는 프랑스의 라블레(F. Rabelais, 1483~1553), 스페인 출신의 비베스(J. L. Vives, 1492~1540), 영국의 밀턴(J. Milton, 1608~1674) 등이 있으며, 그리스어, 라틴어, 히브리어 등으로 되어 있는 고전을 읽고 이해할 수 있는 언어교육의 중요성을 말하였다.

사회적 실학주의는 인문적 실학주의가 고전의 내용에서 삶에 대한 학문적 지식으로 학자를 현학자로 만들어 주기는 하지만 사회에 대한 관찰과 경험으로 유용한 지식을 얻는 데는 전혀 도움이 되지 않는다고 하였다. 교육의 목적은 풍부한 교양을 지닌 신사양성에 있었다. 실생활에서 유능한 사회인 및 세상 일에 밝은 인간으로서 풍부한 경험을 하게 하였다. 프랑스의 몽테뉴(M. E. Montaigne, 1533~1592)와 영국의 로크(J. Locke, 1632~1704) 등이 있다.

감각적 실학주의는 인간의 감각적 직관을 기초로 사물의 본질을 파악하며, 자연과학의 발전에 따른 과학적 지식과 연구방법을 도입하여 실생활에 유용한 지식으로 삼으려 하였다. 자연 법칙에 일치하는 활동을 통해서 개인 및 사회를 발달시킴으로써 인간에게 이롭게 작용하여 사회를 개혁할 필요성에 대해 주장하였다. 모든 사람은 교육받을 필요가 있으며 교육은 자유롭고 실제적 지식을 포함하면서 전 교과과정에 관심을 가졌고, 특히 하층민을 위한 민주주의적 교육을 주도하였다. 독일의 라트케(W. Ratke, 1571~1653), 체코의 코메니우스(J. A. Comenius, 1592~1670) 등이 있으며, 교수법은 지식이란 '감각을 통하여 나온다'는 것과 학습은 반드시 '사물－사고－언어' 순으로 되어야 한다는 근대적 교육방법론으로 평가될 수 있다(노상우, 2008).

(2) 계몽주의 교육

18세기에는 모든 것을 이성의 관점에 비추어 비합리적인, 몽매한 것을 비판하면서 새롭게 등장한 시민계급에게 인간 중심의 합리적인 신념과 철학을 제공하였다. 즉, 인간의 이성은 인간적 삶의 궁극적인 판단자 및 지도자로서의 역할을 맡게 된 것이다. 정치적인 절대주의에 반대하고 자유와 평등의 민주정신을 추구하는 새로운 계몽사상은 비인간화를 조장하는 사회적 상황 전체를 비판하면서 개인의 행복추구 수단으로써의 합리적 사회와 자연적 질서의 회복을 주장하였다(노상우, 2008).

루소(J. J. Rousseau. 1712~1778)의 『사회계약론』에서는 시민들이 내리권자를 선출하여 정부에서 일할 권한을 부여하고, 대신 정부는 시민의 천부적 자연권인 생명·자유·재산을 보호할 의무를 지닌다고 주장하였다. 이는 기존의 자유를 억압하는 보수적인 교육에 대한 인식상태에 있는 인간 이성을 일깨워 미성년 상태에서 스스로 역사발전의 책임을 지는 주체자로 양성하고자 하는 새로운 교육적 관점을 가지게 하였다. 교육을 통해서 길러야 할 '합리적인 개인'이라는 이상적인 인간상을 교육의 목적으로 제시함으로써 인간의 본성과 이상적인 삶의 모습에 관한 다양성을 내포하고 있다. 이것은 학교교육과 문화발전에 영향을 줌으로써 인간의 정신적 상태를 고조시키면서 근면과 노력으로 시민의 정신적 삶을 크게 변화시키는 계기를 마련하였다.

(3) 자연주의 교육

18세기를 장식할 주요사상 중에서 '자연에 따라서 교육한다'는 자연주의에서는 개인의 자유와 권리를 주장했다는 점은 계몽주의와 일맥상통한다고 볼 수 있지만 교육의 만능설과 인위적 교육에 대해서 비판한 것은 구별될 수 있다고 본다. 개인의 자연적인 본성을 중요하게 생각하였으며, 이것을 발달시켜 완전한 '인간'으로 기르고자 하였다. 자연을 관찰하여 법칙을 발견하고 교육의 과정에 적용하고 아동발달에 대한 심리학적 이해를 필요성을 제기하였고 인간의 자연성을 존중하는 교육이다.

루소의 자연주의 교육의 특성은 구체제 교육의 대한 비판과 아동기의 재발견을 들 수 있다. 『에밀』에 의하면 인간의 자유를 담보하는 주체자는 잘못된 사회적 조건에 의해서 구속당하고 제약받고 있는 인간으로부터 탈피하여 완전히 자기 자신을 위해 생존하는 자기목적적인 자연인을 뜻한다. 이런 자연인의 도야를 돕는 것이 교육의 목적인 셈이다.

루소의 교육원리는 사회의 구성원이 되기 위해 배워야 하는 사회적 관념이 아동 자신의 것이 되고, 아동이 그 관념을 외부로부터의 강요받는 것이 아니라 자신의 본성의 표현으로 자각하는 '자연인을 위한 교육'과 아동이 주도적으로 체험하고 느끼고 깨닫도록 도와주는 '소극적 교육의 원리'와 각각의 연령대가 그 자체의 고유한 특징을 가지고 있다고 보는 '연령별 차이에 따른 교육'과 교육은 미래의 삶을 위한 준비가 아니라 그때그때의 생활 실천을 통해서 인생의 선악에 잘 견딜 수 있는 인간을 형성하는 것으로써 아동이 능동적인 학습자가 되어야 함을 강조하는 '아동중심주의'로 설명할 수 있다(신차균 외, 2013). 아동존중교육, 자연주의 교육적 방법론 그리고 자연 상태를 유지하기 위한 사회개혁의 정치·윤리적 관점 등은 현대교육에 지대한 영향을 주었다.

4) 근·현대교육의 발전: 19~20세기의 교육

(1) 신인문주의 교육

19세기 중반에 등장한 신인문주의(neu humanismus)는 르네상스시대의 인문주의가 키케로주의로 변질되었던 것을 반성하면서 실학주의의 공리성과 계몽사상의 이성 지상주의를 비판하면서 인간의 조화로운 발달을 바라고 인간의 정서와 감정을 바탕으로 독일을 중심으로 전개되었다. 고대 그리스 문학과 사상, 인간관, 세계관을 중심으로 고전의 형식이 아닌 정신과 내용을 바탕으로 고전문화에 대한 자각적 태도를 지녔다. 고전 속에서 자기의 본질을 깨닫고 참된 자기를 파악하여 실질적인 생활에 도움을 주고자 하였다. 신인문주의는 많은 학자에 의해 다양한 사상적 스펙트럼이 구성되기도 하지만 공통적인 면을 살펴보면 고대 그리스 문화의 핵심인 인간성의 조화로운 발전을 추구, 인간의 보편성보다는 각자의 개성과 역사 및 민족의 특수성을 강조, 개인의 삶에서 사회와 역사와 문화 전통의 중요성을 강조한 점을 찾아볼 수 있다(신차균 외, 2013). 대표적인 사상가로는 페스탈로치, 피히테, 헤르바르트, 프뢰벨 등이 있다.

페스탈로치(J. H. Pestalozzi, 1746~1827)는 칸트의 교육적 이상과 더불어 루소의 『에밀』에 나타난 교육을 몸소 실천한 교육자라고 할 수 있다. 『은자의 황혼』 서문에는 "인간은 옥좌 위에 앉아 있으나 초가의 그늘에 누워 있으나 본바탕으로는 평등하다."라고 밝히고 있다. 평등적 인간관을 나타내고 있으며, 모든 인간의 도덕성을 일깨워 인간 본성이 지니고 있는 선함과 발전 가능성을 전제로 조화로운 발달 이념을 표명하였다. 『인류 발전에 있어서의 사연의 과정의 연구』의 내용에는 인간은 자연적·사회적 단계를 거쳐 도덕적 단계로 발전하며, 교육의 궁극적인 목적은 도덕적 인간을 만드는 데 있다고 하였다. 인간의 본능적 욕구를 충족하고 사회적 계약을 이행할 수 있는 언어와 행동양식을 익히고 가치관과 문화유산을 습득하고 계승하면서도 각자의 개성적 결단에 의해 자신의 인격을 완성적으로 도야하고 새로운 가치와 규범을 모색함으로써 도덕적 상태의 인간이 되도록 하는 것이다(박의수 외, 2007).

프뢰벨(F. W. A. Fröbel, 1782~1852)은 자유주의 교육관을 유아에 초점을 두어 인간교육철학을 전개하였다. '어린이의 정원'이라는 뜻을 지닌 유아교육 시설인 '킨더가르텐(Kindergarten)'을 운영하면서 유아는 모든 식물이 자연에서 건강하게 성장하는 것과 같이 내재된 가능성은 인생의 초기 경험을 통해 자연과 신과의 조화를 이루게 하는 성장을 도모할 수 있게 경험이 풍부한 자연의 정원사로서의 유아교사의 돌봄이 필요하다고 강조하였다. 페스탈로치의 직관 교육에 대한 원리를 이어 받아 유아의 본성은 놀이와 게임이나 동식물을 기르고 재배하는 활동을 통해 형성될 수 있다고 보았다. 『인간의 교육』에서 교육의 원리를 살펴볼 수 있다.

(2) 국가주의 교육

19세기에 등장한 국가주의는 여러 방편으로 사회발전의 원동력으로 작용하였다. 자유주의 발전과 민주주의 이념의 확대와 더불어 산업발전에 따른 자본주의의 모순 등의 발생은 국가 간의 경쟁에서 주도권을 잡기 위한 방법으로 국민의 자질을 향상시키고 국가에 대한 애국심을 고취시키기 위한 국민교육의 필요성이 절실하게 요구되었다. 이는 루터의 종교개혁 이후 교육에 대한 국가의 책임론이 대두되었고 밀(J. S. Mill, 1806~1873)의 『자유론』에서도 국가가 자기의 시민으로 태어난 모든 인간존재에게 일정 수준의 교육을 강제하고 요구해야 한다는 것을 강조하였다. 초등학교 제도를 무상의무교육으로 하는 것은 만인에게 보편적인 교육을 실시하고 교회나 경제세력의 간섭으로부터 교육을 독립시키고 공교육 제도의 정착화에 힘썼다는 것이다.

프랑스는 시민혁명(1879) 이후 교육의 주체는 더 이상 종교의 중심이 아니라 국가 주도하에 있어야 한다는 의식이 팽창되었다. 콩도르세(A. Condorcet, 1743~1794)가 주장한 '가르칠 자유와 배울 자유'(1791)에 대한 "교육의 자유원칙이 확인되어야 한다. 교육의 자유에는 배우는 자유와 가르치는 자유가 있으며, 전자는 배울 권리의 자유로운 행사를, 후자는 가르치는 권리의 자유로운 행사를 뜻한다"(김신일, 2000). 내용은 국가의 교육에 대한 명확한 역할을 규명하고 있다. 주권을 가진 국민의 계몽을 위해 '공립, 무상, 보통교육제도'

인 국민교육제도를 수립하고 발전시켰다. 지역교육청 관할의 대도시 초등학교 설립과 중등학교 설치를 제안한 도누우 법안(1795)이 마련되었다.

독일은 나폴레옹과의 전쟁(1806)에서 패배한 후 피히테(Fichte, 1762~1814)의 '독일국민에게 고함'이라는 연설의 내용에서 학교 설립의 당위성과 국가의 성격과 천명을 자각하고 의식적으로 교육을 통하여 모든 국민의 자녀가 가지고 있는 노력적·신체적·지적·직업적인 천성을 국가를 위하여 발휘하여야 한다고 주장하였다(한규원·이항재, 1996). 그전에는 교육의 주도권이 신교가 지니고 있어 학교가 복음을 전파하는 역할을 담당하고 있었다. 국민의 계몽과 문맹률 저하라는 효과는 볼 수 있었지만 교육이 교회에 예속되는 부작용이 발생한 것이다. 교육부가 창설(1817)되고, 지역교육위원회가 설치(1825)되면서 노동자 계급을 위한 초등학교가 세워졌다. 중하위 계층의 교육적 욕구를 충족시키기 위한 중급학교(1872)도 보급되었다. 이후 김나지움과 실과학교가 설립되면서 중등교육도 국가의 철저한 관리를 받게 되었다.

영국의 의무교육법(1833)은 민중학교의 건립을 위한 국고보조금의 지출 결정 이후부터이다. 초등교육법(1870)으로 인하여 공립소학교에서 5~13세를 대상으로 빈민자녀들의 수업료를 면제하는 의무교육이 시작되었다. 국가교육위원회 창설(1899)로 의무교육이 12세까지 확대되었다. 발포아 교육법(1902) 이후 국가지원의 중등학교가 설립되고 버틀러 교육법(1994)의 발효로 중등무상교육이 실현되었다.

미국은 제퍼슨(T. Jefferson, 1743~1826)이 제안한 '지식의 일반적 확산을 위한 법안(1779)'에서 초등학교 무상교육과 라틴학교 수준의 중등학교 설립을 주장하였다. 최초의 공립대학인 버지니아 주립대학의 건립에 대한 아이디어를 냄으로써 버지니아대학(1825)의 개교와 모릴법(1862)에 의한 주립대학들이 설립되었다.

3 교육철학의 개념

'교육철학이란 무엇이다.'라고 합의되어 정립된 어떠한 정의나 준거는 없지만 20세기 후반부터 이 분야의 전문적인 연구 및 교육활동이 점차 활발해지고 있으며, 학자들이 시대와 공간을 넘어 학문적 교류를 시도하고 있다. 그러한 연구 및 상호교류를 통해 교육철학은 다양한 문제의식을 공유하고, 접근방법을 발달시켜 왔다. 교육은 개인의 삶 전반에 관련되고, 변화하는 사회 및 문화의 영향을 받는 활동이기에, 교육철학을 '교육'이란 대상을 '철학적' 방법에 의하여 탐구하는 학문영역이라고 정의한다고 하여도 그 연구 대상과 방법에 있어 범위가 매우 넓다(강선보 외 역, 2011).

교육철학은 교육의 이론과 실제의 가장 근본적인 문제들에 대해 우리가 보다 깊이 인식하도록 이끌어 주는 학문이다. 즉 교육철학은 교육의 목적, 교육의 개념과 관련된 내용을 철학적으로 연구한다. 교육철학의 개념 이해를 돕기 위해 교육철학의 의의, 교육철학의 학문적 성격, 교육철학의 기능, 교육철학의 탐구방법 등을 살펴보기로 한다.

1) 교육철학의 의의

교육철학은 교육현상을 체계적으로 고찰하여 교육학에 쓰이는 언어 및 전제를 다듬고 체계적으로 교육학을 구축하는 방법을 탐구하며, 교육의 본질을 분석하는 학문이다.

피닉스(Phenix)는 "교육철학은 철학적 방법과 견해를 교육이라고 불리는 분야에 적용하는 것"이라고 정의하였다. 이어서 이것은 교육 여러 양상을 하나의 포괄적 체계로 종합하는 개념을 탐구하고 교육의 용어가 갖는 의의를 분명히 밝히며, 교육의 기본적 전제나 가설을 명시하고 교육을 인간의 여러 가지 관심 분야와 연결시키는 학문이라고 하였다. 또한 브로우디(Broudy)는 교육철학이란 교육에 관련된 문제나 사실을 철학적 수준에서 조직적으로 논의하는 것인데, 이것은 존재, 지식, 가치와 같은 철학적 기초를 이루는 분야에까지 교육적 논쟁점을 탐구하는 것이라고 하였다(정희숙, 2011).

교육철학은 교육의 이론만이 아니라 교육의 실제에서 이루어지고 있는 것들에 대해서도 관심을 기울여야 한다. 교육실제 및 현상에 대한 논의들을 철학적 사유를 통해 종합하고 체계화시키며, 교육이 무엇이고 교육의 목적 및 방향이 어디로 가야 하는지를 탐구하는 학문이어야 한다(고미숙, 2006).

2) 교육철학의 학문적 성격

교육철학은 한마디로 정의할 수는 없지만 낱낱의 교육현상을 분석하여 종합적으로 체계화하여 본질을 캐내는 학문이라 할 수 있다. 그 유형에는 개별적인 사실이나 경험보다 모든 지식과 경험에 적용되는 체계성과 전체성을 탐구하는 '사변철학'과 선악미추정사(善惡美醜正邪)의 의미 그리고 이러한 속성들이 사물 자체에 내재한 것인지, 아니면 인간의 마음의 반영인지 밝히고자 하는 '규범적 철학' 그리고 사용하는 용어들, 즉 교육·존중·평등·자유 등과 같은 단어들이 문장의 전후 관계에서 적절하게 사용되는가를 평가하기 위하여, 그 개념을 탐구하는 '분석적 철학' 등으로 그 유형을 나눌 수 있다. 그리고 그 기능을 언어와 논리를 분석하는 분석적인 것과 가치 판단에 관여하는 평가적인 것, 이론적 실천적 해결을 위한 새로운 대안을 탐색하는 것으로 사변적인 것 그리고 전체를 파악하는 안목에 관계되는 것으로 통합적인 것으로 볼 수 있다.

교육철학이란 '교육현상을 꿰뚫고 있는 몇 가지 대전제로 교육현상을 체계화하기 위하여 교육의 실천 원리나 이론 체계를 정당화하는 근거를 분석하고 검토하며 비판하는 일 그리고 교육에 관한 여러 이론적 요소들을 통합된 지식 체계로 조직하는 일 등을 탐구활동으로 종합할 수 있다(이현림 외, 2005).

3) 교육철학의 기능

교육철학은 교육에 관련하여 이루어지는 의미 부여와 그 기준에 대해 과연 그것들이 어떠한 신념과 가치관, 동기와 관심, 지식과 이론 위에서 이루어지고 있는가를 분석하고, 그것들의 타당성을 비판적으로 음미하고 검토하는 작업이다. 그리고 그러한 작업의 결과 때때로 새로운 대안적인 의미체계를 제시하기도 한다. 이러한 교육철학적 탐구활동 또는 그에 따른 기능을 흔히 분석적 기능, 평가적 기능, 사변적 기능, 종합적 기능으로 구분한다.

(1) 분석적 기능

이론적 또는 일상적 언어의 의미와 이에 포함된 논리적 관계를 분석하고, 각종 가치 기준을 밝히는 것을 말한다. 교육적 언어와 의미를 분명하게 하고 교육적 의미들 사이의 논리적 관계를 명백히 드러내는 활동이다. 즉, 어떤 교육현실이 있을 때, 그것이 어떤 의도, 동기, 가치관, 세계관에 의해 서로 연관되어 있는지 분석하는 것이다. 또 교육 이론이나 교육행위의 논리적 맥락, 즉 인간관, 세계관, 학교관, 지식관, 가치관, 아동관, 교사관의 관계를 분석하는 것이다(정희숙, 2011).

분석철학에서는 분석적 기능을 철학적 연구의 본연의 과제로 삼고 이를 탐구한다.

(2) 평가적 기능

교육의 가치 기준이나 준거에 비추어 실천, 이론, 주장, 원리의 만족도를 밝히는 행위를 말하며, 분석적 기능을 바탕으로 진행된다. 평가에서는 평가준거를 명백히 밝히는 일로서 이는 개념의 의미를 명백히 하는 것이므로 분석적인 과정이라 할 수 있다. 평가 대상을 가지는 일로써 현황을 조사하여 실태를 파악하는 기능을 하므로 경험적인 과정이기도 하다. 또한 실제 평가하는 일로서 가치판단의 철학적 과정이다. 교육에서의 역할은 교육 이론이나 실천에 쓰이는 좌표나 원리대로 교육을 이루고자 하는 것으로 교육원리와 실천원리의 당위성을 규명해 준다.

(3) 사변적 기능

어떤 문제를 해결하기 위하여 새로운 가설, 아이디어, 개념을 찾아내는 이론적 활동이다. 교육에 대한 새로운 의미체계, 즉 이론이나 설명체계를 고안하여 제시하는 활동을 가리킨다. 여기에는 인간관, 세계관, 지식관, 아동관, 교사관을 기초로 하여 교육의 방향, 교육이념, 교육목적, 교육제도를 제안하거나 주장하는 일이 포함된다(정희숙, 2011).

교육철학의 사변적 기능은 분석적 기능, 평가적 기능을 바탕으로 진행되며, 교육 이론이나 실천에서 문제해결의 새로운 방향을 모색한다. 교육에서 개별 이론이나 실천을 진체적·통합적으로 묶어 주는 역할을 하며, 교육목표를 설정할 때 사용한다.

(4) 종합적 기능

교육에 관한 현상이나 과정을 전체로 파악하고, 여러 부분과 차원을 종합적으로 이해하려는 것을 말한다. 교육에서의 역할은 교육의 일관성을 유지하게 해 준다. 교육철학은 다양한 학문과 관련되어 있어서 교육과 관련하여 다양한 학문영역에서 발견된 이론과 새로운 제안을 전체로 종합하는 이해가 필요하다. 따라서 교육철학은 분석적·평가적·사변적 기능을 연관시키고 상호 보완적으로 통합하는 작용을 한다.

4) 교육철학의 탐구방법

(1) 분석적 방법

철학적 방법의 하나로서 분석적 방법(analytic method)은 20세기 중반 영국과 미국에서 널리 사용된 탐구방법이다. 이 방법은 분석 교육철학자들이 즐겨 사용했던 방법으로, 한때 영미 교육철학계에서 크게 주목을 받았으며, 실제로 이 방법의 적용으로 교육철학은 새로운 전기를 마련하게 되었다. 특히, 1950년대에 접어들면서 일단의 교육철학자들에 의해 시도된 철학적 방법은 교육철학의 개념, 역할, 의의를 바꾸어 놓을 정도로 학계에 커다란 반향을 불러일으켰다. 일찍이 분석적 방법으로 교육현상 및 교육문제를 분석한 학자로는 하디(Hardie), 라일(Ryle), 오코너(O'Conner), 셰플러(Scheffler), 피터스(Peters)와 허스트(Hirst) 등을 들 수 있다. 이들은 지금까지 불분명하게 사용되어 온 교육언어의 용법을 분석함으로써 그 의미를 명료화하는 데 크게 기여하였다(이명기 외, 2011).

(2) 현상학적 방법

현상학적 방법(phenomenological method)은 주로 유럽의 현상학자들이 사용한 철학적 방법으로 영미계통의 교육철학자들이 사용한 분석적 방법과는 큰 대조를 이루고 있다. 분석철학자들이 주로 교육언어를 분석함으로써 그 언어가 가진 의미를 명료화하는 데 관심을 가진 반면에 현상학적 교육철학자들은 교육하는 주체의 의식과 교육을 받는 대상 간의 관계를 탐색하는 데 관심을 기울였다. 즉, 교수 주체와 학습 주체 간의 관계를 다루는 데 깊은 관심을 가지고 있었다(이명기 외, 2011).

(3) 비판적 방법

비판적 방법(critical method)은 20세기 중반 이후에 비판철학자들이나 비판이론가들에 의해 체계화되고 활용된 연구방법으로 교육이 이루어지는 사회체제에 대한 비판을 하였다. 주로 자본주의 체제하에서 이루어지는 학교교육에 대해 날카롭게 비판하였다. 비판철학은 교육이 이루어지는 사회체제를 구조적으로 분석하였다. 이들의 교육에 대한 분석과 비판을 살펴봄으로써 교육을 다른 시각에서 바라볼 수 있게 되고, 교육을 비판할 수 있는 능력을 기를 수 있을 것이다.

비판교육론은 비판철학에 기초하여 성립되었으며, 비판철학은 19세기의 독일 철학, 특히 헤겔과 마르크스 철학에 기반을 두고 있다.

(4) 해석학적 방법

해석학적 방법(hermeneutic method)은 근대 이후 주로 유럽을 중심으로 활동하였던 해석학자들에 의해 사용된 철학적 방법의 한 형태이다.

해석학의 성립과 발전에서는 슐라이마허(Schleiermacher), 딜타이(Dilthey), 하이데거(Heidegger), 가다머(H. G. Gadamer)가 차지하는 위상은 특히 높다. 그 이유는 이들이 해석학을 삶의 '이해'와 대화의 학문으로 성립시켰기 때문이다. '이해'와 대화의 문제가 교육학의 핵심주제에 속한다고 볼 수 있다(손승남, 2001).

해석학은 텍스트에 담긴 의미를 정확하게 '이해'하는 데 관심을 가졌다. 특히 교육학자들은 해석학을 교육 텍스트 해석에 적용함으로써 교육과 교육학에 대한 이해를 넓히고자 하였다. 이들에 의해 성립된 교육학이 바로 '해석학적 교육학'이다.

원래 해석학의 대상으로서의 텍스트는 해석학의 연구대상을 총칭한다. 이는 크게 '문헌으로 기록된 텍스트'와 '삶이라는 역동성의 텍스트'로 나뉜다. 다시 말하면, 해석학은 본래 문헌적 텍스트와 비 문헌적 텍스트에 대한 해석을 모두 포함한다. 특히 교육학적 차원에서는 교육사, 교육고전, 교육적 기록 등 문헌으로 정리된 텍스트의 해석과 교육적 삶, 즉 교육실제 또는 교육현실이라는 비문헌적 텍스트에 대한 해석과 이해가 해석학적 과제가 된다(이상오, 2008 재인용).

4 교육철학의 기본적인 관점

전통적으로 철학의 일반적인 조류는 관념론(idealism), 실재주의(realism), 실용주의(pragmatism)를 들 수 있다. 이들을 간단하게 살펴보고자 한다.

1) 관념론

관념론은 현실을 초월한 이상의 세계를 상정하고 그 이상의 세계의 속성을 정신적인 것으로 여긴다는 점에서 이상주의와 밀접하게 연결된다. 그래서 관념론은 이상주의와 연결된다. 이와 같은 생각의 출발점은 플라톤의 이원론적 세계관이라 할 수 있다(윤재흥, 2012).

이상주의는 우주의 실체를 영혼, 관념 또는 정신으로 보는 철학이다. 현학적 관념론자들은 궁극적 실재가 본질적으로 물질적이라기보다는 정신적이며 영혼적이라고 주장한다. 이상주의의 관점에서 보면 인간은 영적인 존재이며 불멸의 성격을 지닌다. 이상주의자들은 우리의 감각을 통하여 들어오는 물질적 세계의 존재를 부정하지는 않는다. 그러나 이들은 이러한 사물이 존재한다 하더라도 그것이 궁극적 실재가 아니라고 주장한다(Kneller, 1989). 정신이 물질보다 더 포괄적이며, 물질을 활성화하기 때문에 물질이란 정신과 독립하여 존재할 수 없다.

이상주의의 대표적 철학자인 플라톤은 물질세계가 보다 완전한 세계의 왜곡된 모사에 지나지 않기 때문에 감각을 통하여 습득된 지식은 항상 불확실하고 불완전한 것이라고 주장한다. 인간의 이성은 사물의 물질적 형상을 초월한 순수한 정신적 형상을 분별하는 능력이기 때문에 참된 지식은 오로지 이성으로 산물이라고 주장한다(Kneller, 1989).

이상주의는 인간성 안에 깃든 가장 좋은 것, 그 사회가 지니고 있는 가장 소중한 것 그리고 교육이 지향해야 할 가장 아름다운 것을 교육에 적극적으로 반영시켜야 한다고 주장한다.

이상주의 교육철학은 매우 고귀한 이념을 지닌 것으로 교육에 주는 시사점이 크지만 그것은 너무 유토피아적이며, 현실의 세계를 긍정적으로 수용하는 자세에 너무 회의적이며, 개성의 발전을 사회와의 절연상태에서 기하기 쉬우며, 진정한 철인(哲人)이 아닌 이상주의 철인에 의해 교육이 정치의 수단으로 전락하기 쉽다는 것이다.

관념론은 몇 가지 뚜렷한 특징을 가지고 인류의 삶과 교육에 영향을 끼쳐왔다.

첫째, 관념론에서는 현실을 초월한 이상의 세계를 상정하고 그것에 대해 절대적인 가치를 부여한다.

둘째, 관념론에서 이야기하는 이상이나 진리 등은 보편성과 불변적인 특징을 갖는다.

셋째, 관념론에서 이야기하는 진리나 이상은 정신적인 특징을 갖는다. 따라서 인간에게 주어진 이성은 절대적 진리에 이르는 도구로서 절대화되고 이성의 계발이 가장 중요한 교육적 과제로 확인된다(윤재흥, 2012).

2) 실재주의와 교육

실재주의(realism)는 라틴어 '*realis*'에서 유래한 말이며, 원래 이는 우리 각자의 의식이나 입장을 떠나 객관적으로 존재하는 사물을 뜻했다. 실재주의에서는 이상주의와는 달리 사물이 사람들의 지각과는 별개로 존재한다고 보았다.

실재주의가 지향하는 궁극적인 목적은 아리스토텔레스가 제시했다. 그것은 인간의 잠재력을 최대한 계발하여 행복을 얻도록 하는 것이다. 실재주의 교육원리는 기본적 지식, 자질 연마, 지성 계발, 자아실현, 진리에 대한 사랑이라고 말할 수 있다. 실재주의적 세계관은 그리스 시대부터 여러 모습으로 존재하여 왔으나, 그것이 교육과 구체적으로 깊게 관련을 맺게 된 것은 르네상스·종교개혁 이후부터였다. 실재주의는 우주, 현실세계, 사회, 자아를 긍정적 측면에서 교육에 적극적으로 반영하여 교육을 통해 자기를 실현하고, 사회생활에 필요한 지식을 갖추며, 우주의 신비로운 법칙을 탐구하고, 진리를 좇는 경건하고 엄정한 태도를 기르게 하는 데 크게 공헌하였다(정희숙, 2011).

실재주의의 근본이 되는 개념은 물질적인 사물 속에 실재가 있다고 믿는 것이다. 실재주의가 다른 철학체계와 구별되는 핵심적인 원리는 '독립의 원리'이다. 이것은 사물이 인간에게 지각되지 않고서도 존재할 수 있다는 원리이다. 이 원리에 있어서의 주관에 대한 객관의 독립성이 인정되며, 실재가 물리적인 것뿐만이 아니고 관념적인 것, 즉 자각하고 사유할 수 있는 대상 일반으로 확대되는 것이다.

실재주의의 교육원리를 살펴보면 다음과 같다(윤재흥, 2012).

첫째, 진리를 인정하고 진리를 추구한다는 점에서 관념론과 일치한다. 따라서 실재론에 있어서도 공동의 진리에 대한 추구가 교육의 최고의 목적이 된다. 이를 위해서는 이성의 계발이 마찬가지로 중요한 의미를 갖는다.

둘째, 그럼에도 불구하고 진리를 추상적이고 관념적인 것으로만 여기지 않고 현실세계 안에 내포된 것으로 본다는 점에서 차이가 있다. 따라서 현실세계에 대한 탐구가 매우 중요하다.

셋째, 교육의 내용 역시 이성의 계발을 위한 교과들과 현실세계와 관련된 교과들이 모두 중요하게 여겨진다. 관념론에서 중요하게 여겨지던 언어와 관련된 인문교과들과 더불어서 자연과학들이 중요하게 다루어진다.

넷째, 교육방법에 있어서도 현실세계의 탐구와 관련된 과학적·실험적 방법들이 활용된다. 더불어서 이성의 훈련과 관련된 대화적 방법 등이 함께 수행된다.

실재주의가 갖는 교육학적 한계는 실재주의가 갖는 독립성 원리의 한계로 인하여 여러 종류 및 수준의 가치를 주관적으로 취사선택하고 개성적으로 이것을 즐기면서 실존적으로 사는 인간을 키워 내지 못하는 점이다(정희숙, 2011).

3) 실용주의와 교육

실용주의(pragmatism)는 1870년대부터 피어스(Peirce)의 논문 「How to Make Our Ideas Clear?」에서 사용되었고, 1907년 제임스(James)의 저서 『Pragmatism』에서 등장한 철학이다.

실용주의는 관념론과 실재론에서의 정신과 물질, 마음과 육체의 이원론적 구분도 부정하며, 인간의 정신과 마음은 물질과 육체의 경험과 상호 관련을 맺는다고 주장한다. 즉, 인간의 이성은 관념론과 실재론에서 말하는 절대적인 진리나 법칙을 찾아내기 위해 존재하는 것이 아니라 현실 문제를 해결하기 위해 존재하는 것이다.

그러므로 실용주의자들은 생활중심, 경험중심의 교육을 강조한다. 즉, 실용주의 교육관에서 가장 중요한 것은 경험이다. 이는 듀이(Dewey)가 교육을 "경험의 계속적인 재구성 또는 재조직"이라고 정의한 데서도 알 수 있다(정찬익·노진호, 1998).

인간을 환경과 계속해서 상호작용을 하며, 이 과정에서 사고를 함으로써 경험이 쌓이고, 축적된 경험을 통하여 새로운 지식이 확립된다는 것이다. 이러한 지식은 과거의 경험을 재구성 또는 재조직하는 과정에서 누적적으로 확대되어 간다. 다만, 모든 경험이 긍정적으로 작용하는 것은 아니며, 지식을 축적하는 과정에서 잘못된 지식을 얻는 경우도 있을 수 있다. 교육의 목적은 바로 그러한 오류가 일어나지 않도록 경험의 재구성 또는 재조직을 도와주는 일이다(박선영 외, 2010).

듀이에 이르러 실용주의는 교육학·철학·윤리학·심리학·미학·논리학 등에 확산, 응용되어 도구주의(instrumentalism) 또는 실험주의(experimentalism)로 발전되었다. 그의 교육론은 20세기 초에 형성·전개된 미국의 진보주의 교육사조와 관련하여 현대교육의 사상적 흐름에 영향을 준 바가 크다.

듀이를 비롯한 실용주의자들은 교육이 보존적인 성격과 재구성의 기능을 함께 가지고 있다고 파악한다. 교육은 어른들의 지식, 사고방식 등을 아동인 학습자에게 전달하여 문화적인 연속성을 유지하는 한편, 문화유산을 전달하는 과정에서 학습자에 의해 문화 유형을 재구성하는 과정을 거치기도 한다고 보았다.

교사들은 학생의 환경을 조작함으로써 그의 사고에 영향을 주는 간접적인 교수방법이 가장 좋다고 듀이를 위시한 실용주의자들은 주장한다(Dewey, 1902). 즉, 학습자의 사고를 유발하기 위해 흥미를 돋워 주며, 스스로 반성적 사고방법을 알고 이를 실현하게 만들어 그의 경험적 질적 성장을 돕는 것이 가장 좋은 교육방법이라고 말한다. 듀이는 학생 스스로가 관심을 가지고 다른 학습자와 협동할 수 있는 교육 환경이 가장 좋은 것이라고 말하며, 따라서 교육환경에 있어 가장 바람직한 사회적 형태가 바로 민주주의라고 지적한다(박선영 외, 2010 재인용).

5 현대교육철학의 이해

현대의 교육철학은 20세기를 기준으로 전·후기로 구분해 보면, 20세기 전기의 교육철학은 미국 교육계에 혁명적 세력으로 대두된 진보주의(progressivism)에서 출발하였고, 이어서 진보주의를 반대하는 세력으로 '항존주의(perennialism)'와 '본질주의(essentialism)'가 대두되었다. 이 두 이론의 정도의 차이는 있지만 대체로 진보주의를 반대하거나 비판적으로 보는 입장이라고 할 수 있다. 한편, 진보주의를 보완하려는 입장으로 '재건주의'가 대두되었다(장원동, 2011). 20세기 후기의 교육철학은 실존주의, 분석철학, 비판적 교육철학, 포스트모더니즘으로 나누어 설명할 수 있다.

1) 20세기 전기의 교육철학

(1) 진보주의

진보주의는 전통적인 교육에 반기를 들고 등장한 교육사조로 20세기 미국뿐만 아니라 전 세계의 교육에 일대 개혁을 일으킨 교육사조라고 할 수 있으며, 진보주의 교육철학은 실용주의의 사상을 기초로 하여 성립된 교육철학으로 20세기 초반부터 중반까지 진보주의 교육은 듀이의 이론을 중심으로 하여 미국뿐만 아니라 세계교육을 지배하여 온 교육사상이다. 진보주의 교육은 루소의 자연주의적 교육관에서 출발하여 페스탈로치(Pestalozzi), 프뢰벨(Fröbel) 그리고 아동중심 교육을 부르짖은 엘렌 케이(Ellen Key) 등을 거쳐 듀이에 이르러 집대성된 이론이다.

① 진보주의의 개념

진보주의란 넓은 의미로는 전통주의나 보수주의에 대비되는 혁신주의를 총칭하는 개념이다. 이런 뜻에서는 계몽주의도 여기에 포함된다고 볼 수 있다. 그러나 교육철학 고유한 의미에서 '진보주의'라 할 때 그것은 프래그머티즘에 근거한 교육 개혁운동을 지칭하는 것이며, 전통적인 형식주의 교육에 반기를 들고 민주주의적인 교육의 이념, 아동의 창의적 활동, 생활 안의 교육의 소재 그리고 학교와 사회와의 밀접한 관련의 구축 등을 강조한 혁신적 교육이념을 말한다. 다시 말해 진보주의자들이 강조하는 교육 형태는 아동의 흥미, 욕구, 경험을 존중하는 교육이다. 즉, 교육의 목적이 아동의 흥미와 욕구를 충족시켜 주는 학습과 경험의 재구성을 통한 성장이 되어야 한다고 본다. 학교는 아동이 학습하기에 즐거운 곳이 되어야 하므로 학교를 아동들이 가고 싶어 하는 장소, 머물고 싶은 학교로 만들어 주어야 한다.

② 진보주의 교육원리

진보주의 교육원리는 다음과 같이 요약·정리할 수 있다(Kneller, 1971).

첫째, 교육은 생활을 위한 준비가 아니라 생활 그 자체이다.

둘째, 학습은 아동의 흥미와 직접 연관되어야 한다.

셋째, 교과내용을 주입하지 말고 문제해결을 통해 학습이 이루어지게 해야 한다.

넷째, 교사의 역할은 지시하는 일이 아니라 조언해 주는 일이다.

다섯째, 학교는 경쟁보다 협력을 가르쳐야 한다.

여섯째, 인간의 성장발달의 기본조건인 사상이나 인간성의 자유로운 상호작용을 위해서는 민주주의가 필수적이다. 민주주의 교육을 위해서는 학교 자체가 민주주의적이어야 한다(윤재흥, 2012 재인용).

③ 진보주의 교육의 영향

진보주의 교육은 우리나라에도 1950년대 새교육운동이나 1990년대의 열린교육운동에 영향을 미쳤다. 진보주의 교육은 수동적·주입식·권위주의적 교육의 시정에 있어서 많은 공헌을 하였다.

그러나 진보주의는 학습자 흥미 위주의 교육을 지나치게 강조하여 학습자들이 재미있고 쉬운 과목만 선택하게 되어 학습자들의 학습능력 저하의 문제점을 가져왔다. 또한 절대적인 진리는 없고 변화하는 경험이 중요하다는 주장은 보수주의자들의 공격 대상이 되었다.

특히 1957년 구소련이 미국을 앞질러 인공위성 스푸트니크(Sputnik)를 발사하게 되자 미국사회에서는 진보주의가 초래한 학습능력 저하문제를 비판하였다(박선영 외, 2010: 121).

(2) 본질주의

본질주의(essentialism)는 교육에는 본질적인 부분과 비본질적인 부분이 있다고 주장하며, 본질적인 부분 중심의 교육은 질적 심화를 강조하였다. 그들은 본질과 비본질을 구분하지 않고 변화와 상대성으로 일관하는 진보주의를 비판하였고, 고전을 비롯한 모든 훌륭한 과거와 지식이 현재의 문제를 해결하기 위한 방안이 된다고 주장하며 본질적인 부분에 대한 학습의 필요성을 강조했다(박선영 외, 2010).

① 본질주의의 개념

본질주의는 1930년대 미국 교육사상을 지배하고 있던 진보주의에 대한 비판, 즉 진보주의에 불만을 품은 교육자들에 의하여 제기된 교육운동이다. 본격적인 비판은 1938년 베글리(Bagley)를 중심으로 20여 명의 교육학자에 의하여 선포된 '미국 교육향상을 위한 본질파 강령'이다. 강령의 내용은 진보주의를 전면적으로 거부하는 것은 아니며, 진보주의의 장점과 공헌을 인정하면서 그 결점을 비판하여 시정을 요구하는 내용으로 이루어져 있다.

제2차 세계대전을 계기로 기초교육 협의회에서 베스토(Bestor), 스미스(Smith)가 주축이 되어 진보주의에 의한 개인주의적·자유방임적 미국교육에 대해 신랄히 비판하였다. 구소련의 스푸트니크호 발사를 계기로 리코버(Rickover)가 미국 학교교육의 목표를 사회적응보다는 학문, 특히 자연과학 연수에 두어야 한다는 필요성을 강력하게 제기하였다. 진보주의 비판자들 간의 공통점은 문화적 보수성, 즉 과거의 문화적 소중함을 인식하고, 교육이 이를 보존하고 후세대에 전달해야 한다는 신념은 일치하였다.

본질주의는 학습자의 흥미에 따라 교육하는 진보주의의 교육에 대해서 부정적으로 생각한다. 본질주의는 어렵고 가치 있는 것일수록 학습자가 흥미를 가지기 어려우므로 학습자가 흥미를 가지지 못하더라도 강한 훈련으로 지적 수준을 높이고 그러한 흥미를 길러 주어야 한다고 주장한다. 학습자가 보다 가치 있는 것에 흥미를 갖게 하는 것이 중요한 것이라는 것이다.

학습자가 보다 가치 있는 것에 흥미를 가지게 하는 바람직한 교육을 위해서는 미성숙한 학습자보다 교사가 주도권을 가져야 한다고 주장하였으며, 교사가 지정된 교과를 이해하고 이수하는 능력이 필수적이라고 인식한다(박선영 외, 2010).

② 본질주의 교육원리

본질주의자들의 교육원리는 다음과 같이 요약·정리할 수 있다.

첫째, 학습은 본질상 어려운 훈련과정과 내키지 않는 근면성을 내포한다.

둘째, 교육의 주도권은 학생이 아닌 교사에게 있다.

셋째, 교육과정의 핵심은 지정된 교과내용을 이해하고 자기의 것으로 동화하는 데 있다.

넷째, 정신도야를 위하여 학문의 전통적인 훈련방식이 계속 유지되어야 한다.

③ 본질주의의 교육학적 의의와 한계

본질주의는 능동적인 교육과 현실 문제의 조화를 주장하기 때문에 현대사회에서 널리 호응을 받고 있다. 1970년 미국에서 일어난 "기초로 돌아가자(Back-to-basics)"는 운동도 본질주의적 입장을 대변하고 있는 것이다. 그러나 본질주의는 사회과학을 중시했던 진보주의에 대한 반발로 인하여 인문학과 자연과학에 치중하여 사회과학을 경시하는 점, 직업교육 같은 실용적인 교육의 가치를 평가 절하하는 점, 학습자 본인의 선택에 의한 교과목을 배울 것을 장려하는 대신 그가 선택하지도 않은 교과목 이수를 강요하여 참여의식 및 창의성을 경시하는 점, 미국사회에서 중요하게 생각하는 독립심, 비판적 사고, 협동정신을 소홀히 한 점 등의 문제점을 가지고 있다(박선영 외, 2010).

(3) 항존주의

본질주의(essentialism)와 항존주의(perennialism) 모두 진보주의(progressivism)를 비판하는 점에 있어서는 그 맥을 같이하지만 본질주의가 주로 20세기의 소산임에 반하여 항존주의는 오랜 역사를 가진 철학적 신념이 20세기에 이르러 교육 이론으로서 새로운 각광을 받게 되었다.

① 항존주의의 개념

본질주의가 여러 면에서 진보주의의 주장과 실제에 동조하면서 이에 비판을 가하고 있을 때 항존주의는 근본적으로 진보주의를 부정하고 있다는 점에 대해 심각한 비판적 입장을 취한다. 즉, 현대인과 현대교육은 위기에 직면하고 있다고 해석하고 있는데, 그들은 현대 문명이 혼란과 불안 속에서 나아갈 바를 알지 못하고, 그 의지할 바를 찾지 못하고 있는 것으로 믿는다.

현대생활의 산물인 교육은 끊임없는 동요와 상반되는 목적과 잡다한 이론과 방법 등으로 인해 나아갈 길을 찾지 못하고 방황하고 있다. 따라서 현대교육에 필요한 것은 변하지 않는 확실성이다. 항존주의만이 이 과업을 완수할 수 있다고 본다.

대표적인 학자로는 고전(Great Books)을 중시하는 허친스(Hutchins), 신교적 기독교 철학에 입각한 아들러(Adler), 구교적 기독교 철학에 기초한 마리탱(Maritain) 등을 들 수 있다.

② 항존주의의 교육원리

항존주의의 기본적 교육원리는 다음과 같이 요약·정리할 수 있다(Kneller, 1989).

첫째, 인간의 본성은 어디에서나 동일하기 때문에, 교육은 모든 사람에게 동일해야 한다.

둘째, 인간은 이성을 계발하여 본능과 환경적 제약을 극복할 수 있도록 교육되어야 한다.

셋째, 교육의 과업은 영원한 진리에 인간을 적응시키는 일이다.

넷째, 교육은 생활의 모방이 아닌 생활을 위해서 준비하는 것이다.

다섯째, 학생들은 세계의 영원성을 깨닫게 해 주는 기본적 교과를 철저히 이수해야 한다.

여섯째, 영원불변하는 진리는 위대한 고전 속에서 발견할 수 있다. 항존주의에서는 과거의 전통이 결코 낡은 것이 아니라고 본다. 과거의 전통을 공부함으로써 오히려 학생들은 자기 자신의 흥미만을 추구하거나 현실생활에서 발견할 수 있는 것보다 훨씬 중요한 진리를 배울 수 있다(장원동, 2011).

③ 항존주의의 교육학적 의의와 한계

항존주의자들은 교육방법에 있어서 고대 그리스의 자유교양 교육을 교육의 이상으로 받아들였으며, 고대 그리스처럼 초등학교에서 읽기, 쓰기, 셈하기 등 기본적인 교과를 가르치고, 중·고등학교에서 논리학, 수학, 문법, 수사학학 및 라틴어와 그리스어 등을 가르치며, 대학에서는 고전을 필수적으로 읽게 했다.

항존주의는 인간의 본성을 탐구하고 절대적 가치를 탐구함으로써 교육의 지표를 확고히 하려 했다는 점에 의의가 있다. 그러나 항존주의는 주입식교육과 획일적인 전통교육으로 대중교육과 전인적 발달을 추구하는 현대교육의 일반적 요구와 합치되지 않는다. 또한 교사의 권위주의적 교육, 비민주적인 교육이 되기 쉬운 문제점이 있고, 현실의 가치를 과소평가하여 급격하게 변화하는 현대사회 교육에 있어서 한계점이 노출되었다(박선영 외, 2010).

(4) 재건주의

20세기에 등장한 재건주의(reconstructionism) 사상은 미국의 브라멜드(Brameld)에 의해 체계화된 교육사조로 이전의 진보주의, 본질주의, 항존주의를 비판적으로 종합하고 절충하였다.

① 재건주의의 개념

재건주의는 개인의 변화보다 사회와 문화의 개조에 관심을 더 기울였다. 재건주의는 현대의 인류가 처한 문화적 위기를 분석한다. 현대의 인류문명이 과학기술을 발달시켰지만, 이를 비인간적으로 악용하여 위기사태를 초래하였다고 지적하고 교육을 통하여 새로운 사회질서를 적극적으로 재건할 필요가 있다고 주장하면서 문제를 제기한다. 그들은 교육을 통하여 과학기술의 힘을 파괴보다 창조에 사용할 수 있도록 해야 한다고 주장하였다.

재건주의는 교육을 통해서 사회구성원들이 공통적으로 새로운 비선을 갖도록 하여 사회질서를 새롭게 재구축해야 한다고 주장한다.

② 재건주의 교육원리

재건주의 교육의 주요 원리는 다음과 같이 요약·정리할 수 있다(Kneller, 1971).

첫째, 교육은 문화의 기본적 가치를 실현시키는 새로운 사회질서를 창조하는 일에 전념해야 하며, 동시에 현대세계의 사회적·경제적 세력과 조화를 이루어야 한다.

둘째, 새로운 사회는 진정으로 민주적인 사회가 되어야 하고, 그 사회의 주요 기관들이나 자원들은 국민 스스로가 통제하여야 한다.

셋째, 아동, 학교, 교육 등은 사회적·문화적 세력에 의해 확고하게 조건 지어진다.

넷째, 교사는 재건주의자들이 제시하는 새로운 사회 건설의 긴급성과 타당성을 학생들에게 확신시켜야 한다. 그러나 그것은 민주적 절차에 따라 면밀하게 다루어져야 한다.

다섯째, 교육의 목적과 수단은 현재의 문화적 위기를 극복할 수 있도록 철저히 개조되어야 하고, 행동과학의 연구가 발견해 낸 모든 원리에 맞아야 한다.

③ 재건주의의 교육적 의의와 한계

재건주의가 재건하고자 하는 사회와 세계의 질서는 민주주의적 사회이다. 재건주의자들은 민주적 이상사회를 건설하기 위해서는 개인이 사회에 참여하면서 사회적 자아실현을 해야 한다고 보았다. 또한 이를 바탕으로 궁극적으로 모든 국가가 참여할 수 있는 세계정부를 형성하여 국제적 민주주의를 실현하자고 제안하였다.

사회적 자아실현을 위해서 학교에서의 교육과 운영을 민주적으로 진행되어야 한다고 주장한다.

재건주의는 현대사회가 심각한 문제점을 안고 있다는 것을 경고하고, 민주의의 가치와 교육의 중요성을 강조했다는 점에서 가치가 있다. 그러나 재건주의는 새로운 사회질서를 누가 어떻게 건설하느냐의 방법론에 있어 이상주의적이며, 교육의 힘을 지나치게 과대평가한다는 비판을 받고 있다. 재건주의 방법론은 오히려 누군가가 설정해 놓은 새로운 사회질서에 학습자들이 승복하도록 몰아가는 독재적 방법이 될 가능성도 있다. 한 사회의 재건 문제에 있어서도 그렇지만 재건주의가 궁극적으로 생각하는 세계 공통의 질서 재건은 그 건설의 가능성이 지나치게 이상주의적이라는 비판을 많이 받는다 (박선영 외, 2010).

2) 20세기 후기의 교육철학 사조

1960년대와 70년대를 거치면서 서구 교육학계는 실존주의, 분석철학 등의 새로운 사조들이 등장하여 영향을 미치기 시작했다. 1980년대 이후에는 포스트모더니즘이 교육학에서 논의되기 시작해서 커다란 변화의 방향을 제시하였다.

(1) 실존주의 교육철학

주체적 존재로서의 실존의 본질과 구조를 밝히려는 실존주의(existentialism)는 19세기의 합리주의적 관념론 혹은 실증주의에 대한 비판과 도전으로 시작하여 분석철학과 함께 현대철학의 주류를 형성하였다.

① 실존주의 교육철학의 의의

실존주의는 제2차 세계대전 후에 합리주의, 이성주의 중심의 전통적인 철학 사조에 반대하면서 등장하였다. 실존주의자들은 인간의 존재의 성격을 실존이라고 규정하였고 인간소외를 가져오는 대중화, 기계화된 사회에 반대하고 개인의 자유와 개성을 강조하였다. 대표적인 철학자는 키에르케고르(S. A. KierKegaar), 야스퍼스(K. T. Jaspers), 마르셀(G. Marshell), 니체(F. W. Nietzsche), 하이데거(M. Buber) 등이 대표적이다(박선영 외, 2010).

② 실존주의 교육관

실존주의 교육사조로 계승·발전시킨 것은 보르노(Borno)와 홀트(Holt), 넬러(Kneller), 모리스(Morris) 등이 대표적이다. 보르노는 인간의 연속적·지속적인 발전 가능성 차원과는 다른 실존적 차원에서의 비연속적·비약적 자기 성장 가능성이 있음을 주장했고, 인류보편이라는 이름의 획일적인 교육방식에 의문을 제기하였다. 홀트는 학습자가 강요받지 않고 자신의 흥미에 따라 배울 수 있는 다양한 선택의 기회가 있는 교육환경이 되어야 한다고 주장하며, 획일적이고 강압적인 교육방식을 정면으로 비판하였다.

실존주의는 개인으로 하여금 현명한 선택을 하도록 교육해야 하는데, 이러한 선택은 기본적 가치를 포함하는 행동에서부터 선택해야 한다고 한다. 또한 선택은 자기 자신에 대한 깊은 통찰과 전심을 요구하며, 관습에 의존하는 선택이 아니라 자기 자신에 의존하는 선택이어야 한다는 교육관을 제기하였다. 특히 실존주의 교육은 인간소외를 가져오는 교육현실, 학생들의 개성과 창의성을 경시하는 교육방법 등을 비판하며, 지적교육, 정서교육, 도덕교육의 조화를 통한 전인교육을 목표로 하는 '인간주의 교육'을 외치며 '열린교육(open education)'을 추구하였다(박선영 외, 2010).

실존주의는 우리 실제 생활에 관한 문제에 관심을 두며 추구하는 교육목적은 인간 자체의 탐구이다. 실존주의는 개인의 중요성을 강조한다. 인간 자신을 중요하게 생각하기에 학교는 개성의 신장을 장려하고 자아실현을 목표로 한다. 그러므로 교육과정에 있어서 개인적인 학습이 중심이 되어야 한다.

교사는 학교에서 지식 전달자나 문제해결을 위한 조력자가 아니다. 교사는 학생들에게 개인적으로 인간은 자아실현을 향해 나아가야 함을 일깨워 주고, 학생들에게 자유의지를 신장시키고 창조적인 인간으로서 자라도록 해 주는 역할을 한다. 인생의 의의에 대해서 정열적인 관심을 갖고 학생들에게 영향을 줄 수 있으며, 그들 자신 생활의 질을 높여 줄 수 있는 가장 유리한 위치에 놓여 있다. 또한 교사는 학생들에게 자기 자신의 견해에 도전하도록 권장한다.

③ 실존주의 교육철학의 특징

실존주의 교육철학의 특징을 몇 가지로 요약해 볼 수 있다.

첫째, 인간의 실존, 즉 삶, 사랑, 죽음 등 인간 경험의 의미를 매우 중시한다.

둘째, 인간의 존재 조건과 주체적 선택에 관한 지식이 매우 중요한 교육내용이다.

셋째, 학생들의 획일적·집단적 교육보다는 개성을 존중하는 전인교육에 치중한다.

넷째, 교육의 단속적 특성에 주목한다.

다섯째, 학교는 진정한 만남, 대화가 가능한 곳이라고 본다.

(2) 분석적 교육철학

분석적 교육철학(analytic philosophy of education)은 1960년대에 영국과 미국을 중심으로 나타났다. 이들은 교육을 과학적으로 탐구하여 교육철학을 하나의 독립학문으로 체계화하려고 하였다. 이를 위하여 교육철학은 객관적인 언어와 논리로 분석하고자 하였다. 객관적인 언어와 논리로서 교육의 이론과 의미를 객관적으로 명료하게 하고 이의 타당성을 검증해야 한다는 것이다(박선영 외, 2010).

① 분석적 교육철학의 의의

분석철학의 방법을 교육연구에 적용하려는 시도는 하디(Hardie, 1942)에 의해 처음으로 이루어졌으며, 그 이후 영국의 피터스(R. S. Peters)와 허스트(P. H. Hirst), 미국의 셰플러(I. Scheffler) 등이 주도하였다. 영국에서는 '런던라인' 피터스를 중심으로 교육, 교수, 학습, 발달, 창의성, 정서, 자유, 평등, 권위, 벌 등과 같은 개념들의 준거를 밝히고, 그 교육개념들 사이의 상호관련성을 탐색하였다. 또한 중요한 교육 이론, 예를 들어 아동중심 교육 이론에 있어 혼동되는 개념과 의심스러운 주장을 해명하고 그러한 주장 속에 들어 있는 논리적 가정, 교육에서 가치 있는 활동, 교육에서 지식이 차지하는 위치, 교육에서 왜 이론적 활동을 추구해야 하는지 등을 밝히고 정당화하는 일을 하였다. 미국에서는 셰플러를 중심으로 분석철학적 방법을 교육의 주요 개념, 교육 이론, 다양한 교육실제 분석에 도입하였다. 셰플러(Scheffler, 1954)는 교육철학이 교육실제와 관련된 주요 개념을 엄밀하고 논리적으로 분석하는 학문이라고 천명하였고, 그 후 여러 저작(1958, 1960)을 통하여 철학적 분석방법을 교육에 적용하려고 하였다(신차균 외, 2013).

분석적 교육철학은 다음과 같은 의의를 지니고 있다.

첫째, 교육학의 용어, 원리, 이론 등을 명확히 하는 데 공헌하였다. 교육학 연구에 언어 분석적 방법이 적용됨으로써 기존의 교육학에 존재하는 불명료한 용어와 이론들이 다듬어졌으며, 교육학 자체의 학문적 성격도 더 분명해질 수 있었다.

둘째, 지식의 성격에 대한 탐구를 통해 교육내용을 선정하고 조직하는 데 도움을 주었다. 특히 허스트의 '지식의 형식' 이론은 명제적 지식이 논리적 특성에 따라 여러 형식으로 분화되는 양상을 보여 주었고 교과를 논리적으로 조직하는 데 도움을 주었다.

셋째, 교육의 윤리적 차원을 분명히 밝혀 주었다. 분석적 방법을 사용하는 사람들은 교화, 훈련, 벌, 자유, 권위 등의 개념을 분석하고, 그것들이 교육 상황에서 정당하게 사용될 수 있는지를 검토하였다.

넷째, 교사들의 태도에 영향을 주었다. 교육의 언어에 관심을 기울인 분석철학은 교사들에게 명료하게 생각하고 말하도록 촉구한다. 교사들의 수업활동에는 개념 정의, 사실 설명, 가치판단, 행동 지시 등이 포함된다. 이런 것들은 대부분 언어를 통한 활동이다(신차균 외, 2013).

분석적 교육철학은 교육의 중요한 개념에 대한 의미를 명백히 하여 교육 현상에 대한 이해를 돕고, 교육의 실천원리가 교육적으로 타당한가를 평가할 수 있는 비판적 안목을 길러주는 역할을 하였다.

② 분석철학이 교육학에 미친 영향과 한계점

분석철학은 학문으로서의 교육학이 보다 엄밀한 체계를 형성하고 개념을 명료화하는 데 기여한 바가 크다. 이를 통하여 교육학의 과학화에도 기여하였다. 반면에 교육의 이념, 교육관 등 전통적으로 교육에서 중요하게 여겨지던 근본적인 것들이 교육철학에서 배제되는 결과를 초래하였다. 또한 이미 만들어진 언어와 사상에 대한 분석에 초점을 맞추었기 때문에 창조적이고 생산적이기보다는 비판적이고 이론 편향적이라는 한계를 갖는다. 이러한 이론 편향성 때문에 현장에서의 교육의 실천에 대해서는 기여하기 어렵다는 비판을 받고 있다(윤재흥 2012).

(3) 비판적 교육철학

비판적 교육철학(critical philosophy of education)은 1970년대 후반부터 현대 독일에서 호르크하이머(Horkheimer), 아도르노(Adorno), 마르쿠제(Marcuse), 프

롬(Fromm), 하버마스(Habermas) 등 독일의 프랑크푸르트학파의 비판 이론을 받아 형성되었다.

비판적 교육철학은 하나의 통일적인 교육철학은 아니며 교육학을 비판적으로 여러 학자의 업적을 총칭한 것이다. 비판 이론은 인간의 자유로운 의식을 억압하고 왜곡하는 요인들을 분석·비판하고, 이 제약으로부터 인간을 해방시키는 가능성을 모색하는 것을 목표로 한다.

① 비판적 교육철학의 성격

비판적 교육철학은 사회적 불평등이 학교교육을 통하여 재생산된다는 점을 주목하였다. 비판적 교육철학자들은 학교가 지배 이데올로기를 학습자에게 교육시키며 불합리한 사회구조를 유지, 재생산하는 기제라고 판단한다. 그들은 학교에서 발생하는 억압관계, 지배와 피지배 관계, 인간의 물상화, 자기 소외의 문제에 주목하고 이러한 문제의 원인을 찾아 교육상황을 개선하고자 하였다.

따라서 비판적 교육철학은 교육의 개선과 실천을 위한 실천 학문적인 성격을 갖는다고 할 수 있다. 비판적 교육철학자들은 학습자에 대해 비판적인 의식을 키우게 하는 인문교육, 성차별 문제를 생각하게 하는 여성해방교육, 사회의 구조와 발전과정을 보는 눈을 기르는 사회과학교육, 복지사회의 꿈을 키우는 이상사회 구상을 교육내용으로 제시하고 있다(박의수 외, 2007).

② 비판적 교육철학의 특징

교육과 연관된 비판 이론의 특성은 다음과 같다.

첫째, 교육의 불평등과 불공정 문제를 제기하였다. 교육에 대한 전통적 관점이 체제유지 혹은 이데올로기 주입과 결부되어 있음을 분석하였다.

둘째, 교육의 불평등을 고착시키는 교육의 구조 및 과정을 분석하고 비판하였다.

셋째, 교육의 불평등 문제를 해결하고 인간의 해방을 가능하게 하는 대안들을 모색하였다.

비판 이론은 학문의 사회적 역할과 사회의 구조 혹은 체계를 강조하였다.

그리고 인간과 사회의 연구에 대한 실증적 접근방법을 비판하고, 이데올로기에 대한 비판을 통해 이성이 도구화되는 것을 예리하게 지적하였다. 그러나 비판 이론은 비판의식을 지나치게 강조한 나머지 사회제도와 교육의 순기능을 간과하였다. 그리고 비판 이론의 자본주의 사회에 대한 비판은 과학과 기술의 인간 통제에만 한정되었으며, 그들이 제시하는 해방적 교육학은 개인적 교육학과 사회적 교육학의 원리를 취사선택한 것이어서 논리적 일관성이 부족하다는 평가를 받고 있다(신차균 외, 2013).

(4) 포스트모더니즘과 교육

포스트모더니즘(post-modernism)이라는 말은 1950년대 초 역사학자 토인비(A. Toynbee)가 처음 사용한 이래 문학, 철학, 예술, 과학, 교육, 문화 전반에 걸쳐 폭넓게 사용되고 있다. 포스트모더니즘은 데리다(J. Derrida)의 해체주의, 푸코(M. Foucalut)의 사회 이론과 역사 이론, 라캉(J. Lacan)의 심리분석 이론, 리오타르(J. F. Lyotard)의 포스트모더니티 이론을 포괄한다.

포스트모더니즘은 20세기 후반의 소비와 향락이 넘치는 사회 속에서 형성된 문화로 다국적 자본주의화, 후기 산업사회화, 소비사회화, 정보사회화 사회로의 변화 속에서 체계화되고 있는 새로운 문화논리이다.

포스트모던 사회는 이질성과 다양성이 강조되는 사회이고, 구체적인 너와 나가 존중되는 사회다. 미래에 대한 예측이 불가능한 사회이면서 시민단체들의 영향력이 높아지는 사회이다. 또한 쾌락주의, 대중주의, 시대정신의 결여, 허무주의, 자아의 상실, 기준과 가치의 소멸, 반전통주의, 행복감이 만연한 사회다. 이러한 사상적 다원주의를 포괄할 수 있는 것이 포스트모더니즘이다(신차균 외, 2013).

① 포스트모더니즘과 교육

라캉의 주체성과 지식, 리오타르의 지식론, 데리다의 기호와 텍스트, 푸코의 담론 등이 교육의 과정에 적용되면서 1980년대 말 포스트모더니즘에 대한 교육적 논의가 본격화되었다.

포스트모더니즘은 획일성, 전체성, 절대성을 비판하고, 다원성과 상대성을 강조한다. 대량생산과 대량소비에 바탕을 둔 산업사회의 구조하에서는 상품의 규격화와 가치관의 획일화가 이루어지며, 정보화사회에서는 소비지출의 증가와, 자유시간의 선호, 기호의 다원화, 생활의 질에 대한 관심이 증대된다. 탈 획일화와 기호의 다원화는 생산구조의 세분화와 분권적인 사회구조를 형성한다. 인간의 가치관도 다양해지면서 개성화를 촉진하게 되고 교육의 구조적 변화도 반드시 요구된다. 개인의 기호의 다양화와 개성의 추구로 인하여 과거의 획일적 교육방식에서 벗어나 교육내용과 방법이 다양화된다. 결국 획일성과 다양성의 양극성 중에서 어떻게 조화적 발전을 도모할 것인가 하는 것이 미래사회의 발전을 보장하는 중요한 관건이라고 할 수 있으며, 교육현장에서는 획일성을 지양하면서 다양성을 보장해 줄 수 있는 교육의 구조적 개편이 이루어져야 사회가 변화, 발전하게 될 것이다.

이전의 교육이 지식 전달에 관심이 있다면, 포스트모던 교육은 변화를 추구한다. 즉, 암기 위주의 획일적 교육보다는 창의성 계발의 교육을 강조한다. 포스트모던 교육과정은 알려진 것을 전달하는 것이 아니라 알려지지 않은 것을 탐구하는 데 그 목적이 있다. 교육목표도 인지적 영역과 정의적 영역을 구분하여, 상대적으로 이전의 교육에서 소외되었던 정의적 영역에 더 관심을 기울인다(신차균 외, 2013).

② 포스트모던 사회에서의 교육적 문제

포스트모던 사회에서의 교육적 문제는 환경문제, 극단적 이기주의, 정신적 빈곤화를 들 수 있을 것이다.

근대 산업사회는 우리에게 물질적 풍요를 가져다주었지만, 환경파괴를 가져와 인류의 존립 자체를 위협하고 있다. 따라서 포스트모던사회에서는 환경문제의 근원적 해결을 위한 환경교육이 학교 내외에서 체계적으로 이루어져야 한다.

다음으로 근대화가 가져온 문제는 극단적 이기주의이다. 기계기술문명의 발달과 더불어 우리는 인간성을 상실하였으며, 자기중심적인 삶을 영위하게 되었다. 따라서 이타정신의 회복은 포스트모던 사회의 교육에 주어진 또 하나의 과제이다.

또한 근대화의 산물인 물질적 풍요는 상대적으로 인간에게 정신적 빈곤을 가져왔다. 세속주의와 그에 따른 정신적 빈곤 또한 근대화의 부산물이다. 감각과 쾌락을 추구함에 따라 마약, 폭력 등의 문제가 나타난다. 따라서 포스트모던의 사회가 추구해야 할 교육적 과제는 정신적 풍요를 가져다줄 수 있는 인간교육의 실현이다.

③ 포스트모더니즘의 지식관

현대주의적 교육이 전달(transmit), 전이(transfer)되는 것에 관심을 보였다면 포스트모더니즘 교육은 변형(transform)하는 일을 추구한다. 포스트모더니즘은 양보다는 질을 추구하는 교육사조이다. 화이트헤드(Whitehead)는 "너무 많은 것을 가르치지 말고 가르치는 것은 철저하게 가르쳐라."고 강조한다. 적은 내용을 가지고 그것을 해석하고 유사한 내용과의 관계를 찾고 조합해 보며 다른 대안을 제시하는 것으로 발전시켜 나가야 한다는 것이다.

포스트모더니즘의 지식관에서는 인지적이든, 윤리적이든, 감성적이든, 기능적이든 모든 종류의 경험이 지식이 된다. 포스트모던 사회에서는 기술적·윤리적·미적인 요소가 인지적 요소와 대등한 것이다. 포스트모더니즘은 학문적 다원주의를 추구한다. 침·뜸·한약제조 등의 한의술, 풍수지리설, 전설, 민담, 사주, 관상, 점성술 등도 대등한 학문일 수 있다. 열린 교육도 풍부한 교육내용과 다양한 방법을 마련해 주는 기초 위에 행해지는 개별화 교육이다. 전통적인 교과과정은 지식의 논리적 성격에 따라 교과를 분화시켜 왔다. 포스트모더니즘은 지식자체의 논리성보다는 그 지식이 구성된 사회의 문화적 맥락에 관심을 둔다. 지식은 주어지는 것 또는 객관적으로 존재하는 것이 아니라는 말이다. 지식을 정당화시키는 것은 객관성이 아니라 이질성, 참신성, 실용성이다.

④ 포스트모더니즘과 교육

교과서 내용에 대한 비판과 대안이 수업의 과정에서 자유롭게 허용된다. 포스트모더니즘 교육은 획일적이고 보편적인 교육의 틀에서 벗어나 기존의 교육내용, 교육방법과는 다른 새로운 대안을 모색하려고 한다. 기존의 교육과정에서 소홀히 다루어져 왔던 내용에 관심을 기울인다거나 대화, 토론 등의 다양한 교육방법을 탐색한다. 나아가 공교육체제와 함께 다양한 교육체제의 접목을 구성하기도 한다(이지헌 외, 2009).

TV와 컴퓨터 같은 영상매체중심 교과서로의 변화를 적극 수용하고, 시청각 자료를 조작하면서 학습할 수 있게 만든 시청각교과서로 개념이 바뀌며, 교과분리형 교과서에서 통합 교과형 교과서로의 변화를 추구한다. 지식과 교과의 세분화는 자연·인간·사회의 문제해결을 어렵게 한다. 교육내용의 통합으로 일상의 문제를 해결하는 힘을 길러 준다. 학생들에게 학습의 경험을 선택하게 하는 가장 학생중심적인 접근이다. 의미 있고 풍부한 학습 환경을 만들어 간접적인 방식으로 학생들을 가르치며 각자에게 맞는 다양한 학습 환경을 제공한다.

교육평가의 측면에서 볼 때 개인의 생각과 주장을 창의적으로 표현할 수 있는 서술형, 논술형 평가, 깊은 정보를 주고받을 수 있는 면접을 통한 평가 관찰에 의한 평가를 시행한다.

포스트모던의 시각에서 탐구는 바로 해방을 뜻한다. 이를 위한 포스트모던 교육방법을 생각해 보자. 안다는 것은 바로 해체하는 일이다(To know is to kill). 단순한 읽기는 사실이나 현실을 단순히 받아들이게 되며 기성의 권위에 수동적으로 복종하는 인간을 양성하게 만든다. 해체적으로 교과서를 읽고 쓴다는 것은 이원론적 대립구조를 파헤치고 회의, 의심, 부정해 보는 방법이다.

협력학습법은 학습동기를 유발하고, 학생을 격려하며, 이론보다는 실제 장면을 중시하며 토의를 진행하는 데 그 목적이 있다. 협력학습법은 소집단에서 아동들의 생각을 다양하게 표현할 수 있는 기회를 주며, 각자 역할과 책임을 맡겨서 스스로 주제에 대한 결론을 이끌어 낼 수 있도록 유도하는 방법이다.

포스트모더니즘의 등장과 더불어 다양성이 존중되고 많은 새로운 요소들이 교육적으로 의미 있게 부각된 것은 긍정적 요소라고 할 수 있다. 반면에 포스트모더니즘이 가진 상대주의와 비이성주의를 극단적으로 수용할 경우에는 소통 불가능성과 교육의 붕괴를 초래할 수도 있다는 우려가 함께 존재하는 것이 사실이다(윤재홍, 2012).

03
CHAPTER

교육의 심리학적 이해

교육은 인간의 성장 잠재력을 실현시켜 나갈 수 있도록 지원하는 가치로운 활동이다. 인간의 잠재된 가능성을 발현시키기 위해서는 학습자에 대한 이해뿐만 아니라 학습자를 둘러싼 교육 현장에 내재하는 다양한 현상을 이해할 필요가 있다. 이 장에서는 학습자에 대한 이해를 돕기 위해 인간발달과 학습자의 특성을 심리학적 관점에서 고찰해 보고자 한다.

먼저, 인간발달에 관한 기본개념과 원리를 파악하고, 학습자의 지적・정의적 발달 측면을 살펴보기 위해 피아제(Piaget)와 비고츠키(Vygotsky)의 인지발달과 콜버그(Köhlberg)의 도덕성 발달, 프로이트(Freud)의 심리성적발달과 에릭슨(Erikson)의 심리사회적 발달 특성을 제시하고자 한다. 다음으로 학습자를 효과적으로 지도하기 위해 교육심리학 이론인 행동주의, 인지주의 이론, 정보처리 이론에 대해 살펴볼 것이다.

1 인간발달과 교육

1) 발달 개념

발달(development)이란 난자와 정자가 수정되는 순간부터 죽음에 이르기까지 인간에게서 일어나는 체계적이며 연속적인 변화과정을 말한다(박선영 외, 2010). 사람들의 일시적인 기분, 생각, 행동 등은 발달에서 제외되며, 신체·운동기능, 사고, 지능, 언어, 사회성, 정서, 성격, 도덕성 등 인간의 모든 특성이 상당 기간 영속적으로 변화한다.

발달을 협의의 관점에서 보면, 출생 후부터 청년기까지의 상승적인 변화과정만을 의미한다. 반면, 광의의 측면으로 보면, 출생 후부터 죽음에 이르기까지의 상승적·하강적 변화과정 모두를 포함한다. 최근에는 보다 넓은 의미로 보는 경향이 있는데, 인간 발달은 일생을 통하여 진행되는 변화과정이며, 모든 연령대에서 성장과 감소를 동시에 포함한다.

2) 발달 원리

발달은 인간에게 보편적으로 나타나는 몇 가지 기본원리가 있다.

첫째, 발달의 각 측면은 상호 밀접하게 관련되어 있다.

신체, 인지·언어, 정서·사회성 발달 측면은 상호 유기적으로 연결되어 있어서 서로 영향을 주고받는다. 신체발달은 인지발달에 영향을 미치고 인지발달은 정서·사회성 발달에 영향을 미치는 것으로 발달의 각 측면은 상호 유기적이다.

둘째, 발달은 성숙과 학습의 상호작용 결과이다.

발달은 생물학적 시간표에 따라 변화하는 성숙과 사회·환경적인 경험과 훈련에 따라 변화하는 학습의 결과를 포함한다(김종서 외, 1993). 발달은 성숙과 경험의 산물이라 볼 수 있는데, 성숙(maturation)은 자연적·자발적으로 일어나는 변화로서 유전적 프로그램에 따라 일어나는 변화를 의미하며(김아영 외, 2003), 학습은 후천적인 경험과 훈련에 의해 나타나는 변화이다. 즉, 우월한 유전적 소인을 가지고 태어났다 하더라도 교육환경이 열악하여 다양한 교육경험의 기회를 갖지 못한다면 발달은 지체될 수 있다. 인간발달은 성숙과 학습 모두 중요하지만 상대적 중요성에 대해서는 학자들 간 의견이 분분하다.

셋째, 발달속도는 개인차가 있다.

발달은 모든 개인에게서 동일하게 나타나는 것은 아니다. 같은 연령대에서도 신체적 측면, 인지적 측면, 사회·정서적 측면 등 각기 다르게 발달한다. 따라서 학생들의 개인 간 차이를 다양한 측면에서 파악하여 지도해야 한다.

3) 인간 발달 이론

(1) 학습자의 인지적 특성

① 피아제의 인지발달

인지(cognition)란 지각, 상상, 추리, 판단 등과 같은 지각활동을 포괄하는 개념이다. 피아제(Piaget)에 의하면, 인지발달은 기존 정보를 보존하고 새로운 사실이나 개념을 추가하는 것이다. 인간의 인지는 환경과 서로 상호작용하면서 사고를 변화시키는 것으로, 사고를 변화시키는 네 가지 요인은 생물학적 성숙, 활동, 사회적 경험, 평형화이다. 생물학적 성숙은 개인이 유전적 프로그램에 의한 시간표대로 변화하는 것으로 인지발달에는 직접적인 영향을 미치지 않는다. 활동은 신체적 성숙이 이루어지면서 환경에 작용하고 환경으로부터 학습하는 능력이 증가한다. 즉, 환경에 작용을 가하여 실험하고, 탐구하는 검증과정을 거쳐 사고과정이 변화하게 된다. 사회적 경험은 타인과 상호작용을 하면서 학습이 이루어지는 것이다. 이와 같이 생물학적 성숙과 활동, 사회적 경험은 인간의 인지발달에 영향을 미치는 요인이다(김아영 외, 2003).

❙그림 3-1❙ 인지활동

피아제(Piaget, 1963)는 인지발달 이론을 설명하는 핵심개념을 도식(schema), 동화(assimilation), 조절(accommodation)로 보았다. 도식은 사고의 기본 단위로서 사물이나 사건에 대한 이해의 틀이다. 이는 주변 세계에 대해 정신적으로 표상하거나 사고하는 체계이다. 도식은 적응과 조직의 과정을 통해 형성되어지는 것으로 적응은 동화와 조절의 통합적인 기능이라 할 수 있다. 동화는 이미 가지고 있는 도식을 사용해서 주변세계를 이해하려 할 때 나타나는 인지과정이다. 조절은 현재의 도식으로 새로운 사건이나 사물을 이해하기 어려울 때, 새로운 상황에 맞도록 현재의 도식을 새롭게 수정하여 인지하는 과정이다. 이처럼 동화와 조절이 효과가 있을 때 인지과정은 평형상태가 유지되지만, 새로운 환경에 끊임없이 노출되고, 인지적 갈등이 유발되면 불평형(disequilibrium)상태가 된다. 인간은 인지의 불평형 상태를 줄이기 위해 끊임없는 동화와 조절 과정을 시도하게 되고, 평형상태를 이루게 될 때 이전보다 더 높은 인지수준에 도달하게 된다.

피아제(Piaget, 1966)는 인간의 인지발달 단계를 감각운동기, 전조작기, 구체적 조작기, 형식적 조작기로 구분한다. 이 네 단계는 같은 순서를 거쳐 발달하는 것으로 몇 단계를 뛰어넘어 발달하지 않는다. 즉, 인지발달은 계속적인 질적 변화의 과정이며, 이전 단계의 발달이 완성되어야만 이후 단계로 나아갈 수 있다.

㉠ 감각운동기(출생~2세)

출생 직후 유아는 주로 감각이나 운동기능을 통해서 환경을 탐색해 나가며, 가장 기본적인 반사행동으로부터 목표지향적인 사고활동을 통하여 도식을 확장시켜 간다. 즉, 유아는 손에 잡히는 모든 것을 입에 가져가 빨아 보고, 눈으로 보고, 손으로 만지고, 귀로 듣는 것을 통하여 인식하고 환경에 적응해 간다. 점차 감각과 운동기능을 통해 지적 발달이 이루어지며, 이 시기 인지발달에서 가장 중요한 대상영속성(object permanence) 개념을 획득하게 된다. 대상영속성이란 모든 대상은 독립적인 실체로서 존재하며, 물체가 시야에서 사라지더라도 계속 존재한다는 것을 인식하는 능력이다. 다음으로 획득되는 또 다른 인지적 성취는 목표지향적 행동(goal directed actions)이다. 즉, 유아는 자신이 원하는 대로 장난감을 다룰 수 있는 것으로 목적을 위한 수단을 이용할 수 있게 된다.

㉡ 전조작기(2~7세)

전조작기는 급속한 언어발달과 상징과 같은 표상적 사고능력이 발달하며, 비논리적이고 직관적인 사고를 한다. 이 시기 유아의 놀이는 주로 상징적 놀이로 나타나는데, 이는 표상적 사고능력이 생기면서 발달하게 되는 것으로 가장하기 또는 흉내 내기 등이 있다. 실재 물체는 없지만 병원놀이, 소꿉놀이와 같은 상징놀이 활동을 한다. 이 시기에 나타나는 대상에 대한 상징적 사고능력은 한 방향으로 사고하거나 일방적 논리를 사용하는 데 국한된다. 대상을 다양한 관점에서 파악하는 능력이 결여되어 있기 때문에 보존개념이 형성되지 못하고, 타인조망 수용능력이 아직 부족하다.

보존 개념이란 사물의 양이나 수가 더하거나 빼지 않는 한 그 속성은 변하지 않는 것에 대한 인식능력이다. 피아제는 보존 실험을 통해 전조작기의 사고 특징인 직관적 사고와 중심화를 설명하고 있다. 보존 실험 과정을 예를 들어 살펴보면, 실험자는 5세인 민희에게 모양이 같은 두 개의 컵에 똑같은 양의 우유를 붓도록 한다. 민희는 두 개의 컵 안에 똑같은 양의 우유가 담겨 있다고 말한다. 그 다음 한 컵의 우유를 모양이 긴 컵에 붓고, 또 다른 컵의 우유를 모양이 넓은 컵에 붓고 민희에게 우유의 양을 묻는다. 이때 민희는 모양이 긴 컵의 우유가 더 높기 때문에 많다고 한다. 실험 결과 민희는 우유의 높이라는 차원에만 주의를 집중하는 직관적 사고의 특성을 보이고, 우유의 넓이 차원을 간과한다.

㉢ 구체적 조작기(7~11세)

이 시기 아동은 구체적인 대상에 한해서 체계적이고 논리적인 사고를 할 수 있게 된다. 조작이란 아동의 논리적인 정신작용을 의미하는 것으로(신명희 외, 2010), 이 단계의 아동은 구체적인 사물과 실제적 상황, 사실에 한정되긴 하지만 논리적인 사고와 문제해결이 가능한 시기이다. 또한 자기중심성이 약해지고 탈 중심화가 일어나게 되어 조망능력을 갖게 되는 시기이다. 즉, 사물이나 현상의 다른 차원이나 측면을 고려하는 것도 가능하고, 타인의 관점과 생각이 자신과 다를 수 있음을 이해하게 된다. 이 시기 아동은 가역성에 대한 개념, 상보성, 동일성의 원리를 이해하게 되어 보존문제를 해결해 나갈 수 있는 능력이 가능하다. 가역성은 물체가 원상태로 돌아갈 수 있는 능력을 말하고, 상보성은 하나의 변화가 다른 변화로 인해 서로 상쇄되는 것이며, 동일성은 다른 어떤 것을 첨가하거나 제거하지 않는 한 그 물질은 동일하다는 것을 말한다.

이외에도 구체적 조작기 아동은 유목화와 서열화의 개념을 이해하게 된다. 유목화는 물체를 여러 가지 특성에 따라 다양하게 구분해 낼 수 있는 것이며, 서열화는 물체를 크기나 무게와 같이 하나의 기준에 따라 순서대로 배열할 수 있는 것을 의미한다. 이와 같이 7세 이후의 아동은 보존개념을 획득하고, 자기중심화가 약해져 탈 중심화와 조망능력을 갖게 되며, 유목화와 서열화 개념을 이해하게 된다.

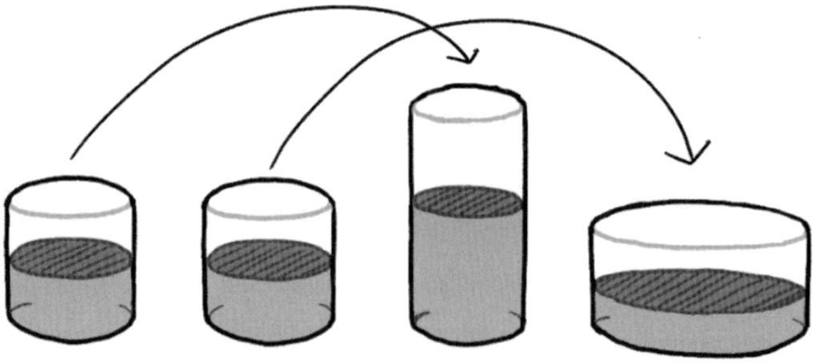

| 그림 3-2 | 보존성에 대한 실험

㉣ 형식적 조작기(13세 이후)

이 단계는 구체적이고 실제적인 상황을 넘어서는 문제해결이 가능한 시기로 추상적인 개념에 대한 논리적 사고가 가능하고, 가설연역적 추론과 조합적 사고가 가능하다. 눈에 보이지 않는 대상에 대해 가능성과 관련성을 탐색할 수 있는 추상적 사고가 가능한 시기라는 것이다. 가설연역적 추론은 다양한 현상에 대해 가설적 상황을 설정하고, 이를 도출하기 위해 자료를 수집하여 체계적으로 실험하고, 타당성을 검증해 나간다. 조합적 사고는 문제해결에 필요한 요인을 추출하여 체계적으로 구성하고 결론을 이끌어 낼 수 있다.

② 비고츠키의 인지발달

비고츠키(Vygotsky)는 인지발달적 측면에서 사회·문화·역사적 맥락을 중요시하였다. 특히 성인이나 유능한 또래들과의 상호작용이 인지발달에 영향을 미치는 바가 크다고 보았다. 예를 들어, 영수에게 사람이라는 영어 단어를 말해 보도록 하였다고 하자. 이때 영수는 알고 있지만 갑자기 생각이 나지 않는다며 머리를 긁적거린다. 이를 지켜 본 교사가 옆에서 "P자로 시작하는 거야."라고 단서를 제공했더니 영수는 "아, people입니다."라고 자신 있게 답을 말하였다. 이와 같이 아동이 혼자서는 문제를 해결할 수 없지만 교사나 부모 또는 또래의 조력을 받으면 성공적으로 문제를 해결할 수 있는 영역이 있다. 이를 근접발달영역(Zone of Proximal Development, ZPD)이라 하고, 아동이 지적으로 성장하도록 조력하는 것을 발판, 비계설정(scaffolding)이라 한다.

비고츠키는 근접발달 영역을 실제적 발달수준과 잠재적 발달수준으로 구분하였다. 실제적 발달수준은 아동이 독자적으로 문제를 해결할 수 있는 수준을 말하며, 잠재적 발달수준은 성인이나 유능한 또래의 도움을 받아 문제를 해결할 수 있는 더 높은 수준을 말한다. 발판 또는 비계설정(단서제공, 시범, 질문, 격려)은 근접발달영역 내에서 이루어지며, 교사나 유능한 또래의 도움을 받아 더 높은 수준의 성취를 보인다.

이와 같이 비고츠키는 모든 아동이 자기 자신뿐만 아니라 부모, 교사, 또래와의 상호작용을 통해 많은 것을 습득하게 되며 사회적 관계 속에서 인지발달이 이루어진다고 보았다.

③ 피아제와 비고츠키의 언어에 대한 관점

아동의 언어발달에 대한 중요성을 피아제와 비고츠키는 견해를 달리하고 있다. 피아제에 의하면 인지발달단계의 전조작기에 나타나는 자기중심적 언어(egocentric speech)는 "아동이 자기 자신만을 위해서 말하기 때문이기도 하지만, 보다 근본적으로는 아동이 청자의 관점에서 자신을 바라보려고 하지 않기 때문에 자기중심적이다."는 것이다(Piaget, 1966). 다시 말해 아동기에 나타나는 혼잣말을 자기중심적 언어로 보고, 이 혼잣말은 인지적으로 아직 미성숙함을 대변한다는 것이다. 반면, 비고츠키에 의하면, 언어는 사고와 인지 발달에 중요한 영향을 미치는 것이다. 자기중심적 언어를 아동이 문제를 스스로 해결할 수 있도록 돕는 사고의 도구로 보았으며, 이때 나타나는 혼잣말을 사적 언어(private speech)라 하였다. 사적 언어는 아동이 복잡한 문제를 해결하기 위해 마음속으로 사용하는 언어를 말한다.

(2) 학습자의 정의적 특성

① 프로이트 심리성적 발달

프로이트(Freud)는 인간의 정신세계를 분석적으로 접근한 최초의 인물로서 인간의 정신수준을 의식(consciousness), 전의식(preconsciousness), 무의식(unconsciousness)으로 보았다. 그는 인간의 성격을 빙산에 비유하여 수면 위에 떠 있는 작은 부분을 의식의 영역이라 하였고, 물속에 잠겨 있는 거대한 부분을 무의식이라 하였으며, 파도에 의해 수면 위로 드러났다 잠겼다 하는 부분을 전의식이라 하였다. 의식은 경험했던 것을 떠올릴 수 있는 정신영역으로 무엇을 했는지 질문을 받았을 때에 기억해 내고 대답을 할 수 있는 영역이다. 전의식은 주의를 집중하고 노력하면 기억해 낼 수 있는 정신영역이며, 무의식은 마음속 깊이 잠겨 있어 전혀 자각하지 못하는 부분을 말한다. 즉, 무의식은 인간의 사고와 행동을 지배하는 보이지 않는 힘이며, 성적 에너지의 원천이다.

프로이트에 의하면 인간의 성격은 원초아(id), 자아(ego), 초자아(superego)로 구성되어 있으며, 이 세 체계의 균형 있는 발달이 성격형성에 중요하다고 보았다. 원초아는 성격의 가장 원초적인 부분으로 자아와 초자아가 분화되어 나오는 심리적 에너지의 원천이다. 원초아는 쾌락원리(pleasure principle)에 의해 지배되는데, 이는 현실을 고려하지 않고 즉각적으로 욕구를 충족하여 쾌락이나 만족을 얻고 고통을 회피한다. 자아는 원초아의 즉각적 욕구를 억제하고 현실 상황을 고려하여 합리적으로 욕구를 충족하려는 현실원리(reality principle)를 따른다. 초자아는 부모와의 상호작용을 통해 사회화과정이 내면화되어 도덕적 규범을 형성해 가는 3~5세 시기에 나타난다. 초자아의 주된 기능은 도덕적 판단과 완성을 추구하는 정신구조로서 도덕적 원리(morality principle)를 따른다.

프로이트는 초기 5세까지의 경험이 인간의 성격형성에 매우 중요하게 영향을 미친다고 하였으며, 심리성적 에너지인 리비도(libido)가 신체 각 부위에 집중되는가에 따라 구강기, 항문기, 남근기, 잠복기, 생식기의 5단계로 구분하였다.

㉠ 구강기(oral stage): 출생~1년

구강기는 리비도가 입에 집중되는 시기로 주로 입으로 빨기, 씹기, 깨물기 등과 같은 행위를 통해 쾌감을 느낀다. 이 시기에 수유 욕구를 충족시키는 것이 성격형성에 중요한데, 구강기의 욕구 충족이 결핍되거나 과도하게 충족되는 경우 다음 단계로 넘어가지 못하고 구강기 고착(fixation) 성격을 갖는다. 고착 증상은 과도한 흡연, 과식, 과음, 손가락 빨기, 손톱 물어뜯기, 수다, 타인에 대한 의존성 등 구강기 성격으로 나타난다.

㉡ 항문기(anal stage): 1~3세

항문기는 신경계의 발달로 괄약근을 수의적으로 조절할 수 있으며, 일정기간동안 괄약근을 수축시키거나 이완시킴으로써 쾌감을 느낀다. 쾌감을 느끼는 리비도가 구강에서 항문으로 옮겨가는 이 시기를 항문기라 부른다. 이 시기 부모에 의한 적절한 배변훈련이 성격형성에 중요한 영향을 미치게 된다. 지나치게 억압하거나 엄격하게 훈련한 경우, 반대로 훈련에 무관심하거나 시기적으로 늦게 이루어질 경우 '항문고착(anal fixation)' 증상을 보이게 된다. 고착 증상은 결벽증, 수전노, 강박성격, 순종적·소극적, 완벽주의 특성을 보이며, 주변을 어지럽히거나 낭비벽, 파괴적 성격으로 나타난다.

㉢ 남근기(phallic stage): 3~5세

남근기는 리비도가 항문영역에서 성기로 옮겨가는 시기이다. 이 시기에 이르면 이성부모에 대해 강한 성적 애정과 근친상간적 소망을 느끼게 되는데, 남아의 경우 오이디푸스 콤플렉스(Oedipus complex)를 여아의 경우 엘렉트라 콤플렉스(Electra complex)를 경험하게 된다. 남아는 어머니에게 성적 애착을 느끼게 되며 어머니에 대한 근친상간적 욕망은 아버지를 경쟁자로 생각하여 적대감을 갖게 한다. 이 과정에서 남아는 거세불안이 유발된다. 거세불안을 감소시키기 위해 아버지에 대한 적대감을 무의식 속으로 억압하고, 대신에 아버지를 동일시하여 남성다움을 발달시켜 간다. 여아의 경우 무의식적으로 아버지에 대한 성적 애착을 갖게 되는데, 이를 엘렉트라 콤플렉스라 한다. 여아는 자신에게 남근이 없다는 것을 알고 남근에 대한 부러움, 즉 남근선망(penis envy)을 갖는다. 이 시기에 고착되면 남근기적 성격으로 거만하거나, 자기과시, 야심적인 특성을 보인다.

㉣ 잠복기(latency stage): 6~12세

잠복기는 성적 욕구나 갈등이 억압되어 다른 단계에 비해 비교적 평온한 시기이다. 이 시기에는 이성에 대한 관심은 줄어들고 대신에 동성의 또래들과 어울리면서 실생활에 필요한 여러 가지 사회적 기술을 습득하고, 운동, 게임 등 놀이나 지적 활동을 통해 에너지를 발산한다.

㉤ 생식기(genital stage): 12세 이후

사춘기가 시작되면서 잠복해 있던 성적 욕구가 활발해진다. 프로이트는 이전 단계까지는 자기 신체를 통한 성적 쾌감을 추구하는 자기애적 경향을 보였으나, 이 시기에는 이성으로부터 성적인 만족을 추구하려 한다. 이 단계까지 원만한 발달을 이룩한 사람들은 이성과 친밀한 관계를 형성하고, 성숙한 사랑을 하며, 생산적인 활동에 전념하게 된다.

② 에릭슨의 심리사회적 발달 이론

에릭슨은 인간의 성격발달을 전생애적 관점으로 확대하여 8단계로 구분하였으며, 사회문화적 환경이 성격발달에 중요한 요인임을 강조하였다. 특히, 발달은 사회 속에서 맺게 되는 사회적 관계들 간 상호작용에 의해 결정된다. 각 단계마다 발달과업이 있고 과업을 수행하는 과정에서 발달적 위기에 직면하게 된다. 각 단계의 위기는 긍정적 대안과 잠재적으로 건강하지 못한 대안 간 갈등을 포함한다. 발달적 위기는 보편적인 것이며, 문화에 따라 그 해결방안은 다를 수 있고, 어느 한 단계를 성공적으로 해결하지 못하더라도 다음 단계를 경험할 수 있다. 각 발달단계는 다음과 같다.

㉠ 기본적 신뢰감 vs 불신감(출생~1세)

이 시기 유아가 맺게 되는 최초의 사회적 관계는 어머니이다. 어머니의 일관성 있는 양육태도가 아이의 건강한 성격 발달에 밑거름이 된다. 어머니가 아이의 신체적·심리적 욕구를 적절히 충족시켜 주면 아이는 어머니를 신뢰하게 되어 신뢰감을 발달시키지만, 아이의 요구를 무시하거나 일관성 없게 대하면 아이는 불신감을 발달시키게 된다. 아이가 일단 어머니에 대한 기본적 신뢰감을 형성하게 되면 이후 다른 대상이나 상황에서도 신뢰감을 갖게 된다. 신뢰감은 이후 생의 과정에서 맺게 되는 사회적 관계에서의 성공 여부와 밀접한 관련이 있기 때문에 적절한 기본적 신뢰감을 발달시키는 것은 매우 중요하다(임경희 외, 2013).

㉡ 자율성 vs 수치 및 의심(2세)

이 단계는 유아의 신체 및 인지발달이 빠르게 발달하는 시기이다. 유아는 스스로 행동하고 주변 환경을 탐색하려 시도하며, 여러 상반되는 욕구들 사이에서 스스로 선택하고자 하는 자율성을 발달시킨다. 이때 아이는 자신의 의지대로 행동하려 하고, 부모는 사회적으로 적합한 행동을 하도록 훈육한다. 그런데 훈육과정에서 부모가 너무 엄격하여 아이의 고집을 꺾으려 하거나, 반대로 무관심한 양육방식은 아이에게 수치감을 갖게 한다. 이 시기 유아가 심리사회적 위기를 어떻게 해결하느냐는 부모의 훈육방식이 많은 영향을 미치게 되므로 유아의 행동에 대해 인내심을 갖고 기다려 주고 용기와 칭찬으로 발달을 도와야 한다.

㉢ 주도성 vs 죄의식(3~5세)

이 시기 유아는 스스로 목표와 계획을 세워 시도해 보려 한다. 이 과정에서 목표지향적 행동을 하게 되고 경쟁적이 되기도 한다. 이때 유아가 주도적으로 무엇인가를 시도하려 할 때 부모가 목표를 완수하도록 격려하고 지지해 주면 주도성을 발달시키게 되지만, 지나치게 간섭하거나 꾸중을 하게 되면

죄책감을 갖게 된다. 따라서 유아가 적극적이고 주도적으로 목표를 달성해가도록 적절한 인정과 격려를 하는 것이 좋다.

㉣ 근면성 vs 열등감(6~11세)

이 단계는 '자아'가 형성되는 결정적인 시기이며 가족의 범주를 벗어나 교사, 또래 등 활동반경이 넓어지는 시기이다. 또한 지적 욕구가 활발하여 인지적 기술과 사회적 기술을 습득하고 숙달시키고자 노력한다. 이 과정에서 자신의 능력을 발휘하여 성공적인 경험을 갖게 되면 또래와 부모의 긍정적인 평가를 받게 되어 근면성을 발달시키게 된다. 반면, 자신의 능력을 발휘하지 못하고 실패의 경험이 누적되거나 결과에 대한 부정적 피드백을 받게 되면 열등감을 경험하게 된다. 따라서 학생의 현재 수준에 맞는 적절한 과제를 제시하고 성취감을 경험하도록 격려하며, 작은 성공경험 그 자체를 가치 있게 다루어 주는 것이 요구된다.

㉤ 정체감 vs 역할혼미(12~18세)

이 단계는 청소년기에 해당하는 시기로, 급격한 신체적 변화와 지적·감정적 변화를 경험한다. 급격한 신체 변화와는 달리 정신적 성장은 이를 따라가지 못하는 시기이다(신명희 외, 2010). 자기 존재에 대한 경험과 탐색이 시작되며, 타인이 자신을 어떻게 생각할 것인지에 대해 관심을 가지게 되고, 불확실한 미래에 대한 갈등에 직면하는 시기이다. 이 시기 청소년들은 '나는 누구인가?', '나는 무엇이 될 것인가?'와 같은 자기 존재와 역할에 대한 해답을 찾으려 애쓰며 고민과 방황의 탐색기를 갖는다. 이 단계를 긍정적으로 해결하면 자아정체감을 형성하게 되지만, 고민과 방황이 계속되어 삶의 방향성을 잃으면 역할혼란을 겪게 된다.

㉥ 친밀성 vs 고립감(19~24세)

이 단계는 부모로부터 독립하여 직업을 선택하고 타인과의 관계에서 친밀함을 갖는 시기이다. 또한 일과 사랑을 통하여 진정한 자기탐색기를 갖게 되며, 다른 사람과 친밀한 관계를 맺을 준비가 되어 있다. 이 과정에서 사랑하는 사람이나 사회적 관계 속에시 맺는 동료들과 공유적 성체감을 갖게 되어 친밀감을 발달시킨다. 반면에 친밀한 관계 형성에 실패하면 고립감을 느끼게 된다.

ⓢ 생산성 vs 침체성(25~54세)

이 단계는 가정생활과 직장, 사회활동이 활발한 시기이다. 가정적으로는 자녀를 낳아 가르치고, 지노하녀, 직장에서는 직업적 역량을 발휘하여 생산성과 업무능력 향상의 인정을 받으며, 사회적으로는 후세대를 양성하는 데 관심과 노력을 기울이는 단계이다. 이와 같이 생산성을 발휘하지 못하고 자기탐닉에 빠지면 침체성을 갖게 된다.

ⓞ 통합성 vs 절망감(55세 이상)

노년기에 해당하는 시기로 지금까지 살아온 생애를 돌아보면서 자신의 인생이 만족스러웠다고 회상하고, 있는 그대로의 자신을 수용하고, 인생에 대해 관조 할 수 있을 때 통합성이 형성된다. 인생을 후회하고 죽음을 두려워할 때 절망감에 빠진다.

③ 도덕성 발달 이론

도덕성이란 사회구성원으로서 도덕적 행위를 할 수 있는 능력, 도덕적 원리나 규칙 등을 합리적으로 판단하고 추론할 수 있는 것으로 규정할 수 있다. 먼저, 피아제의 도덕성 이론에 대해 살펴본 다음, 콜버그의 도덕성 발달 단계를 살펴보기로 한다.

㉠ 피아제의 도덕성 발달 이론

피아제는 도덕성 발달단계를 크게 타율적 도덕성(heteronomous morality)과 자율적 도덕성(autonomous morality) 두 단계로 구분하였다.

타율적 도덕성은 외재적 도덕성(external morality)이라고도 하는데, 10세 이전의 아동들에게서 주로 나타나는 사고형태이다. 아동은 규칙이 권위자에 의해 만들어졌고, 절대적으로 지켜져야 하며, 불변하는 것으로 인식한다. 또한 행위자의 동기나 의도를 고려하여 선악을 판단하기보다는 결과에 주안점을 두고 판단하는 시기이다.

자율적 도덕성은 내재적 도덕성(internal morality)이라 하는데, 10세 이후의 아동들에게서 나타나는 도덕적 사고의 형태이다. 이 시기 아동은 규칙이 타인과 상호 협의하에 결정된다는 것을 이해할 뿐만 아니라, 절대적일 수 없다는 것을 깨닫게 된다. 또한 행위자의 동기와 의도를 고려하여 옳고 그름을 도덕적으로 판단할 수 있게 된다.

ⓛ 콜버그의 도덕성 발달 이론

콜버그는 피아제의 도덕성 발달 이론을 확대 발전시켰으며 도덕성 발달수준도 단계적 계열을 따라 순서대로 발달해 간다고 주장하였다(Köhlberg, 1963, 1975). 그는 소년들을 대상으로 '하인즈의 딜레마(Heinz's dilemma)'와 같은 도덕적 딜레마 상황을 제시하여 그 결과를 분석한 후, 이들의 도덕적 추론의 변화를 3수준 6단계로 구분하였다. 그의 말년에 6단계에 우주영생지향단계를 추가하여 모두 7단계를 제안하였다(문은식 외, 2007).

표 3-1 하인즈의 딜레마

유럽의 한 부인이 무서운 암에 걸려서 죽어 가고 있었다. 그 부인의 병을 치료하는 데는 오직 한 가지 약밖에 없는 것으로 알려져 있었다. 이 약은 같은 마을에 사는 어느 약사가 최근에 발명한 약이었다. 그 약을 만드는 데 원가는 200달러가 들었지만 그 약사는 약값으로 원가의 10배를 요구하였다. 병든 부인의 남편인 하인즈는 돈을 구하기 위해 아는 사람을 모두 찾아다녔으나 그 약값의 절반밖에 마련하지 못했다. 할 수 없이 하인즈는 그 약사를 찾아가서 자기 부인이 지금 죽어 가고 있다고 말하고 그 약을 반값에 팔거나, 아니면 다음에 나머지 돈을 갚겠다며 간청했다. 그러나 약사는 거절하였다. 절망에 빠진 하인즈는 결국 약방 문을 부수고 들어가 그 약을 훔쳤다.

- **제1수준: 전인습 수준**

  - 제1단계(처벌과 복종 지향): 처벌을 피하기 위해 힘을 가진 사람의 명령이나 요구에 복종하는 단계이다.
  - 제2단계(욕구 충족을 위한 수단으로서 도덕성): 자신과 타인의 욕구 충족이 도덕적 판단의 기준이 된다.

- **제2수준: 인습 수준**

  - 제3단계(착한 소년·소녀 지향): 다른 사람의 인정을 중시하고 다른 사람에

게서 칭찬 받는 행위가 도덕적 판단의 기준이 된다.

- 제4단계(법과 사회질서 지향): 사회 질서와 법을 준수하는 것이 도덕적 판단의 근거가 된다.

- 제3수준: 후인습 수준

- 제5단계(사회계약 지향): 법이나 규칙을 중시하지만, 사회적 유용성에 따라 법이나 제도가 바뀔 수 있다는 생각을 한다.
- 제6단계(보편적 도덕원리 지향): 인간의 존엄성, 사회정의, 평등 등 보편적 원리를 지향하며, 양심의 결단에 따라 도덕적 판단을 한다.
- 제7단계(우주영생 지향) : 인간의 도덕성을 분절적인 접근이 아니라, 우주적 질서 속에 통합되는 원리에 입각하여 도덕적 판단을 한다.

2 교육심리학 이론

학습(learning)이라 하면 학교에서의 공부를 먼저 떠올리게 된다. 하지만 학습은 다양한 곳에서 일어난다. 즉, 학습이 일어나는 상황은 마트에 가서 광고에서 선전하던 상품을 선택할 때, 친구가 칭찬받는 것을 보고 그 친구의 행동을 모방할 때, 영어 단어를 익힐 때 등 학교에서만 국한되어 일어나지는 않는다. 학습은 우리가 살아가는 모든 곳에서 매일 일어난다. 자신이 의도적으로 노력을 해서 습득하는 것뿐만 아니라 의도하지 않더라도 인간의 행동은 학습된다.

학습이란 "직접적 혹은 간접적 경험이나 연습의 결과로 일어나는 비교적 지속적인 행동의 변화"이다(신명희 외, 2010). 학습을 비교적 지속적인 행동의 변화라 하는 것은 피로나 약물로 인해 일시적으로 나타나는 행동의 변화를 의미하는 것이 아니라는 것이다.

학습 이론은 행동주의(behaviorism) 이론, 인지주의(cognitivism)와 정보처리 이론으로 구분해 볼 수 있다.

1) 행동주의 이론

행동주의의 기본 원리는 자극(stimulus)과 반응(response)의 연합에 있다. 이에 따라 '자극-반응 이론(stimulus-response theory)' 혹은 'S-R 이론'이라고 불리기도 한다. 행동주의 학습 이론은 고전적 조건형성, 조작적 조건형성, 사회학습 이론 등이 있으며, 학습 이론은 인지심리학이 등장하기 전까지 교육현장에 지대한 영향을 미쳤다.

(1) 고전적 조건형성

고전적 조건형성(classical conditioning)은 러시아의 생리학자인 파블로프(I. Pavlov, 1849~1936)에 의해 체계화된 이론이다. 그는 개의 타액 분비반응에 관한 실험과정에서 예기치 않게 자극-반응의 연합으로 학습이 일어나는 원리를 발견하게 되었다. 개는 먹이를 먹으면 자연적으로 침을 흘리게 되는데 실험자의 발소리만을 듣고도 타액을 분비한 것이다. 여기에서 조건이 형성되기 전 실험자의 발소리는 중립자극이었지만 조건형성 후 실험자의 발소리는 '조건자극'이 된다. 이와 같이 자극과 반응이 연합되는 것을 '조건화' 또는 '조건형성'이라고 한다.

(2) 조작적 조건형성

조작적 조건형성(operant conditioning)은 스키너(Skinner)에 의해 체계화된 이론이다. 스키너는 조건화 이론을 연구하기 위해 '스키너 상자'를 고안하였으며, 쥐와 비둘기를 대상으로 실험하였다.

실험 과정을 살펴보면, 먼저 지렛대를 누를 때마다 먹이가 방출되도록 실험 장치를 고안한 후, 상자 안에 배고픈 쥐를 넣는다. 배고픈 쥐는 먹이를 찾아 상자 안 여기저기를 돌아다니다가 우연히 지렛대를 누르게 되고, 이때 방출된 먹이를 먹게 된다. 쥐의 지렛대 누르는 행동의 빈도(반응)는 먹이를 먹기 위해 점차적으로 증가될 것이라는 것이다. 즉, 행동(지렛대 누리기)과 강화(먹이)의 연합은 곧 반응 후 주어지는 결과에 따라 행동의 지속 여부가 달라진다는 것이다.

조작적 조건형성의 기본원리는 유기체의 행동과 강화 간의 연합이다. 강화(reinforcement)란 행동의 발생 빈도 혹은 강도를 증가시키는 절차를 의미하는 것으로 조작적 조건형성은 학교 현장에서 학생들의 바람직한 행동의 빈도를 증가시키는 데 유용하게 적용된다. 학생이 바람직한 행동을 할 때마다 적절한 강화물을 선택하여 제공하는 것이 좋다. 즉, 칭찬, 격려, 미소 또는 사탕, 과자 등과 같은 강화물을 선택하고, 학생이 바람직한 행동을 할 때마다 강화물을 제공하여 특정 행동의 빈도를 증가시킨다.

(3) 사회학습 이론

사회학습 이론은 반두라에 의해 주창된 이론으로 인간의 내면적 정신과정에 초점을 두고 있다(Bandura, 1977). 사회학습 이론을 관찰학습이라고도 하는데, 관찰학습은 학생이 다른 사람의 행동을 관찰하고 난 후 이 행동을 모방할 것인가 아닌가를 스스로 판단하여 행동하는 인지적 과정이 포함된다. 반두라는 관찰학습이 일어나는 과정을 주의(attention) 단계, 파지(retention) 단계, 운동재생(motor production) 단계, 동기화(motivation) 단계로 구분하였다.

2) 인지 이론과 정보처리 이론

행동주의 학습 이론은 인간의 관찰 가능한 행동 변화에 초점을 두지만, 인지주의 학습 이론은 학습에서의 인지과정, 즉 정신과정의 중요성을 강조한다. 인지(cognition)란 기억, 지각, 판단, 추론, 문제해결 등으로 두뇌에서 일어나는 일련의 정신과정을 일컫는다. 행동주의자들은 인간을 외부환경에 영향을 받은 수동적인 존재로 보았지만, 인지주의 관점에서 인간은 자발적으로 환경을 탐색하고자 하고 문제를 해결하기 위해 지식을 스스로 구성하며, 새로운 통찰을 통해 지식을 재조직하는 능동적인 학습자로 본다. 인지주의 학습 이론으로 쾰러(W. Köhler)의 통찰 이론과 정보처리 이론을 살펴보기로 한다.

(1) 인지 이론

초기 대표적인 인지주의 학습 이론은 쾰러(W. Köhler)의 통찰 이론(insight theory)이다. 쾰러에 의하면 학습이란 행동적 관점에서와 같이 시행착오를 경험하면서 문제를 해결하는 것이 아니라 통찰 전략을 활용해 이루어진다고 하였다. 학습자는 문제 상황을 해결하기 위해 여러 가능 요소를 생각해 보고, 문제해결의 열쇠가 되는 관계를 지각함으로써 문제를 해결하게 된다. 이러한 과정을 통찰(insight)이라 한다. 다음의 실험결과가 그의 주장을 뒷받침하고 있다.

침팬지가 들어 있는 우리 안에 바나나를 천장 높이 매달아 놓고, 우리 구석에는 크기가 다른 나무막대와 상자들을 놓아두고 침팬지의 행동을 관찰하였다. 침팬지는 바나나를 따기 위해 애쓰다가 여러 행동을 잠시 멈추고 우리를 둘러본다. 그리고 갑자기 상자들을 쌓더니 나무막대기를 들고 상자 위에 올라가 바나나를 땄다. 이러한 결과는 침팬지가 시행착오를 거쳐 바나나를 딴 것이 아니라, 우리 안을 둘러보고 막대기와 상자의 전체적인 관계를 파악하여 바나나를 땄다는 것이다.

이와 같이 인지주의 학습 이론은 학습이 자극－반응의 연합에 의해서만 이루어지는 것이 아니라, 인간이 환경을 능동적으로 선택하고 경험적 지식을 재구성하여 이루어질 수 있다는 점을 강조하였다.

(2) 정보처리 이론

정보처리 이론은 1970년대 중반부터 학습과 기억 이론으로 주목받아 왔는데 인간의 인지과정을 컴퓨터의 정보처리과정에 비유하고 있다(Anderson, 1995; Schunk, 2000). 즉, 인간의 내면적 정신활동은 컴퓨터처럼 정보를 받아들이고 저장하고 인출해 낸다. 정보처리 이론의 구성요소를 살펴보면 다음과 같다.

감각기억(sensory memory)은 학습자가 외부로부터의 자극들을 오감을 통해 잠시 보존하는 저장고이다. 감각기억에 정보가 저장되는 지속시간은 1~3초 정도지만, 선택적 주의집중을 통해 어느 정도 해결할 수 있다. 감각기억 장치에 들어온 정보는 이미지나 소리의 형태로 변환되고, 그 정보는 작업기억(working memory)으로 전달된다. 작업기억에서 정보의 지속시간은 약 5~20초

정도 유지되며, 한 번에 처리할 수 있는 용량은 5~9개로 제한된다. 그러므로 작업기억의 용량 한계를 극복하기 위해 청킹(chunking), 자동화 전략을 활용한다. 작업기억의 정보는 기억전략 과정을 거쳐 장기기억(long-term memory)으로 옮겨간다. 장기기억의 용량은 무제한이며, 지속기간도 영구적이다. 단 인출하는 과정에서 정보 인출에 관한 전략이 요구된다.

정보처리 이론은 외부환경으로부터 유입되는 정보를 기억체계 속에 저장하기 위하여 인지전략과 학습전략을 활용하는 정신활동으로 학습과정의 효율화를 제공한 이론이다.

3 학습자의 심리적 특성과 교육

교육의 출발은 학습자의 개인차에 대한 이해에서부터 시작되어야 한다. 학습자를 이해하기 위하여 인지적·정의적 특성을 파악하는 것은 교사의 출발점 행동으로 매우 중요하다. 먼저 학습자의 인지적 특성인 지능, 창의성에 대해 알아보고, 정의적 특성으로 동기와 욕구, 자아개념에 대하여 살펴보기로 한다.

1) 학습자의 인지적 특성

(1) 지능

지능(intelligence)이란 인간의 지적 능력을 나타내는 심리적 특성이다. 학교에서의 학습과 밀접한 관련성이 있으나, 아직 정확한 개념정의를 내리기는 어렵다. 학자들에 따라 지능의 개념을 다르게 정의하고 있는데, 프랑스의 심리학자 비네(Binet)는 "일정한 목적을 세우고 지속하는 경향, 의도한 결과를 성취하기 위해 적응하는 능력 그리고 자기비판능력"이라 주장하였다. 터만(Terman, 1916)은 "추상적으로 사고할 수 있는 능력"이라 정의하였으며, 웩슬러(Wechsler, 1944)는 "유목적적으로 행동하고, 합리적으로 사고하고, 환경을 효과적으로 다루는 개인의 종합적 능력"으로 정의하였다.

지능을 구성하는 요인을 보면 스피어먼(Spearman, 1927)은 지능이 1개의 일반요인(General factor; g 요인)과 여러 개의 특수요인(Specific factor; s 요인)으로 구성되어 있으며, 써스톤(Thurstone, 1938)은 7개의 기본정신능력(Primary Mental Abilities, PMA)으로 언어이해요인, 단어유창성요인, 수요인, 공간관계를 시각화하는 요인, 기억요인, 추리요인, 지각속도요인을 제시하였다. 그리고 길포드(Guilford, 1988)는 써스톤의 7PMA를 더 확장하여 지능을 단일구조가 아닌 다차원적 구조로 제시하였다. 길포드는 인간의 지능을 내용차원, 조작차원, 산출차원으로 구분하였고, 총 180개의 상이한 능력들(내용차원 5개 하위영역, 조작차원 6개 하위영역, 산출차원 6개 하위영역)로 구성된 복합적 능력이라고 정의하였다.

최근에는 지능의 의미를 광범위한 맥락으로 확장시키면서 지적 측면뿐만 아니라 감성적 측면까지 포함하고 있다. 즉, 학업성취도, 창의성, 사회적 능력, 예술적 재능, 감성지능, 도덕성, 성격 및 동기 등을 포함시키는 추세이다(문은식 외, 2007).

현대의 지능 이론은 가드너(Gardner, 1993)의 다중지능 이론과 스턴버그(Sternberg, 1985)의 삼위일체 지능 이론, 샐로비와 메이어(Salovey & Mayer, 1990)의 정서지능을 들 수 있다. 가드너(Gardner, 1999)가 제안한 다중지능의 구성요인은 언어지능, 논리-수학 지능, 공간지능, 음악지능, 신체-운동지능, 대인관계 지능, 내성지능, 자연탐구지능, 실존지능이며, 스턴버그의 삼위일체 지능 이론은 분석적 지능, 경험적 지능, 실제적 지능이다. 샐로비와 메이어의 정서지능은 사회적 적응과 개인의 삶을 계획하고 성공적으로 이끌어 가는 능력이며, 구성요인은 자기인식, 정서조절, 자기동기화, 공감, 대인관계 능력이다.

(2) 창의성

21세기 급변하는 정보 사회에서 창의력(creativity)은 더욱 절실히 요구되는 정신능력이다. 창의성이 학문적 영역에서 관심을 가지기 시작한 것은 1950년 길포드가 미국 심리학회 강연회에서 창의성의 중요성에 대해 피력한 것이 계기가 되었다. 이후 심리측정학적 접근, 체계론적 접근 등 다양한 관점에서 연구가 진행되기 시작하였다.

창의성은 "새롭고 신기한 것을 낳는 힘"이라 정의하였으며(Guilford, 1959), 가드너와 그 외 학자는 "창의성은 현저하고 새로운 그 무엇인가를 성취하는 것, 곧 의미 있는 방식으로 헌신하여 한 분야를 변형시키고 변화시킨 것"으로 정의하였다(Feldman, Csikszentmihalyi & Gardner, 1994). 이와 같이 창의성에 대해 학자들 간 다양한 관점이 있지만, 공통점은 "새롭고 가치 있는 것을 창출"해야 한다는 것이다. 창의성은 기존의 정보를 조직하고 적절하게 활용하여 문제를 해결하는 것뿐만 아니라 새로운 정보와 지식을 계속 창출해 나감으로써 새로운 환경에 능동적으로 적응해 나갈 수 있는 고차원적인 정신활동이다.

창의성을 심리측정학적으로 접근한 길포드는 지능구조모델(Structure Of Intellect, SOI)에서 조작적 차원의 확산적 사고를 창의력으로 보았다. 확산적 사고는 가능한 다양한 해결책을 찾아내는 능력이다. 창의성을 구성하는 요소는 유창성(fluency), 유연성(flexibility), 독창성(originality), 정교성(elaboration)이 있으며, 추가적으로 민감성(sensitivity), 재정의(redefinition)가 있다.

- 유창성: 아이디어를 풍부하게 나타내는 능력
- 유연성: 다양한 아이디어를 생산해 낼 수 있는 능력
- 독창성: 참신하고 독특한 반응을 나타내는 능력
- 정교성: 아이디어를 보다 상세하게 발전시켜 표현하는 능력
- 민감성: 문제를 재빠르게 알아채는 능력
- 재정의: 아이디어를 재정리하고 새로운 관점으로 보는 능력

창의성 연구에 대한 최근의 경향은 통합적 접근 방식을 취하고 있다는 것이다. 창의성이 발현되기 위해서는 다양한 복합적인 요소들이 작용해야 한다는 입장이다(문태형, 2000; Amabile, 1983, 1993; Csikszentmihalyi, 1988b; Gardner, 1993; Gruber, 1988; Sternberg & Lubart, 1996). 칙센트미하이(Csikszentmihalyi)는 지금까지의 창의성 연구가 개인의 특성과 인지적 측면에 집중되었음을 지적하고, 개인, 분야, 영역이 함께 고려되는 체계 모델을 제시하였다. 첫 번째 요

소는 일련의 상징적 규칙과 절차로 이루어진 영역(domain)이다. 두 번째 요소는 창의적 산출물의 잠재적 가치를 평가하는 분야(field)이다. 세 번째 요소는 창의적 결과물을 산출해 내는 주체로서 개인(individual)을 말한다. 이들 세 요소는 서로에게 영향을 주고받는 순환적인 인과성을 지닌 역동적인 관계를 갖는다.

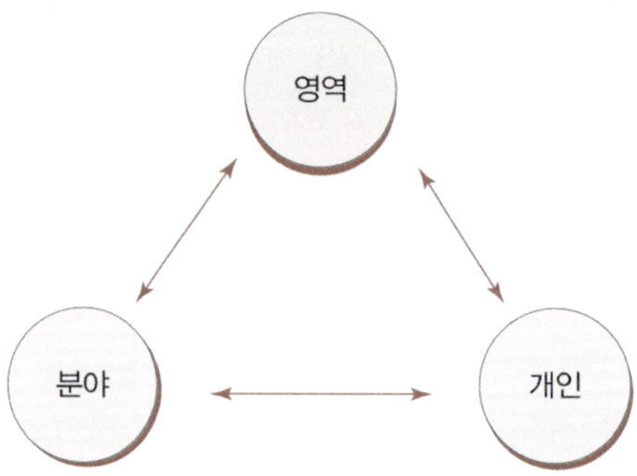

| 그림 3-3 | 칙센트미하이의 창의성 체계 모델

창의성은 모든 사람들이 가지고 있는 보편적인 능력이므로 훈련을 통해 신장시킬 수 있다. 따라서 학습자의 창의력을 향상시킬 수 있도록 가정과 학교, 사회의 적극적인 노력이 요구된다.

2) 학습자의 정의적 특성

(1) 동기와 욕구

① 동기

인간은 갈증이 날 때 물을 찾아 마시려하고, 잠이 올 때 수면을 취하고 싶어 한다. 인간은 내적으로 긴장상태가 발생하면 긴장을 감소시키기 위한 방향으로 행동하려고 한다.

동기란 "유기체 내에서 행동을 유발시키고, 행동을 유지하도록 하며, 목표를 향해 나아가도록 하는 힘"으로 정의한다(Pintrich & Schunk, 2002). 학습상황에서 동기는 "말을 물가에 끌고 갈 수는 있으나 물을 먹일 수는 없다."는 표현과 같이 학습자로 하여금 학습활동을 시작하고 의욕을 갖게 하는 중요한 변인이다. 동기는 학습과 관련하여 널리 사용되어져 왔으며, 이와 유사한 용어로 욕구(needs), 추동(drive) 등이 있다. 동기는 인지적인 측면을 포함하고 있으며, 욕구나 추동은 생리적·심리적인 측면을 포함하고 있다(김아영 외, 2003).

동기는 학습활동을 유지시키고 촉진시키는 중요 변인이다. 동기 유형을 외재적 동기와 내재적 동기로 분류해 본다. 외새적 동기는 외부의 유인가에 의해 동기화되는 것으로써 타인으로부터 보상, 처벌을 피하기 위해 교사나 부모를 만족시키기 위해 공부를 할 때 경험하는 것이다. 외재적 동기는 과제 자체에는 흥미가 없고 결과에서 얻어지는 것에만 관심이 있다.

반면 내재적 동기는 타인의 보상을 받기 위해서 과제를 수행하는 것이 아니라, 호기심과 흥미에서 유발되는 것으로 활동 그 자체가 보상이 된다. 내재적으로 동기화된 학생들은 유인가가 제공되지 않더라도 학습활동 그 자체가 즐거움이 되기 때문에 그 활동에 몰두하게 된다. 즉, 자기동기화된 학습자는 학교생활에서 긍정적인 태도와 만족감을 느끼며 과제 수행 시 끈기가 있고 학습결과도 좋다(Stipek, 1996).

학습활동에 있어서 외재적 동기보다 내재적 동기가 강조되어야 하지만 외재적 동기가 나쁜 것만은 아니다. 학습동기가 낮고 실패회피학습자인 경우 외적 보상을 유인가로 하여 동기화시키는 것이 도움이 된다. 예를 들어, 수학을 싫어하는 학생에게 수학 문제를 풀 때마다 외적 보상물을 제공하여 동기화시키면, 이후 학생은 좋은 성적을 받게 되는 것을 통해 내재적 동기화되는 것을 경험하게 된다. 이와 같이 외재적 동기와 내재적 동기는 상호 배타적인 것이 아니라 서로 얽혀 있는 관계라는 것을 알 수 있다.

② 욕구

욕구위계 이론(hierarchy of need theory)은 인본주의 심리학자 매슬로우(Maslow)가 주창한 이론이다(Maslow, 1954). 매슬로우(Maslow, 1970)는 인간이 생존, 안전과 같은 유기체적 수준의 욕구로부터 지적 성취나 자기실현을 위한 높은 수준의 욕구에 이르는 욕구의 위계를 가지고 있다고 하였다. 하위 단계의 욕구는 생리적 욕구, 안전욕구, 소속과 사랑의 욕구, 자존의 욕구를 포함하며, 이를 결핍욕구(deficiency needs)라 하였다. 상위 단계의 욕구는 지적 욕구, 심미적 욕구, 자아실현의 욕구이며, 이를 성장욕구(growth needs)로 보았다. 인간은 낮은 단계의 결핍된 욕구가 충족되어야 높은 수준의 성장욕구가 활성화된다. 결핍욕구는 부족한 것을 충족하지 않으면 문제가 발생할 수 있지만 욕구를 충족하면 완전히 해소된다. 반면, 성장욕구는 욕구가 충족되지 않아도 개인의 삶에는 별로 문제가 되지 않고 완전한 충족 또한 불가능하다. 욕구단계를 간략히 살펴보면 다음과 같다.

첫 번째 욕구는 생리적 욕구로 배고픔, 수면과 같은 가장 강력한 욕구이다. 이러한 욕구가 충족되지 않으면 다른 어떤 욕구도 발생하지 않는다. 예를 들면, 밤새 인터넷게임을 하느라 잠을 못잔 학생이 있다면 이 학생은 수업시간 내내 수면 욕구를 충족하기 위해 졸게 될 것이고 학습에 대한 욕구는 발생하지 않게 된다.

두 번째 욕구인 안전의 욕구는 안전과 보호, 질서, 법, 한계에 대한 욕구이다. 아이들은 안전하지 않은 곳이나 낯선 사람에게 접근하지 않으려고 한다. 또한 성인들이 미래를 위해 저축을 하거나 보험에 가입하고 직장을 쉽게 옮기지 않는 것도 안전의 욕구를 추구하기 때문이다.

세 번째 욕구인 소속과 사랑의 욕구는 생리적 욕구와 안전의 욕구가 충족되면, 소속과 사랑의 욕구를 발전시킨다. 소속과 사랑의 욕구는 타인과 친밀한 관계를 맺고 사랑을 하고 사랑받고 싶어 하는 욕구이다.

네 번째 욕구인 자존의 욕구는 자기 존중의 형태와 타인으로부터 존경받고 싶은 욕구의 형태로 나타난다. 존중의 욕구가 강해지면 스스로 유능해지려고 노력하며, 타인으로부터 존경을 받기 위하여 명성이나 지위를 추구한다. 존중의 욕구가 충족되면 유능감을 경험하게 되지만 충족되지 못하면 열등감과 무력감을 느낀다.

다섯 번째 욕구인 인지적 욕구는 알고 싶어 하고, 이해하고 싶어 하며, 지식을 추구하는 욕구이다.

여섯 번째 욕구인 심미적 욕구는 아름다움, 진실, 질서, 조화 등을 추구하는 욕구이다.

일곱 번째 욕구인 자아실현의 욕구는 자기가 되고 싶어 하는, 존재가 되고자 하는 욕구로서 자신의 잠재력과 능력을 최대한으로 실현하려는 욕구이다 (Maslow, 1970).

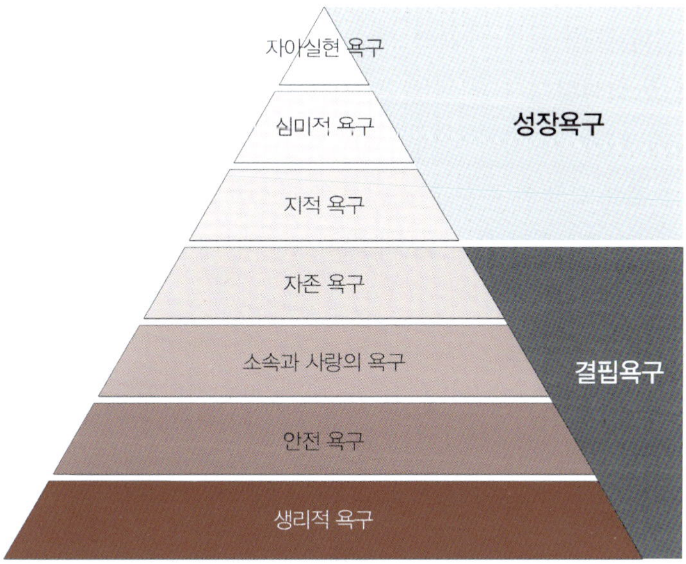

| 그림 3-4 | 매슬로우 욕구위계

(2) 자아개념

자아개념(self-concept)은 "사람들이 자신에 대해 갖는 생각과 감정, 그리고 태도의 복합물"을 말한다(Hilgard, Atkinson & Atkinson, 1979). 자아개념은 '나'라는 존재와 관련된 모든 자기 지각을 의미하는 것으로 '나는 누구인가?', '나의 강점, 약점은 무엇인가?' 등에 대한 자기 지각의 총체를 말한다.

자아개념 발달은 자신에게 중요한 타인들, 즉 부모, 교사, 또래 등의 평가나 언어적·비언어적 반응을 평가하여 형성된다. 이와 더불어 학생들은 과제 수행에 대한 자기 기준의 부합 정도와 또래들의 수행과 비교하여 자기를 평가한다. 그 결과 자신이 다른 학생보다 더 잘했다라고 지각하면 긍정적 자아개념을 발달시키게 되고, 다른 학생보다 못했다라고 생각하면 부정적 자아개념을 발달시키게 된다.

많은 연구에서 자아개념과 학업성취 간 유의미한 정적 상관이 있는 것으로 밝혀졌으며, 학습부진은 낮은 자아개념과 관계가 있다고 보았다. 긍정적 자아개념을 형성한 학생은 자기 자신을 유능하고 가치로운 존재로 지각하기 때문에 학습동기가 높다. 따라서 이들은 보다 도전적인 과제를 선호하고 성취기대와 포부수준이 높다. 반면에 부정적 자아개념을 갖는 학생은 자신감이 부족하고 열등감을 갖기 때문에 학습동기가 낮고, 무력감과 새로운 과제에 대한 도전을 회피한다.

교사는 학생들이 긍정적인 자아개념을 갖도록 또래들과 비교하지 않도록 해야 한다. 또한 학생의 수준을 고려하여 적절한 과제를 제시하여 성공 경험의 기회를 갖도록 해야 하며, 노력하는 과정에 대해 세심한 관심과 격려를 해 주어야 한다.

04
CHAPTER

교육현상의 사회학적 이해

교육은 사회적 산물이자 사회를 발전시켜나가는 과정이기도 하다. 따라서 교육은 사회를 떠나서는 존재할 수 없으며, 교육의 내용은 곧 사회가 되고 사회의 산물은 교육이 되는 것이다. 교육사회학이란 순수 교육학적 관점과 사회학적 관점의 의미 있는 결합체라 할 수 있다. 즉, 교육학의 관점으로 사회 현상을 조명하기도 하고, 사회학적 관점에서 교육현상을 바라보기도 한다. 교육사회학은 교육과 사회의 관계, 교육의 사회적 기능과 의미, 교육을 통한 사회 현상의 조명과 재구조화 등을 살펴볼 수 있는 학문이다. 따라서 이 장에서는 이러한 '교육'과 '사회'라는 두 가지 영역을 교육사회학적 관점에서 접근하고자 한다(엄재춘 외, 2018).

1 교육사회학의 이해

1) 교육사회학의 개념

교육사회학(敎育社會學, sociology of education)은 교육이 사회구조 속에서 교육과 상호 간에 어떤 영향을 미치고 있는지를 사회학적 접근방법을 통해 규명하는 학문이다. 즉, 교육사회학은 사회학(社會學, sociology)의 연구방법에 의하여 교육현상을 연구하는 학문이다. 또한 교육사회학은 교육의 기능 및 현상을 사회학적으로 파악하려는 학문이라고 정의할 수 있다. 이를 구체적으로 정의하면 교육사회학은 교육현상을 이해하려고 하며 유동적인 교육현상에 동원되는 집단, 집단 간의 이해관계, 집단체제의 영향력, 교육과정, 교사와 학생의 관계와 기능을 이론적·경험적으로 파악하는 학문이다. 그리고 교육학(敎育學, education)의 한 분과학문으로서 교육사회학이 연구해야 할 기본적인 과제는 다양한 사회구조 속에서 교육이 존재하는 양상을 발견하는 것이다.

이러한 측면에서 볼 때 교육사회학은 첫째, 교육에 영향을 미치는 문화의 차이를 이해하게 하고, 둘째, 교육 정책 결과를 평가할 수 있는 안목을 기르며, 셋째, 교육에 대한 사회학적 상상력을 기르게 하여 사회통합을 통한 공동체 정신을 일깨우는 데 도움을 준다(안병환, 2012).

2) 교육사회학의 역사와 발전단계

교육사회학은 사회학자들의 다양한 학문적 이론과 주장에 영향을 받아 발전해 왔다. 교육을 인간 진보와 사회변화의 주요 원인으로 파악하여 접근하는 교육사회학의 시발점은 1883년에 워드(Ward)가 저술한 『역동적 사회학(Dynamic Sociology)』에서부터 비롯되었다고 할 수 있다. 이후 듀이(Dewey, 1859~1952)가 『학교와 사회(The School & Society)』라는 책을 1899년에 출간하면서 교육사회학이 더욱 각광을 받기 시작하였다(안병환, 2012).

교육사회학의 시발점을 워드와 듀이로 보는 일단의 학자들과는 다르게 교육사회학의 창시자를 뒤르켐(Durkheim)이라고 주장하는 학자들도 있다. 교육을 사회학적인 기능의 관점에서 해석하는 학자들은 교육이 미성숙된 아동들을 사회화시키는 도구로 이해하고 있다. 특히 뒤르켐은 사회란 구성원들 간에 충분한 유사성을 가지고 있을 때만 존속 가능하며 교육은 이러한 집단 사회생활에서 요구되는 본질적인 유사성을 익히도록 하고, 연속적으로 강화하는 역할을 한다고 주장하고 있다. 다른 한편으로는 교육이 동질성 강조 외에 다양성과 전문성을 강화하는 데도 기여해야 한다고 주장하고 있다(이규환, 1978).

교육적 사회학은 교육학의 분야로 이해한 교육학 중심적 접근이다. 실제 교육문제와 관련된 문제들을 사회학적인 이론과 방법들을 적용하며 교육을 사회발전의 수단으로 보고, 사회와 개인의 필요와 요구를 분석하여, 교육목표의 정립과 교육과정의 구성과 제안을 위해 중요한 정보와 자료를 제공한다. 즉, 다양한 교육현상을 이해하고 교육문제를 해결하려는 교육실천가의 자질 향상 및 문제해결 능력을 기르는 것이 교육적 사회학의 과제다.

반면, 교육의 사회학은 전적으로 사회학의 분야로 보고, 교육현상에 대한 탐구를 통하여 사회학적 이론과 지식을 넓히려는 사회학 지향적 학문이다. 과학적 방법을 통한 이론적 지식의 성취를 강조하며, 교육연구를 위한 교육종사자나 행정가의 훈련에 관심을 두고, 교사나 기타 교육관계자에게 필요한 사회적인 방법이나 기술 분야에 초점을 두는 사회학적 지식체계로 진단에 더 중점을 둔다.

한상준(1982)은 교육의 기능 및 현상을 사회학적으로 파악하는 학문, 변화하는 교육현상을 이해하고, 유동적인 교육현상에 동원되는 집단, 집단 간의 이해관계, 갈등, 집단체제의 영향력, 교육과정, 교사와 학생 간의 관계와 기능을 이론적·경험적으로 파악하는 학문이라고 본다(김병희 외, 2008 재인용).

3) 교육사회학의 접근방법 및 연구영역

교육사회학을 접근하는 방법론을 살펴보면 초기 단계에서는 주로 도덕 및 철학적 관점에서 교육사회학을 연구하였으나 최근에는 경험과학적 이론들을 활용하여 교육사회학을 이해하고 있다.

교육사회학은 용어에서 의미하는 바와 같이 '교육'과 '사회'라는 두 가지 용어의 합성어로 이루어져 있다. 이는 교육사회학이 교육과 사회라는 상호 관련성을 주제로 하고 있다는 것을 의미한다. 즉, 교육이 사회에 미치는 영향이 무엇이며 아울러 사회가 교육에 미치는 영향이 무엇인가를 규명해야 하는 것을 의미한다.

교육은 그 사회의 영향을 받지 않을 수 없고, 한편으로 교육은 사회를 이끌어나가야 하는 위치에 있기 때문에 교육과 사회는 밀접한 관계를 가질 수밖에 없는 것이다. 이러한 관점에서 볼 때 교육사회학은 교육에 대한 사회학적인 접근을 의미하며, 이는 교육을 사회적 혹은 구조적 측면에서 접근하는 것을 의미한다. 사회학적인 접근이라는 것은 사회 속의 집단에 대한 연구에 초점을 두고 있으며 집단의 구성 및 이들의 상호 관련성 등의 제 요인이 인간행동에 어떻게 관련되고 또 어떻게 작용하는가를 고찰하는 방법을 활용한다(안병환, 2012).

교육사회학의 연구영역을 **표 4-1**과 같이 교육과 평등, 학교사회와 학업성취, 교육정책과 제도, 공교육의 문제 등 18가지의 주제로 범주화하여 정리할 수 있다(김경식·안우환, 2003).

표 4-1 교육사회학의 연구

범 주	내 용
교육과 평등	교육 기회, 계급 문화, 과거제, 노동시장, 사회적 (불)평등, 사회적 지위 등
학교 사회와 학업성취	교사-학생 상호작용, 학업성취 등
교육정책과 제도	고교 평준화, 국가경쟁력 강화정책, 고등교육정책, 교육정책과 기획, 기술대학제도 등
공교육의 문제, 교육개혁	교육개혁, 공교육의 이념·기능 변화, 교육소비운동, 교육복지 등
교육사회학의 성격, 발달 이론	교육의 개념, 교육패러다임, 교육학, 교육사회학의 성격 등
교육열, 학력사회	고등교육 획득, 교육열(경쟁), 과외학습, 교육수용 결정, 교육팽창, 학부모 문화 등
청소년 문제와 문화	소년 불량화 담론, 사이버 문화, 청소년 비행(문제), 청소년 문화, 청소년 자아 등
페미니스트(여성)	성(여성), 성차이, 양성성 교육, 여성화 등
교사 교육, 교직 사회	교직 문화, 교사 교육, 교원 성비, 교직 여성화, 교직 사회, 교사 양성·교사 사회화, 교사 운동, 교직 개혁, 교사 직무스트레스 등
진로교육	구직활동, 기업체 인식, 직업 포부, 진로 정체성, 진로 선택, 직업경력 발달, 학습과 일의 연계 등
정보화사회, 미래사회	정보화사회, 21세기, 지식기반사회, 포스트모던사회, 후기산업사회 등
평생(사회)교육	사내교육, 신문교육론, 종교교육, 지역사회교육, 평생(사회)교육, 학습사회론 등
가족구조·관계	가족관계와 구성, 부모교육, 아버지상, 직업모(母)문제 등
교육과정 사회학	교육과정, 잠재적 교육과정
민주시민교육	민주시민교육, 사회성 발달, 윤리교육, 정치사회화, 품성교육 등
문화, 환경교육	문화교육, 문화습득, 환경윤리, 환경교육 등
통일교육	북한 교과서, 북한대학교육, 통일교육 등
기타	기업문화, 재미 한인사회화, 창의성교육 등

김경식 외(2003).

2 교육과 사회화

1) 사회화의 개념과 목적

사회화란 인간이 사회적 삶을 영위하는 데 필요한 지식(언어, 가치관, 규범, 태도, 관습 등)을 배워 사회적 존재로 성장하는 과정이라 할 수 있다.

표 4-2 사회화의 개념들

구분		내용
학자별	심멜(Simmel)	집단의 형성과정이나 구성원들이 관계하는 방식을 형성하는 과정
	기딩스(Giddens)	인간의 사회적 성격이 형성된 과정
	뒤르켐(Durkheim)	비사회적 존재인 개인이 집단의식을 내면화함으로써 사회적 존재가 되도록 하는 과정
개인의 입장		사회의 문화를 내면화하는 과정(심리학적)
사회적 입장		사회의 문화를 다음 세대로 계승하는 과정(사회학적)

베른(Berns, 2007)은 사회화의 목적을 다음과 같이 정의하였다. 첫째, 자아개념의 발달로 다른 사람과 구별되는 자신의 정체성을 지각한다. 둘째, 자기규제로 스스로 행동이나 감정의 충동을 통제할 수 있는 능력이다. 셋째, 성취감의 부여로 성인이 될 때까지 수행하게 될 목표를 제공한다. 넷째, 적절한 사회적 역할을 가르쳐 집단 속에서 수행해야 할 기능을 배운다. 다섯째, 발달기술의 이해로 개인이 사회에서 성공적으로 기능할 수 있도록 사회적·정서적·인지적 기술을 제공한다. 따라서 사회화의 목적은 교육과 밀접한 관계에 있는 발달과업이라 할 수 있다(안병환, 2012).

2) 사회화의 매체

한 개인이 태어남과 동시에 처음으로 접촉하게 되는 사회화 매체는 바로 가정이다. 아이가 태어나면 의식적이든 무의식적이든 그 가정 안에서 개인의 삶이 시작되고, 자신도 모르는 사이에 가족구성원들의 생활방식에 따른 언어, 가치관, 규범, 태도, 관습 등을 습득하게 된다.

가정은 최초의 사회화 매체로 아이에게 가장 큰 영향력을 미치는데, 이는 6세 이전의 초기 경험이 아이의 인격형성을 좌우하기 때문이다. 또 가족구성원의 형태나 가정의 사회계층, 부모의 양육방식, 가족구성원의 구조 및 역할구조에 따라 자녀의 성격이나 행동특성이 달라진다. 뿐만 아니라 부모의 교육수준이나 사회적 지위 등은 개인의 사회화에 지대한 영향을 미치기 마련이므로 인간의 사회화 매체 중 가정은 특히 중요하다.

학교는 아동기와 청소년기에 있는 학생들의 주요한 사회화 매체로 가족집단이나 또래집단을 통해 집단의 규칙이나 기본적인 생활습관을 습득한 아이들은 학교라는 새로운 집단에 소속이 되어 보다 더 계획적이고, 체계적인 학교조직 사회에 적응하게 된다. 학생들은 학교에서 교육이라는 고유한 과업을 수행해야 하기 때문에 일반적인 지식을 습득하고, 태도 및 가치와 기능을 배움으로써 수직관계에 있는 교사와 수평관계에 있는 학생들과 상호작용을 하면서 사회적 역할을 배우게 된다.

또래집단은 나이와 신분 등이 비슷한 자발적으로 모인 집단을 말한다. 아이가 성장하게 되면 가정 이외의 사회집단으로 같은 또래 어린이들과 접촉하면서 어울리는 시간이 점차 늘어나게 된다. 이때 또래집단은 중요한 사회화의 대행자 역할을 하며 아동이나 청소년의 인성발달에도 중요한 장이 된다. 아이들은 또래집단 속에서 개인의 정체감을 형성하고 나아가 사회적 관계를 확대하면서 가정과는 다른 문화적 차이도 발견하게 된다. 나아가 가정에서의 종적 관계에서 벗어나 또래 간의 횡적 관계 속에서 집단 활동에 참여하므로 평등과 협동을 통한 확장된 사회화를 경험하게 된다.

대중매체는 다른 사회화 매체와 달리 연령별 제한 없이 사회화를 수행하는 대행자 역할을 하고 있어 현대인들이 대중매체를 제외한 정보, 교양, 오락 등을 즐기기는 쉽지 않다. 그러나 대중매체의 이런 중요한 사회화 기능에는 순기능만 있는 것은 아니다. 선정적이고 폭력적인 내용은 물론 흥미위주의 편향적이고 왜곡된 정보의 제공으로 올바른 사고 판단을 저해하는 역기능도 수반하고 있어 문제가 되고 있다.

이러한 매체들의 사회화 방법을 정리하면 첫째, 가족구성이나 또래집단으로부터 행동을 모방하게 되고, 학교에서는 선생님이나 친구들로부터 그리고 대중매체를 통한 역할 모방으로 사회적 행동을 모델링하게 된다. 둘째, 모델링 행동을 통한 역할 학습이 가능해 진다. 소속 집단의 지위나 위치의 부여에 따라 각각의 역할을 수행하므로 그 지위가 요구하는 행동들을 학습하게 된다.

표 4-3 주요 사회화 매체의 특징

기관	내용
가족	• 최초의 사회학집단 • 가족제도의 변화에 따른 기능축소와 방임어린이의 증가
학교	• 계획적이고 체계적인 조직 적응력 • 지나친 학업성취로 인한 과잉경쟁
또래집단	• 또래 관계를 촉진(수직관계에서 수평관계) • 집단 괴롭힘이나 왕따 문제 제기
대중매체	• 다량의 신속한 정보전달 • 왜곡된 정보제공으로 올바른 사고판단 저해

3) 교육의 사회적 기능

교육의 사회적 기능은 크게 문화유산 전수, 사회통합, 사회적 선발과 충원, 사회개혁 및 발전을 들 수 있다.

교육은 문화유산 전수의 기능을 수행한다. 모든 사회는 전통적으로 그 사회 자체만의 문화를 형성하고 전 세대의 문화를 후 세대에 전수한다. 여기서 문화란 인류가 모든 시대를 통틀어 이룩한 정신적·문화적 일체의 성과를 말하며, 한 사회의 구성원이 가지고 있는 지식, 기술, 가치관, 규범, 태도, 신념 등으로 이루어진 총체를 의미한다. 따라서 그 사회의 문화유산을 습득하고 다음 세대에 전수함으로써 사회를 유지·발전시키는데, 이런 전수의 기능은 주로 교육이라는 사회적 행위를 통해 이루어진다.

교육은 사회통합의 기능을 수행한다. 사회통합이란 사회구성원들 간의 이질적 요소들이 각각의 고유성은 유지하면서 전체적으로는 조화를 이루는 것을 말한다. 따라서 다양한 구성원으로 이루어진 사회를 잘 유지하기 위해서는 사회구성원 간의 대립이나 갈등을 해소할 수 있는 동질성을 확보하는 통합이나 통제가 필요하다. 각각의 구성원들에게 동질성을 부여하고 안정으로 갈 수 있는 사회적 합의를 이루는 것이 교육의 사회적 기능이다. 학교교육을 통한 사회 통합적 기능은 통합뿐만 아니라 사회통제의 기능을 담당하면서 학생들이 학교사회 내에서 학교생활은 물론 사회구성원으로 갖추어야 할 바람직한 공인으로 성장할 수 있게 통제와 제재를 함으로써 사회통합 기능을 수행한다.

교육은 사회적 선발 및 충원의 기능을 수행한다. 학교교육은 개인의 발달은 물론 사회적으로 필요한 각 분야의 인재를 양성하는 기능을 수행하므로 학교교육의 사회적 기능 중 가장 현실적인 기능이라 할 수 있다. 학교교육을 통해 사회가 유지되고 발전하기 위해 필요한 사회 각 분야의 인재를 선발하고 충원하는 중요한 역할을 담당한다.

교육은 사회개혁과 발전의 기능을 수행한다. 교육은 사회 안정과 현상을 유지하는 기존 사회를 계승하거나 유지하려는 보수적인 기능도 있지만, 더 나아가 현 사회를 혁신하여 새로운 사회로 발전시키는 변화와 개혁의 기능을 담당한다.

3 교육사회학의 관점

1) 교육현상과 기능주의

기능주의 사회 이론은 사회질서에 초점을 두고 사회나 교육과 같은 사회 내의 제도들은 상호 의존적인 부분들로 이루어져 있으며, 각 부분은 전체 사회의 기능에 일부 필요한 활동에 기여한다는 것을 전제로 한다.

사회를 하나의 실제로 보고, 그 사회를 구성하는 개인들의 의식과 독립하여 객관적 존재로 사회를 인간 유기체의 생물학적 기능에 비유하였으며, 사회는 각기 다른 부분으로 구성되어 있고 각 부분은 전체의 결속을 위하여 필요한 각각의 기능을 수행한다. 따라서 기능주의 이론은 한 사회의 기본이며 기존 질서 및 제도는 이미 주어진 것으로 보고, 분석적이고 점진적인 문제해결에 관심을 가지므로 통합과 합의를 전제로 한다. 현상유지와 체제 유지를 연구 관심으로 하며, 교육관에서도 학교의 사회적 기능을 강조하여 기존 사회의 지식, 기술, 가치관, 신념체계를 유지·계승하는 기능을 강조한다.

이러한 기능주의 사회학 이론의 중심 개념은 다음과 같다(한상준, 1982).

첫째, 사회는 많은 부분으로 만들어진 존재로 보고, 이들 각 부분들은 사회의 구조를 형성하며 고유한 기능을 가지게 되는데, 이 기능이 전체의 구조

유지에 공헌한다.

둘째, 통합 이론은 사회는 각각의 부분들을 강조하기도 하고, 제한적이기도 하지만 서로 통합되어 있어서 사회의 한 부분에서 발생하는 변화는 다른 부분에 영향을 미친다.

셋째, 안정 이론은 사회가 다소 변동을 피할 수는 없지만, 급진적이고 돌발적인 변동을 가져오는 힘보다는 사회질서를 유지하고 안정을 지키려는 힘을 더 강조한다.

넷째, 합의 이론은 어떤 사회에서나 중요한 지각, 감정, 가치 및 신념에 대한 일반적 합의는 존재해 왔으며, 합의는 사회화를 통해 성취된다.

기능주의 교육사회학 이론의 대표적인 학자들을 살펴보면 다음과 같다(김병희 외, 2008).

첫째, 뒤르켐(Durkheim)의 사회화 이론은 사회학에서 기능 이론의 현상유지 지향성을 잘 나타내고 '사회가 어떻게 해서 해체되지 않고 지속되는가'에 대한 끊임없는 탐구를 한다.

둘째, 파슨스(Parsons)의 사회적 기능에 관한 기본적 생각은 '학교'를 사회적 체제로 생각하는 것이다.

셋째, 드리븐(Dreeben)의 학교 규범론은 산업사회에서 요청되는 규범(독립성, 성취성, 보편성, 특수성)을 학교가 어떻게 효과적으로 가르치는가를 보여준다.

넷째, 슐츠(Schultz)의 인간자본론은 인간의 능력을 경제와 관련하여 하나의 생산수단이나 생산력에 관련된 자본이라 한다.

2) 교육현상과 갈등주의

갈등주의는 마르크스 이론을 기반으로, 기능주의를 비판하면서 생겨난 입장이다. 기능주의가 사회의 유기적 조정과 안정적 유지를 본질로 한다면, 갈등주의는 사회의 본질을 대립과 갈등으로 규정한다. 갈등주의는 사회를 권력과 재산을 소유한 지배집단과 이에 대항하는 피지배집단으로 구조적으로 분석하여, 지배집단은 모든 사회 가치의 중심체 역할을 하며 현 상태가 계속 유지되기를 바라는 반면, 피지배집단은 체계의 안정에 위협적인 요소로 본다.

갈등주의 사회학의 중심 개념을 정리하면 다음과 같다(박도순 외, 1994).

첫째, 갈등 이론에 의하면 사회의 주도권은 언제나 지배계층이 독점하기 때문에 소외되는 피지배계층과 필연적 갈등국면이 발생하고, 이 갈등의 과정을 극복하면서 새로운 사회질서의 원동력이 된다.

둘째, 변동 이론에 의하면 갈등의 결과로 나타난 사회의 구조변화로 이 변동은 궁극적으로 사회체제의 파괴를 목표로 하며, 새로운 질서를 구축한다.

셋째, 강압 이론에 의하면 지배계층이 변동을 추구하는 피지배계층에게 사용하는 수단으로 변동에 대한 강압적인 억압의 힘은 갈등의 원인이 되어 사회변동을 촉진한다.

갈등주의 교육사회학 이론의 대표적인 학자를 살펴보면 다음과 같다(김병희 외, 2008).

첫째, 마르크스(Marx)는 개인이나 조직의 사회적 지위가 경제적인 하부구조를 토대로 문화적 상부구조를 결정하며, 학교는 지위 재생산의 합법적인 수단을 제공하는 곳이다.

둘째, 보울즈와 진티스(Bowles & Gintis)의 재생산 이론은 『자본주의 미국의 학교교육』에서 학교교육은 자본주의 요구에 구조적으로 상응하는 것으로 언급하고 있다.

셋째, 알뛰세(Althusser)의 이데올로기적 국가기구로서의 교육 이론은 전통적 마르크스 이론에서 상부구조의 한 부분 정도로 취급했던 국가를 '국가기구'라는 개념으로 확대한다.

넷째, 윌리스(Willis)의 저항 이론은 학교가 자본주의 사회에서 수행하는 경제구조 및 사회구조의 재생산 기능은 인정하지만, 학교는 저항과 대항 문화의 존립이 가능한 열려 있는 공간이다.

다섯째, 애플(Apple)의 탈재생산 이론은 교사들이 각성하고 각 부분의 민주적 좌파들과 연대함으로써 교육의 민주화를 쟁취할 수 있다고 주장한다.

표 4-4 기능주의와 갈등주의 학교교육의 비교

기능주의의 학교교육에 대한 이해	갈등주의의 학교교육에 대한 이해
1. 학교는 사회의 안정과 질서에 기여하는 제도이다. 2. 학교는 사회가 요구하는 기술, 지식 등과 공동체 의식을 전수한다. 학교교육이 기술훈련을 통하여 국가의 경제성장과 발전, 인간의 자기실현에 결정적인 역할을 한다. 3. 학교는 사회 구조적 모순을 해결, 사회평등화를 도모한다. 교육기회 균등화를 통하여 삶의 기회를 공평하게 해 줄 수 있다는 의미에서 교육이 사회적 불평등을 해소할 수 있다고 본다. 4. 교육은 독립적이며 자율적이라는 자유주의적 이데올로기에 근거하고 있다. 학교에서 전수되는 교과내용은 사회구성원들의 합의에 의한 것이다. 5. 학교는 개인의 재능과 노력에 따라 공정한 평가를 하며, 아울러 정당한 사회적 보상이 주어진다. 6. 학교는 지위의 사다리이며, 공정한 사회이동을 촉진한다. 7. 학교교육을 통하여 각종 사회문제를 해결할 수 있다.	1. 학교는 기존의 위계질서를 공고히 하며, 지배계급의 이익에 송사하는 도구이다. 2. 학교는 기존의 질서를 재생산함으로써 사회 불평등을 영속화한다. 학교교육을 자본주의적 위계구조에 대응해서 노동자를 차별적으로 양산하는 계급재생산의 메커니즘이라고 본다. 3. 교육이 이데올로기적 상부구조로서 경제적 토대의 대응체라는 유물론적 해석에 근거하고 있다. 학교에서 가르치는 내용은 지배계급의 문화와 이익에 밀접히 관련되어 있다고 본다. 4. 학교는 피지배계층에게 기존 불평등 위계구조에 순응하도록 강요하는 이데올로기적 기관이다. 5. 학교는 인간을 강요하고, 억압함으로써 타율적이고, 수동적인 존재로 전락시키고 있다. 6. 학교는 지적 기술보다 지배계층이 선호하는 가치관, 규범, 태도 등을 은밀히 강조한다. 7. 학교에서 행하는 능력주의 이데올로기는 외형상 공정해 보이나, 피지배계층의 아동을 효과적으로 탈락시키고, 지배질서의 정당성을 강조하기 위한 위장된 이념에 불과하다.

이종각(2004), 김병희 외(2011) 재인용.

3) 교육현상과 해석학적 관점

기능주의와 갈등주의가 사회구조적 측면을 다룬 거시적 관점이라면, 해석학적 이론은 사회구성원의 행위에 초점을 두는 미시적 접근이다. 따라서 사회구조보다는 행위자를 중시하여 행위자의 의지, 창의성, 행동양식 등 개인 행위자를 더 강조한 상징적 상호작용 이론이다.

해석학적 사회학자들에 의하면 인간은 상징을 만들어 의미를 부여하고 해석을 공유하면서 상호작용하는 문화적 사회 존재이므로, 인간은 문화화와 사회화하는 과정에서 상징을 사회적으로 공유하면서 상대방에 대한 자아를 형성하고 이 자아에 따라 행동하게 된다. 해석학적 교육사회학 이론으로는 상징적 상호작용 이론이 대표적이다.

미드(Mead)와 블루머(Blumer) 등에 의해 발전된 상징적 상호작용은 주로 심리학적 문제들을 중점적으로 다루고 있으며 상징을 매개로 서로 상호작용하는데, 교육사회학에서 활용되는 상호작용 이론은 낙인 이론(labelling theory)과 교환 이론(exchange theory) 두 가지가 있다(장재천, 2009). 첫째, 낙인 이론은 교사나 다른 구성원들로부터 받는 기대나 의미에 따라 학생 행동이 낙인된다는 것이다. 둘째, 교환 이론은 상호작용 속에 내포된 비용과 보상을 가정하며, 교육활동에 있어서 보상행위는 지속되어야 한다는 것이다.

4 교육과 사회계층

1) 사회계층의 개념

사람은 누구나 혼자 살아갈 수는 없고 함께 어울려 집단을 이루며 살아간다. 사람이 집단을 구성하는 데는 일정한 기준이 있다. 사회구성원은 서로가 갖고 있는 연령, 직업, 학력, 능력, 성별, 출신 지역 등에 쉽게 일체감을 갖기도 하며 또한 다른 집단과 쉽게 구분되기도 한다. 이처럼 인간사회는 어느 곳이나 사람을 여러 기준에 따라 구별하고 어떤 기준에 의해서든 이에 따른 여러 개의 층이 있기 마련이다.

교육은 사회계층을 분류하는 데 있어서 중요한 하나의 지표가 된다. 왜냐하면 교육이 구체적인 사회계급에서 요구하는 수입을 확보해 주며, 특정의 생활양식을 개발하는 데 직접 또는 간접으로 기여하고 있기 때문이다. 의사나 변호사와 같은 전문직에 종사하는 사람들은 전문교육을 받지 않고는 그러한 위치를 차지하기가 거의 불가능하다. 만약 농촌 출신의 청소년이나 근로 계층의 자녀들이 우수한 성적으로 일류대학을 졸업하여 전문직에 종사하게 된다면 그런 경우 학교는 그의 사회적 상향이동을 크게 도와주었다고 할 수 있다.

사회계층은 일정한 기준에 따라 구분된 사회 서열적인 구분이며 그 기준에는 연령, 성별, 직업, 학력, 경제수준, 사회적 인정도, 권력 등이 있다. 이와 같이 사회계층은 다시 네 가지 사회계층 형태로 분류할 수 있다.

첫째, 완전계층형으로 모든 성원이 일직선상에 위와 아래로 배열되어 있는 형태로 이념형이며 현실적으로 불가능한 수직적 계층구조이다.

둘째, 부분계층형으로 상층에서 하층으로, 또는 하층에서 상층으로 갈수록 그 비율이 높아지는 피라미드형 구조이고 전통 신분제사회나 후진사회에서 많이 볼 수 있다.

셋째, 부분평등형은 상층과 하층에 비해 중간층이 비대한 다이아몬드형 구조로 중간 계급의 사회형으로 불리며, 산업사회 이후에 나타나는 현대사회의 사회구조이다.

넷째, 완전평등형은 모든 성원이 횡적으로 비슷한 위치에 놓여 있는 수평 계층구조로 가장 이상적 상태의 이념형으로 사회주의국가의 이상이며 현실형은 아니다.

이러한 비슷한 속성을 가지게 하는 사회계층의 결정요인은 일반적으로 다음과 같다. 첫째는 가정배경 또는 가문이며, 둘째는 재산의 정도와 종류이다. 셋째는 개인적 속성으로 성, 연령, 미모, 지성 등이 있고, 넷째는 교육의 정도와 직업의 종류가 있고, 마지막으로 그 사람의 권위와 위신 등이 작용해서 사회계층을 결정하게 된다.

2) 사회계층의 이동

사회계층을 보상의 불평등한 분배체계라고 한다면, 사회이동은 불평등한 보상체계의 변화이다. 개인, 집단 혹은 계급이 다른 형태의 구속력을 소유하게 되었거나, 사회구조의 역학체계가 재조직되었거나 근본적으로 다른 계층체계가 도입되어 사회이동이 발생한다.

이러한 사회이동은 어떤 개인이나 집단이 어떤 사회적 위치에서 다른 사회적 위치로 이동하는 것으로, 사회계층의 이동변인으로는 개인적 특성과 직업과 수입 그리고 가정요인 등이 있다.

표 4-5 사회계층의 구분

구분	내용	설명
수평적 이동	같은 계층 내의 이동으로 사회적 지위의 변화 없이 지역적으로 위치를 바꾸는 경우나 기능면에서의 변화	이농현상, 전근, 지역적 이동 등
수직적 이동	지위가 낮은 사람이 높은 지위로 이동 사회계층론에서 중요한 의미를 지니는 이동	계층적 지위가 상승, 또는 하강되는 경우
후원적 이동	능력 소유자를 준비, 교육시켜 지위를 상승시키는 이동	부모, 가문 등에 의해 조기에 사회적 지위 결정
경쟁적 이동	사회계층의 지위를 미리 결정하지 않고, 시기를 늦추어서 지위를 획득하도록 하고 결정	능력에 의한 치열한 경쟁 과정

상승이동은 지능과 학업성적이 높은 사람일수록 확률이 높아지며, 부모의 사회·경제적 지위가 높으면 상급학교에 진학할 수 있는 교육기회가 주어지기도 한다. 따라서 사회계층의 이동은 인간의 능력이나 사회구조의 분화정도 또는 사회통제방식이나 권력분표에 따라 결정되는데, 김병성(1995)은 사회계층 이동의 결정요인을 다음과 같이 제시하고 있다.

첫째, 가정 배경은 부모의 사회·경제적 지위, 형제자매의 수, 가정의 지배형태, 결혼 시기 등이 자녀의 사회 이동에 영향을 준다.

둘째, 개인적 특성으로 지능지수, 학업성취, 사교성, 특기 등은 상승 이동에 영향을 준다.

셋째, 직업은 사회적 상승 이동의 지표가 되고 통로가 될 수 있으며, 수입은 교육기회 획득으로 상승 이동에 간접영향을 준다.

3) 사회문제와 교육문제

모든 교육문제는 사회문제가 되나, 모든 사회문제가 교육문제가 될 수는 없다. 이는 교육의 모든 현상은 사회적 현상이며, 모든 교육의 과정도 사회적 과정이다. 따라서 교육문제의 원인, 영향, 해결의 과정이 모두 사회적 성격을 보이고 있다. 특히 성적의 평가방법과 입시제도, 교육기회의 문제, 학교문제, 과외문제, 과다학급의 문제, 학원소요문제, 교원의 양성과 재교육문제, 교원자질의 문제, 교원의 사기문제, 학교시설과 환경문제 등 상당히 많은 사회문제는 그 원인과 영향 및 해결에 있어서 교육과 관련이 있으므로 사회문제의 해결을 위해 교육이 동원되지 않을 수 없다.

사회계층으로 인한 사회문제와 교육문제를 정리하면 다음과 같다.

첫째, 사회계층과 학업성적의 문제로 부모의 사회적 배경과 관련이 있다. 보편적으로 보다 높은 지능을 가진 부모가 상류계층에 소속되며 자녀는 유전적 지능소질을 어느 정도 물려받는다.

둘째, 사회계층과 언어발달의 문제로 하류계층 자녀는 불리한 계층적 배경 때문에 언어발달이 늦어지고 이들은 언어표현에 있어 제한적인 어법에 의존한다. 이에 비해 상류층은 학습에 유리한 세련된 기법을 사용하여 학업과정에 더 빠른 학업성취를 가져온다.

셋째, 사회계층과 교육기회의 문제로 높은 사회계층은 보편적으로 낮은 계층보다 교육을 더 많이 시킨다. 그리고 보다 높은 교육의 수준은 다시 사회계층을 상승시키는 기초가 된다. 일반적으로 많이 교육을 받을수록 계층의 상승기회가 많아진다. 과도한 교육비 부담은 개인의 학업능력과 상관없이 교육의 기회를 박탈하기도 한다.

넷째, 사회계층과 교육에 대한 태도의 문제로 사회계층의 차이는 교육에 대한 태도의 차이로 나타난다. 일반적으로 상류계층은 학교교육을 매우 중요한 사회화 수단으로 생각하지만 낮은 사회계층은 학교교육에 대한 욕구가 비교적 낮다. 교육을 통해 얻으려는 목표도 생활에 필요한 기술습득과 같은 생존능력을 기르는 데 관심을 가진다.

워너(Warner)와 마틴(Martin)도 학교교육과 사회계층의 관계에 대해 다음과 같이 문제를 제시하고 있다(김경식 외, 2011).

첫째, 사회 각 계층은 특유의 문화를 발전시키며 교육에 대한 태도도 다르고, 자녀의 진학, 커리큘럼 선택 등에 반영한다.

둘째, 학생의 인간성, 학교 내외의 사회적 행동의 배후에는 사회계층적 배경이 존재한다.

셋째, 학교의 교육정책, 교사의 학생에 대한 태도에 있어 계층적·차별적이다.

넷째, 학교는 사회계층에 있어 사회 이동과 관련이 있다.

이렇게 학교교육과 사회계층과는 연관관계가 있고 문제점도 있지만, 상류계층은 본인이나 자녀들에게 보다 많은 학교교육을 시키려 하고, 하류계층 사람들은 교육을 통하여 현재 계층에서 탈피하여 계층 상승을 하려고 한다. 이 결과 얻어진 계층 상승은 다음 세대에 영향을 준다.

5 학교사회

1) 학교의 사회적 성격

학교의 사회적 성격을 잘 다루는 영역은 바로 교실사회학이다. 교실사회학은 교실에서 교사의 교육행위나 교사와 학생 간의 상호작용을 사회학적 관점에서 연구하는 분야이다. 교사의 행위나 상호작용에 연구의 초점을 두고 있다. 따라서 교실을 하나의 사회로 보고 학급사회는 어떻게 조직되어야 하며, 그 조직을 중심으로 인간관계는 어떠해야 하는가에 대하여 깊은 관심을 기울인다.

파슨스(Parsons)는 교실의 특징을 다음과 같이 제시하고 있다. 첫째, 가족에 대해 가지고 있었던 일차적 애착심으로부터 아동, 학생들을 해방시켜 준다. 둘째, 학생들에게 가정에서는 할 수 없는 높은 수준의 사회적 가치와 규범을 내면화시킨다. 셋째, 학업성적과 그 평가에 따라 학생들을 분류한다. 넷째, 성인들의 역할체제에 준한 인적 자원의 선발과 배분이 이뤄진다. 교실의 사회적 조직을 형성하는 요소에는 규범, 역할, 상호작용, 활동 구조 등 여러 차원의 요소들이 내포되어 있다.

2) 조직으로서의 학교사회

학교사회는 하나의 조직으로서 관료제적 특징을 잘 나타내고 있다. 첫째, 학교는 그 과업이 방대하고 복잡하기 때문에 분업과 전문화가 불가피하다. 일정한 과업을 능률적으로 수행하기 위하여 학교 조직은 교장, 교감, 교사,

담임교사, 교과 담당교사, 보건교사, 상담교사 등 각 영역별로 분화되고 전문화되지 않으면 안 된다. 둘째, 학교체제는 점차 비인간적이고 몰개성적인 경향이 증대되고 있다. 셋째, 학교체제는 위계서열을 중시한다. 아무리 학교교육이 자율성을 갖는다 해도 조직의 능률적 운영을 위해서는 교장으로부터 학생에 이르기 까지 권한과 힘의 배분이 불가피한 것이다. 그러나 이러한 관료적인 조직과 운영은 조직의 효율성을 보장하는 최소한에 그쳐야 하며 자율성을 침해하지 않는 범위 내에서 이루어져야 할 것이다. 넷째, 학교체제는 법규와 규정에 의하여 업무와 권한이 규정된다. 다섯째, 학교체제는 인사 정책에서 경력과 능력, 실적을 중요시한다. 학교는 전문성이 요구되기 때문에 경력과 능력, 실적이 많은 사람들이 승진에 있어서 유리하게 되어 있다(석태종, 1996).

3) 학교사회와 인간관계

학교조직은 그 어느 조직체계보다도 인간관계가 중요한 의미를 갖는다. 이러한 학교사회의 인간관계는 대체로 네 가지 형태로 나누어 볼 수 있다(석태종, 1996).

첫째, 학교경영자와 교사와의 인간관계로서, 교장은 교사에 대하여 위계서열상 상급자로서 지시, 감독 및 장학 등의 권한을 가지며, 교사는 이에 따를 의무를 지니고 있다. 하지만 지금의 교육체제에서는 교장 중심의 일방향적인 소통과 지시보다는 상호소통의 의미와 기능을 중시하고 있고, 학교조직의 의사소통 구조가 변화하고 있다.

둘째, 교사와 교사 간의 인간관계로서 공식적 관계와 비공식적 관계가 있다. 공식적 관계는 직위와 직급, 또는 업무 분장과 교과목 등에 따라 이뤄지며, 비공식적 관계는 관심사 및 협조 관계, 동아리 소속 등에 따라 이뤄지는 경향이 있다.

셋째, 교사와 학생과의 인간관계로서 이 관계는 학교사회에서 가장 기본적이고 중요한 관계이다.

넷째, 학생과 학생 간의 인간관계는 학교의 규모, 농촌과 도시, 일반계와 특성화고, 남녀 공학 여부 등에 따라 상당한 차이가 난다. 그러나 대체적으로 학년에 의한 관계, 과외 활동에 의한 관계, 학업 성적에 의한 관계, 관심사에 따른 관계 등으로 나타나는 경향이 있다.

앞에서 살펴본 네 가지의 인간관계 외에도 최근에 교사와 학부모와의 관계가 매우 중요시 되고 있다. 학교교육의 개방성과 투명성의 강조로 인하여 학부모들의 학교교육에 대한 참여가 깊숙이 이뤄지고 있다.

6 학교교육의 사회적 문제와 해결방안

1) 학교교육의 사회적 문제

우리나라의 잘못된 학교교육으로 인하여 많은 사회적 문제를 야기하고 있다. 이러한 사회적 문제를 야기하는 학교교육의 문제는 바로 입시위주의 교육이라고 할 수 있다. 우리나라의 입시위주의 교육은 몇 가지 특징을 가지고 있다.

첫째, 대학에 입학할 때까지의 모든 교육은 대학 입시의 준비 단계에 지나지 않는다. 대학입시가 교육에 대한 의미의 준거가 되었으며, 학교운영의 최고 원리가 되고 있다.

둘째, 우리나라의 입시 위주 교육의 경쟁구조는 경쟁이다. 학력 경쟁은 학생들 사이에서만 발생하는 것이 아니라 학부모, 교사, 교장, 행정가 등이 복합적으로 일어나고 있다.

셋째, 입시위주의 교육은 평가를 위하여 교육한다. 교육이 잘 되었는지를 평가하는 것이 아니라, 평가를 위한 교육을 한다. 학생을 학교교육의 본래 목적이 실현되어야 할 대상으로 인식하는 것이 아니라, 학교의 명예와 존립을 위한 수단으로 학생이 이용되고 있는 것이다.

넷째, 입시위주의 학교운영의 기본원리는 학력 제고이며, 이 원리는 학교의 비정상적인 운영을 초래하고 있다.

다섯째, 학생들은 학교에서 많은 스트레스를 받고 있으며, 이를 적절하게 해소할 수 있는 방법이 없다. 특히 시험불안으로 인한 정신적 스트레스는 엄칭나다. 시험불안은 개인의 특성과 환경 그리고 사람과의 상호작용에 따라 발생하는데, 그 원인으로서는 가정과 학교, 사회의 기대수준과 시험결과에 따른 복합적인 환경요인 등이 될 것이다.

여섯째, 학생들의 많은 부분은 학교에 대한 불만족과 공포를 가지고 있다. 학교는 학생들의 교육적 필요를 만족시켜 주지 못함에도 불구하고 체제적·물리적·환경적 한계로 인하여 변화의 움직임은 쉽지 않다.

일곱째, 학교교육의 문제로 인하여 청소년의 비행이 증가하고 있는 추세이다(이병환 외, 2010). 청소년의 비행이 학교교육의 문제로 인한 것이라고 단정지을 수는 없지만 이러한 문제의 발생의 요인이 될 수도 있다.

2) 학교교육문제의 해결방안

학교교육의 문제를 해결하기 위해서는 교육에 대한 관점 변화와 다각적인 접근과 노력이 필요하다. 구체적으로 살펴보면 다음과 같다.

첫째, 지금까지 우리의 교육이 지나치게 도구주의 교육관에 의해 지배되었기 때문에 전인교육이나 올바른 인성교육의 측면이 간과되었다. 따라서 이제는 사회적 유용성과 함께 인간화 교육, 전인교육이 중시되어야 하며, 교육이 도구가 아니라 목적으로서의 교육이 많이 이뤄져야 할 것이다.

둘째, 인성 및 창의성을 함양하는 새로운 교육과정을 추구해야 한다. 창의성 교육은 지식 위주의 교육이 아니라 학생의 창의력을 신장시킬 수 있는 방안을 고안하는 것이다.

셋째, 학교교육의 다양화 정책이다. 이를 위해서는 학교를 즐겁게 생활하고 배울 수 있는 곳으로 만들어야 하는 것이 전제 조건이 된다. 그리고 '다양한 학교'를 제공하는 것이 중요하다(이병환 외, 2010).

학교교육의 심각한 문제로 인하여 요즘 등장하고 있는 것이 대안교육에 대한 실천적 양태들이다. 앞으로 이러한 기존 학교문제의 해결을 위하여 더욱 더 많은 대안적 교육형태가 나타날 것이며 이를 더욱 활성화해야한다. 이러한 움직임들이 지금까지 존재해 왔던 학교교육의 문제를 해결할 수 있는 새로운 방안들이 될 것이다.

05
CHAPTER

교육과정 및 교육평가

제1절

교육과정의 이해

교육활동이 전개되고 있는 여러 교육 장면에서 가장 본질적인 과제는 학생이나 교육 대상에게 무엇을 어떻게 가르칠 것인가를 결정하고 가르치고 있는 과정과 결과를 확인하는 일이다. 이와 관련된 여러 문제를 탐구하는 영역이 바로 교육과정이다. 교육과정이 어떻게 설계되느냐에 따라 교육의 방향성이 결정되고, 그에 따른 결과도 달라진다.

이 장에서는 교육과정의 개념, 종류, 유형, 구성, 우리나라의 교육과정 변천을 중심으로 살펴보고자 한다.

1 교육과정의 개념

1) 어원적 의미

교육과정이라는 용어는 커리큘럼(curriculum, 教育課程)에서 그 어원을 찾을 수 있다. 영어의 'curriculum'은 라틴어의 'currere(달리다)'에서 비롯되었으며, 이는 경마장에서 말이 뛰는 길(The course of race)을 의미한다. 그 어원적 의미 속에는 '경주로(race course)'와 '경주 행위 그 자체(race itself)'라는 두 가지 뜻이 포함되어 있다. 전자는 경주에 참여한 사람이 반드시 거쳐 가야 할 길이며 장소이고 수행해야 할 과업을 말한다. 육상 경주를 생각해 보자. 모든 출전 선수들은 자신의 목표가 있고 달려야 할 노선과 할 일을 갖고 있다. 달릴 때 지켜야 할 규칙이 있고 열심히 뛰어야 할 책임이 있다. 결국 경주로는 단순한 출전 길이 아니며, 출전한 선수에게는 동기를 유발하고 과업을 시사하며 행동의 지침을 처방해 준다. 흔히 교육과정이라는 단어를 들었을 때 가르치고 배울 교과목의 편제나 계획, 교과서 등을 연상하는 것은 바로 이 의미에서 비롯되었다(최호성, 2008).

이렇듯 교육과정의 의미를 쿠레레(Currere)에 비추어 생각하면 교육과정이란 다양한 경험을 통해 학생들이 형성하는 '의미'를 뜻하고, 커리큘럼에 비추어 생각하면 교육과정이란 학생이 경험해야 할 다양한 내용이나 생활경험 등을 뜻한다. 따라서 교육의 장면에서 커리큘럼이라는 용어는 학생이 일정한 목표를 향해서 학습하는 진로 또는 내용(course of study, 교수요목)이라는 말로 사용되고 있다.

2) 일반적 의미

교육과정이라는 용어는 1918년 최초로 교육과정을 전문분야로 취급한 보빗(Bobbitt)의 『교육과정』에 의해서이다. 여기에서 교육과정을 직접적이든 간접적이든 개인의 능력을 계발하는 일에 관련된 경험의 전 범위를 가리키거나 혹은 개인의 능력 계발을 완결하거나 완전하게 하기 위하여 학교가 활용하는 일련의 의식적 지도 훈련의 경험이라고 하였으며, 타일러(Tyler, 1957)는 교육과정이란 학교가 교육목표를 달성하기 위하여 계획하고 지도한 일체의 학습경험이라고 정의하였다. 또한 앤더슨(Anderson, 1956)은 『교육과정 개선의 원칙과 절차(Principles and Procedures of Curriculum Improvement)』에서 경험을 강조하면서 교육과정을 환경과의 상호작용의 총체로 정의했다(최호성, 2008).

다음으로, 교육과정의 개념을 학습자의 경험을 성장시키는 기능으로 보는 견해가 있다. 학생에게 필요한 일상적인 경험만이 학습활동에 관한 참여수준과 흥미를 높여 학습자의 경험을 올바르게 성장시켜 줄 수 있다고 보는 입장이다.

듀이(Dewey, 1916)는 교육과정이란 교수자의 지도 아래 학습자들이 갖게 되는 모든 경험으로 구성되는 것으로 보았으며, 스미스 외(Smith et al., 1957)는 학교의 교사들은 사고와 행동의 여러 가지 방식을 어린이와 청소년에게 가르치기 위해 체계적으로 조직된 일련의 잠재적 경험을 사전에 설정해 놓는 것으로 정의하였다. 그러므로 교육과정이란 학습자를 가르치기 위한 경험적 모음으로 볼 수 있다고 정의하였다(조승제, 2007).

그리고 교육과정의 개념을 학습자를 가르칠 교육 계획을 수립하는 기능으로 보는 견해도 있다. 교육과정은 교육활동이 실제로 전개되기 이전의 미래의 교육활동에 대한 공식적인 문서이다. 그러므로 교육과정은 전반적인 교육의 과정에 대한 의도적인 사전 계획으로, 교과목의 필수와 선택 및 교과목별 시간 운영 방침 등의 교과편제에 관한 세부 사항이 포함되어야 한다.

부참(Beauchamp, 1972)은 교육과정이란 수업 계획의 출발점으로 사용되기 위하여 고안된 문서라고 했으며, 스텐하우스(Stenhouse, 1975)는 교육과정을 교육 계획의 기능이 구체적으로 실천되고 분석되는 수단으로 정의하였다(조승제, 2007).

위의 여러 학자의 정의를 종합해 보면, 교육과정이란 교육의 과정에서 그 목표를 달성하기 위하여 무엇을 내용으로 선정해서 어떻게 조직하여 가르칠 것인가를 종합적으로 묶은 교육의 전체 계획이다. 다시 말해 교육과정이란 학생들에게 가르칠 것에 대한 계획, 학생들이 경험해야 할 내용의 모음뿐만 아니라 전반적인 교육의 과정에 대한 의도적인 사전 계획이 담긴 공식적인 문서이다.

2 교육과정의 종류

교육과정의 종류를 기본성격에 의해 공식적 교육과정과 잠재적 교육과정, 그리고 영 교육과정으로 구분할 수 있다. 또한 학교교육의 전반적인 과정에 영향을 미치는 요인으로서 의도된(intended) 교육과정, 전개된(implemented) 교육과정, 실현된(attained) 교육과정으로 구분할 수 있으며, 의사결정자 수준에 따라 국가에서 교육과정을 개발하고 평가하는 중앙집권적 교육과정 체제와 지역이나 학교를 중심으로 교육과정을 개발하는 지방분권적 교육과정 체제로 구분할 수 있다(김진규, 2008).

여기에서는 표면적 교육과정, 잠재적 교육과정, 영 교육과정으로만 나누어 살펴보기로 한다.

1) 표면적 교육과정

표면적 교육과정이란 공식적 교육과정과 비교하여 의미를 명확히 구분할 필요성이 있다고 생각한다.

공식적 교육과정(official curriculum), 형식적 교육과정(formal curriculum), 계획된 교육과정(planned curriculum), 외현적 교육과정(overt curriculum), 조직된 교육과정(organized curriculum), 기대된 교육과정(expected curriculum)이라고도 한다.

1970년경부터 잠재적 교육과정의 개념이 나타남에 따라서 이것과 구분짓기 위하여 종래의 교육과정 개념을 앞에서 제시한 여러 가지 이름으로 부르게 되었다.

2) 잠재적 교육과정

교육이 사고력, 창의력을 배양시켜 학습자에게 자유롭고 자발적인 탐색을 격려해 주는 분위기와 충분한 시간을 마련해 주어야 함에도 불구하고 오늘 교육현장에서 표면적 교육과정은 그러한 여유와 분위기를 마련해 주지 못하고 있다.

이러한 관점에서 잠재적 교육과정은 학교교육이 기능교육, 단편적 지식에 치중하여 가치관, 윤리의식을 확립하지 못해 인간교육에 실패하고 있다는 각성과 더불어 교육제도 자체 속에 인간교육을 해치는 요소를 분석하여 이를 바로 잡으려는 시도에서 시작되었다.

잠재적 교육과정(hidden curriculum)이라는 개념은 잭슨(Jackson, 1968)에 의해서 처음으로 사용되었으며, 브루너(Bruner, 1996)는 지하교육과정(underground curriculum)이라는 표현을 했다. 공식적으로 의도하지 않은 교육과정으로서 표면적이지 않고(implicit), 숨겨져서(hidden), 잠재되어 있는(latent) 교육과정이다. 학교가 공식적 교육과정에서 의도하거나 계획하지 않은 것으로서, 교육과정이 작동되거나 운영되면서 학생들이 은연중에 배우게 되는 가치·태도·행동양식과 같은 경험된 교육과정이다(박철홍 외, 2013).

다시 말하면 학교에서 계획한 바 없으나 학교의 물리적 조건, 제도, 행정

조직, 사회적·심리적 상황을 통하여 학생들이 은연중에 가지게 되는 경험의 총체라고 할 수 있다. 학교교육을 통하여 학생들이 가지게 되는 경험 중에서 표면적인 교육과정을 제외한 학교의 전 경험과 관련이 있으며, 학교의 전 사태와 관련이 있다. 즉, 학교에서 계획적으로 이끌지 않았는데, 학습의 결과가 나타나는 상태의 교육과정으로, 문서화되지 않은, 연구되지 않은, 의도하지 않았으나 학생들에게 나타나는 학습결과나 경험, 계획되지 않은, 비형식적인, 보이지 않는, 비공식적인 것들이 여기에 속한다.

표 5-1 표면적 교육과정과 잠재적 교육과정의 관계

구분	표면적 교육과정	잠재적 교육과정
교육과정 형태	공식적 교육과정 문서화된 형태	비공식적 교육과정 문서화되지 않은 형태
학습영역	지적(知的)인 것 인지적 영역	비지적(非知的)인 것 정의적 영역: 흥미, 태도, 가치관 등
학습방법	학교에 의해 의도적으로 조직되고 가르쳐짐	학교에서 의도하지 않았지만 학습자가 은연중에 배우게 됨
교육내용	교과와 관련된 이론적 지식	생존기술 및 학교의 문화 풍토
학습시간	일시적·단기적으로 배움	장기적·반복적으로 배움
학습내용	바람직한 것이 주된 내용	바람직한 것뿐만 아니라 바람직하지 않은 내용도 포함
교사의 역할	교사로부터 지적·기능적 영향	교사의 인격적 감화

강기수 외(2013).

3) 영 교육과정

영 교육과정(null curriculum)은 교육과정에 심미적 접근을 지향하는 아이즈너(Eisner)가 『교육적 상상(The educational imagination)』이라는 저서에서 소개한 개념이다. 영 교육과정이란 학교에서 소홀히 하거나 공식적으로 가르쳐지지 않는 교과나 지식 및 사고양식으로, 학교 교육과정에서 '의도적으로 배제된 교육과정'을 말한다(김병희 외, 2008).

아이즈너는 만일 이것들을 공식적인 교육과정에 포함하지 않는다면 학교의 교육적인 영향력은 그만큼 위축되거나 왜곡될 수 있다고 경고하였다. 예를 들어, 공식적인 교육과정이 문자나 숫자 위주의 표현양식만을 강조하고 시각, 청각, 운동 등 다양한 표상 형식의 개발을 경시한다면, 이는 인간의 다양한 능력 중에서 일부만을 개발하게 되어 결국 교육적으로 막대한 손실을 끼치게 된다는 것이다(김대현 외, 2008).

먼저, 영 교육과정의 개념을 교수자의 입장에서 살펴보면, '가르치지 않는(not to teach)' 교육과정으로서 공적인 문서 속에는 포함되어 있지 않지만, 학생들이 도달해야 할 교육목표나 배워야 할 가치를 지니는 교육내용을 가리킨다. 이러한 측면에서 교육과정이 선택과 배제, 포함과 제외의 산물이기 때문에 영 교육과정은 공식적 교육과정의 필연적 산물이며, 교육과정이라는 동전의 앞뒷면이라고 볼 수 있다(박철홍 외, 2013).

다음으로는 영 교육과정의 또 다른 의미는 학습자의 측면에서 살펴볼 수 있다. 이러한 관점에서 영의 의미는 '학습할 기회가 없는(zero에 가까운)'이라는 뜻이다. 어떤 내용이 공식적 교육과정에 포함되어 있다 하더라도 학습할 기회가 없었다면 영 교육과정에 속한다. 이러한 관점에 따른다면 영 교육과정은 공식적 교육과정에 포함되어 있는가 하는 것과 관계없이 교육적으로 가치 있는 내용 중에서 학생들이 학습할 기회를 갖지 못한 내용을 가리킨다(김대현 외, 2008).

예를 들어, 산업혁명 직후 산업노동력이 필요로 할 때 학교에서는 읽기와 쓰기는 가르쳤으나 셈하기는 가르치지 않았다. 셈하기를 배우면 육체노동보다는 경리사원이 되려고 하므로 셈하기는 한때 영 교육과정이었다. 과거비민주적인 정권 시절에 비판적인 사고능력의 계발은 정부 비판 능력의 신장을 의미한다고 생각하여 학교에서 의도적으로 제외한 것도 영 교육과정의 사례로 볼 수 있다(김진규, 2008).

결국 영 교육과정은 공식적 교육과정에 의도적·비의도적으로 채택되지 않았지만(제외되어 있지만) 선정될 가능성이 있는 교육과정을 의미한다.

3 교육과정의 유형

교육과정의 유형을 교과중심 교육과정, 경험중심 교육과정, 학문중심 교육과정, 인간중심 교육과정으로 나누어 개념과 특징, 유형 및 장단점을 살펴보면 다음과 같다.

1) 교과중심 교육과정

(1) 개념

교과중심 교육과정(subject-centered curriculum)은 역사적으로 가장 오랜 전통을 가지고 있을 뿐만 아니라 오늘날에도 계속 사용하고 있는 교육과정의 한 형태이다. 교과중심 교육과정은 교육의 주 기능을 문화유산을 후손에게 전달하는 것으로 믿고, 전달한 문화유산 중 가장 가치 있고, 가장 심오한 내용들을 정선하여 논리적인 학문적 지식의 체계로 정리해 놓은 것이다(류동훈, 2003).

따라서 교육과정을 구성함에 있어서 교과가 중심이 되어야 한다는 입장이다. 이 입장에서 각 교과는 문화유산의 보고이고, 각 교과는 나름의 독특한 논리와 체계가 있기 때문에, 교과를 통한 지식의 체계적인 학습이 삶의 문제를 해결하는 데 유리하다고 본다(김병희 외, 2012).

교과중심 교육과정에서는 문화유산의 계통적 조직체인 교과를 학습하게 함으로써 새로운 문제를 해결할 수 있는 능력을 기르려는 것이다. 즉, 교육의 주요 기능이 인류가 축적해 놓은 문화유산을 다음 세대에 전달하는 것이라고 믿고 있다.

결국, 교과중심 교육과정에서 교육과정이란 지식의 체계를 존중하는 것으로, 학교의 지도하에 학생이 배우는 모든 교과와 교재를 가리킨다.

(2) 특징

교과중심 교육과정의 일반적 특징을 몇 가지 살펴보면 다음과 같다(류동훈, 2003).

첫째, 교과중심 교육과정은 교육을 문화유산의 전달로 본다. 그래서 교육내용은 문화유산을 체계적으로 정선해 놓은 것이다. 그러므로 교과중심 교육과정을 문화유산중심 교육과정이라고도 할 수 있다.

둘째, 교과중심 교육과정은 교사중심의 교육과정이다. 수업을 교사가 주도하고 지식과 기능의 신장에 중점을 둔다. 따라서 교사는 학습자보다 월등한 지식과 기능을 지니고 있어야 한다.

셋째, 설명 위주의 교수법이 주로 이용된다. 교과의 내용에 대한 자세한 설명이 요구되는 경우가 많을 수밖에 없기 때문에 교과의 지식을 잘 설명할 수 있는 교사의 능력이 요구된다.

넷째, 한정된 교과영역에서만 교수－학습활동이 이루어진다. 교과중심의 교육과정은 교과 간의 경계를 중시한다. 따라서 학생들에게 일률적으로 교과가 제공되고 교수－학습활동 범위도 교과서 내에서 이루어진다.

(3) 유형

교과중심 교육과정에서 교육과정을 조직하는 유형은 네 가지로 구분해 보면 다음과 같다.

첫째, 분과교육과정(separated curriculum)은 한 과목을 다른 과목과 완전히 독립시켜 조직하는 것이다. 각 교과의 조직은 다른 교과와 내용이 다르고, 교과선이 엄격하다. 이 교육과정에서 교사는 인접교과에 대해 전문적 지식이 요구된다. 예를 들어, 국사, 동양사, 세계사 등과 같이 교과를 각각 따로 가르치는 경우를 들 수 있다.

둘째, 상관교육과정(correlated curriculum)으로 유사 과목이 각각 분절되어 조직되는 분과교육과정의 폐단을 시정하기 위하여 유사과목을 서로 관련시켜 구성한 것이다. 각 교과목의 기본적인 독립성을 유지하면서 두 개 또는 그 이상의 교과목을 적절하게 서로 관련시켜서 교수하는 형식의 교육과정이다. 이 교육과정에서 교사는 인접교과에 대해 상당한 정도의 지식이 요구된다. 예를 들어, 역사와 지리, 과학과 수학, 동물학에서의 호흡과 식물학에서의 호흡을 서로 관련시켜 조직하는 것이다.

셋째, 융합교육과정(fused curriculum)으로 두 과목의 내용에서 다수의 공통

요인을 추출하여 하나의 과목으로 조직한 것이다. 예를 들어, 동물학과 식물학에서 '호흡'뿐만 아니라 여타의 내용들을 추출하여 '생물'이라는 한 과목으로 조직하는 것이다.

넷째, 광역교육과정(broad-fields curriculum)으로 교과목 간의 구분을 해소하고 동일한 교과영역에 속하는 과목들을 하나의 대영역으로 포괄시킨다. 이 교육과정에서 교사는 해당 영역의 넓은 지식이 요구된다. 예를 들어, 생물, 물리, 화학, 지구과학이라는 과목을 하나로 묶어서 '과학'이라는 교과로, 한국사, 동양사, 서양사라는 과목을 '역사'라는 교과로 조직하는 것이다.

(4) 장단점

교과중심 교육과정의 장단점은 **표 5-2**와 같다.

표 5-2 교과중심 교육과정의 장단점

장점	단점
• 문화유산의 전달에 가장 알맞다. • 지식을 체계적으로 조직하는 데 효과적인 방법이다. • 체계적이고 조직적인 지식전달에 좋다. • 수업은 교사가 주도하고 지식과 기능의 신장에 중점을 둔다. • 중앙집권적 통제가 쉽다. • 학습결과의 평가가 용이하다.	• 학생들의 흥미, 능력, 필요가 무시당할 염려가 있다. • 단편적인 지식의 주입이 되기 쉽다. • 경쟁심을 조장하고 비실용적인 지식을 획득할 우려가 있다. • 수동적인 학습태도를 형성하기 쉽다. • 고등정신기능(비판력, 창의력, 사고력 등) 함양이 어렵다. • 현대의 사회문제와 유리된다. • 학습내용이나 학습경험의 조직배열이 비능률적이다.

2) 경험중심 교육과정

(1) 개념

경험중심 교육과정(experience-centered curriculum)은 교과중심 교육과정으로는 학생들을 급변하는 사회에 적응시키기 어렵고, 현실생활과 너무 동떨어져 있다는 비판에서 대두하였다. 경험중심 교육과정이 미국에서 대두한 것은 1930년대 전후인데, 당시 미국에서는 실용성 있는 지식과 아동의 흥미와 욕구를 중시하는 듀이(Dewey)의 진보주의 사조가 풍미하면서, 기존의 교육과정에 대한 개정작업이 활발히 진행되었는데, 이때 나타난 것이 경험중심 교육과정이다(김병희 외, 2012).

경험중심 교육과정은 '학습이란 것은 학습자에게 흥미가 있고 필요와 목적에 맞는 내용일 때 가장 효과적이고, 실제 생활에 밀접하게 관련될 때 의미 있게 조직된다. 아동은 능동적이고 창조적인 존재이며, 학습은 경험을 통해 이루어지므로 그들이 중요하다고 생각하는 활동을 스스로 선택하고 경험해 볼 수 있는 기회와 자유가 주어져야 한다.'는 기본 철학에서 출발한다(김도수, 1994 재인용). 따라서 경험중심 교육과정은 학생들의 직접적인 흥미·필요·목적에 기반을 두고 교육과정을 구성하며, 학습자의 자발적인 활동을 통하여 전인적 발달을 기하는 데 목적이 있다. 경험중심 교육과정에서는 교육과정을 '학교의 지도하에 학생들이 가지는 모든 경험'으로 정의한다(손영환 외, 2009).

경험중심 교육과정은 무엇보다 학습자를 중심에 두고 가르칠 내용과 방법을 결정한다. 또한 경험중심 교육과정은 전인교육을 강조하기 때문에 아동의 지적·정서적·신체적인 측면의 조화로운 발달을 중시한다.

(2) 특징

경험중심 교육과정의 일반적 특징을 몇 가지 살펴보면 다음과 같다(허혜경 외, 2012).

첫째, 아동중심 교육을 강조하기 위하여 아동의 흥미와 필요를 중심으로 교육과정을 구성한다.

둘째, 교과목의 엄격한 구분보다 통합을 지양한다.

셋째, 교재를 학습의 장에서 결정하고, 여기에 학습자의 협력과 참여기회를 부여한다. 다시 말해 교과서나 그 밖에 미리 준비된 수업자료보다는 지역사회를 교수－학습의 자원으로 더 많이 활용한다.

넷째, 대집단으로 편성된 경쟁적인 학습 분위기보다는 소집단별로 협동적인 학습 분위기를 강조하는 학생중심의 수업을 요구한다.

다섯째, 현실 생활에 직면하는 문제들을 해결할 수 있는 능력을 기를 것을 강조한다.

여섯째, 과제를 완성하는 데 비교적 긴 시간이 소요되는 프로젝트 등을 중심으로 조직되어 있다.

일곱째, 교사들이 통제·관리자가 아닌 학습촉진자(facilitator) 또는 자원(resources)으로 활동해 주길 기대한다.

여덟째, 평가의 경우에도 사실적 정보나 개념의 회상을 요구하기보다는 실제 과제를 처리할 수 있는 평가방법을 선호한다.

(3) 유형

경험중심 교육과정에서 교육과정을 조직하는 방법은 세 가지로 구분해 볼 수 있다(김병희 외, 2012).

첫째, 활동형 교육과정(activity curriculum)으로 아동의 흥미나 욕구에 따른 다양한 활동으로 교육과정을 조직한다. 활동형 교육과정에서 학습이란 학습자에게 유목적적이고 흥미가 있을 때 가장 효과적이라고 전제된다. 따라서 교육과정은 아동 스스로 학습을 계획하고, 실천·평가하는 프로젝트법(project method)과 같은 형태를 중시한다.

둘째, 중핵형 교육과정(core curriculum)으로 이 교육과정은 중핵과정과 주변과정이 동심원적으로 조직된다. 사회의 가치, 학생의 필요·흥미를 중심으로 이에 주변 과정을 가미하여 통합하는 형태이다. 청소년에게 필요한 개인적·사회적 책임감과 능력계발을 주된 과업으로 삼는다. 중핵과정은 주로 아동의 생활이나 욕구와 관련된 내용이나 경험들이 중심을 이루고, 주변과정은 중핵과정을 둘러싸면서 몇 개의 영역으로 구분하여 조직된다. 중핵형 교육과정에서는 중핵의 요소를 무엇으로 하는가에 따라 몇 가지 형태로 나타난다. 즉, 중핵의 요소를 교과의 범주에서 찾는 교과중심의 중핵형 교육과정, 중핵 요소를 학습자 개인의 욕구와 흥미에서 찾는 개인중심의 중핵형 교육과정 그리고 중핵 요소를 사회적인 문제에서 찾는 사회중심의 중핵형 교육과정으로 구분된다.

셋째, 생성형 교육과정(emerging curriculum)으로 사전에 계획하지 않고 학습해 가는 과정에서 교육과정이 생성되는 것을 말한다. 이 교육과정 조직은 사전에 계획하지 않기 때문에 교사와 학생들에게 자유의 폭과 융통성이 크다. 생성형 교육과정의 대표적인 예로는 현장학습, 답사 등이 있다.

(4) 장단점

경험중심 교육과정의 장단점은 **표 5-3**과 같다.

표 5-3 경험중심 교육과정의 장단점

장점	단점
• 학습자의 욕구, 흥미와 관련되므로 자발적인 참여가 가능하다. • 생활인, 실천인을 육성할 수 있다. • 학습자의 개인차를 고려한다. • 능동적인 학습태도를 함양할 수 있다. • 다양한 경험을 중심으로 문제해결력을 기를 수 있다. • 탐구력, 비판력, 창의력과 같은 고등정신 능력을 함양할 수 있다.	• 교육과정의 학문적 구조화가 어렵다. • 기초학력의 저하를 초래한다. • 기본적인 지식과 문화적 전통의 학습에 어려움이 있다. • 교육과정의 계획, 운영, 평가의 체계적 관리가 어렵다. • 교육에 있어서 시간과 경비를 무시한다. • 학습내용의 조직상 논리적 체계가 부족하다.

3) 학문중심 교육과정

(1) 개념

학문중심 교육과정(discipline-centered curriculum)은 1957년 10월 4일 구소련의 인공위성 스푸트니크(Sputnik)호 발사에 따른 충격으로, 미국에서 경험중심 교육과정에 대한 비판을 통해 대두되었다. 즉, 경험중심 교육과정이 아동의 흥미나 욕구를 지나치게 중시함으로써 교육에서 학문의 체계가 경시되었고, 나아가 국가적인 위기까지 초래되었다는 것이다. 따라서 미국 교육의 방향을 재정립하기 위해 여러 학자가 우즈 홀(Wood Hole)에서 회의를 개최했는데, 회의의 결과를 브루너(Bruner)가 『교육의 과정(The process of education)』이라는 책으로 정리하게 되었고, 이 책에서 브루너가 학문중심 교육과정의 지침을 제시하였다(김병희 외, 2012).

학문중심 교육과정에서는 지식과 기술의 폭발적인 증가에 대처해 나가기 위해 학문에 내재해 있는 전이가 높은 지식, 즉 '지식의 구조'를 강조한다. 지식의 구조란 각 교과의 핵심적인 아이디어, 기본적 개념, 원리, 법칙 등을 말한다. 여기서 지식의 구조를 가르친다는 말은 해당 학문의 성격을 충실히 가르친다는 것을 의미한다(박영진 외, 2011).

또한 학문중심 교육과정은 교육의 방법으로 탐구의 과정을 중시한다. 탐구의 과정이란 각 교과에 내재해 있는 핵심적인 아이디어나 개념, 원리, 법칙을 교사가 찾아내어 학생에게 전달해 주는 것이 아니라, 학생으로 하여금 해당분야의 원리나 개념을 탐구하고 발견하도록 해야 한다. 따라서 학문중심 교육과정에서는 초등학생도 학자들이 하는 것과 동일한 성격의 지적 탐구활동을 할 수 있다고 본다.

(2) 특징

학문중심 교육과정의 일반적 특징을 몇 가지 살펴보면 다음과 같다.

첫째, 교육내용은 지식의 구조를 강조한다. 즉, 핵심적인 아이디어 또는 기본적인 아이디어 또는 기본적인 원리 및 개념을 중요시하고 있다.

둘째, 교육과정은 나선형으로 조직되어야 한다. 브루너는 어떤 교과목이든지 그것을 지적으로 정직한 형태로 제시하며 어떤 발달 단계에 있는 누구에게도 가르칠 수 있다고 했다. 나선형 교육과정은 그 교과에 담겨져 있는 핵심개념, 기본원리를 아동 및 학생의 사고방식에 맞게 가르쳐, 이를 점차 심화, 확대해 가는 교육과정이다.

셋째, 탐구과정을 중시한다. 학문중심 교육과정에서는 교과를 가르칠 때 그 교과에 내재해 있는 기본 원리, 핵심 개념을 교사가 찾아내어 이것을 학생들에게 제시하고 주입하는 것이 아니라 해당 분야의 학자가 한 것과 같이 시각과 방식으로 이를 찾아내도록 한다는 것이다(박영진 외, 2011).

(3) 유형

학문중심 교육과정에서 교육과정을 조직하는 방법은 크게 두 가지로 볼 수 있다.

첫째, 나선형 교육과정(spiral curriculum) 조직이다. 나선(螺旋)이 소라 껍데기의 모양을 말하는 것처럼, 나선형 교육과정 조직이란 각 교과의 핵심적인 아이디어나 기본개념, 원리, 법칙을 소라 껍데기의 모양처럼 점차 확대·심화시켜 조직하는 것을 말한다. 예를 들어, '방정식의 개념 → 1차 방정식 → 2차

방정식'처럼 학년이 높아짐에 따라 학습내용을 심화시켜 조직하는 것이다. 이때 학년이 높아지더라도 '방정식'이라는 내용은 동일한 것인데, 다만 그 내용의 깊이를 심화시키고 폭을 넓혀 조직한다는 것이 특징이다.

둘째, 간학문적 교육과정(interdisciplinary curriculum) 조직이다. 간학문이란 학문과 학문 간의 관계를 말한다. 따라서 간학문적 교육과정이란 두 개 이상의 교과가 갖고 있는 개념이나 원리 또는 방법이나 절차가 서로 관련을 맺음으로써 통합적으로 조직되는 교육과정이다. 즉, 특정 교과 영역에서 해결할 문제가 있을 경우 다른 교과에서 개념이나 방법, 가치를 빌려와서 내용을 조직하는 방법이다. 예를 들어 초등학교에서의 '미터법'이라는 단원을 조직하려고 할 때 수학에서의 미터법과 사회과에서 미터법의 사용에 대한 정부의 역할이나 국가 간 협력을 관련시켜 조직하는 것을 말한다.

(4) 장단점

학문중심 교육과정의 장단점은 **표 5-4**와 같다.

표 5-4 학문중심 교육과정의 장단점

장점	단점
• 체계화된 지식을 교육하므로 질 높은 교육이 가능하다. • 기본개념 학습으로 새로운 지식을 생산할 수 있다. • 학문의 탐구방법 체득으로 높은 전이력을 유지할 수 있다. • 내적 동기유발에 의한 학습효과 상승이 가능하다.	• 정의적 교육에 소홀하기 쉽다. • 지식의 구조만으로는 복잡한 사회적응이 곤란하다. • 학문에 내재된 '지식의 구조'는 이해가 어렵다. • 개인의 요구와 흥미 및 사회의 요구가 무시되기 쉽다. • 교과 간의 통합성이 상실되기 쉽다. • 교육내용의 선택문제와 학습 가능성의 기준 설정이 미비하다.

4) 인간중심 교육과정

(1) 개념

고도의 산업화를 추진시키는 과학기술의 발달은 그 어느 때보다도 가속화되고 있으며, 이는 시회 전반의 비인간화 현상을 초래한다. 이렇게 현대사회가 관료화되고 조직화되면서 인간을 교육시키는 학교 또한 학생의 자발성·자율성을 키우기보다 학습된 무력감을 길러 주는 비인간적인 교육의 장으로 변하게 되었다. 따라서 기존의 교육과정에서 찾아볼 수 있는 여러 가지 사회병리적 현상에 대처하기 위하여 교육을 수단으로만 이용할 것이 아니라 인간형성 그 자체와 인간관계에 중점을 두어야 한다는 시각이 도래하게 되었다. 또한 학교에서 학습자가 하나의 전인으로 성장하는 데 필요한 경험을 균형 있게 제공해야 한다는 주장이 등장하기 시작했다. 이런 흐름에 발맞추어서 우리나라는 1981년에 제5차 교육과정에서 개인의 자아실현을 추구하며 전인교육을 목적으로 하는 인간중심 교육과정을 반영하였다(김병희 외, 2012).

(2) 특징

인간중심 교육과정의 특징을 살펴보면 다음과 같다.

첫째, 전인교육을 강조한다. 인간중심 교육과정은 실존주의 철학에 그 기본을 두고 있다. 실존주의 철학에서는 인간성의 계발을 목표로 하며, 이를 위한 것이 전인교육이다. 전인교육이란 인간성의 특정 어느 부분만이 아니라 전인적인 인간성의 계발을 뜻한다. 즉, 특정한 지식·기능에 치중하지 않고 인지적·정의적·사회적 성장 및 신체적 성장을 추구하여 균형 잡힌 전일체(全一體)로서의 인간을 강조한다.

둘째, 잠재적 교육과정을 중시한다. 학교의 의도, 계획 없이 이루어진 교육이 오히려 표면적 교육보다 사회적 발달이나 정의적 발달에 영향을 더 미칠 수 있음을 강조한다. 인간중심 교육과정은 기술적 성장뿐 아니라 인지적·정의적·사회적·신체적 성장을 말하는 전인적 교육을 강조하기 때문에 잠재적 교육과정을 표면적 교육과정과 똑같이 또는 경우에 따라서는 더욱 중요시한다. 학교가 계획한 표면적 교육과정은 주로 지식, 기능의 신장에 영향을 미치지만 의도되지 않은 잠재적 교육과정은 학생들의 정의적 발달, 사회적 발달에 영향을 미치기 때문이다.

셋째, 학생의 자아실현을 목표로 한다. 인간중심 교육과정은 인간관과 분리하여 교육목적을 설정하는 것이 아니라, 그 목적 자체가 인간중심적이어야 함을 강조한다. 인간의 잠재 능력을 강조한 인본주의 심리학에 기초한다. 매슬로우(Maslow)는 욕구위계론에서 인간행동의 가장 궁극적인 원동력은 자아실현 욕구라고 하였다. 인간이란 기계적으로 행동하는 존재가 아니라 성장가능성을 지닌 능동적이고 주체적인 존재로 본다. 따라서 인간중심 교육과정의 목표는 지식이나 기능의 발달이 아니라 자아실현이라 할 수 있다.

넷째, 학교환경의 인간화를 위해 노력한다. 인간중심 교육과정은 학교환경 전체를 인간중심적으로 조성해야 학생들이 인간적 경험을 할 수 있다고 생각한다. 학교 환경이 인간중심적으로 조성되어야 인간적인 경험을 할 수 있기 때문에 교육환경의 인간화에 초점을 두고 있다. 이를 위해서 가장 기본적으로 학교와 학급의 규모를 적정한 수준으로 조정해야 하며, 학생 개개인의 개성에 적절한 교육활동을 위해 개별 학습이 가능한 작은 규모의 학교가 바람직하다는 입장이다. 그리고 이와 함께 학교의 조경이나 내부 시설은 건전한 정서를 함양하고 문화적인 활동을 전개할 수 있도록 조성되어야 한다.

다섯째, 인간주의적인 교사를 요구한다. 인간주의적 교사는 진실한 교사, 아동에 대한 존중, 공감적 이해와 애정을 가진 교사이다. 진실한 교사는 하나의 인간이며, 진실한 개인이기 때문에 솔직해야 한다고 주장한다(이용남 외, 2012). '가르친다는 것은 하나의 체제나 방법들을 이용하는 것이 아니고 인간적인 만남과 대화'로 보기 때문에 교수－학습 과정에서 교사의 인간적인 영향이 중요하다. 이에 대해 피터슨(Peterson)은 인간주의적 교사의 특성으로 ① 진실 된 교사, ② 한 개인으로서 아동에 대한 존중, ③ 공감적 이해, ④ 애정을 들고 있다.

여섯째, 자기지향평가를 권장한다. 인간주의 교육에서는 학습의 과정뿐만 아니라 결과에 대해서도 학생이 자율적으로 평가하는 것을 지향한다. 여기서 점수나 학점은 아무런 의미가 없다. 그리고 다른 학생과 비교하는 상대적인 평가도 지양한다. 인간중심 교육과정에서 중시하는 것은 자신의 발달이기 때문에 비교 대상은 상대방이 아닌 과거의 자신이 된다(이용남 외, 2012).

(3) 유형

인간중심 교육과정은 인간의 잠재 가능성을 계발하여 지·덕·체의 균형잡힌 전인을 형성하는 균형형, 학습자 개개인에게 최다(최선)의 선택 가능성을 부여하는 개인형, 교육과정의 내용과 학습자의 심리적 특성 및 생활을 서로 관련시키는 관련형으로 나뉜다.

(4) 장단점

인간중심 교육과정의 가장 큰 장점은 첫째, 학습자를 조화로운 인간으로 성장시킬 수 있다는 점이다. 전인교육을 통해 인지적 학습뿐만 아니라 정의적인 발달도 가능하기 때문에 지식과 도덕성을 겸비한 인간이 될 수 있다. 또 공동의식과 사회 발전에 기여하는 삶을 지향하는 교육과정으로 사회성의 발달도 가능하며 신체적인 부분 또한 균형적으로 학습할 수 있다. 둘째, 인간중심 교육과정은 학습자가 개별적인 자기성장을 할 수 있도록 한다. 모든 인간은 각자 자신만의 적성과 소질을 가지고 있다고 여기고, 이를 계발하는 것을 돕는다. 셋째, 개별적인 경험과 그 안에서 내적 성찰의 기회를 주어 긍정적으로 자아개념을 형성할 수 있도록 돕는다. 또 자율적이고 개방적인 교육환경을 조성함으로써 학습한 내용이 조금 더 편안하고 자연스럽게 학습자에게 내재화될 수 있다.

인간중심 교육과정의 단점은 학습자 개인의 경험과 실존적 의미를 강조하는 이 교육과정에서는 교사의 투철한 교육관이 요구된다. 학습자의 전인적 발달을 위한 교사의 세심한 배려와 노력이 없다면 불가능 하다는 것이다. 인간중심 교육과정에서는 교사와 학습자의 관계가 중요한 만큼 교사 자신이 이미 인간적인 존재여야 하며, 이러한 교육관으로 학습자를 다가가야만 실현이 가능하다.

또 지금의 학교 현실에 바로 적용하기에는 무리가 있다. 도덕적·심미적 교육(미술과 음악)의 강화와 교과 통합, 교과 시간의 융통성 있는 운영이 쉽지 않기 때문이다. 따라서 현재 입시 위주의 교육과 행정 조건이 수정되지 않으면 실제적인 교육과정 운영이 어렵다. 또한 학습자의 능동적인 학습을 중요시하여 그들의 노력에 의한 시행착오와 실제적인 체험을 강조하기 때문에 시간이 많이 필요하다. 따라서 학습의 경제성은 기대할 수 없으며, 단시일 내에 교육목표의 달성이 어렵기 때문에 성과의 측정 또한 어렵다.

표 5-5 인간중심 교육과정의 장단점

장점	단점
• 학습자를 조화로운 인간으로 성장시킬 수 있다. • 학습자가 개별적인 자기성장을 할 수 있도록 도와준다. • 긍정적 자아개념 형성을 돕는다.	• 학습자의 전인적 발달을 위한 교사의 세심한 배려와 노력이 있어야 한다. • 교사 자신이 인간적인 존재여야 한다.

표 5-6 교육과정의 유형 비교

유형	정의	실체	개념의 넓이	연대
시기	1920년대 이전	1930~1950년대	1960~1970년대	1980년대~
목적	이성의 계발 (과거지향적)	생활인의 육성 (현재지향)	탐구심 배양 (미래지향)	전인적 인간형성 (현재, 미래지향적)
내용	문화유산	생활경험	구조화된 지식	포괄적 내용 (지·덕·체)
조직	분과형 (논리적 배열)	통합형 (심리적 배열)	나선형 (절충적 배열)	균형성, 다면 충족성
정의	교수요목	지도된 경험	지식탐구과정의 조직	경험의 총체
방법	주입식	흥미	발견학습	·
특징	- 교사중심의 문화유산 전달 - 설명위주의 강의	- 교과 외 활동 중시 - 생활인의 육성 - 아동중심의 생활경험	- 지식의 구조 - 나선형 교육과정 - 탐구과정	- 잠재적 교육과정의 중시 - 전인적 성장 - 인간적 교사

출처: 조화섭(2004), 강기수 외(2013).

4 교육과정의 구성

교육과정을 구성하기 위해선 교육목표의 수립, 교육내용의 선정과 조직, 교수-학습활동의 과정, 교육내용의 평가의 단계를 통해 이루어져야 한다. 타일러(Tyler)는 『교육과정과 수업의 기본원리』(1949)라는 저서에서 교육과정을 개발이나 수업 설계에 포함되어야 할 요소로 교육목표의 설정, 학습경험의 선정, 학습경험의 조직, 평가의 네 가지를 들고 있다. 여기에서는 타일러의 원리를 바탕으로 살펴보고자 한다.

1) 교육목표의 설정

교육과정을 구성하는 데 있어서 가장 먼저 생각해야 할 것은 교육을 통해서 기르려고 하는 인간상을 명백히 결정하는 일이다. 학교의 모든 교육활동은 결국 교육목표를 달성하기 위한 노력이요, 수단인 것이다. 따라서 교육과정 구성에 있어서 명확한 교육목표를 설정하는 일이 가장 중요하고 우선되어야 할 과제이다(권건일, 2005).

교육목표를 설정하기 위해서는 학습자에 대한 연구, 현대교육의 요구, 교과 전문가의 견해의 세 가지 자원(source)을 고려하여 잠정적인 교육목표를 설정한다. 이렇게 세 가지 자원을 고려하여 설정한 잠정적인 교육목표는 먼저 학습심리학을 통해 잠정적으로 설정한 목표가 학습자가 달성 가능한지 따져본다. 다음으로 교육철학을 통해 잠정적으로 설정한 목표가 교육적 가치를 지니고 있는지를 따져보고 최종적인 교육목표로 설정한다.

2) 교육내용의 선정

교육목표가 설정되었으면 다음 단계는 설정된 교육목표를 달성하기 위한 교육내용(학습경험)을 선정하는 것이다. 이때 어떤 유형의 교육내용을 얼마만큼의 범위(scope)로 선정할 것인가는 교육목표의 유형이나 그 목표의 중요성 정도에 따라 결정되어야 한다. 여기에서는 학습경험을 선정하는 데 있어서 일반적으로 고려하여야 할 원리를 제시하면 다음과 같다(김병희 외, 2012).

첫째, 교육목표와 관련성의 원리이다. 교육목표를 달성하기 위한 교육내용은 설정된 교육목표에 부합하는 그 경험이어야 한다. 예를 들어, 교육목표가 읽기 능력의 향상에 있다면, 교육내용은 학습자들이 다양한 자료를 읽어볼 수 있는 경험들로 선정되어야 한다. 교육목표가 비판적 사고력을 기르는 데 있다면, 학생들이 여러 가지 사례를 통해 비판해 볼 수 있는 경험이 곧 교육내용이 되어야 한다.

둘째, 학습 가능성의 원리이다. 선정되는 교육내용은 학습자들이 학습 가능한 수준의 경험이어야 한다. 아무리 가치 있는 경험이라 하더라도 학습자의 발달 정도나 현재의 학업성취 정도와 어울리지 않는다면 교육적 경험으로써 쓸모가 없다. 예를 들어, 구구단도 외우지 못하는 학습자들에게 두 자릿수의 곱셈을 교육내용으로 선정하여 제시하는 것은 교육적으로 아무런 의미가 없다.

셋째, 동(同) 경험 다(多) 성과의 원리이다. 하나의 경험으로 여러 가지의 성과를 가져올 수 있는 경험을 선정해야 한다는 것이다. 우리 속담에 '도랑 치고 가재 잡고'라는 말이 있다. 도랑을 치는 하나의 경험으로 물이 잘 흘러가게도 하고 가재도 잡는다는 두 가지의 성과를 가져온다는 것이다. 이렇듯 하나의 경험으로 여러 가지의 결과를 가져오는 경험이 선정될 수 있어야 한다.

넷째, 동(同) 목표 다(多) 경험의 원리이다. 이 원리는 동일한 목표를 달성하는 데도 다양한 교육내용이 제공되어야 한다는 것이다. 예를 들어, 창의성을 기르려는 교육목표가 있다면, 학습자들에게 자기의 생각대로 그림그리기, 자기 나름의 방식으로 문제를 풀어보기, 유추해 보기, 거꾸로 생각하기 등과 같은 창의성을 기를 수 있는 다양한 경험이 제공될 수 있도록 교육내용을 선정해야 한다는 것이다.

다섯째, 만족의 원리이다. 만족의 원리란 교육내용을 선정할 때 학습자들이 교육목표가 지향하는 학습활동을 통해서 만족감을 느낄 수 있도록 한다는 것이다. 예를 들어, 역사적 사실에 대한 문제해결력을 기르려고 하는 교육목표에서, 학습자는 실제로 유적지를 답사해 볼 수 있는 기회를 가져야 할 뿐만 아니라 유적지의 답사가 학습자에게 만족을 줄 수 있어야 한다는 것이다. 만약 유적지 답사의 경험이 불만족스럽고 불유쾌하게 구성되어 있다면 기대했던 교육목표를 달성하기 어려울 것이다. 이런 경우에는 오히려 기대한 교육목표와 역행되는 결과가 나타날 가능성이 더 많다.

3) 교육내용의 조직

스코프(scope)가 다루려고 하는 학습경험의 범위라면, 시퀀스(sequence, 계열성)는 학습경험의 순서나 계열을 뜻한다. 즉, 학습경험의 조직이란 선정된 학습경험을 그 자체의 논리성이나 학습자의 심리적 특성에 맞도록 배열하는 것을 말한다.

타일러(Tyler)는 교육내용을 조직할 때 두 가지의 관계를 고려해야 한다고 보았다. 하나는 '수직적 관계'로 학년이 올라감에 따른 학습내용의 관계를 고려해야 한다는 것이다. 즉, 4학년에서 배우는 과학내용과 5학년에서 배우는 과학내용이 잘 연관되어 있으면 '과학'의 개념이나 원리 등의 학습이 깊이와 넓이를 더해 갈 수 있다는 것이다. 다른 하나는 '수평적 관계'로 동일한 학년 내에서 다른 과목과의 관계를 고려하여 조직해야 한다는 것이다. 예를 들어 5학년에서 '식물의 생장'에 관한 과학의 내용과 실과의 내용이 서로 관련되어 조직된다면, 학습자의 안목이 넓어져 더 나은 교육의 성과를 이룰 수 있을 것이다. 이렇듯 학습경험을 조직할 때는 학년 간의 관계뿐만 아니라 동일 학년 내에서 다른 과목과의 관계를 고려하는 것이 바람직할 것이다. 학습경험의 조직에 관한 주요 원리를 살펴보면 다음과 같다.

첫째, 계속성 또는 반복성(continuity)의 원리이다. 이 원리는 교육내용의 조직에서 '수직적 관계'를 고려하는 것이다. 즉, 학년이 올라감에 따라 동일한 내용이 '그대로 반복'되어야 한다는 것이다. 학교에서 배우는 많은 개념이나 원리들은 한두 번의 교육내용만으로는 의미 있는 성과를 거두기 어렵기 때문에 계속적으로 반복되어야 한다. 예를 들어, 에너지의 개념에 대한 학습에서 초등학교 6학년에서 에너지의 개념을 학습하고, 중학교 1학년에서도 그대로 반복하여 다루는 것을 말한다.

둘째, 계열성(sequence)의 원리이다. 이 원리도 교육내용의 조직에서 '수직적 관계'를 고려하는 것이다. 그런데 계속성이 동일한 개념이 단순 반복되어 조직되는 것이라면, 계열성은 동일한 경험이 심화되고 범위가 확대되어 조직되는 것을 말한다. 예를 들어, 에너지 개념에 대한 학습에서 초등학교 6학년에서는 '에너지의 개념 그 자체만'을 다루고, 중학교 1학년에서는 '1차 에너지, 2차 에너지'로 심화시켜 학습하도록 조직하는 것을 말한다.

계열성에 의한 조직의 다양한 예를 살펴보면 다음과 같다. 현상의 크기, 연령, 경험적인 복잡성에 비추어 조직하는 것으로 '양서류를 가르치고, 상어를 가르치고, 그 다음에 고양이'를 가르친다. '속도'의 의미를 가르치고 속도의 변화가 '가속도'임을 가르치는 것, 사회과의 단원을 '학교생활 → 지역생활 → 국가생활'로 친숙한 내용에서 낯선 내용으로 조직하는 것도 계열성을 반영한 조직의 형태이다.

셋째, 통합성(integration)의 원리이다. 이 원리는 교육내용의 조직에서 '수평적 관계'를 고려하는 것이다. 즉, 학습자로 하여금 사물을 종합적으로 이해할 수 있도록, 동일 학년 내에서 다른 과목과의 관계를 고려하여 내용을 조직하는 것이다. 예를 들어, 고등학교 2학년에서 국사에서 '고려사'를 학습할 때 국어에서는 '고려가요'를 학습할 수 있도록 조직하는 것도 통합성의 원리와 관련된다.

4) 교육내용의 평가

교육과정의 활동 가치를 평가하는 단계로 교육과정의 질 또는 효과의 평가를 말한다. 교육과정평가는 교육과정 자체가 의도한 바를 제대로 달성하고 있는가, 투입하여 적용하고 있는 교육과정이 제대로 시행되고 있는가를 파악하기 위한 목적으로 지속적으로 실시되어야 한다.

교육과정평가는 어떤 입장(주체)에서, 어떤 목적으로 활용하고자 하는가에 따라 각기 다른 관점과 대상(내용) 및 초점을 가지고 다양하게 접근할 수 있다는 특징을 지니고 있다. 따라서 다양한 평가모형이나 평가전략과 방법을 적용할 수 있다.

특히 교육과정을 개발한 입장, 교육과정을 운영하는 입장, 교육과정에 참여하는 학습자 입장, 교육과정 시행을 확인·점검하는 행정가 입장 등에서 평가결과를 어떤 목적으로 어떻게 활용하려고 하는가에 따라 평가의 초점이나 내용(준거)과 방법이 달라질 수 있다. 또한 교육과정에 대한 인식이나 정의방식에 따라 평가대상 및 준거나 평가방법이 달라질 수 있다는 점에도 유의할 필요가 있다. 일반적으로 국가, 지방 교육청, 단위학교에서는 학교교육의 방향(목표)과 내용 및 방법을 규정하고 있는 교육과정을 지속적으로 평가하는 체제를 갖출 필요가 있다.

5 우리나라의 교육과정 변천

1) 변천 과정

(1) 광복 이후부터 제1차 개정 이전(1945~1954년)

이 시기는 교육에 대한 긴급조치기(1945~1946)와 교수요목기(1946~1954)로 나누며, 교육과정 시간배당 기준령이 공포되기까지의 시기이다. 이 시기는 미군정 하에서 대한민국 교육이념과 목적 제정, 학교제도(6－3－3－4제) 결정, 교수요목 결정, 교과목 편제와 시간배당표 제정 등이 이루어졌으며, 교수요목 제정위원회가 구성되어 초·중·고교과과정의 내용을 선정, 조직하여 교과서를 편찬하기 시작한 시기이다(남궁용권 외, 2005).

(2) 제1차 교육과정기(1955~1963년)

제1차 교육과정은 1954년부터 1963년 2월 당시 문교부령에 의하여 제2차 교육과정이 개정되기까지의 시기이다. 이 시기에 새로이 개정된 교육과정은 전에 교수요목의 결정 수준에 그쳤던 것들을 구체화시킨 개정이다. 이 시기에는 교육과정을 '각 학교의 교과목 및 기타 교육활동의 편제'로 정의하였다. 법령상 명칭이 교과과정이었기 때문에 이 시기의 교육과정을 '교과과정 시기' 또는 '교과중심 교육과정 시기'라 부른다. 한편 교육과정 자체는 '교과중심'이었으나, 교육과정을 기준으로 한 교과서는 미국의 진보주의 영향을 받아 '생활중심(경험중심)'을 지향하였다(김병희 외, 2008).

우리 손으로 만든 역사상 최초의 성문화시킨 체계적인 교육과정이었다. 그 특징으로는 시간배당 기준령의 구체화, 현실생활을 개선 향상시키려는 사회개선 의지를 강조하였다. 국가기준의 교육과정임을 명확히 하였으며, 개성과 소질의 신장, 반공교육, 도덕교육, 실업교육을 강조했다. 지적(知的) 체제를 중시하고 도의(道意) 교육과정의 성격을 지녔다.

(3) 제2차 교육과정기(1963~1973년)

제2차 교육과정은 교육내용에서는 자주성, 생산성, 유용성을 강조하였고, 운영에 있어서는 지역성을 강조함으로써 생활중심 교육과정으로서의 성격을 뚜렷이 나타났다. 교육과정을 학교의 지도하에 학생들이 가지는 경험의 총체로 정의한 생활중심교육과정, 경험중심교육과정이었다. 교육과정의 내용, 조직, 운영 면에서 자주성, 생산성, 유용성, 합리성(학교급 간 연계성, 교과 간 통합성, 교육과정의 계열화를 통한 계열학습 강조), 지역성을 강조(학습경험의 결과는 지역사회의 개선과 발전에 기여하도록 함)하였다(김병희 외, 2012).

편제 및 운영 면에서는 교과활동, 특별활동, 반공·도덕활동의 3대 편제로, 나뉘어졌으며, 사회생활과가 사회과로 바뀌었다. 한글전용을 위한 시책으로 국어과에서 한자 교육을 하지 않도록 하였다. 반공·도덕활동은 주당 1시간에서 2시간으로 늘리고, 중학교 2학년 사회과(역사분야)에서는 국사를 세계사와 분리하였으며, 실업·가정과에서는 기술을 신설(남녀공통)하였다. 1972년에는 한문교과가 다시 부활되었다. 고등학교는 교련교과를 신설하였다.

(4) 제3차 교육과정기(1973~1981년)

우리나라 교육과정 제정상 처음으로 교육과정심의회에서 시안을 확정하고 2년간의 실험 평가를 거쳐 최종 확정되었다. 학문중심 교육과정 이론에 바탕을 두었으며, 자아실현과 국가 발전 및 민주적 가치 함양에 교육목표를 둔 교육과정이다.

제3차 교육과정의 도입배경은 이념면에서는 1968년에 선포된 '국민교육헌장'의 이념 및 1972년에 선언된 '유신 이념'을 구현하기 위함이고, 교육 방법 및 원리 면에서는 1960년대부터 미국에서 새롭게 대두된 학문중심 교육과정의 도입을 배경으로 하였다. 제3차 교육과정은 학문중심 교육과정을 강조하여, 지식의 근간을 이루는 지식의 구조를 학생들에게 가르치되, 학생 스스로가 발견·탐구할 수 있도록 해야 한다는 이론에 바탕을 두었다. 따라서 학문중심 교육과정의 특징이 가장 잘 나타나 있는 수학 및 과학 교과가 중시되었다. 그리고 제2차 교육과정 때 편제된 '반공·도덕' 활동이 없어지고 도덕과

가 하나의 교과로 독립함으로써, 교육과정의 구조가 교과활동과 특별활동의 이원적 구조를 가지게 되었다. 중학교 교육과정에서는 국사가 하나의 교과로 독립되어 신설되었다.

(5) 제4차 교육과정기(1981~1987년, 고시 1981, 적용 1982)

제4차 교육과정은 1981년 문교부가 직접 개발하지 않고, 한국교육개발원에 위탁 개발한 연구개발형의 성격을 지닌 교과중심, 경험중심, 학문중심, 미래지향적 교육과정, 인간중심 교육과정이 반영된 종합적이고 복합적인 성격을 띤 교육과정이다.

교육의 목적을 민주사회, 고도산업사회, 건전한 사회, 문화사회, 통일조국 건설에 필요한 건강한 사람, 심미적인 사람, 능력 있는 사람, 도덕적인 사람, 자주적인 사람을 길러 내고자 하였다.

(6) 제5차 교육과정기(1987~1992년, 고시 1987, 적용 1989)

제5차 교육과정은 교육과정 및 교과용 도서 중 개선이 필요한 부분만 개정을 기본 원칙으로, 교육과정의 목적을 건강한 사람, 자주적인 사람, 창조적인 사람, 도덕적인 사람을 기르는 데 두었다. 교육과정의 지역화를 강조하고 효율성을 중시하였다.

교육과정 개정의 중점으로는 기초 교육(국어, 수학, 과학 교과)을 강화하였다. 그리고 정보화 사회에 대응하는 교육을 강조하여, 각 교과활동과 특별활동에서 교육내용을 정보화 사회의 특성과 요구에 맞게 조정하였고, 컴퓨터 교육, 경제교육 등에 관한 내용을 신설 또는 강화하였다. 남자만 이수하던 과목(기술), 여자만 이수하던 과목(가정)으로 분리하는 것은 남녀평등에 어긋나므로, '기술·가정'으로 통합하여 남여 공통으로 이수하도록 하였다.

(7) 제6차 교육과정기(1992~1997년, 고시 1992, 적용 1995)

제6차 교육과정 개정에서 가장 큰 변화는 지금까지의 중앙집중형 교육과정을 유지하여 교육인적자원부가 전담하던 교육과정 편성·운영권을 지방화

시대에 걸맞게 상당히 분권화되었다. 그 결과 '시·도 교육청 교육과정 편성·운영지침' 작성권이 시·도 교육청에 부여되었고, 시·도 교육청은 교과용 도서 이외의 각종 교육자료를 개발하여 각급 학교에 보급하게 되었다.

제6차 교육과정의 개정중점은 지금까지의 교육과정 결정 권한의 중앙집중성, 교육과정 구조의 획일성, 교육과정 내용의 부적합성, 교육과정목표 달성의 비효율성 측면을 해결하여 교육과정 결정의 분권화, 교육과정 구조의 다양화, 교육과정 내용의 적정화를 이루고자 하였다. 따라서 이러한 여러 시대적·학문적·개인적 요구의 변화에 따라 반영하였다.

교육과정의 목적을 건강(심신이 모두 건강한 사람), 자주적인 사람(개성 있고 자율적인 사람), 창의적인 사람(창의성을 가지고 실천하는 사람), 도덕적인(옳고 그름을 판단하고 선한 일을 실천하는 사람)을 기르는 데 두었다. 아울러 국가, 지역, 학교 수준의 교육과정의 명백한 구분 및 운영체제를 강조하였다.

(8) 제7차 교육과정기(1998~2008, 고시 1997, 적용 2000)

제7차 교육과정은 전인적 성장의 기반 위에 개성을 추구하는 사람, 21세기의 세계화·정보화 시대를 주도할 자율적이고 창의적인 한국인 육성, 민주시민 의식을 기초로 공동체의 발전에 공헌하는 사람을 기르는 것을 목적으로 개정에 중점을 두었다.

자기주도적인 학습력의 신장과 기초 기본학습 능력을 배양하고 교육내용의 양과 수준의 적정화하였다. 또 재량활동 신설 및 확대, 지역학교의 자율권 확대, 국민공통기본 교육과정과 고등학교 선택중심 교육과정 및 수준별 교육과정을 적용하였다.

(9) 2007 개정교육과정(2009~2010년)

2007 개정교육과정은 사회적 변화의 흐름을 주도할 수 있는 기본 능력을 길러 줄 수 있도록 교육과정을 변화의 요인이 발생할 때마다 수시로 개정할 수 있는 체제를 도입하였다는 점이 가장 큰 특징이다. 또 교과의 효율적인 운영을 위해 중학교 및 고등학교의 경우, 학기 또는 학년 단위로 집중이수가

가능하도록 교과 집중이수제를 도입하였으며, 국어, 도덕, 역사 교과서가 국정 교과서 체제에서 검인정 교과서 체제로 변화했다는 점을 특징으로 들 수 있다. 아울러, 단위 학교별 특성에 따라 교육과정의 편성과 운영에 있어서 현장의 자율성을 확대하였다.

(10) 2009 개정교육과정(2011~현재)

2009 개정교육과정의 기본 방향은 교과(군)별 20% 범위 내 수업시수 자율 증감을 허용하는 교육과정 자율화를 통한 학교의 다양화를 유도하고, 중·고등학교에서 주당 11~13과목 학습하던 것을 8과목 이내로 집중이수하도록 함으로써 학습부담 경감 및 학습의 집중력과 효율성을 제고하였으나, 집중이수제에 대한 폐단이 너무 많아 학기당 이수과목에서 예체능 과목을 제외시켰다. 창의적 체험활동 도입을 통해 배려와 나눔을 실천하는 창의인재육성을 할 수 있도록 하였다.

(11) 2015 개정교육과정(2017~)

2015 개정 교육과정의 주요 내용은 단위 학교 교육과정 편성·운영의 자율성을 확대하고 인문학적, 과학기술 소양교육을 통해 인문·사회·과학기술에 관한 기초 소양을 함양한다. 중학교 자유학기제 정착을 위한 교육과정 편성·운영 지침을 마련하고, 고등학생의 진로와 적성을 고려한 다양한 선택 과목을 개설하여 학생의 꿈과 끼를 키우는 교육과정을 실현하고자 한다. 아울러, 학습경험의 질 개선을 위한 교과 교육과정의 학습량을 적정화하고 미래사회가 요구하는 역량을 함양하고자 한다. 핵심역량은 자기관리, 의사소통, 심미적 감성, 창의적 사고, 지식정보처리, 공동체 역량이 여기에 해당한다.

초등학교는 안전한 생활이 교과로 신설되었고, 중학교에서는 정보 교과를 선택에서 필수로 지정하였다. 고등학교는 공통과목(통합사회, 통합과학)의 도입, 선택과목(일반 선택, 진로 선택)의 다양화, 국어, 수학, 영어 교과의 비중을 적정화 하였다. 또한 특성화 고교 교육과정을 국가직무능력표준(NCS)과 연계하였다.

2) 우리나라의 초 · 중등 교육과정 변천과정별 특징

이상과 같이 우리나라의 초·중등 교육과정 변천과정별 특징을 개괄적으로 살펴보았다. 주요 내용은 **표 5-7**과 같다.

표 5-7 우리나라의 초·중등 교육과정 변천과정별 특징

구분	중심 교육과정	특징
교수요목시기 (1946~1954)	미 군정하의 교육	• 교육과정의 기초시기 • 각 교과·교수내용의 주제 또는 제목의 열거
제1차 교육과정 (1954~1963)	교과중심 교육과정	• 각 학교의 교과목, 기타 교육활동의 편제 • 지적 체제를 중시, 생활중심 교육과정 개념의 도입 • 도의 교육과정, 교과활동+특별활동
제2차 교육과정 (1963~1973)	경험중심 교과과정	• 학교의 지도하에 학생들이 가지는 경험의 총체 • 학습활동의 경험성, 자주성, 생산성, 유용성 강조 • 교과활동 + 반공·도덕생활 + 특별활동 • 한문(1972)과 교련 신설(1969)
제3차 교육과정 (1973~1981)	학문중심 교육과정	• 지식의 구조, 기본개념과 원리 중시 • 국민교육헌장 이념 구현 • 교과활동 + 특별활동 • 도덕, 국사, 일본어 신설(1973)
제4차 교육과정 (1981~1987)	인간중심 교육과정	• 교과·경험·학문을 인간중심으로 조화 • 국민정신교육, 전인교육, 과학기술교육 강조 • 학습량·수준 축소 조정 • 교과활동 + 특별활동 • 교과의 통합 운영: 초등학교 1·2학년
제5차 교육과정 (1987~1992)	통합 교육과정	• 교과·경험·학문을 인간중심으로 조화 • 초등학교 1·2학년의 통합교육과정의 탄생 • 기초교육, 미래사회의 대비교육 • 과학고, 예술고 제정 • 컴퓨터 교육(초등학교 4학년 실과교육), 경제교육 등 다양한 교육자료 개발 및 보급 • 교과활동 + 특별활동
제6차 교육과정 (1992~1997)	통합 교육과정	• 21세기 대비교육 • 초등학교: 영어 신설 • 중학교: 컴퓨터, 환경 신설, 도덕성·창의성 강조 • 고등학교: 러시아어, 진로·직업 신설, 역할체제 분담, 필수과목 축소, 선택과목 확대, 외국어 전문교과 신설 • 교육과정 편성 운영 체제 개선

(계속)

제7차 교육과정 (1998~2008)	학습자중심 교육과정 수준별 교육과정	• 21세기의 세계화·정보화 시대를 주도할 자율적이고 창의적인 한국인 육성 • 국민공통기본 교육과정 • 수준별 이동수업 시행 • 고등학교 선택중심 교육과정 • 재량활동 신설 및 확대 • 지역학교의 자율권 확대
2007 개정 교육과정 (2009~2013)		• 수시개정 체제 도입 • 역사, 과학 교육 강화 • 다양한 선택교과 신설
2009 개정 교육과정 (2011~2016)		• 집중이수제 도입 • 공통 교육기간과 선택교육기간의 재설정 • 창의적 체험활동 도입 • 학교 교육과정 편성의 자율권 확대
2015 개정 교육과정 - 초등학교 1, 2학년 : 2017부터 - 초등학교 3, 4학년, 중 · 고등학교 1학년: 2018 부터 - 초등학교 5, 6학년, 중 · 고등학교 2학년: 2019 부터 - 중 · 고등학교 3학년 : 2020 부터		• 인문 · 사회 · 과학기술에 관한 기초 소양 함양을 위한 교육과정 : 인문학적, 과학기술 소양 교육 • 학생의 꿈과 끼를 키우는 교육과정 : 단위 학교 교육과정 편성 · 운영의 자율성 확대 : 중학교 자유학기제 정착을 위한 교육과정 편성 · 운영 지침 마련 : 고등학생의 진로와 적성을 고려한 다양한 선택 과목 개설 • 학습경험의 질 개선을 위한 교과 교육과정의 학습량 적정화 • 단위 학교 교육과정 편성·운영의 자율성 확대 • 미래 사회가 요구하는 역량 함양이 가능한 교육과정 : 핵심역량(자기관리, 의사소통, 심미적 감성, 창의적 사고, 지식정보처리), 공동체 역량 • 초등학교: 안전한 생활 • 중학교: 정보를 필수로 지정 • 고등학교: 공통과목(통합사회, 통합과학)의 도입, 선택과목(일반 선택, 진로 선택)의 다양화, 국어, 수학, 영어 비중 적정화, 특성화 고교 교육과정의 국가직무능력표준(NCS)과의 연계

출처: 2015 개정 교육과정 교과별 신도교원 연수 자료집(교육부), 조하섭(2004).

제 2 절 교육평가의 이해

교육에 관련된 모든 대상과 사건에 대한 판단이 행해지고 그에 따른 의사결정이 수반됨에 따라 최근에 교육평가의 대상을 학생에 국한시켰던 관점에서 벗어나 학생에게 영향을 미치는 교사, 교육과정, 학교환경, 교육제도 등에 이르기까지 대상이 점차 확대되고 있다.

교육과 관련해 볼 때도 우리는 평가와 관련한 행위나 현상을 자주 접하고 있다. 가장 먼저 떠오르는 것으로는 학교에서의 시험, 대학입학시험과 같은 진학시험, 승진이나 취업 등을 위한 각종 시험이 있을 것이며, 교사평가, 학교평가, 시·도교육청평가, 대학평가, 기관평가 등도 친숙할 것이다.

교육평가란 교육목표의 달성 정도나 교육과정의 효율성을 판단하기 위하여 학습자의 행동변화 및 학습과정에 관한 제반 정보를 수집하고 이용함으로써 교육적 의사결정을 하는 데 도움을 주거나 더 나아가 의사결정을 하는 과정을 의미한다. 이와 같은 의사결정의 제 과정은 교육적인 가치를 판단하는 일이다.

여기에서는 교육평가의 개념, 목적과 기능, 유형, 문항유형, 평가도구의 양호도에 대해 살펴보기로 한다.

1 교육평가의 개념

1) 일반적 의미

교육평가(educational evaluation)는 교육목적의 달성 정도를 판단하고, 일정한 기준을 가지고 교육활동의 효율성을 가늠하여 나타난 결과에 대한 가치를 판단하는 체계적인 과정을 의미한다. 교육평가에 대한 일반인의 인식은 단지 교육현장에서 실시되는 각종 고사 혹은 입학시험에서 학습자 선발이나 분류를 위한 활동으로 국한해서 생각하는 경향이 있다. 그러나 이것은 극히 일부분일 따름이다. 이러한 의미에서 교육평가를 학자들은 다음과 같이 정의하고 있다.

첫째, 타일러(Tyler, 1951)는 교육평가를 '교육과정과 수업활동을 통해 교육목표가 실제로 어느 정도 실현되었는지를 밝히는 과정'으로 정의한다.

둘째, 크론바흐(Cronbach, 1984)와 스터폴빔(Stufflebeam, 1971)은 교육평가를 '교육과 관련된 의사결정을 내리는 데 필요한 정보를 수집하는 활동 또는 그 과정'으로 정의를 내린다.

셋째, 교육평가를 '교육과 관련된 어떤 대상의 장점, 질 가치 등을 판단하는 과정과 그 산물'로 정의하며, 그 대표적인 학자로는 스크리븐(Scriven)과 스테이크(Stake)를 들 수 있다.

앞의 정의를 종합해 볼 때, 학교교육에서 교육평가는 교육목표의 달성 정도나 교육과정의 효율성을 판단하기 위하여 학습자의 행동변화 및 학습과정에 관한 제반 정보를 수집하고 이용함으로써 교육적 의사결정을 하는 데 도움을 주거나 더 나아가 의사결정을 하는 과정을 의미한다.

의사결정의 제 과정은 교육적인 가치를 판단하는 일이다.

2) 교육평가의 관점

교육평가라는 용어가 교육활동과 관련되어 어떻게 사용되는지를 살펴보면 측정, 평가, 총평이라는 용어들과 혼용되거나 심지어 같은 의미로 사용되고 있다. 여기서 이들 개념 간에 분명하게 구별되는 차이점과 특성을 살펴보면 다음과 같다.

(1) 발달적 교육관

모든 학습자에게 적절한 교수－학습의 방법만 제시된다면, 누구든지 주어진 교육 목표에 도달할 수 있다고 보는 교육관이다. 교육을 통한 인간의 행동변화의 가능성에 긍정적 견해를 보이고 있는 교육관으로, 학생은 현실성보다 가능성이 크고 주어진 조건보다 계발될 수 있는 잠재 가능성이 무한하다고 본다.

모든 학생이 의도한 바의 수업목표를 달성할 수 있도록 모든 학습자에게 적절한 학습방법을 제시하기 위한 평가로 주어진 수업목표 달성도 평가에 중점을 두며, 교육평가는 계속적이고 종합적이어야 함을 강조한다. 학업실패의 책임은 교사에게 있으며, 모든 학습자는 교육 받을 능력이 있는데, 그러한 능력이 발휘되지 못한 것은 적절한 교수방법을 사용하지 못한 교사의 책무라는 것이다. 평가관의 입장이며, 학업성취도는 절대평가에 의한 부적 편포를 이룬다.

(2) 선발적 교육관

일정한 교육수준이나 교육목표에 달성 가능성이 있는 소수의 우수자를 사전에 선발하기 위한 평가에 초점을 맞춘 교육관이다. 일정한 학습 후에 개인차 변별에 관심을 갖는데, 이는 각 학습자가 갖고 있는 특성을 명확히 파악하는 것이 선발적 교육관 실현의 전제가 되기 때문이다. 이 교육관에서는 학업성취 실패의 책임은 학생에게 있다고 보며, 측정관의 입장을 취한다. 학업성취도는 상대평가에 의한 정상분포를 이룬다.

2 교육평가의 목적

교육평가를 어떻게 정의하느냐에 따라 평가의 목적이 달라지고 평가의 목적이 다르면 평가의 기능이 달라진다. 왜냐하면 목적이 있는 곳에는 그것을 달성하기 위한 행위가 수반되고 그 행위를 흔히 기능이라고 하기 때문이다.

파킨슨(Parkinson)은 교육평가는 교수-학습 과정에서 학생을 도울 수 있어야 하고, 학생의 장점과 단점을 확인하는 데 도움이 되어야 하며, 교사가 자신의 교수-학습을 평가하는 데 도움이 되어야 한다. 아울러 학생, 학부모 그리고 관련 당사자에게 학생을 발전 및 성취에 관한 정보를 제공해야 한다고 하였다.

이처럼 교육평가는 학생들에게는 교육목표의 달성도를 파악하고, 이를 바탕으로 교사는 교육활동에 대한 자기반성적 자료를 획득해야 한다. 결국, 교육평가의 궁극적 목적은 교육과정과 교육계획을 개선하기 위해서이다.

3 교육평가의 기능

교육평가는 대체로 다음과 같은 기능을 한다.

첫째, 교육평가는 학생을 이해하고 진단하여 치료하는 기능을 한다.

둘째, 교육평가의 결과는 생활지도 및 상담의 자료로 활용된다.

셋째, 교육평가는 교육정치의 기능을 한다. 교육정치(教育定置)란 학생들을 그들의 능력이나 조건에 맞게 위치를 주는 것이다.

넷째, 교육평가는 선발의 기능을 한다.

다섯째, 교육평가는 학교교육의 수준을 유지한다.

여섯째, 교육평가는 교육계획의 개선기능을 한다.

일곱째, 교육평가는 개개 학생의 학업성취도를 평가하는 일을 한다.

여덟째, 교육평가는 개개 학습자 또는 학급 전체가 직면하고 있는 학습곤란을 진단하는 기능을 한다.

아홉째, 교육평가는 교육과정, 수업자료, 수업절차, 학교조직 등 교육적 효과성을 평가하는 일을 한다.

열째, 교육평가는 교육의 제 문제를 이해하고 건전한 교육정책 및 일반정책을 수립하는 데 도움을 줄 수 있도록 전 학생집단의 교육 진보를 사정하는 기능을 한다.

4 교육평가의 유형

교육평가의 유형은 검사 점수에 가치를 부여하기 위해 어떤 평가기준을 사용하느냐에 따라 준거지향평가와 규준지향평가로, 교수-학습 과정의 단계 중 어느 시점에 어떤 목적으로 시행하느냐에 따라 진단평가, 형성평가, 총합평가로 구분된다. 또한 평가대상에 따라 능력참조평가와 성장참조평가로 구분하고 있다.

1) 평가시기에 따른 유형

(1) 진단평가

학교현장에서는 종종 과거 학습의 정도, 준비도, 흥미, 동기 상태 등 학습자의 특성이 교수의 효율화와 학습의 능률을 향상시키는 데 중요한 역할을 하므로 학습자의 특성을 수업 전에 진단하는 일은 중요하다.

진단평가(diagnostic evaluation)는 교수-학습이 시작되기 전에 학습자의 특성을 체계적으로 측정하는 행위로, 학습자들의 능력과 특성을 사전에 파악하여 교육목표 및 계획을 수립하는 데 목적을 둔다. 다시 말해 교수활동이 시작되는 초시단계에서 수업전략을 위한 기초 자료를 얻고, 어떤 교수-학습 방법이 적절한지를 결정하기 위하여 학습자의 기초 능력을 진단하는 평가라 할 수 있다.

진단평가의 예로는 수업시간 전에 실시하는 쪽지검사나 퀴즈, 수업을 실시하기 전에 복습 여부를 묻는 질문 등을 들 수 있다. 특히 진단평가에서는 준비도 검사, 적성검사, 자기보고서, 관찰법 등의 다양한 평가도구를 사용할 수 있다(김대현 외, 2008).

(2) 형성평가

형성평가(formative evaluation)는 수업이 진행되는 상태에서 교육행위가 계획한 내로 진행되고 있는지를 확인하는 행위다. 즉, 교수-학습 과정 중에 가르치고 배우는 내용을 학습자들이 얼마나 잘 이해하고 있는지를 수시로 점검하고, 학습자들의 수업능력, 태도, 학습방법 등을 확인함으로써 교육과정을 개선하고 교재의 적절성을 확인할 수 있다. 따라서 형성평가는 학습 및 교수가 진행되고 있는 도중에 학습의 진전 상황에 관한 정보를 수집·분석하여 그 수업 및 학습을 개선하기 위해 실시하는 활동이다. 이렇게 형성평가는 수업 중이나 단원을 학습하는 중에 수시로 실시할 수 있다.

스크리븐(Scriven, 1967)은 형성평가의 주된 기능을 첫째, 학습자들의 학습 진행속도를 조절하고 둘째, 학습자의 학습에 대한 강화의 역할을 하며 셋째, 학습 곤란을 진단, 교정하고 넷째, 학습지도 방법의 개선에 이바지할 수 있다고 제시하였다(김대현 외, 2010).

(3) 총합평가

총합평가(summative evaluation)란 교수－학습이 끝난 다음 교수목표의 달성, 성취 여부를 종합적으로 판정하는 평가 형태로 총괄평가라고도 한다. 즉, 총합평가는 한 과목과 학기, 그리고 교육 프로그램이 끝나는 시점에서 실시하는 평가로 성취 혹은 숙달 정도와 교육목표 달성 여부를 결정하는 활동으로 정의할 수 있다. 따라서 총합평가는 학습자가 도달하도록 설정된 교육목표를 어느 정도 성취하였는지에 주된 관심이 있다(김대현 외, 2008).

2) 평가기준에 따른 유형

(1) 준거지향평가

준거지향평가(criterion-referenced evaluation) 혹은 절대비교평가는 학습자의 현재 성취 수준이나 행동목표의 도달 정도를 알아보기 위한 평가방법이다. 즉, 다른 학습자와 상대적인 비교를 하는 것이 아니라 교육목표에 비추어 평가하는 것이다. 이런 면에서 준거지향평가를 목표지향평가 또는 절대평가라고도 한다. 다시 말해 준거지향평가란 학습자가 무엇을 얼마만큼 알고 있는지, 학습자가 정해진 준거나 목표에 도달하였는지를 판단하는 평가이다.

준거지향평가는 발달적 교육관에 바탕을 두고 있다. 이는 학습자의 선발이나 개인차에 관심을 가지는 것이 아니라 가능한 한 모든 학습자가 의도하는 대로 수업목표를 달성할 수 있도록 적절한 학습방법을 제공하고 배치를 위해 평가하는 것이다. 그리고 학습 후 학습결과에 대한 평가에서도 학습자 간의 개인차보다는 수업목표를 어느 정도 달성하였는지에 관심이 집중된다.

이러한 준거지향평가의 특징은 다음과 같다(김대현 외, 2008).

첫째, 검사의 타당도를 강조한다. 왜냐하면 원래 측정하려고 계획하였던 수업목표를 얼마나 충실하게 측정하고 있느냐에 중점을 두기 때문이다.

둘째, 검사 점수의 부적 편포를 기대한다. 즉, 모든 학습자가 설정된 교육목표를 달성해 주기를 바라므로 검사 점수의 분포가 오른쪽으로 치우친, 정상 분포에서 벗어난 부적 편포를 기대한다.

셋째, 학습자 개개인에 적합한 교수-학습의 기회를 제공하면 주어진 학습 목표에 도달할 수 있다는 발달적 교육관을 바탕으로 한다.

아울러 준거지향평가의 장점으로는 교수-학습 이론에 적합하고, 교육목표, 교육과정, 교수방법 등의 개선에 용이하다. 또 상대평가에 치중하지 않으므로 이해, 비교, 분석, 종합 등의 고등 정신능력을 배양할 수 있으나, 평가기준이 되는 수업목표의 성취기준을 설정하는 일이 어렵다. 준거지향평가에서는 검사 점수의 정상 분포를 부정하기 때문에 점수를 통계적으로 활용하기 어렵다. 또, 개인차의 변별이 쉽지 않다. 즉, 준거지향평가는 학습자 개인 간의 비교 및 우열을 판정하기 어렵다. 그리고 준거의 설정 기준이 문제가 될 수 있다. 다시 말해 교육에서의 절대기준은 교수목표이지만 이러한 교수목표를 누가 정하느냐 혹은 어떻게 정하느냐는 고도의 전문성이 요구되는 문제다.

(2) 규준지향평가

규준지향평가(norm-referenced evaluation) 혹은 상대비교평가에서는 한 학생이 받은 점수가 다른 학생들이 받은 점수에 의해 상대적으로 결정되는 평가 방식이다. 즉, 학습자의 평가결과를 그가 속한 집단에 비추어 상대적인 위치를 밝혀 보는 평가방법이다. 어떤 학습자의 성취 수준을 규준을 이용하여 그가

속한 집단(학급, 학교 등)에서의 상대적인 위치에 비추어 해석한다.

이러한 평가관은 선발교육관에 바탕을 두고 있으며 소수의 우수자, 즉 목표나 수준에 도달한 학생을 가려내거나 학습 후에 학생집단 내에서의 학업 성취 수준의 차이를 밝히려는 입장을 취한다. 따라서 학습자가 무엇을 얼마만큼 알고 있느냐에 대한 관심보다는 개인의 성취 수준을 비교 집단의 규준에 비추어 상대적 서열을 판단하는 것에 관심을 둔다. 여기서 규준(norm)이란 원점수의 상대적 위치를 설명하기 위하여 쓰이는 척도로 모집단을 대표하기 위하여 추출된 표본에서 산출한 평균과 표준편차로 만들어진다.

이러한 규준지향평가의 특징은 다음과 같다(김대현 외, 2008).

첫째, 검사의 신뢰도를 강조한다. 즉, 규준지향평가에서는 학습자들의 개인차를 얼마나 오차 없이 정확하게 측정하였는가에 중점을 둔다.

둘째, 검사 점수의 정상 분포를 기대한다. 높은 점수나 낮은 점수 쪽에 편포되기보다는 좌우 대칭적이고 중앙이 높은 정상분포곡선이 나타나기를 기대한다.

셋째, 학습자의 개인차를 극대화하는 선발적 기능을 강조한다.

규준지향평가의 장점으로는 개인차의 변별이 가능하며, 객관적인 검사의 제작기술을 통해 성적을 표시하기 때문에 교사의 편견을 배제할 수 있다. 또한 학습자들이 경쟁을 통하여 동기를 유발하는 데 유리하다. 특히 등급이나 당락을 결정할 경우의 평가는 보다 강력한 동기유발을 촉진할 수 있다. 그러나 학습자 간에 학력의 상대적 위치 또는 순위를 결정하기 때문에 과다한 경쟁심리가 조장되고 이로 인해 인성교육을 방해할 우려가 있다. 또한 무엇을 얼마만큼 알고 있는지에 관심을 두지 않기 때문에 교육목표, 교육과정, 교수방법, 학습효과 등을 경시하는 경향이 있다. 그리고 학습자의 학업성취도에 대한 결과해석이 참다운 의미를 지니지 못한다.

표 5-8 준거지향평가와 규준지향평가의 비교

평가유형 \ 특성	준거지향평가	규준지향평가
교육적 신념	기대했던 목표에 누구나 다 도달할 수 있다.	성공하는 학생과 실패하는 학생은 존재한다.
인간관	발달적 교육관	선발적 교육관
이론적 근거	부적으로 치우친 편포곡선을 가정	정상분포곡선을 가정
개인차	개인차란 교육의 누적적 실패에서 오는 결과이다.	개인차란 필요 불가결한 현상이다.
성적의 결정과정	주어진 교육목표 달성도에 의하여 그 학생의 성적을 결정한다.	평가기준을 한 집단 내부에서 결정한다.
평가준거	개인의 학습목표 달성도	집단의 학업성취 평균값에 의한 상대적 서열
평가도구의 의미	타당도	신뢰도

3) 평가대상에 따른 유형

(1) 능력참조평가

능력참조평가(ability-referenced evaluation)란 학생이 지니고 있는 능력에 비추어 얼마나 최선을 다하였느냐에 초점을 두는 방법이다. 개인을 위주로 하는 평가방법으로 각 학생의 능력과 노력에 의하여 평가된다. 예를 들어, 우수한 능력을 지녔음에도 불구하고 최선을 다하지 않은 학생과 능력이 낮더라도 최선을 다한 학생이 있을 때 후자의 성취 수준이 낮더라도 더 좋은 평가결과를 얻을 수 있다. 이와 같이 능력 참조 평가는 각 학생의 능력과 노력에 의하여 평가되는 특징을 지닌다(성태제, 2000).

(2) 성장참조평가

성장참조평가(growth-referenced evaluation)는 교육과정을 통하여 얼마나 성장하였느냐에 관심을 두는 평가방법으로 학생들에게 학업증진의 기회를 부여하고 개인차를 강조한다. 최종 성취 수준에 대한 관심보다 초기 능력 수준에 비추어 얼마만큼 능력의 향상을 보였느냐를 강조하는 평가이다. 즉, 이는 사전 능력 수준과 관찰된 시점의 측정된 능력 수준 간의 차이에 관심을 둔다.

그러므로 성장 참조 평가는 학생들에게 학업 증진의 기회를 부여한다(성태제, 2000).

5 교육평가의 문항유형

평가 장면에서 사용되는 문항의 성격이나 특징이 어떤 유형이냐에 따라서 그 결과가 달라진다. 최근 학교교육 현장에서는 정기고사 시 학생들에게 창의적 사고력을 증진시킨다는 목적으로 서술형 문항을 각 교과나 과목별로 20% 이상 의무적으로 출제하게 하고 있다. 그러나 서술형(논문형)이라기보다는 단순 암기에 치우치는 단답형에 가깝다. 평가내용의 타당도와 평가결과의 신뢰도를 높이기 위해 가장 바람직한 평가문항유형은 무엇인지 선택형과 서답형으로 크게 나누어 살펴보고자 한다. 그리고 학교교육현장에서 실시했던 평가문항은 [참고자료] 1. 순천○○중학교 도덕과 출제원안의 실제와 같다.

1) 선택형

선택형 문항은 지시문에 여러 개의 선택지를 제시해 놓고 그중에서 적합한 답지를 선택하도록 하는 문항 형식으로 진위형, 배합형, 선다형이 선택형 문항에 해당한다.

장점은 채점결과에 대한 신뢰성과 객관성이 높고 내용표집의 대표성이 높은 반면, 양질의 문항을 만드는 데 시간과 노력이 많이 들고, 문항세작에 특별히 유의하지 않으면 별로 중요하지 않은 단편적인 사실에 대한 기계적인 기억을 측정하는 문항이 출제될 가능성이 높다.

(1) 진위형

진위형은 응답자에게 진술문을 제시한 다음 그것의 진위, 정오 또는 긍정－부정에 대한 이분적인 판단을 요구하는 문항 형식이다.

장점은 진위형 문항은 단위 검사시간에 많은 양의 문항을 출제할 수 있고, 이것은 곧 많은 교수목표를 포함시킬 수 있다.

반면에 학생반응에서의 추측, 우연의 오차를 통제하기 힘들고, 많은 진위형 문항이 단편적인 정보를 재고 있기 때문에 학생들로 하여금 극히 피상적인 학습을 할 가능성이 크다는 단점을 지니고 있다.

(2) 배합형

배합형은 일련의 전제와 일련의 답지 2개 군으로 구성되는 것이 보통이고, 지시문에 따라 상호관계가 있는 것끼리 연결하는 방법이다.

장점은 문항제작이 비교적 간단하고 채점이 신뢰할 수 있고 객관적이나, 동질적인 전제와 동질적인 답지를 만들기가 쉽지 않기 때문에 무리한 억지 답지가 생길 가능성이 있고, 배합이 진행되어 가면서 차츰 배합의 항목이 적어지고 정답의 단서를 주게 될 가능성이 높다는 단점이 있다.

(3) 선다형

선다형 문항은 진술문과 몇 개의 답지 또는 선택지를 같이 제시하여 놓고 응답자로 하여금 정답을 고르도록 하는 형식이다.

장점은 교재 전반에 걸쳐 비교적 많은 수의 문항을 골고루 출제할 수 있기 때문에 문항 표집의 대표성이 높으나, 좋은 문항을 제작하는 데 시간과 노력이 많이 소요되고, 추측 요인에 의해 정답을 맞힐 가능성이 있다는 단점이 있다.

2) 서답형

서답형 문항은 문항만 제시하여 응답자로 하여금 답을 생각해서 쓰도록 하는 형식의 문항이다.

장점은 학생의 다양하고 자유로운 반응을 이끌어 낼 수 있고 문항 제작이 쉬우며, 고등정신능력을 측정하거나 표현력을 학습시키는 데 효과적이나 많은 문항을 출제하는 것이 어렵고, 채점하는 데 시간과 노력이 많이 들며 채점의 객관성과 신뢰성 확보가 쉽지 않다는 단점이 있다.

(1) 단답형

단답형은 학습자가 갖고 있는 단순 지식이나 정보를 측정하는 데 적합한 문장형태이다.

장점은 문항 제작이 용이하고 정의, 개념, 사실 등에 대한 질문을 통해 넓은 범위의 교과 내용을 평가할 수 있으나, 짧은 답을 요구하는 문항유형의 특성상 고차적 학습능력을 평가하기보다는 단순 지식, 개념, 사실들을 측정할 가능성이 높다는 단점이 있다.

(2) 완성형

완성형은 진술문의 일부분을 비워 놓고 거기에 적합한 단어, 구, 기호 등을 써넣게 하는 방법이다.

장점은 단답형에 비해 채점의 객관성이 높고 출제하기가 용이하나 적용력, 분석력, 종합력과 같은 고등정신능력을 요구하는 학습 성과를 평가하기가 곤란하다는 단점이 있다.

(3) 논문형

논문형은 한 개 또는 여러 개의 문항으로 구성된 문제 상황을 제시해 놓고 응답자에게 몇 개의 문장 또는 여러 페이지에 걸쳐 논술식으로 답을 작성하게 하는 문항형식이다.

장점은 반응의 자유도가 크고, 고등정신능력을 평가할 수 있으며, 문항제작이 쉬우나, 채점의 객관성과 신뢰성을 유지하기 어렵고, 문항의 표본수가 제한되어 학습한 내용을 골고루 평가하지 못하고 어느 일부분에만 치우친 평가가 되기 쉬우며, 채점하는 데 많은 시간과 노력이 든다는 단점이 있다.

6 평가도구의 양호도

1) 타당도

타당도(validity)란 평가도구가 측정하고자 하는 구체적인 목표나 내용을 제대로 측정하고 있는가의 정도를 말하는 것으로 타당도는 어디에 초점을 맞추는가에 따라 내용타당도, 준거타당도, 공인타당도, 구인타당도가 있다.

(1) 내용타당도

평가도구가 평가하려고 하는 내용(교육목표)을 어느 정도 충실히 측정하고 있는지를 분석 측정하려는 것이다.

내용타당도는 수량적 계산보다는 전문가나 검사 제작자가 검사 내용을 살펴봄으로써 결정된다. 내용타당도는 성격검사나 적성검사보다는 능력검사에서 더 중요시된다.

(2) 준거타당도

준거타당도(criteria validity)는 예언타당도(predictive validity)와 공인타당도(concurrent validity)로 나눈다. 예언타당도는 경험타당도라고도 한다. 한 검사가 미래에 있을 어떤 기준을 얼마나 잘 예언해 주고 있는가를 따지는 과정으로, 특히 인사 선발이나 배치에 유용하다. 공인타당도는 새로운 검사를 제작하였을 때, 준거로 기존에 타당성을 보장받고 있는 검사와의 유사성을 기준으로 하여 타당도를 검증하는 것이다. 예를 들어, 새로 개발한 지능검사의 타당도를 검증하기 위해 이미 타당성을 인정받고 있는 표준화된 지능검사와의 상관계수를 추정하였다(한민석, 2003).

공인타당도는 예언타당도를 측정하는 것보다 더 단순하고, 비용이 더 적게 들며, 시간도 더 적게 걸린다. 미래를 예측하기보다는 현 상태를 진단하고자 하는 심리검사에서는 공인타당도를 알아보는 것이 더 적합하다.

(3) 구인타당도

조작적으로 정의되지 않은 인간의 심리적 특성이나 성질은 심리적 구인으로 분석하여 조작적 정의를 내린 후 검사점수가 조작적 정의에서 규명한 심리적 구인들을 제대로 측정하였는가를 검증하는 방법을 말한다.

지나치게 주관적인 판단에 의존하는 내용타당도와 적절한 외적 준거가 무엇인지에 대한 합의를 이끌어 내기가 어려운 준거타당도의 문제점을 보완한다.

2) 신뢰도

신뢰도(reliability)란 측정하려는 것을 얼마나 안정적으로 일관성 있게 측정하느냐 하는 측정의 일관성과 안정성을 의미한다.

(1) 검사-재검사 신뢰도

검사-재검사 신뢰도는 한 개의 평가도구를 동일한 피험자에게 일정한 시간간격으로 두 번 실시하여 그 전후의 결과에서 얻은 점수로 상관관계를 산출하는 방법이다.

여기에서 첫 번째 검사와 두 번째 검사의 실시 간격을 어떻게 잡느냐에 따라 오차가 있을 수 있으며, 검사 실시에서 여러 가지 조건인 내적 동기 상태, 수업태도, 검사지시, 속도검사의 검사시간 등을 똑같이 통제하기가 어렵다는 문제점이 있다.

(2) 동형검사 신뢰도

동형검사 신뢰도는 측정하려는 내용과 난이도는 같지만 형태가 서로 다른 두 개의 검사를 동일한 피험자에게 실시하여 신뢰도를 얻는 방법이다.

이 신뢰도의 장점은 기억, 연습효과를 최소한으로 감소시킬 수 있지만, 문항내용과 문항 난이도가 같은 동형검사 도구를 제작하는 것이 쉽지 않다.

(3) 반분검사 신뢰도

반분검사 신뢰도는 하나의 검사 도구를 둘로 나누고, 나누어진 두 부분검사 점수 간의 상관계수를 구하고, 부분검사로부터 구해진 상관계수를 전체검사의 값으로 확대한 수치이다.

(4) 문항 내적 일관성 신뢰도

문항 내적 일관성 신뢰도는 문항 하나하나를 독립적인 검사로 보고 각 문항들이 일관되게 동일한 능력을 측정하고 있는 정도를 수치화하는 방법으로, Cronbach alpha 계수를 들 수 있다.

3) 객관도

객관도(objectivity)란 검사자의 신뢰도라 할 수 있는데 검사의 채점자가 얼마나 객관적인 입장에서 어느 정도 일관되고 공정하게 채점하느냐 하는 문제와 관련된 것이다. 즉, 평가자 혹은 채점자의 채점에 대한 일관성 정도이다. 예를 들어, 동일한 피험자의 답안지를 가지고 A라는 교사는 90점, B라는 교사는 70점, C라는 교사는 50점을 부여했을 경우, 객관도는 신뢰롭지 못한다. 이와 같은 경우는 보통 두 가지 이유를 들 수 있는데, 하나는 채점자 자신의 소양 문제이고, 다른 하나는 측정도구 자체의 불완전성의 결과로 볼 수 있다.

4) 실용도

실용도(usability)란 평가방법이나 도구의 제작과정에서뿐만 아니라 시행방법이나 절차 그리고 평가결과를 채점하거나 분석하기 위해 소요되는 인적·물적 자원의 양과 질이 주변 여건에 비추어 실용적인가를 나타내는 정도를 의미한다.

평가방법이나 도구의 실용도와 관련하여 고려해야 할 사항은 실시방법이 쉬워야 하며, 실시하는 데 소요되는 시간이 적절해야 하며, 채점하기가 쉽고, 결과를 해석하거나 활용하기가 쉬워야 한다. 또 평가실시 비용이 적절해야 한다.

5) 타당도와 신뢰도와의 관계

신뢰도는 타당도를 높이는 필요조건이나 타당도는 없으나 신뢰도는 높을 수 있다. 그러나 신뢰도 없는 타당도 높은 측정도구는 존재할 수 없다. 타당도가 낮은 도구일지라도 신뢰도가 높을 수 있으나, 신뢰도가 낮으면 타당도는 낮아진다. 그러므로 신뢰도는 타당도의 필요조건이지만 충분조건은 아니다. 예를 들면, 교육목표가 성격검사측정인데 평가도구를 몸무게를 정확하게 측정하게 만들었다면, 이 평가도구는 재려고 했던 것을 잘못 측정했기 때문에 타당도는 낮지만 몸무게를 정확히 재었다면 오차가 없으므로 신뢰도는 높은 경우이다. 그러나 측정도구 자체에 오차가 많다면(신뢰도가 낮다면), 평가도구 자체가 오차가 많은데 과연 의도한 바를 잘 잴 수 있었는가 하는 점이다.

[해당 단원 별첨 수정 사항]

1. 순천OO중학교 도덕과 출제원안의 실제

제2학년 2016학년도 1학기 중간고사 과목 코드 [02]

3교시 도 덕 2016. 5. 3.(목)

※ 다음 물음에 대한 가장 알맞은 답이나 답의 번호를 답안지에 표기하고 서술형은 풀이 과정을 바르게 쓰시오.

[진위형]

※ 다음 문장의 내용이 옳다고 생각하면 ①에, 틀리다고 생각하면 ②에 마킹 하여 주십시오(1~6번).

1. 자신의 생각이나 의지가 아닌 외부의 의견이나 명령, 관습에 따라 행동하는 것을 타율이라고 한다.(2점)
------------------------------( )

2. 타율은 명예 살인이나 순장과 같은 비도덕적인 관습을 유지시키는 결과를 낳기도 한다.(2점)
------------------------------( )

3. 진정한 자유는 외적인 강제뿐만 아니라 내적인 충동이나 욕구에서도 자유로운 것이다.(2점)
------------------------------( )

4. 우리는 도덕적으로 자율적인 사람이 되기 위해 용기 있는 자세를 가져야 한다.(2점)
------------------------------( )

5. 우리는 자신이 속한 공동체에서 일어나는 도덕적 문제 상황에 대해 관심을 가져야 한다.(2점)
------------------------------( )

6. 도덕적으로 자율적인 사람은 자신에게 돌아올 이익과 불이익을 행동 원칙으로 삼는다.(2점)
------------------------------( )

[선다형]

♣ 다음 글이 설명하고 있는 것을 보기에서 고르시오.(7~11)

(보기)	① 중용 ② 성선설 ③ 성무선악설 ④ 장인정신 ⑤ 자율

7. 인간은 태어날 때부터 선한 본성을 가지고 있다.(2점)
------------------------------( )

8. 인간의 본성은 선이나 악으로 결정되어 있지 않는다.(2점)
------------------------------( )

9. 이성으로 물질적인 욕구나 감정을 잘 조절하여 지나치지 않는다.(2점)
------------------------------( )

10. 일정한 직업이나 한 가지 기술에 전념하여 그 일에 정통하려고 하는 직업 정신이다.(2점)
------------------------------( )

11. 자신의 충동이나 욕구에 따르기보다 스스로의 이성적 판단과 선택에 따라 행동할 수 있어야 하며 이것이 바로 적극적 자유이며, 이는 곧 ( )과 같다.(2점)
------------------------------( )

[중략] 11~31]

[서술형1] 인간의 삶에서 일이 갖는 의미를 네 가지 서술하시오.(8점)

1)__________
2)__________
3)__________
4)__________

[선다형]

32. 다음 글에서 알 수 있는 인간다운 삶의 모습은?(3점)

> '문턱 없는 밥집'은 점심, 저녁 비빔밥을 내놓는다. 밥값은 손님이 형편껏 내면 된다. 먼 곳에서 온 할아버지, 주머니가 가벼운 대학생, 노숙인들이 이곳에서 끼니를 해결한다. 이곳의 총괄 책임자는 말한다. "밥값은 손님 재량에 맡기지만, 이곳에서 지켜야 할 원칙이 하나 있어요. 쌀 한 톨도 남겨서는 안 된다는 것이에요. 이웃 나눔의 정신과 환경 보호를 동시에 실천하고자 하는 일이지요."

① 절제하고 반성하는 삶을 의미한다.
② 정신적 가치를 추구는 삶을 의미한다.
③ 형편과 분수에 맞게 살아가는 삶을 의미한다.
④ 인간답게 사는 삶이 어떤 것인지 알려 주고 있다.
⑤ 욕구를 절제하고 충동을 억제하는 삶을 의미한다.

33. 다음 □안의 내용에서 옳은 것을 모두 골라 묶은 것은?(4점)

> ㉠ 자신의 신체적 특징이나 가치관을 제대로 아는 것이 바로 사회적 존재로서의 자아를 아는 것이다.
> ㉡ 자율은 도덕적인 삶을 살아가기 위한 전제가 된다.
> ㉢ 진정한 행복을 위해 아리스토텔레스는 지나치거나 모자라지 않는 중용(中庸)의 덕을 강조하였다.
> ㉣ 외적인 강제뿐만 아니라 내적인 충동이나 욕구로부터 자유로울 때 비로소 자율적인 삶을 살 수 있다.
> ㉤ 인간은 언제나 자신의 생각이나 의지에 따라 행동하는 존재이다.

① ㉠, ㉡ ② ㉠, ㉡, ㉢ ③ ㉠, ㉡, ㉢, ㉣, ㉤
④ ㉡, ㉢, ㉣ ⑤ ㉡, ㉢, ㉣, ㉤

34. 다음에서 **옳지 않은 것**을 고르시오.(3점)

① 올바른 자아상을 설정하기 위해서는 자아상의 도덕적인 측면을 고려해야 한다.
② 인생관을 뚜렷이 정립한 사람은 주체적이고 능동적인 삶을 살게 된다.
③ 도덕적으로 자율적인 삶을 통해 우리는 자신을 가치 있는 존재로 생각하게 된다.
④ 타율적인 사람은 본인이 의도하지 않더라도 비도덕적인 행위를 하는 경우가 있다.
⑤ 맹자에 따르면 인간은 악한 본성을 가지고 있기 때문에, 예(禮)를 통하여 본성을 선하게 변화시켜야 한다.

35. 다음의 예화의 아이히만의 도덕적 문제점에 해당하는 것을 모두 골라 답안지에 표시하시오.(3점)

> 아이히만(Eichmann, K. A.)은 제2차 세계 대전 때에 독일 나치스가 행한 유대 인 학살의 핵심 책임자이다. 그의 지휘로 유럽 전역에서 잡혀 와 강제 수용소에서 희생된 유대 인 수는 600만여 명에 이른다. 아이히만은 독일패전 후 1960년 5월까지 아르헨티나의 부에노스아이레스 근교에서 가족과 함께 숨어 살다가 이스라엘 비밀경찰에게 체포되어 예루살렘에서 재판을 받았다. 재판 과정에서 아이히만은 "유대인 학살이 인류 역사상 가장 끔찍한 범죄 중 하나였음을 인정합니다. 그러나 저는 아무 책임이 없습니다. 왜냐하면 저는 히틀러의 명령을 수행한 일개 경찰에 불과했기 때문입니다."라고 주장하였다.
> - 한나아렌트, "예루살렘의아이히만"-

① 도덕적 책임의 약화 ② 비도덕적 관습의 유지
③ 비도덕적인 행동의 초래 ④ 부정적 사고의 약화
⑤ 도구적 존재로서의 기능 약화

[서술형2] 바람직한 인생관을 정립하기 위해 필요한 자세를 세 가지 서술하시오.(6점)

1)__________
2)__________
3)__________

2. 순천OO중학교 도덕과 출제원안 이원목적분류표의 실제

이원목적분류표

(과목 코드 : 02)

계	부 장	교 감	교 장

2015년도 1학기 기말고사	2학년	총 문항수 32 문항
고사일시 2015년 07월 01일 1교시	공동출제자 :	○ ○ ○(인) ○ ○ ○(인)
총점 100.00 점	선택형 80.00 점 서술형 20.00 점	

선택형 문항											
문항 번호	내용영역	성취기준	행동영역			난이도			배점	정답	통과율
			지식	이해	적용	어려움	보통	쉬움			
1	공부의 진정한 의미	도918. 공부의 이유에 대해 명확하게 이해하고, 이를 토대로 진로·진학 선택 과정에서 도덕적인 고려의 중요성을 구체적으로 설명할 수 있다.		○				○	2	1	64.78
2	진로 선택에서 도덕적 가치의 의의	도918		○				○	2	2	84.28
서술형 문항											
문항 번호	내용영역	성취기준	행동영역			난이도			배점	정답	통과율
			지식	이해	적용	어려움	보통	쉬움			
1	공부를 하는 이유	도918. 공부의 이유에 대해 명확하게 이해하고, 이를 토대로 진로·진학 선택 과정에서 도덕적인 고려의 중요성을 구체적으로 설명할 수 있다.		○			○		6	0	75.33
2	인간의 삶에서 일이 갖는 의미	도918		○			○		6	0	72.55
총합계			9	13	10	3	19	10	100.00	–	–
비율(%)			28	41	31	9	59	31	100	–	–

06
CHAPTER

교육공학의 이해

1 교육공학의 필요성

교육은 본질적으로 과학기술을 여는 개척의 길과 과학기술을 이용하는 적응의 길을 동시에 걸어가고 있다. 그중에서 오늘날 주목하고 있는 것이 디지털 혁명이다(Toffler, 1992).

불, 문자, 인쇄술 그리고 컴퓨터 발명 이후 과학사회로 향하는 과정에서 중심적인 사건은 바로 디지털 혁명이다. 이는 과학기술-인간-교육의 유기적 연계성을 혁명으로 전환시킨 조건이며 결과로 드러나고 있다. 디지털 혁명과 더불어 인간은 예전의 구두(口頭)상 혹은 텍스트에 기초한 지식의 가공 및 전달방식에 대하여 지식을 스스로 움직이게 함으로써 지식이 연쇄적으로 전달되는 많은 상황에서 사람이 더 이상 개입할 필요가 없게 하는 기술을 창조하였다(Breuel, 2003).

이 같은 기술의 진보에 가장 영향을 받을 수 있는 영역은 교육이다. 고래(古來)로 교육은 주로 특정 장소에서 특정 시간에 가르치는 사람과 배우는 사람들의 집중적이고 따라서 비용이 드는 상호작용의 형태로 이루어졌다. 그런데 오늘날의 기술의 발전은 교육의 방법, 시간, 내용, 목적까지도 변화시키는 강력한 동인(動因)으로 작용하고 있다. 가장 큰 변화는 교사 중심에서 학생 중심 교육과정으로의 변화이며, 과학기술의 교육과정에서 기술이 적극적으로 도입되었다는 점이다. 철학적으로는 구성주의가, 경제적으로는 신(新)자유주의가 교육과정을 설계하고 운용하는 기반으로 작용하고 있으며, 그 기반의 핵심은 바로 과학기술이다(고요한, 2005).

미래의 학습 환경은 단순한 학교를 벗어나 다차원, 멀티시스템, 자기주도적, 인프라, 학습조직 등의 특성을 갖추어 변화될 것이다.

교육학적 측면에서 미래사회를 조망하는 학자들의 견해에 따르면 미래 교육환경의 특징은 한마디로 '평생학습사회', '지식기반사회', '구성주의 학습환경' 등이다. 이 같은 교육환경은 학교 외 교육, 가정교육, 사회교육, 자기학습, 교육인프라, 교수용 콘텐츠 등을 망라하는 '교육문화'의 개념과 같다.

이제 학습사회, 지식기반사회, 정보사회에서 삶을 영위하는 모든 사람은 스스로 교사이면서 동시에 학생이어야 한다. 결국 미래사회에 적응하고 자신의 삶을 능동적으로 꾸려 가는 미래지향적 인간은 스스로 지도능력과 학습능력을 동시에 지녀야 한다.

앞으로의 교육은 학교중심, 교수중심, 교과중심에서 벗어나 다양한 학문영역, 문화영역 등을 뛰어 넘어 개인의 성장을 가장 효과적으로 도모할 수 있는 프로그램을 개발, 보급, 활용해야 할 것이다.

특히 21세기 지식기반사회는 교육방법과 교육환경에 대한 보다 많은 변화를 필요로 하고 있으며, 교사, 학생 그리고 학부모의 요구와 인식 또한 크게 바꾸어 놓고 있다. 정보통신기술, 인터넷, 멀티미디어를 이용한 사이버공간에서의 교육은 교육의 규모와 폭을 확대시키고, 교사들은 교육의 변화에 능동적으로 대처하여 새로운 매체와 학습 방법들을 적극 활용하고 연구하는 학습자가 되었다. 또한 학습자는 정보의 공유와 상호작용 속에서 자기 주도적인 학습이 가능한 학습의 주체이며 자기 발전을 꾀할 수 있는 평생학습자가 되었다.

이처럼 공학(technology)은 인간 생활을 향상시키기 위해서 과학 또는 과학적 지식을 창의적이고 실용적으로 구현하는 것을 의미한다. 교육은 교육 본래의 목적을 위해서 발전해 온 것처럼, 공학은 공학 본래의 목적을 위해서 발전되어 왔다. 그래서 교육은 교육목적 및 가치를 실현시키기 위해서 TV, 컴퓨터, 정보통신매체 등을 활용하게 되었고, 최근에는 위성교육 TV나 인터넷을 이용한 원격교육이 실시되고 있다. 이와 같이 공학과 교육은 상호협력적인 관계로 발전하고 있다.

교육공학(educational technology)의 역사는 짧은 편이다. 1920년 후반에 시각운동으로 시작된 교육공학이 시청각운동, 시청각통신, 체제 이론과 프로그램 학습, 교육공학의 성립과 교수체제의 설계 그리고 1980년대 후반에 등장한 상호작용 개념과 정보통신공학으로 발전되어 오면서 교육공학은 이러한 지식기반사회를 주도적으로 이끄는 중심이 되고 있다.

교육은 멈출 수가 없으며, 공학은 삶을 보다 편리하게 만든다. 그래서 교육공학의 필요성이 배가 되는 것이다.

2 교육방법 및 교육공학의 개념

교육공학에 대한 개념을 정립하고, 그 학문 영역에 대해 이해하며, 최근의 동향을 파악하고자 한다. 흔히 교육방법이란 어떻게 가르칠 것인가에 대한 물음이며, 교수자가 현장에서 학생들과 상호작용하는 구체적인 방법이다. 반면 교육공학은 교육방법을 포함하는 광의의 개념으로 이러한 가르치는 행위를 보다 체계적으로 계획하고 분석하며 수행해 나갈 수 있는 틀을 제시하는 것이라고 할 수 있다.

1) 교육방법과 교육공학의 관계

교육방법 및 교육공학은 동전의 앞뒷면처럼 함께 논의되는 경우가 대부분이다. 외국의 교육공학자들은 수업전략이나 교수방법을 교수설계와 개발의 하위 범주로 인식해 교육방법과 교육공학을 굳이 정의하지 않는다(Joyce, Weil, & Calhoun, 2000; Reigeluth, 1999). 이를 엄격히 구분하는 것은 우리의 학문적 습관인 듯하다. 학자들에 따라서는 교육공학과 교육방법을 구별하지 않고 설명하는 경우도 있고(나일주·정인성, 2000), 구분하여 정의하는 경우도 있다(변영계·김영환·손미, 2000).

교육공학이 교수와 학습을 설계하고 실행하는 포괄적인 영역과 문제를 고려하는 체제적 접근을 취하고 있기 때문에 교육방법은 교육공학의 하위 영역으로 포함시키는 것이 타당하다고 하겠다.

2) 공학의 이해

일반적으로 공학이란 그리스어로 기예(art)나 기술(craft)을 의미하는 'techne'와 '…관한 탐구'를 의미하는 'logos'에서 파생된 것으로 이해할 수 있다. 학자들의 정의를 살펴보면 다음과 같다.

일리(Ely, 1963)는 공학은 실제적이고 유용한 목표에 관한 많은 원리의 체계적인 집합체(systematic assemblage)라고 보았고, 핀(Finn, 1964)은 공학은 기계적 생산품 또는 발명품 이상으로서 체계적 사고의 과정이며 방식으로 보았다. 또한 갈브레이드(Galbraith, 1972)는 공학은 과학적 지식 또는 기타 조직화된 지식을 실제적 과제에 체계적으로 적용하는 과정으로 보았고, 새틀러(Saettler, 1990)는 현대 공학은 생산성을 증진시키기 위한 체계화된 실제적인 지식으로 보았다.

이들의 견해를 종합해 보면 공학은 과학처럼 현상에 대한 설명적 지식을 제공하는 목적보다는 실제적인 문제의 해결에 관심을 두는 학문 영역을 총칭한다. 그러나 공학은 필연적으로 과학적 지식 등 경험적으로 확인된 지식에 의존한다는 점에서 과학과 매우 밀접한 관계를 갖는다. 마지막으로 공학은 체제 접근을 강조한다. 즉, 특정의 목적을 달성하는 데 기여하는 상호 관련된 요소들의 집합체로서 체제의 특성을 반영하여 수업과 같은 교육의 방법론적 문제를 해결하려 한다.

3) 교육공학의 정의

교육공학은 통합적인 분야로서 매스 커뮤니케이션, 교육, 심리학, 학습 이론, 사회학, 군대와 기업체 훈련, 정보과학 등의 다양한 분야의 전문가가 교육에서의 교수매체와 공학의 역할 등에 관해 지니고 있는 공동 관심사가 절충된 학문 분야이다(Wilkinson, 1980). 따라서 교육공학 분야에서는 타 학문 영역에 비해 학문에 대한 정의를 확립하기 어렵다는 문제가 있다. 그러나 미국 교육공학회를 중심으로 지난 1970년대 이후부터 주기적으로 공식적인 정의를 제시하고 있다.

학회 차원에서 공식적으로 표현하는 이유는 두 가지 때문이다. 하나는 교육공학의 역사적 기초를 형성하고 있었던 시청각교육 혹은 시청각통신교육의 한계를 분명하게 벗어나려는 의도로 볼 수 있고, 다른 하나는 교육공학의 학문적 영역이 시대적으로 확장되고 있는 것을 반영하려는 것이다.

1900년 이후 시청각교육에 대한 체계적 관심이 시작되었고, 교육공학의 개념을 분명히 하려는 노력은 1970년에 들어서면서 미국을 중심으로 기존 시청각교육 관련 이론과 실제를 교육공학으로 변화하려는 시도와 함께 나타났다.

(1) 초기의 정의

교육공학의 발달 초기에 내려진 핵심 정의는 교육매체, 즉 교수 자료와 기기를 중심으로 한 개념이다. 교육매체란 커뮤니케이션의 변혁으로 인해 대두된 매체로서 교수의 목적을 지니고 있으며 교사와 교재, 칠판 등과 함께 사용되는 TV, 영화, OHP, 컴퓨터 등의 매체를 일컫는다. 이와 같은 초기의 전통적인 정의는 너무 제한적이고 협의적이라는 문제점을 지니고 있었다. 왜냐하면 학교에서의 관심은 단지 교수 자료와 기기만이 아니라 이들을 제공하고 조작하는 요원, 매체의 고안, 제작, 보급 및 활용 그리고 자료와 기기의 관리와 운영 및 학습자와 매체와의 상호작용 등에도 있기 때문이다.

(2) 1970년 정의

교수공학을 인간학습과 통신 이론에 기반을 두고 특정한 학습목표에 따라 교수－학습의 전 과정을 설계하고 실행하고 평가하는 체계적 방법이며, 더 효과적인 교수를 이끌어 내려고 인적 자원과 비인적 자원을 적절히 결합하여 사용하는 체계적 방법(Commission on Instruction Technology, 1970)으로 정의하였는데, 이 정의에는 두 가지 특징이 있다. 하나는 교육, 구체적으로는 수업을 전면에 내세운 것이며, 다른 하나는 체계적 방법의 의미로서 공학이라는 용어를 사용하고 있는 점이다.

(3) 1977년 정의

교육공학을 모든 인간학습에 포함된 문제들을 분석하고, 그 해결책을 구인하고 실행하고 평가하며 관리하기 위하여 사람·절차·아이디어·기자재·조직 등을 포함하는 복합적이고 통합적인 과정(AECT, 1977)으로 정의하였는데, 이 정의는 통신을 약화시키면서 인간학습을 핵심적 대상으로 삼고 있음을 강조하였으며, 교육공학이 포함하는 영역을 교육관리 기능, 교육개발 기능, 학습자원, 학습자 등으로 세분화하는 시도를 하였다.

교육공학 영역에 대한 구체화는 이후 새롭게 개정되는 정의에서도 계속되면서 새롭게 추가되거나 정교한 모습을 보여 주고 있다.

(4) 1994년 정의

교육공학 분야의 이론에 있어서 1977년 당시는 행동주의 이론 중심으로 인지주의의 영향은 미약하였으나, 그 이후 수행공학과 구성주의 및 포스트모더니즘이 새로운 이론 또는 사조로서 대두되어 교육공학의 이론 형성은 물론 이들 이론의 현장 적용에 기여하고 있다.

이와 같은 교육공학 분야의 많은 변화로 인해 미국교육공학회(AECT)는 학회의 정의와 용어위원회와의공동연구에 의해 1994년 교육공학의 새로운 정의를 학습자원과 학습과정을 고안하고 개발하여 활용하고 이를 운영하고 평가하는 것과 관련된 이론이며 실제라고 하였다(Seels & Richey, 1994: 1).

이를 각 영역별로 나눠 설명하면 다음과 같다(김영수·양영선, 1994).

- **고안 영역**: 교수체제 고안, 메시지 디자인, 교수전략, 학습자 특성
- **개발 영역**: 인쇄 테크놀로지, 시청각 테크놀로지, 컴퓨터기반 테크놀로지, 통합 테크놀로지
- **활용 영역**: 매체활용, 개혁의 보급, 적용과 제도화, 정책과 규제
- **관리 영역**: 프로젝트관리, 자원관리, 전달체제관리, 정보관리
- **평가 영역**: 문제분석, 준거지향 측정, 형성평가, 총괄평가

이에 대해 백영균 외(2002)는 교육공학이란 학습을 위한 과정과 자원을 설계, 개발, 활용, 관리, 평가하는 이론과 실제로 정의하면서 부분별로 나눠 다음과 같이 설명하고 있다.

- **목적**: 교육공학의 목적은 학습에 영향을 주고 이를 완성하기 위한 것이다.
- **과정과 자원**: 과정이란 특정 목표를 얻기 위해 이루어지는 일련의 작업과 활동을 말한다. 즉, 학습을 위해 필요한 계획을 세우며, 이를 어떻게 하면 효과적으로 전달할 것인가 연구하고 개발하는 것이다. 교수전략이나 교수법의 연구와 개발이 이에 해당한다고 볼 수 있다. 자원이란 학습을 지원하기 위한 원천을 의미하며 교수 자료, 학습 환경 그리고 이의 지원 체제를 포함한다.
- **설계, 개발, 활용, 관리, 평가**: 교육공학 분야에 종사하고 있는 전문가들이 연구하고 활동하는 영역을 의미한다. 과정과 자원을 설계하고 개발

하며, 이를 현장에 적용하고 활용하며, 이에 필요한 인적·물적·시간적 자원을 관리하고, 그 과정과 결과를 평가한다.

- **이론과 실제**: 교육공학은 이론에 머무는 것이 아닌 실제적인 분야이다. 연구와 경험에 의해 축적된 지식체계가 있어야 하며, 이런 지식체계를 문제해결에 적용하는 분야이다.

(5) 2008년 정의

교육공학을 적절한 공학적 과정과 자원을 창출하고 활용하며 관리하여 학습을 촉진하고 수행을 향상시키려는 연구와 윤리적 실천으로 보고 있다.

이 정의는 미국 교육공학회의 지원 안에서 정의 및 용어위원회의 체계적인 노력으로 이루어졌다. 교육공학의 정의를 새롭게 규정하려는 시도는 2002년부터 시작하여 몇 차례의 수정을 거쳐 2004년 완성되었다. 이후 교육공학의 정의 및 정의에 관련한 개별 용어들의 의미를 해석한 저서(Januszewski & Molenda, 2008)가 출간됨으로써 교육공학의 정의에 대한 이해가 한층 높아졌다. 주요 용어의 의미는 다음과 같다.

- **연구**: 교육공학은 일종의 연구영역으로서 전통적 양적 연구방법론과 대안적인 질적 연구 방법론을 포함하면서 다양한 연구방법으로 이론적 지식을 창출하고 있다.
- **윤리적 실천**: 역사적으로 매체의 활용에는 윤리적 측면이 있어 왔는데, 최근 디지털 자료의 지적 소유권 문제와 연결되어 특별히 윤리적 실천(ethical practice)의 중요성이 더욱 부각되고 있다. 실제 매체나 기술의 성공적 활용을 위해서는 윤리적 측면을 적절하게 고려하는 것이 필요하나.
- **학습촉진**: 교육공학은 학습촉진을 목표로 한다. 교육공학은 학습에 대 한 이론적 접근의 큰 변화를 반영하고 있다. 교실을 벗어나서 실제적 상황에 적용할 수 있는 측면을 강조한다. 학습목표 혹은 학습과제 유형의 다양성을 고려할 때 어떻게 이런 학습목표를 달성할 것인지에 관한 학습과정의 촉진을 다룬다.
- **수행향상**: 학습과 함께 또 하나의 중요한 결과로 수행에 대한 강조가 있어 왔다. 수행은 크게 두 가지 맥락을 지니고 있다. 하나는 학교교육 맥

락에서 암기보다는 실제 수행능력 향상을 위한 것이며, 다른 하나는 실제 업무현장에서의 수행이다.

- **적절한 공학적 과정과 자원**: 적절하다(appropriate)라는 용어는 지속 가능성(sustainability)이라는 용어와 같은 맥락에서 사용된다. 이는 두 가지 의미에서 중요한데, 하나는 전통적인 의미에서의 적절성(기대하는 효과나 교육목표를 달성)이며, 다른 의미의 적절성은 윤리적으로 건전한지이다. 과정(process)은 특정한 결과를 얻기 위한 일련의 활동으로 정의할 수 있는데, 교육공학의 가장 중심적인 부분으로 교수설계를 위한 체제적 접근(a systems approach)이 여기에 속한다. 교육공학의 대상이 되는 이런 과정을 일반적 과정이 아니라 공학적(technological) 과정이라는 점에서 차별화한다. 자원(resource)은 교육 및 학습을 위한 기술적 혁신, 사회적 네트워크를 위한 도구, 전통적인 인쇄매체 등을 모두 포함한다. 자원은 교육공학의 정체성을 드러내는 데 여전히 중요한 위치를 차지한다.
- **창출, 활용, 관리**: 창출(creating)의 대상은 일반적인 교수 자료에서부터 시작하여 학습 환경, 대규모의 교수-학습 체제 등을 포함한다. 새로운 매체나 도구가 생길 때마다 이를 위한 교수설계 이론이 창출되기도 하며, 이를 바탕으로 프로그램을 개발하기도 한다. 이와 관련된 대표적 교육공학 지식으로는 교수체제 설계(instructional systems design)를 들 수 있다. 활용(using)은 크게 두 가지 측면으로 구성된다. 하나는 수많은 교육용 매체와 자원들을 목표를 고려하여 최적의 형태를 선정하는 것으로서의 활용이며, 다른 하나는 새롭게 개발된 프로그램을 어떻게 확산하여 결과적으로 기대하는 변화를 가져오는지에 대한 활용이다.

4) 교육공학의 역사

일반적으로 교육공학은 학문으로서의 역사가 짧고 미국에서 그 기원을 찾으며, 군대에서 급속한 발전을 한 학문으로서의 특징이 강하다.

초기 매체활용을 중심으로 탄생된 교육공학이 체제 이론, 커뮤니케이션 이론 등을 포함하고 교수설계라는 영역으로 확장하고, 현재는 이러닝, 스마트

러닝의 영역까지 확장되고 있는 실정이다. 교육공학은 공학기술을 이용해서 만들어지는 교육의 수단이 발달한 데서 비롯하였다. 종래에도 교육을 하는 데 도구와 자료를 썼다. 예를 들면, 칠판, 분필, 교과서를 도구 및 자료로 활용하면서 입으로 말하고 손으로 글을 쓰고 그림을 그리는 방법을 썼다. 이러한 도구, 자료, 방법을 사용하는 것을 교육공학이라고 하기는 어렵다. 현대에 이르러서야 본격적으로 교육에 공학기술적인 수단이 노입(導入), 활용(活用)되기 시작했다. 예를 들면, 1964년 아타나시우스 키르처(Athanasius Kircher)는 슬라이드 영사기의 전신(前身)인 환등기(magic lantern)를 로마(Rome)에서 전시한 일이 있다. 물론 당시에 그것이 교과서, 괘도 같은 것보다 훨씬 값비싼 것이어서 교육에 폭넓게 활용되지는 못했지만, 이것은 기술공학적인 것을 교육에 도입하려는 시도였다고 할 수 있다.

그 후 19세기에서 20세기 중엽에 이르는 동안에 유럽과 미국을 중심으로 축음기, 환등기, 무성 및 유성 영화, 라디오, 텔레비전 등이 발전했다. 이러한 시청각매체(視聽覺媒體)들은 대체로 교육과는 별도로 발전한 것인데, 이러한 것을 교육에 도입하여 활용하기 시작했다. 이것이 교육에 충분히 적합하지는 않았으나 기술공학적인 매체로서 시청각 교육이라는 이름으로 교육에 널리 활용된 것이다.

20세기 중엽에서부터 교수 기계(敎授機械, teaching machine), 프로그램 교수(programmed instruction), 언어 실습실(language laboratory), 컴퓨터 보조 학습(Computer Assisted Instruction, CAI) 같은 것이 발전하고 있다. 이런 것은 종래의 경우와 달리 기술공학적인 것을 교육과 직결시켜서 고안하였거나, 또는 교수(敎授)－학습(學習)의 전 과정과 관련시켜서 활용하여 교수－학습과정 자체를 공학적으로 새롭게 체계화하려고 하기에 이른 것이다. 이와 같은 것이 새로 고안되면서 교육공학이라는 용어가 광범위하게 알려지기 시작했다.

미국의 경우에는 1950년대에 교수기계(敎授機械)나 프로그램 교수가 가지고 있는 특정한 심리학설의 이론적 근거나 고안품의 한계를 넘어서 교수－학습의 전 과정을 프로그램화하고 체계화하려는 시도가 결실을 거두기 시작했다. 이것은 교수－학습의 목적설정에서부터 학습내용의 선정과 프로그램화 또는 계열화(系列化), 시간표의 작성과 학습 집단 편성, 교원조직과 보조원의 활용 및 교실시설의 다양화와 재조직, 교수-학습의 전개 그리고 평가 향상에 이르기까지의 모든 과정에서 새로운 교육매체와 공학적인 수단을 씀으로써 교육의 효과를 올리도록 재체계화하는 접근방법이 발전했다.

우리나라의 경우 1960년대 말에 교육공학이 소개되고, 1970년대 이후 행동주의 심리학에 기초를 둔 초기 미국 교수공학 이론과 방법들이 광범위하게 도입되었는데 프로그램 학습, 완전학습, 탐구수업모형, 체제 이론 및 체제 접근방법에 기초한 새 수업체제모형 등이 바로 이 시기 학교수업 개선과 혁신을 위해 연구, 개발, 적용되었다. 이후 1980년대 중반에서 1990년대 중반까지 '교육의 과학화 운동' 또는 '교육에 대한 공학적 접근'의 맥락 속에서 전개된 미국의 현대적 교육공학 이론과 방법들이 보다 적극적으로 도입·적용되었다.

1990년대 중반 이후 한국의 교육공학은 한 단계 더 도약할 수 있는 발전의 전기를 갖게 되는데, 그중 첫 번째는 교육화 사업의 실시이고, 두 번째는 사이버교육의 급속한 확산이다. 1995년 '교육정보화종합추진계획'이 발표되면서, 교육정보화를 위한 기초기반 구축에서부터 교육정보자료 개발 및 보급, 정보기술 활용교육의 강화, 교육행정 정보화, 학술정보 D/B 구축 등에 이르기까지 매우 광범위하게 전개되고 있다. 1990년 후반에는 대학원 혹은 교육대학원 수준에서 교육공학 전공이 여러 대학에 신설되었고 이로 인해 한국 컴퓨터교육학회, 전국학교컴퓨터교육연합회, 한국교육정보미디어학회, 한국기업교육학회, 한국산업교육학회 등 여러 유관 학회가 설립되었다.

보다 구체적으로 미국을 중심으로 살펴보면 다음과 같다.

(1) 시각교육(1900~1930년대)

교육공학은 대체적으로 1920년대 시각교육운동으로 시작된 것으로 인식된다(Reiser, 1987). 이 시기 교육공학은 다양한 시각자료의 효과적인 활용이 주요 내용이었다. 시각자료는 수업의 보조물로 보였으며, 활용 이외의 설계, 개발, 관리 등에는 거의 관심을 두지 않았다. 1930년에 유성(有聲) 매체들이 개발됨에 따라 시청각교육으로 변화되었으나 개념상으로는 거의 변화가 없었다(AECT, 1977).

(2) 시청각교육(1930년대 말~1940년대 말)

2차 세계대진 전후로 시청각매체의 교육적 활용이 증가하였는데, 전쟁 중 군사교육 현장에서 활발히 활용되었던 시청각매체들, 특히 16mm 교육용 영화필름이 성공적인 역할을 담당하였다. 전쟁훈련시각자료국(Division of Visual Aids for War Training)에서는 전쟁 기간에 457개의 수업용 필름을 보급하였고, 55,000개의 영사기를 사용하였으며, 10억 달러 이상을 훈련용 필름제작에 지출하였다(Saettler, 1990). 더불어 OHP나 슬라이드 프로젝트가 처음으로 이 시기에 개발·보급되었고 데일(Dale)의 '교수에서의 시청각적인 방법(audiovisual methods in teaching)'이 제시되었다.

(3) 시청각 커뮤니케이션(1950년대 초~1960년대 말)

1953년 'Audio-Visual Communication Review'라는 간행물이 발간되면서 시청각교육이 가지고 있었던 결과나 산물 중심의 교육에서 교수-학습 상황에서 발생하는 다양한 상호작용 과정을 중시하는 교육으로 변화되었다. 특히 교육TV, 교수기계, 커뮤니케이션 장치 및 다중매체 제시기법이 등장하였고, 커뮤니케이션 이론에 활발한 관심을 보였으며 교수-학습과정을 통신과정으로 보려는 통신 이론과 교육에 전체적으로 접근하려는 체제 이론이 결합하여 '시청각 커뮤니케이션(시청각 교육통신)'이라는 새로운 개념이 등장하였다.

(4) 교수공학(1970년대)

시청각교육통신의 개념에 행동과학 이론, 체제 이론과 교수개발의 이론이 도입되어 교수공학의 개념이 형성되었다. 더불어 교수설계에 대한 통합적인 접근방식이 확대되면서 시청각 커뮤니케이션의 개념에 변화가 생기게 되었다.

(5) 교육공학(1970년대 후반~현재)

미국교육공학협회(AECT)의 교육공학에 대한 정의가 구체화되면서 학문으로서의 토대를 공고히 하고 있다. 구체적으로는 1977년, 1994년, 2008년의 교육공학의 정의인데, 내용은 5장에서 기술하였다.

3 교수 이론

교수-학습의 핵심적인 활동은 가르치고 배우는 과정이라 말할 수 있다. 이때 교수(teaching)는 교사중심의 가르치는 일에 관계되는 활동이고, 학습(learning)은 학생중심에서 배우는 일과 관계되는 활동을 말한다. 또한 교수 이론은 수업 이론과 동의어로 사용되기도 한다. 수업 이론을 정의해 보면, "특정 학습을 성취할 목적으로 환경을 계획적으로 조작하는 과정을 체계화할 수 있는 참조체제를 구성하는 것"이라 할 수 있다(이성진, 1997). 여기에서는 대표적인 교수모형인 글래서(Glasser)의 교수절차모형, 브루너(Bruner)의 교수 이론, 오수벨(Ausubel)의 교수 이론과 교수-학습 방법을 살펴보기로 한다.

1) 글래서[Glasser]의 교수절차모형

글래서(Glasser, 1962)의 교수모형은 수업과정을 컴퓨터의 구조와 기능에 비교시켜 간단하면서도 구체적으로 체계화한 교수 이론이다. 그는 교수과정을 일련의 연속적인 의사결정 과정으로 파악하였고, 교수활동의 구성요소를 수업목표의 설정, 출발점 행동의 진단, 수업절차의 선정과 실행, 학습성과의 평가로 구분하였다. 글래서의 교수절차모형을 살펴보면 다음과 같다.

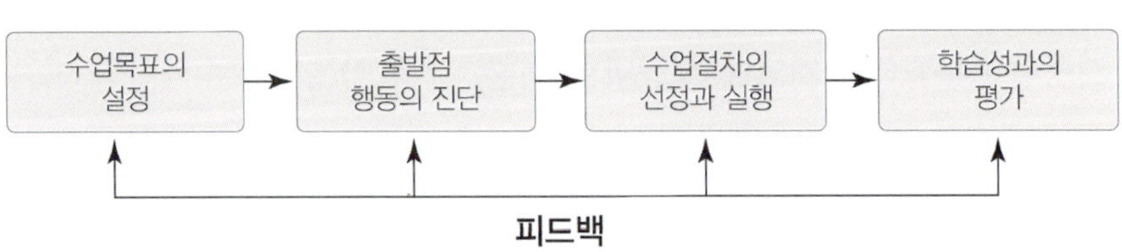

| 그림 6-1 | 글래서의 교수절차모형

(1) 수업목표의 설정

수업목표는 컴퓨터의 입력장치에 해당하는 것으로, 수업내용을 선정하고 조직하는 데 도움을 준다. 또한 수업목표는 수업이 끝난 후 학생들이 도달해야 할 변화된 행동이므로 구체적이고 명세적으로 진술되어야 한다. 수업목표를 '덧셈을 이해한다'와 같이 모호하게 진술한다면 도달점 행동을 정확하게 측정하기 어렵지만, '덧셈을 계산한다'와 같이 진술된 목표는 학습 성과를 파악하는 데 구체적이고 명확하다.

(2) 출발점 행동의 진단

출발점 행동을 투입행동이라고도 하는데, 이 단계에서는 새로운 수업을 시작하기 전 학생들이 이미 습득하고 있는 선행학습의 정도, 지능, 창의성, 적성, 자아개념, 성격, 도덕성, 학습유형, 학습방식 등을 진단한다. 교사는 수업 전 학생의 여러 가지 특성과 현재 수준을 진단하여 학습자 개인차를 고려한 효율적인 수업활동을 진행할 수 있다.

(3) 수업절차의 선정과 실행

수업절차는 교수-학습의 핵심적인 활동이 이루어지는 것으로, 가르치고 배우는 역동적인 수업과정을 의미한다. 이 단계에서는 수업목표와 학습자의 출발점 행동 진단의 기초자료를 토대로 하여 수업자료를 개발하고, 수업방법과 매체를 선정하여 수업을 진행한다.

(4) 학습성과의 평가

평가는 수업이 끝난 후 설정된 수업목표에 비추어 도달 정도를 평가하는 것을 형성평가와 총괄평가로 나뉜다. 형성평가는 수업과정 중 평가하는 것으로 말하며, 총괄평가는 학기말이나 학년말에 성취도를 종합적으로 평가하는 것을 뜻한다.

2) 브루너[Bruner]의 교수 이론

브루너(Bruner, 1966)는 의미 있는 학습활동이 이루어지기 위한 최적의 조건을 기술하였고, 교수 이론에 대해 '교수활동에 관한 규범적이고 처방적인 일반 이론'이라 규정하였다. 또한 그는 교수 이론의 특징을 학습경향성, 지식의 구조, 학습계열, 강화를 포함해야 한다고 보았다.

(1) 학습경향성

학습경향성이란 학습하고자 하는 의욕, 동기 또는 경향을 의미한다. 브루너는 학습자의 학습의욕을 고취시키기 위한 방법으로 탐구심과 호기심을 자극하는 교수방법을 제안하였고, 학습자의 학습방법과 학습자료와의 관계 그리고 교사와 학습자 간의 상호작용을 강조하였다. 교사는 학습자의 학습의욕을 고취시킬 수 있도록 학습내용을 명백하게 제시할 수 있어야 할 것이다.

(2) 지식의 구조

브루너는 지식의 구조를 학문의 기저를 이루고 있는 개념이나 일반적 원리, 아이디어로 체계화한 것이라 하였으며, 학습자로 하여금 지식을 가장 효과적으로 파악할 수 있도록 지식을 구조화하여 제시하도록 하였다. 구조화에 대해서는 '어떤 학습과제든지 아동의 발달단계에 맞게 조직하여 제시한다면 어떤 아동이라도 효과적으로 학습할 수 있다'는 나선형 교육과정(spiral curriculum)을 제안하였다. 지식을 표현하는 방식은 학습자의 발달단계에 따라 동작적(enactive) 표현, 영상적(iconic) 표현, 상징적(symbolic) 표현 세 가지로 나타낼 수 있다고 보았는데, 동작적 표현은 학습자가 실제로 동작을 표현하는 것으로 학습결과에 도달하기 위해 동작을 표현하는 것이다. 영상적 표현은 영상이나 그림, 도표 등을 통해 표현하는 것을 말하며, 상징적 표현은 상징적·논리적 명제를 조작하여 표현할 수 있다고 보았다.

(3) 학습계열

학습계열은 학습자의 개인차를 고려하여 학습과제를 순서대로 조직하여 제시하는 것을 말한다. 즉, 학습자가 학습내용을 이해, 변형, 전이하는 데 도움이 되도록 하는 것이다. 학습효과를 극대화하기 위해서 학습내용을 계열에 따라 조직하는 것은 매우 중요하다. 또한 모든 학습자에게 최적의 단일계열은 없으며, 학습자의 선행학습, 발달단계, 학습과제의 성격, 학습자의 개인차 등 여러 요인을 고려해야 한다.

(4) 강화

브루너는 보상과 벌의 중요성을 강조하였는데, 수업장면에서 강화의 역할은 학습자에게 교정적 정보를 주는 데 의미가 있다. 특히 외적 보상보다 내적 보상이 더 효과적이라고 보았다. 즉, 학습과정에서 느끼는 만족감, 발견의 기쁨 등이 외적 보상보다 더 효과적이라는 것이다.

3) 오수벨Ausubel의 교수 이론

오수벨(Ausubel)의 교수 이론은 학습자의 능동적인 인지과정을 강조한 것으로 학습자의 유의미 학습활동과 교사의 설명방법을 체계화한 이론이다. 즉, 학습자는 의미 있는 학습이 이루어질 수 있도록 학습과제를 자신의 인지구조와 관련지어 습득하며, 교사는 학생이 학습과제를 의미 있게 수용할 수 있도록 설명하는 방법을 체계화 한다. 오수벨의 교수 이론은 교사와 학생이 언어라는 매체를 활용하여 상호작용이 이루어지고, 교사의 언어적 설명은 학생이 유의미하게 수용할 수 있는 것이어야 한다.

오수벨은 유의미 언어학습이 이루어지기 위한 조건으로 학습태세, 유의미 학습과제, 관련 정착지식을 제시하였다.

(1) 학습태세

학습태세(learning set)란 특정한 학습방법을 통해서 학습과제를 인지구조에 연결하려는 학습자의 성향 또는 의도를 의미한다. 즉, 학습자가 새로운 학습과제를 자신의 인지구조에 관련시키고자 하는 태도와 자세를 말한다.

(2) 유의미 학습과제

오수벨은 어떤 학습과제가 의미 있으려면 실사성과 구속성을 지닌다고 하였다. 실사성(substantiveness)은 학습과제를 표현을 달리하더라도 그 관계나 의미는 변하지 않는 것을 의미하고, 구속성(nonarbitrariness)은 어떤 대상의 성질과 인지구조와의 관계가 확고하여 임의적으로 변경될 수 없는 성질을 뜻한다. 의미 있는 학습이 이루어질 때는 학습과제를 기존의 인지구조와 의미 있게 관련지어질 때이며, 이때 그 학습과제는 논리적 의미성을 갖는다.

(3) 관련 정착지식

관련 정착지식이란 학습자의 인지구조에 이미 형성되어 있는 지식을 말한다. 학습자는 새로운 학습과제를 포섭하기 위해서 기존의 인지구조 속에 관련 정착지식을 소유하고 있어야 한다. 포섭이란 새로운 명제나 아이디어가 학습자의 머릿속에 이미 조직되어 존재하고 있는 보다 포괄적인 인지구조 속으로 동화되거나 흡수되는 과정을 말한다(문은식 외, 2007). 이때 기존의 획득한 아이디어를 '포섭자'라 한다.

4 교육공학의 연구 영역

교육의 진정한 목적은 크론바흐와 스노우(Cronbach & Snow, 1977)가 말했듯이 학생의 필요에 맞게 교수방법을 수정하여 적용하는 것이다. 어떤 매체가 다른 매체보다 본래부터 더 나은 것은 아니라는 관점에서 출발하는 자세가 필요하다.

교육공학은 그 자체만으로는 학습에 직접적인 영향을 미치지 못한다. 오히려 교육공학은 공학이 아니고서는 불가능한 어떤 환경을 창출하고 그 환경

속에서 교수학습 과정을 촉진하고 잠재적으로 교육을 더 풍부하게 하는 데서 그 목적을 찾아야 할 것이다.

1) 교수 설계 영역

미국의 경우 현재의 교수 설계 이론의 대부분은 40여 년 전에 개발된 것으로 새로운 상호작용적인 공학을 적용하는 교수를 설계하고 설명하기에는 부적절한 면이 있다. 인지과학이 비약적인 발달을 해 왔지만 효과적인 교수설계 모형을 제공하는 데 교육공학도의 열정이 있어야 할 것이다.

우리나라의 경우 이화여자대학교, 한양대학교 교육공학과를 중심으로 한 다양한 교수설계 모형 연구가 이루어지고 있으며, 기업체의 경우 삼성그룹 등 HRD 파트를 중심으로 자체 교수설계모형에 대한 연구가 이루어지고 있다.

2) 컴퓨터와 멀티미디어 영역

미국의 경우 1980년대에 어떤 단일 교수매체나 교수적 관심의 대상물이 컴퓨터가 불러일으킨 것만큼 획기적인 것은 없다(Becker, 1990).

우리나라의 경우 컴퓨터의 교육적 활용은 크게 교수-학습, 수업도구, 교육행정의 세 가지 분야로 구분할 수 있다. 특히 교육행정 분야는 교사들이 교육행정업무를 처리하기 위해 컴퓨터를 활용하는 것으로 워드프로세서, 스프레드시트 등의 일반 사무용 소프트웨어와 학교 사무 자동화 목적으로 개발된 학생 및 인사관리, 성적처리, 생활기록부 관리의 목적으로 개발된 학교 사무용 소프트웨어(교육행정정보시스템, NEIS)를 이용하는 것이다.

또한 컴퓨터 기술이 발전하면서 다양한 멀티미디어(텍스트, 이미지, 오디오, 비디오, 애니메이션) 등이 디지털 정보의 형태로 통합되어 사용자에게 대화형태로 제공되었다(백영균, 1999). 멀티미디어의 개념이 컴퓨터에 의해 통제되는 단일시스템으로 변화되었다고 볼 수 있다. 멀티미디어는 하드웨어라기보다 소프트웨어의 개념으로 해석되고 있다(허희옥 외, 2001).

3) 정보통신기술 영역

정보통신기술(Information Communication and Technology)을 사용하는 것은 일상적인 일이다. 21세기를 살면서 인간은 정보기기에 의존하여 일할 능력을 갖출 것이 요구되고 있으며, 세계의 누구와도 의사소통하며 정보를 공유할 준비가 되어 있어야 한다.

우리나라의 학교에서도 정보통신기술을 교육의 내용과 방법으로 삼아야 하는 이유이다. 미래의 직업생활과 사회생활을 준비하여야 하는 그들에게 정보통신기술의 습득과 활용은 교육이 제공해야 하는 중요한 과업이다.

4) 인터넷 영역

수많은 정보를 컴퓨터와 정보통신기술을 활용하여 어떻게 수집하고 관리하며 재창조할 것인가는 교육자에게 아주 중요한 관심사이다.

인터넷을 활용하여 학습자는 최신의 다양한 학습 자료를 접할 수 있고, 자신이 필요로 하는 정보를 요약·정리·종합할 수 있으며, 전자우편을 활용하여 다른 사람과의 의사소통이 가능하다. 이러한 인터넷의 교육적 기능을 학교교육에 적용하기 위한 연구들이 교육공학의 관심사가 되고 있다.

5) 용어의 이해

- e-러닝: 컴퓨터 및 인터넷과 같은 디지털 방식의 커뮤니케이션 및 콘텐츠를 활용한 학습, 학습주의 패러다임 변화와 함께 디지털화된 또는 하이퍼텍스트로 연결된 콘텐츠 중에서 학습자가 자기 주도적으로 활동하는 모습에 초점을 둔 새로운 학습유형
- 컴퓨터기반 교육: 컴퓨터를 통해서 이루어지는 교육으로 과거 CAI, CBI 같은 프로그램을 이용하거나 최근의 CD-ROM이나 파일 형태의 교재를 이용하는 것
- 웹기반 교육: 인터넷의 world wide web, 즉 웹브라우저라는 소프트웨어를

이용하여 학습

- **온라인 교육**: 웹을 포함하여 FTP, e-mail, 게시판 등 네트워크를 이용하는 모든 교육
- **원격교육**: 라디오나 TV, 우편물을 이용한 교육으로 EBS의 TV 강좌처럼 교수자와 학습자 간의 물리적 공간의 제약을 극복한 모든 교육
- **가상교육**: 가상공간에서 이뤄지는 교육으로 시뮬레이션이나 가상현실 기법을 이용
- **스마트교육**: SMART는 자기주도적(self-directed) 학습방법, 흥미로운(motivated) 학습방법, 내 수준과 적성에 맞는(adaptive) 학습방법, 풍부한 자료(resource enriched)를 가진 학습방법, 정보통신기술을 활용하는(technology embedded) 학습방법의 합성어로 21세기 지식 기반사회에서 요구되는 새로운 교육방법, 교육과정, 평가, 교사 등 교육체제 전반의 변화를 이끌기 위한 지능형 맞춤 교수-학습 지원체제, 최상의 통신환경을 기반으로 인간을 중심으로 한 소셜러닝(social learning)과 맞춤형(adaptive learning)을 접목한 학습형태이다(전략위·교과부, 2011). 미래교육은 전통적인 교실 수업을 넘어 시간, 공간, 학습자료, 학습방법의 확장을 의미한다. 전통적인 학교체제를 3R 중심교육, 서책형 교과서, 물리적 공간, 특정 시간, 강의식 수업으로 규정하고, 이를 벗어날 수 있는 대안으로 스마트 교육을 상정하고 있음
- **전자책**(e-book): 컴퓨터나 스마트폰 아이패드 같은 것에서 볼 수 있게 워드 문서로 된 책이나 이미지로 된 책

5 과제와 전망

지금까지의 교육공학은 교육의 전체적인 과정을 보기보다는 매체의 한 면이나 하드웨어에 지나치게 치중해 온 경향이 있다. 그러나 학습자의 인지과정에 대한 이해가 중요해짐에 따라 인간의 창의적인 사고, 동기, 태도 및 가치의 인식이 부각되고 있다.

이제 교육공학은 각 개인에게 가장 효과적으로 자기 성장을 도모할 수 있는

프로그램을 개발, 보급, 활용하는 쪽으로 방향을 모색해야 하며, 교육공학도의 양성에 있어서도 많은 관심과 지원이 필요하다고 하겠다. 구체적으로는 교육문화콘텐츠의 체계적인 교육과정을 통하여 학교 이외의 다양한 교육문화에서 활동하는 교육공학 전문가를 양성하는 과정이 활성화되어야 한다.

이제는 4차 산업혁명의 시대로 교육공학의 혁신적인 발전이 기대되며 이로 인해 교육에서 진정한 의미의 성장과 산출효과가 이루어지고 교육이 향상될 것이라는 사실을 인식해야 할 것이다.

07
CHAPTER

교육행정의 이해

교육행정은 학교가 추구하고 있는 교육활동이 원활하게 진행될 수 있도록 관리·조성·지원하는 활동이다. 교육목표 달성을 위하여 교육과정 운영에 필요한 인적·물적 자원으로 구성되는 교육조건을 정비 확보하여 교육활동을 효율적으로 수행할 수 있도록 하나는 '관리 활동'이다. 여기서는 교육행정의 개념, 성격, 원리, 이론 등에 대해서 알아보고자 한다.

1 교육행정의 개념

1) 교육행정의 개념

교육행정의 어원을 살펴보면, 행정을 의미하는 영어의 'administration'은 ad(to) + minister(serve)로서, 어원적으로 봉사라는 말에서 나왔다. 따라서 교육행정은 교육목표를 설정하고 이 목표를 달성하기 위한 교육과정과 프로그램을 개발하며, 이를 운영하기 위한 인적·물적 자원을 지원하여, 이 과정에서 지도력을 발휘하는 봉사활동이라고 할 수 있다. 이러한 입장의 대표적인 학자인 몰맨(Moehlman)은 수업의 효율성을 높이기 위한 수단으로 고려되어야지 그 자체를 목적으로 고려되어서는 안 되며, 행정은 본질적으로 교육과정의 기본 목표에 더욱 충실하고 능률적으로 실현될 수 있도록 하기 위한 봉사활동으로 보고 있다.

이를 종합해 보면 다음과 같다. 교육행정이란 학교활동의 핵심이 되는 교수-학습활동을 지원하기 위한 봉사적 활동으로써 교육의 전문성과 특수성을 고려함과 동시에 행정에서 요구되는 효율성과 능률성을 극대화할 수 있는 방법을 강구하여 이것을 교육행위에 적응시키기 위한 활동행위라 할 수 있다(박영진·장성화, 2013).

또한 교육행정에 대한 정의는 어떤 입장에서 어디에 초점을 두고 정의하느냐에 따라서 서로 다를 수가 있다. 또한 교육행정을 어떻게 개념 규정하느냐에 따라서 교육행정의 성격·영역·기능 등이 달리 규정될 수 있다. 윤정일(2015)은 교육행정(educational administration)을 교육활동이 잘 되도록 관리

·조성·지도하는 활동으로 보고 있다. 남정걸(2015)은 교육행정에 대한 개념 정의가 까다롭고, 어느 한 가지 입장의 정의만을 가지고 보편적으로 적용하기는 어렵다고 하였다. 여기서는 여러 학자의 견해를 종합하여 교육행정에 관한 정의를 다음과 같이 5가지로 정리하고자 한다.

(1) 국가통치권설

국가통치권설은 교육행정을 국가권력 작용, 즉 총체적인 국가행정의 관점에서 보려는 입장으로서 교육행정을 국가 행정작용 중에서 '교육에 관한 행정'으로 보는 입장이다(윤정일, 2015). 즉, 국가통치권 중에서 입법·사법을 제외한 행정 작용의 일부로 보는 입장이다. 이러한 견해는 국가통치권 중에서 교육행정사무를 교육부가 담당하고 있기 때문에 교육부가 수행하는 법적 기능 또는 행정작용으로 보는 것이다. 이러한 방식의 정의는 교육 관계 법규와 교육정책의 범위 안에서 행정이 이루어지는 것으로 보기 때문에 법규 해석적 정의 또는 공권력설이라고도 한다.

이러한 국가통치권설은 교육행정을 '교육을 대상으로 하는 법적·행정적 작용'으로 보기 때문에 교육행정에서 '교육'보다는 '행정'을 우선시하는 경향이 있다(남정걸, 2015). 또한 교육행정의 특수성과 전문성을 무시하고 행정의 관료성과 획일성을 강조하며, 교육의 정치적 중립성과 자주성을 간과하고 있다는 문제점이 있다(윤정일, 2015).

(2) 조건정비설

교육행정은 교육목표와 교육의 핵심적 기능인 교수와 학습의 효율화를 달성하기 위하여 필요한 인적·물적·재정적 제반 조건을 정비하는 수단적·봉사적 활동으로 보는 입장이다(윤정일 외, 2007). 이는 교육행정의 기능을 강조하는 것으로서 교육행정이 목적이 아니라 수단이 되어야 한다는 것이다. 학교에서 교육활동을 크게 교수-학습활동과 이를 지원하고 보조하는 활동으로 나눈다면, 교육행정은 교실에서 전개되는 교수-학습활동이 원활히 진행될 수 있도록 각종 인적·물적 조건을 정비하고 확립하는 수단적 봉사활동이다. 결국 교육행정은 '교육을 위한 행정'이기 때문에 '행정'보다는 '교육'을 더 중요시한다(전상준 외, 2018).

(3) 행정과정설

행정과정설(administration process)은 교육행정을 업무수행의 과정으로 보는 입장으로서, 교육행정을 행정과정에 초점을 두고 규정하려는 것이다. 이 학설은 교육 행정가가 조직의 목적을 달성하는 데 필요한 적절한 행동과 그 과정에 대하여 생각하게 한다. 따라서 교육행정에 있어서 어떠한 과정과 절차를 거쳐야 하는지에 관심을 가진다.

행정과정설에 따르면 행정의 과정은 계획, 실천, 평가로 이뤄지는데, 이에 대한 대표적인 학자로는 패욜(Fayol)과 굴릭(Gulick), 시어스(Sears) 등이 있다.

패욜에 의하면, 행정과정은 크게 계획(목적 달성을 위해 수단과 방법을 준비하는 과정), 조직(필요한 물적·인적 자원을 배분하는 과정), 지시(구성원의 수행을 요구하는 과정), 조정(구성원의 노력을 통합하고 조절하는 과정), 통제(활동 수행 상태를 관리 감독하는 과정)로 구성되어 있다고 하였다.

한편, 굴릭은 계획(조직의 목적을 달성하기 위한 행동의 대상과 방법을 개괄적으로 확정하는 일), 조직(세워진 공동의 목적을 달성하기 위하여 공식적 권한 구조를 설정하고 직무 내용을 배분하고 규정하는 일), 인사(설정된 구조와 직위에 적격한 직원을 채용하고 배치하며 작업에 유리한 근무 조건을 유지해 주는 일), 명령(조직의 장이 여러 가지 의사결정을 하고 그것을 각 부서에 대한 명령과 지시 등의 형태로 구체화하는 일), 조정(각 부서의 업무 수행의 관계를 상호 관련시키고 원만하게 통합 및 조절하는 일), 보고(조직의 장이 작업의 진전 상황을 기록, 조사, 연구, 감독 등을 통하여 자기 자신은 물론 하위 직원에게 알려주는 일), 예산(조직의 목표 달성을 위해 소용되는 제반 예산의 편성, 회계 및 재정 통제, 결산 등을 포함하는 일)의 과정을 제시하였고, 시어스는 패욜의 이론을 적용하여 기획, 조직, 지시, 조정, 통제의 과정을 제시하였다.

이처럼 행정과정설은 계획의 수립에서부터 실천과 평가에 이르는 행정의 전체 경로를 의미하는 행정과정에 초점을 두고 있으며, 그 속에서 이루어지는 행정 작용의 구성 요소를 찾아 그것을 통해 교육행정을 정의하려는 입장을 취한다.

이러한 행정과정설은 교육행정 현상을 동태적으로 파악할 수 있다는 계기를 마련했다는 점에서 교육행정의 개념발달에 매우 큰 공헌을 하였으나, 초기에 행정의 과정과 절차에만 초점을 둔 나머지 행정 행위의 내용과 규범적 측면을 소홀히 했다는 지적도 제기되고 있다.

(4) 협동행위설

협동행위설은 교육행정을 조직목적의 효율적인 달성을 위한 여러 사람의 협동적인 행위로 보는 것이다. 즉, 행정을 합리성에 기초한 집단적 행위, 특히 목표 달성을 위한 협동 행위로 보고 교육행정을 규정하려는 입장이다.

이 이론에 따르면 교육행정을 교육조직의 목적을 달성하기 위해 다른 사람들과 더불어 교육활동을 전개하게 되는 집단적 협동행위로 본다. 행정행위론적 관점에 따라 교육행정을 정의하면, 교육목표를 보다 효율적으로 달성하기 위해 교육조직의 구성원들을 통합하고 조정하는 활동이다.

교육행정 활동을 단순한 절차나 과정이 아니라 그 수행하는 활동의 내용을 중심으로 정의하고 있다는 점에서 교육행정 활동의 본질적 의미를 구현할 수 있다는 가능성을 보여 주고 있다.

협동행위설에서의 행정은 반드시 집단이나 조직을 전제로 하고 있다. 여기서 조직이라는 것은 군중과 같은 우연적인 집단이 아니라 학교, 정부, 군대, 병원 등과 같이 지속적이며 목적적인 집단을 의미한다.

따라서 행정은 반드시 달성하고자 하는 공동의 목표를 설정하고, 그에 따른 다양한 하위 목표에 따라 구성원 간에 협력적인 관계를 형성하게 된다. 이때 행정 행위는 시간과 비용 등에 있어서 합리적이어야 한다.

이와 같이 협동 행위는 교육조직의 특수성을 반영한 모종의 특수한 행위라기보다는 모든 조직의 공통성을 반영하는 일반적인 행위를 의미하고 있기 때문에 사실상 교육행정 활동의 본질적인 측면을 반영할 수 있는 가능성은 크지 않다는 지적을 많이 받는다.

(5) 포괄설

남정걸(2015)에 의하면 앞서 살펴본 국가통치권설, 조건정비설, 행정과정설, 협농행위설에 따른 교육행정의 정의는 입상에 따라서 미비한 측변도 있으며, 하나의 입장으로 명확하게 정의내리는 데도 한계가 있다고 보았다. 따라서 교육행정의 개념을 다음과 같이 포괄적인 의미로 기술하였는데, 이를 포괄설이라고 한다. 포괄설에서 의미하는 교육행정이란 "교육의 목적을 효과적으로 달성하기 위하여 교육 법규나 정책을 입안 또는 집행하고, 교수-학습에 필요한 제 조건을 정비·확립하며, 교육조직 구성원의 협동적 행위를 능률적으로 조성하는 수단적 봉사활동"이라고 할 수 있다.

2 교육행정의 성격

교육행정은 내무행정 보건행정 등과 공통적인 일반적인 성격을 가진다. 일반적인 성격에는 봉사적 성격, 정치적 성격, 민주적 성격을 갖는다. 또한 교육을 위한 행정이라는 논리에서 볼 때 교육조직이 가지고 있는 독자적인 성격도 있다. 독자적인 성격은 효과의 장기성과 비긴급성, 평가의 곤란성, 공개성과 개방성, 독자성과 협력성으로 다른 행정 조직이 갖지 않은 교육행정만의 특수한 성격이 있다.

이러한 교육행정의 일반적인 성격과 독자적인 성격을 좀 더 자세히 살펴보고자 한다.

1) 일반적 성격

교육행정의 일반적 성격은 내무행정, 병무행정, 보건행정 등과 같이 어느 행정조직에서도 나타나는 성격이다. 행정은 조직의 목적을 효율적으로 달성할 수 있도록 도와주는 수단적 봉사활동이며, 구성원이 서로 협력하여 목표를 달성할 수 있도록 노력하는 협동과정이다. 이러한 관점에서 교육행정의 일반적 성격을 제시하면 다음과 같다(임규진·임연기, 2005; 임연기·최준렬, 2017 재인용).

① 국가통치권설의 입장에서 볼 때 교육행정은 조장적 성격을 갖는다. 교육행정은 사회 공공의 복지향상을 목적으로 하고 있다. 따라서 정신적 또는 물질적 봉사에 중점을 두고 지도·조언하는 조장적 성격이 강하다.
② 조건정비설의 입장에서 교육행정은 수단적 성격을 갖는다. 교육행정은 '교육을 위한 행정'으로서 교육목적을 달성하기 위해 필요한 모든 조건들을 정비·확립해 주는 수단적 성격을 띠고 있다.
③ 협동행위설의 입장에서 교육행정은 민주적 성격을 갖는다. 조직구성원이 참여하여 의견을 제시하고 공동으로 협력하는 민주적 과정이 교육행정에 적용되어야 한다.

2) 독자적 성격

교육행정은 다른 행정에서는 볼 수 없는 독특한 성격을 가지고 있다. 즉, 교육행정은 내무행정이나 병무행정 등에서 볼 수 없는 독자적인 성격을 지니고 있다. 교육행정이 지니고 있는 독자적인 성격을 제시하면 다음과 같다(남정걸, 2015).

① 교육행정이 지향하는 목표가 장기적이고 긴급하지 않다. 교육은 백년지대계(百年之大計)라고 하듯이 교육의 목적과 성과는 단시일 내에 나타나지 않는다. 또한 교육을 일시적으로 중단한다고 해서 개인, 국민생활, 국가 등에 즉각적인 영향을 미치지 않는다.
② 교육행정은 일부 국민이 아닌 전체 국민을 대상으로 한다. 현대사회에서 교육은 학교교육의 대상인 아동·학생이나 청소년뿐만 아니라 그 보호자, 사회성인들 모두가 교육의 대상자가 된다. 즉, 민주국가에서 교육의 대상자 아닌 사람이 없다고 할 수 있다. 따라서 교육행정은 고도의 공개성 및 공공성과 여론에 민감할 수밖에 없다.
③ 교육행정은 평가하기가 곤란하다. 교육행정의 대상인 학교의 평가는 학생행동의 변화와 관련된다. 그러나 교육행정 행위에 따라 학생의 지식·기능·태도 등에 대한 변화가 쉽게 일어나지 않을 뿐만 아니라 직접 확인할 수도 없다. 예를 들면, 창의력 증진을 위한 교육을 지속적으로

해 왔다 해도 학생들의 창의력이 한 학기나 일 년 동안에 얼마나 증진되었는가를 평가하기란 지극히 곤란하다. 교육을 통한 행동변화의 결과 확인은 수년간에 걸친 누적된 자료를 통해서 확인할 수 있다. 그러나 그 또한 의도적인 교육의 결과인지는 단정하기 어렵다. 하물며 이러한 교육활동에 교육행정이 얼마나 기여하였는지를 평가하기는 매우 어렵다.

④ 교육행정은 다른 기관이나 지역사회와 고도의 협력을 필요로 한다. 교육의 목적은 학교뿐만 아니라 정치·경제·사회·문화의 모든 영역과의 긴밀한 협력 관계를 유지하여야 그 목적을 달성할 수 있다. 특히 교육정책 수립과 집행과정에서 절실히 요구되며 그것은 일시적인 것이 아니라 장기적·계속적인 것이라야 한다.

⑤ 교육행정은 전문성이 특징이다. 교육은 고도의 복잡성을 띠고 있으며, 학생을 직접 지도하고 있는 교사는 교수-학습지도 면에서 학부모나 일반 행정가보다 더 전문가이다. 따라서 교육행정은 교육에 대한 전문적 식견과 고도의 행정수완과 리더십이 요구된다. 따라서 교육행정에 대한 장기적인 전문교육과 훈련을 거치야 교육행정을 원만히 감당할 수 있다.

3 교육행정의 원리

교육행정의 원리는 교육조직을 운영하는 과정에서 지켜야 할 규범으로 학자에 따라 다양하게 제시되고 있다. 남정걸(2015)은 교육행정의 원리를 법규면의 원리, 운영면의 원리, 조직면의 원리로 구분하여 제시하였다. 법규면의 원리로는 기회균등, 자주성 존중, 교육자치, 법률주의, 공공성의 원리를 제시하고, 운영면의 원리로는 타당성, 민주성, 능률성, 적응성, 안정성, 균형성의 원리를, 조직면에서는 분업과 전문화, 계층제, 통솔범위, 명령일원화의 원리를 제시하였다. 윤정일 외(2015)는 민주성, 효율성, 합법성, 기회균등, 자주성의 원리 등을 제시하였다. 교육행정의 원리는 일반행정의 원리에 근거하여 발전하였다. 이와 같은 학자들이 제시한 원리를 종합하여 여기에서는 법제면에서 교육행정에 관한 기본 원리를 교육관계 법규에서 찾아볼 수 있는 원리로, 법치행정의 원리(합법성의 원리, 적법성의 원리), 기회균등의 원리, 자주성의 원리, 적도집권의 원리가 있으며, 운영면에서는 교육행정을 실제 운영하는 데 규범이 될 원리로 타당성의 원리(합목적성의 원리), 민주성의 원리, 효율성의 원리, 적응성의 원리(융통성의 원리), 안정성의 원리(일관성의 원리), 균형성의 원리(균형적 판단의 원리)로 제시하고자 한다.

1) 법제면의 원리

첫째, 법치행정의 원리는 모든 행정활동은 법에 근거하여야 한다는 것이다. 즉, 법의 근본 취지와 정신에 맞게 행정활동이 전개되어야 함을 의미한다. 교육행정은 「헌법」과 「교육기본법」 등의 법률과 명령, 조례, 규칙 등에 의거하여 이루어져야 한다. 이는 국민의 교육권을 보장하고 국가의 부당한 직무 수행과 행정재량권의 남용을 방지하기 위함이다. 그러나 지나친 법치행정의 강조는 행정의 합목적성·전문성·기술성 등이 무시되거나 법률만능주의로 인하여 행정의 경직화를 초래하거나 사회적 능률을 저하시킬 수 있다.

법치행정의 원리는 합법성의 원리와 적법성의 원리로 나뉘는데, 모든 교육행정활동이 법을 어기지 않고 적법하게 이루어져야 함을 의미하며, 국민의 교육 보장, 국가 예산의 효율적 집행, 공무원의 부당한 직무수행과 행정재량권의 남용 방지, 공무원의 신분 보장을 이루려고 한다.

둘째, 기회균등의 원리는 민주주의의 기본원리로서 특히 교육행정에 있어서 가장 강력하게 요청되는 원리이다. 모든 사람에게 교육의 기회를 동등하게 제공하는 것으로서 교육을 수행하는 과정에서 성별, 종교, 인종, 경제·사회적 지위 등에 차별을 두지 않는다는 것이다. 「헌법」 제31조 제1항에는 '모든 국민은 능력에 따라 균등하게 교육을 받을 권리를 가진다.'라고 규정하고 있으며, 「교육기본법」 제3조에는 '모든 국민은 평생에 걸쳐 학습하고, 능력과 적성에 따라 교육받을 권리를 가진다.'라고, 「동법」 제4조에는 '모든 국민은 성별, 종교, 신념, 사회적 신분, 경제적 지위 또는 신체적 조건 등을 이유로 교육에 있어서 차별을 받지 아니한다.'라고 규정하고 있다.

셋째, 자주성 존중의 원리 교육이 특정 정파나 종교 등의 외압으로부터 영향을 받지 않고 교육의 전문성에 기초하여 지역의 특성에 따라 자율적으로 교육기관을 유영하여야 한다는 것이다. 「헌법」 제31조에서는 '교육의 자주성·전문성 및 정치적 중립성은 법률이 정하는 바에 의하여 보장된다.'고 규정하고 있다. 또 「교육기본법」 제6조에서는 '① 교육은 교육본래의 목적에 따라 그 기능을 다하도록 운영되어야 하며, 어떠한 정치적·파당적 또는 개인적 편견의 전파를 위한 방편으로 이용되어서는 아니 된다. ② 국가 및 지방자치단체가 설립한 학교에서는 특정 종교를 위한 종교교육을 하여서는 아니 된다'고 규정함으로써 교육의 자주성을 보장하고 있다.

넷째, 적도집권의 원리는 교육에 관한 권한과 책임을 집권주의와 분권주의 간에 균형을 유지하려는 것이다. 이는 교육자치제의 한 원리로서 주민의 의사와 지역의 특수성에 부합하는 수요자 중심의 교육행정을 펴는 데 그 취지가 있다. 하지만 광역적 국가사업의 추진이 어렵고 행정의 통일성과 능률성을 확보하기 어렵다는 단점이 있다.

2) 운영면의 원리

첫째, 타당성의 원리는 교육행정 활동이 바람직한 교육계획을 세우고 그것을 운영해 나가는 데 있어서 목적과 수단 간의 괴리가 없어야 한다는 원리이다.

둘째, 민주성의 원리는 교육정책 수립과 교육행정을 수행하는 과정에서 국민의 의사를 반영하고 국민을 위한 행정을 해야 하는 것을 의미한다. 교육행정을 수행하는 과정에서 독단과 편견을 배제하고 가능한 한 다수의 참여를 보장하여야 한다는 것이다.

셋째, 효율성의 원리이다. 효율성이란 효과성(effectiveness)과 능률성(efficiency)을 포괄하는 용어로 가장 능률적인 방법으로 목표 달성을 최대화하자는 것이다. 여기서 효과성은 목표의 달성 정도를 따진다는 것이다. 능률성은 비용과 효과의 비교를 통해 추구되는 개념으로서 경제성의 원리라고도 한다. 즉, 행정활동에서 최소한의 인적·물적 자원과 시간으로 최대의 성과를 거두는 것을 말한다. 그러므로 효과성은 질(質)과 관련된 합목적적인 개념이고, 능률성은 양(量)과 관련된 방법과 수단에 관한 것이다. 교육행정에서는 능률성과 효율성 모두 중요하다. 지나치게 강조하면 교육의 본질을 손상시킬 수 있다.

넷째, 적응성의 원리는 새로이 발전하는 사회에 신축성 있게 대응해 나감으로써 조화적 관계와 능률적 성과를 계속 확보해 나가는 원리이다.

다섯째, 안정성의 원리는 국민적 합의과정을 거쳐 수립·시행되는 교육정책이나 프로그램은 장기적인 안목에서 지속성과 안정성을 주기 위하여 전통을 계승하여 장점을 강화·발전시켜야 한다는 원리이다.

여섯째, 균형성의 원리는 정책의 수립과 그 집행의 과정에서 사물에 본말경중을 분별하여 선후의 순위를 밝히고 노력과 경비의 공정한 분배를 기하여야 한다는 원리이다.

일곱째, 전문성의 원리는 교육행정을 담당하는 행정가들이 교육활동의 본질, 교육의 특수성 등을 파악하고 교육행정에 관한 이론과 기술을 습득한 전문가들이어야 한다는 것이다. 교육활동을 전문적으로 수행하기 위해서는 일정 기간의 교육과 자격증이 요구된다. 교원자격증을 소지한 자에게만 교육을 담당하게 하는 것은 학생을 보호하고 국가의 교육기능을 수행하기 위함이다. 교육행정 담당자 역시 전문지식과 기술을 구비한 자이어야 한다. 이러한 차원에서 교장, 교감 자격증을 요구하고 있다.

여덟째, 지방분권의 원리는 중앙의 권한을 지방에 위임하거나 이양하는 원리로 권한을 분산시키는 것이다. 지방분권을 통해 지방의 특성에 따라 자율적인 교육행정을 가능하게 할 수 있다. 그러나 지나치게 지방분권을 추구하다보면 교육에 있어서 지역 간 격차가 발생할 수 있다. 이점을 고려하여 중앙집권의 장점과 지방분권의 장점을 고려하여 적정한 수준으로 권한을 분산하는 적도집권의 원리를 적용하는 것이 바람직하다.

4 교육행정 이론의 발전

교육행정학은 경영학과 행정학과 같은 관련 분야에 비해 늦게 발전되었다. 교육행징학 이론은 능률을 강조하는 고전 이론(과학적 관리론, 행정과정론, 관료료제론), 사람에 관심을 두는 인간 관계론과 행동과학론, 두 개념을 보완코자 생성된 체제 이론 그리고 현재에는 비판 이론, 해석학, 페미니즘 등에 힘입은 이론들이 대안적 관점으로 제시되고 있다.

1) 고전 이론(1900~1930년대)

산업혁명이 가져다 준 에너지와 가능성을 실현하기 위해서는 효율적인 조직체제와 절차, 합리적인 관리 기술의 개발이 필요하였다. 이러한 시대적 여망에 부응하여 발달한 이론이 고전 이론이다. 이 이론은 조직 및 인간관리의 과학화와 능률화를 추구하였는데 대표적인 이론들로는 과학적 관리론, 행정과정론, 관료제론이 있다.

(1) 과학적 관리론

과학적 관리운동의 창시자는 테일러(Taylor)이다. 인간은 효율적인 기계와 같이 프로그램화할 수 있으며, 경제적 요인만으로도 동기 부여가 된다고 보았다. 그는 작업과정을 분석하여 과학화하면 능률과 생산성을 극대화할 수 있다고 믿고 시간연구와 동작연구 등을 통해 체계적인 공장관리론을 발전시킴으로써 과학적 관리론의 기초를 세우고, 자신만의 과학적 관리와 원리를 체계화했다. 과학적 관리의 원리는 다음의 다섯 가지로 요약할 수 있다.

- **최대의 일일작업량**: 모든 노동자에게 명확하게 규정한 최대의 1일 작업량을 정해 주어야 한다.
- **표준화된 조건**: 노동자들이 과업을 성공적으로 수행할 수 있도록 작업조건과 도구를 표준화해 주어야 한다.
- **성공에 대한 높은 보상**: 노동자들이 과업을 성공적으로 완수한 경우에는 높은 보상을 해 주어야 한다.
- **실패에 대한 책임**: 노동자가 과업을 달성하지 못하였을 경우에는 그 실패에 대한 책임으로 손해를 감수하도록 해야 한다.
- **과업의 전문화**: 노동자에게 주어지는 과업은 일류 노동자만이 달성할 수 있을 만큼 어려운 것이어야 한다.

이와 같은 과학적 관리론은 20세기 초 미국을 중심으로 교육의 영역에서 학교의 비효율과 낭비를 제거하고 관리의 효율을 극대화하기 위해 도입 및 적용이 제기되었다. 대표적 주창자는 스폴딩(Spaulding)과 보빗(Bobbitt)이다. 보빗이 주장한 과학적 관리의 원리는 가능한 모든 교육시설을 동시에 활용하며, 교직원의 작업 능률을 최대로 유지하면서 교직원수를 감축하고, 교육에서의 낭비를 최대한 제거하면서 교원은 수업을, 행정가는 학교행정을 책임져야 한다는 것으로 요약된다.

(2) 행정과정론

패욜(Fayol)은 과학적 관리론의 시기에 그와 유사한 맥락에서 분업과 조정의 문제에 주목하여 관리과정의 과학적 접근방법을 제시했다. 그는 행정이란 몇 사람의 권위의식이나 책임의식에 의해 이루어지는 것이 아니라 조직 구성원 모두의 협력과 협조에 의해 이루어지는 것이라고 보고, 기획, 조직, 명령, 조정, 통제와 같은 5개 요소로 정리하였다.

- **기획**(planning): 미래를 예측하고 실천계획을 수립하는 일
- **조직**(organizing): 인적·물적 자원을 확보하고 체계화하는 일
- **명령**(commanding): 구성원으로 하여금 과업을 수행하도록 지시하는 일
- **조정**(coordinating): 모든 활동을 통합하고 상호 조정하는 일
- **통제**(controlling): 정해진 규칙과 명령에 따라 수행되고 있는지를 확인하는 일

굴릭(Gulick)과 어윅(Urwick)은 대통령의 일반적 직무를 기능적으로 분석하여 기획, 조직, 인사배치, 지시, 조정, 보고, 예산편성의 머리글자 POSDCoRB라는 약어로 표현되는 행정과정을 제시하였다. 이는 패욜의 행정관리 5요소를 7요소로 발전시킨 것으로 공공행정이나 기업관리에 관심을 가진 학자들에 의해 보충되고 수정되어 현재까지 널리 사용되고 있다.

- **기획**(Planning): 조직의 목적을 달성하기 위해서 행동의 대상과 방법을 개괄적으로 확정하는 일

- 조직(Organizing): 공동의 목적을 달성하기 위하여 공식적 권한 구조를 설정하고 직무 내용을 배분하고 규정하는 일
- 인사배치(Staffing): 설정된 구조와 직위에 적격한 직원을 채용, 배치하고 작업에 적합한 근무조건을 유지해 주는 일
- 지시(Directing): 조직의 장이 의사결정을 하고 그것을 각 부서에 대한 명령과 지시 등의 형태로 구체화하는 일
- 조정(Coordinating): 각 부서별 업무수행의 관계를 상호 관련시키고 원만하게 통합, 조절하는 일
- 보고(Reporting): 일의 진척 상황에 대한 기록, 조사, 연구, 감독 등을 통해 조직의 장이 자신과 하위 직원들에게 정보를 제공하는 일
- 예산편성(Budgeting): 목표 달성에 소요되는 예산을 편성하고 회계, 재정 통제, 결산 등을 하는 일

이와 같은 패욜과 귤릭의 행정과정의 개념을 처음으로 교육행정에 적용한 학자는 시어즈(Sears)였다. 그는 기획, 조직, 지휘, 조정, 통제를 교육행정과정으로 제시하였다. 또한 미국 교육행정가협회에서는 1995년에 교육행정의 과정을 기획, 배분, 자극, 조정, 평가의 다섯 가지로 구분하였다. 이 외에도 많은 학자가 시대에 맞는 용어로 행정과정의 단계와 요소를 구분하였다. 그러나 이러한 노력은 교육행정가의 과업을 체계적으로 분류해 주는 데는 공헌하였지만, 교육행정 현상을 설명하고 예측하는 교육행정 이론이 되지는 못하였다(윤정일 외, 2003).

(3) 관료제론

베버(Weber)의 관료제는 대규모의 조직의 구조와 운영의 공시화가 필요함을 예측하고, 우선 관료주의를 분석하고 관료제의 가장 특정적 요소를 추출함으로써 이를 이상적 관료제로 발전시켜 행정사상 가장 유용하고 지속적인 업적을 이룩하였다. 베버에 의하면 권력은 명령을 받아들이도록 유도하는 능력으로 남에게 말을 해서 거기에 따르도록 하는 힘이다. 정당성 또는 합법화는 상사의 지시나 명령 또는 말이 부하가 생각하는 가치관과 일치하기 때문에

권력의 행사가 받아들여지는 것으로 보았고, 권한을 전통적·합법적·카리스마적 권한으로 유형화하였다. 관료제는 정부, 특정조직 구조 등을 의미하거나 그 병폐를 지적하는 의미로도 사용된다. 또는 이상적인 조직 운영을 위해 만들어진 조직구조를 말하기도 한다.

① 베버의 관료제론

조직이 원활하게 운영되기 위해서는 지도자의 적절한 통제와 권위가 있어야 한다. 지도자의 명령과 지시를 따르게 하는 힘의 원천이라 할 수 있는 권위(authority)에는 카리스마적 권위, 전통적 권위, 합법적 권위가 있다.

카리스마적 권위(charismatic authority)는 지도자가 가지고 있는 비범한 능력 때문에 추종자들이 자발적으로 권위를 받아들이게 되는 권위이다. 초인적인 신체나 정신적인 능력을 소유한 예언자나 주술사 혹은 종교·정치·군사 분야 지도자 등에서 카리스마적 권위를 찾아볼 수 있다.

전통적 권위(traditional authority)는 전통적인 관습이나 문화에 의해서 당연한 것으로 인정되는 권위이다. 왕위세습, 신분제도 등과 같이 전통적으로 이어져오는 문화에 의해 권위가 인정되는 것이다. 예를 들면, 왕위세습, 신분제도, 어른이나 선배에 대한 대우 등이 해당된다.

합법적 권위(rational-legal authority)는 타인에 대한 영향력 행사의 근거를 합법성에 두고 있는 권위이다. 지도자는 법적으로 규정된 범위 내에서 영향력을 행사하고 추종자는 복종하게 된다. 직장에서 상사의 지시에 따르게 되는 것은 합법적인 권위에 근거하고 있다. 현대조직의 대부분은 이 권위에 따른다.

베버는 이 세 가지 권위 중에서 합법적 권위가 관료제적 지배의 이상적인 형태로 보았다.

② 관료제의 특징

호이와 미스켈(Hoy & Miskel, 2005)은 관료제의 특징을 다음과 같이 제시하였다.

- 분업과 전문화(division of labor and specialization)

  조직은 그 기능을 원활히 수행하기 위하여 기능과 업무를 구성원들이 나누는 분업을 하게 된다. 분업은 자신에게 주어지는 일을 계속하기 때문에 맡은 분야의 업무에 대한 숙련도가 높아진다. 이러한 분업화는 전문성을 높이게 된다. 그러나 분업은 단순 업무를 반복하게 되므로 일에 대한 권태감을 가져올 수 있다.

- 몰인정성(impersonal orientation)

몰인정성은 비정적이라고 하는데, 이는 정신주의를 배격한다는 뜻이다. 엄격한 규정에 의해서만 업무를 추진해야 하기 때문에 청탁이나 개인적인 감정에 좌우되지 않고 객관성과 합리성에 근거하여 업무 처리를 하게 된다. 이로 인해 개인적인 배려를 엄격히 제한한다.

- 권위의 위계(hierarchy of authority)

조직 업무를 처리하면서 상하 간의 관계를 설정하게 된다. 상위부서는 하위부서를 통제하고 감독하게 된다.

- 규정과 규칙(rules and regulation)

조직의 업무처리는 의도적으로 설정된 규정과 규칙에 따라 일관성 있게 처리된다. 엄격한 규정과 규칙의 적용은 담당자가 교체되어도 조직업무는 계속성과 일관성을 유지할 수 있다.

- 경력지향성(career orientation)

조직 운영과정에서 업적보다는 연공을 우선한다. 이는 조직의 안정을 기할 수 있지만 능력 있는 인재를 발탁하기에는 한계가 있다.

호이와 미스켈은 이러한 특징을 정리하여 관료제의 순기능과 역기능을 다음 **표 7-1**과 같이 요약·정리하였다.

표 7-1 관료제의 순기능과 역기능

역기능	관료제적 특징	순기능
권태감	분업과 전문화	숙련과 전문성 향상
사기저하	몰인정 지향성	합리성 증진
의사소통장애	권위의 위계화	순응과 조정
경직성과 목표전도	규칙과 규정	계속성과 통일성
능력과 경력의 갈등	경력지향성	동기유발

③ 관료제와 학교조직

학교조직이 지니고 있는 관료제적 특성을 나열하면 다음과 같다.

첫째, 학교는 효율적인 교육을 위해 전문화와 분업의 체제를 갖추고 있다. 즉, 초·중·고등학교로 학교급의 분리, 국어·사회·수학 등과 같은 교과목의 구분, 학년·학급으로의 구분은 학교의 분업화와 전문화의 예이다.

둘째, 학교조직은 몰인정성의 원리가 적용되고 있다. 학교조직에서는 교직원 및 학생들에게 인화·단결 등을 강조하고 있다. 하지만 공적인 업무를 추진함에 있어서는 냉정하고 객관적으로 처리하기 때문에 몰인정의 원리가 적용되고 있다.

셋째, 학교조직은 명확하고 엄격한 권위의 위계를 가지고 있다. 학교조직표에는 교장, 교감, 부장교사, 평교사 등과 같은 권위의 위계가 설정되어 있으며, 이에 따른 책임과 권한의 정도가 달라진다.

넷째, 학교조직에는 구성원들의 행동을 통제하고 과업 수행의 통일성을 기하기 위하여 규칙과 규정을 제정하여 활용하고 있다. 학교에는 교칙, 학생회 규칙, 포상규정, 교내인사규정 등이 있다.

다섯째, 교사들은 전문적 능력에 따라 채용되며, 교직경력과 업적에 따라 승진이 결정되고, 경력에 따른 호봉에 근거하여 보수가 결정된다.

비드웰(Bidwell, 1965)은 학교가 관료제적인 특성을 가지고 있는 것은 사실이지만 그것은 기본적인 것에 불과하기 때문에 오히려 느슨하게 결합된 조직으로 보아야 한다고 주장하였다. 그 이유는 전문가로서의 교사들은 가장 중요한 학생지도에 관한 재량권을 의사결정권을 가지고 있다. 따라서 그들의 행위에 대해서 일사불란하게 통제하기가 어렵고 교사와 학생 간의 관계는 몰인정한 관계라기보다는 인간적인 관계를 유지하고 있다는 것이다.

2) 인간관계론

인간관계론은 1930년대 세계적인 공황이 심화되면서 관리층이나 노동자들은 자신의 권리와 인간의 심리적 측면을 고려하지 않고 생산성 제고에만 주력한다는 비판이 대두되면서 폴렛(Follet), 메이요(Mayo), 레빈(Lewin) 등이 인간관계의 중요성과 민주행정의 필요성을 강조하면서 태동된 이론이다.

폴렛은 행정에서 인간관계의 중요성을 강조하고 모든 조직에서 기본적인 과제는 역동적이며 조화로운 인간관계를 유지·발전시켜야 하는 것으로 보았다. 그래서 행정에서 심리적 측면을 중시하여 경직된 과학적 원리와 조직의 원리에 역동감과 창의적인 민주정신을 도입하였다. 메이오 뢰슬리스버거(Mayo Roethlisberger)의 연구팀은 호손(Hawthorne)실험을 통하여 생산과정에서 인간관계의 변인이 실제 생산성을 증가시킨다는 것을 밝혔다. 레빈은 지도성에 관한 연구를 통해서 지도성의 유형을 민주적·전체적·자유방임적으로 구분하고, 이 가운데 민주적 지도성과 민주적 분위기는 조직 구성원들로 하여금 작업 동기나 창의성, 협동 등을 강화하여 조직의 속성을 민주적인 조직으로 변화시킨다고 주장하였다.

과학적 관리론이 조직운영에서 합리적·이성적 측면을 강조하였던 것에 비하여 인간관계론은 조직운영에서 인간의 정서적·심리적 측면을 강조함으로써 조직 구성원의 소속감, 응집력, 사기 등을 높여 주는 데 기여하였다. 이는 개성을 존중하고 개인의 자유를 중시하는 결과를 낳았으며, 민주교육의 기틀을 잡는 데 기여하는 등 교육과 교육행정에 커다란 영향을 미쳤다(김병성 외, 1995). 하지만 인간관계론은 구성원의 사회·심리적인 욕구 충족을 지나치게 강조한 나머지 조직의 합리적인 운영과 의사결정을 소홀히 하여 오히려 능률을 저하시키는 결과를 초래했다는 비판을 받았다.

3) 행동과학론

고전적 조직 이론가들이 갖고 있는 합리적·경제적 관점과 인간관계론자들이 갖고 있는 사회·심리적 관점은 조직 내 인간행동을 설명하는 데 특정 관점에 치우친 견해였다. 그래서 일련의 연구자들은 고전적 조직 이론과 인간관계론이 갖고 있는 장점을 살려 조직과 인간이 화합할 수 있는 이론을 개발하고자 노력하였다.

이러한 행정에 대한 행동과학적 접근을 최초로 실현한 학자가 버나드(Barnard)였으며, 그는 조직 연구에 있어 최초로 행동과학적 입장을 취하였고 “조직의 행정가는 조직의 공통적인 목적이 성취되는 정도인 효과성과 조직의 구성원 개인의 동기가 충족되느냐와 관계하는 효율성을 강조해야 한다."고 주장했다.

이와 같이 버나드는 조직의 목적과 구성원 개인의 목적이 조직을 위하여 합치되고 평형상태를 이룰 때 그 조직은 제대로 운영될 수 있다고 하여 개인과 조직의 균형을 강조하였다.

그가 중시한 구조적 개념은 개인, 협동적 체제, 공식적 조직, 복합적·공식적 조직, 비공식적 조직이다. 역동적 개념은 자유의지, 협동, 의사소통, 권위, 의사결정 과정, 역동적 균형이다.

버나드에 뒤이어 사이몬(Simon)은 행정을 조직의 구성원 개인에 영향을 미치는 합리적 의사결정 과정으로 보고, 각 개인은 의사결정을 내리는 주체인 동시에 의사결정에 의해 구속되는 객체이므로 조직 내에서 개인과 조직 간의 평형상태를 유지하는 것이 중요하다고 밝혔다.

사이몬은 작업동기의 공식적 이론에 초점을 두어 조직균형의 개념을 사용했다. 또한 논리실증주의에 입각하여 행정을 연구함에 있어 가치와 사실의 구분을 조장하고 의사결정과정에서 일어나는 갈등 이론과 권위 이론을 전개했다.

그리고 그는 조직의 정의에 대해 "개인은 조직을 위하여 노동을 제공하고 조직은 개인에게 노동에 대한 대가를 제시함으로써 유지되는 일종의 교환체제"라 하여 개인이 조직에 기여하는 것보다 조직으로부터 받는 보상이 많다고 지각하는 한 그 사람은 조직의 구성원으로서 남아 있게 된다고 주장하였다.

버나드와 사이몬에 의해 시작된 초기의 행동과학적 접근에 의한 행정 이론은 1950년대 들어 행동과학의 연구 방법이 조직과 행정연구에 도입되면서 본격화되기 시작하였다.

행동과학론을 교육행정에 적용해 본다면 교육행정학 교수협의회, 교육행정 협동연구, 교육행정 대학 협의회 등은 교육행정에서 이론에 근거한 가설 연역적 연구방법을 채택해야 하며, 교육행정은 행정 자체로서 과학적인 연구 주제가 될 수 있다고 보았다. 또한 교육행정의 연구는 행동과학적인 접근방법에 의존해야 한다고 하였다.

4) 체제 이론

(1) 체제 이론의 개념 및 기본모형

체제 이론이란 하나의 체계를 구성하는 요소들이 체계의 공동 목적을 달성하기 위하여 유기적으로 작동한다는 견해이다. 이 이론은 고전 이론과 인간관계론이 조직과 개인의 관계만을 중시하는 한계를 벗어날 수 없다는 비판을 받으면서 행동과학과 거의 동시에 등장하였다. 체계 이론의 관점은 조직을 부분으로 보지 않고 전체적으로 보는 관점으로, 일반적인 체제적 특성은 다음과 같다(임연기 · 최준렬, 2015).

첫째, 체제는 소멸하려는 경향을 갖고 있다. 체제는 생명체와 같아서 지속적으로 생명을 불어넣어 주고 상호작용하지 않으면 없어지게 된다. 체제가 소멸되지 않으려면 지속적으로 변화하고 개선하는 노력을 해야 한다.

둘째, 체제는 체제와 체제를 구분하는 경계가 있다. 경계를 통해서 환경과 체제는 구분된다.

셋째, 체제는 환경에 의해 둘러싸여 있다. 체제는 환경에 의해 자극을 받기도 하고 통제와 평가를 받기도 한다.

넷째, 모든 체제는 상위체제와 하위체제를 갖는다. 학년은 학교의 하위체제이고 학년은 학급의 상위체제이다.

다섯째, 체제에는 개방체제와 폐쇄체제가 있다. 개방체제는 환경과 정보를 지속적으로 주고받을 수 있는 체제를 말하고, 폐쇄체제는 정보 교환이 없는 체제를 말한다. 학교 사회는 사회의 정치, 경제, 사회, 문화 등과 지속적으로 정보를 교환하고 있기 때문에 개방체제라 할 수 있다.

여섯째, 체제는 하위체제들 간에 개별성과 상호관련성을 인정하면서 역동적으로 기능한다.

이러한 특성을 지닌 체제는 환경으로부터 에너지와 정보가 투입(input)되고 전환과정(transformation, process)을 거쳐 산출(output)하고 다시 환류(feedback)되는 과정을 거친다(그림 7-1 참조).

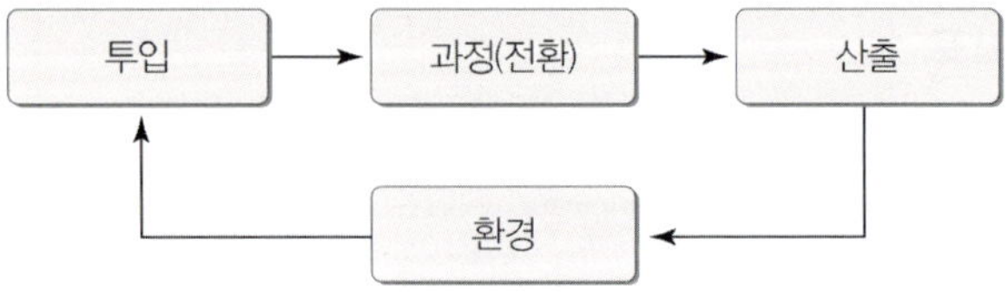

|그림 7-1| 체제 이론의 기본 모형

투입은 상호작용하는 요소들이 체제의 목적을 달성할 수 있도록 체제의 밖에서 안으로 들어가는 모든 요소를 말한다. 과정은 목적 달성을 위해 여러 자원과 정보를 활용하여 산출로 만들고 가치를 창조하는 과정이다. 산출은 체제가 환경이나 인접한 체제로 내보내는 자원과 정보로서 체제가 의도적이나 무의도적으로 생산해 내는 모든 것을 말한다. 환경은 체제와 일정한 접촉을 유지하고 그것에 일정한 접촉을 주는 경계 밖의 주변 조건이나 상태를 말한다(윤정일 외, 2007).

(2) 역할과 인성의 상호작용 모형

사회과정 이론에서는 인간의 행동을 역할(Role)과 인성(Personality)의 상호작용의 결과라 보고, 사회체제 내에서 인간의 행동(Behavior)을 $B=f(P \cdot R)$와 같은 공식으로 나타낸다. 레빈(K. Lewin)은 집단역동 이론을 전개하면서, 인간의 행동은 개인과 환경(Environment)의 상호작용 결과로 보았고, 이를 함수의 공식으로 $B=f(P \cdot E)$로 표현하였다. 즉, 개인의 행동에 인성과 역할의 상호작용 과정을 나타내면 **그림 7-2**와 같다.

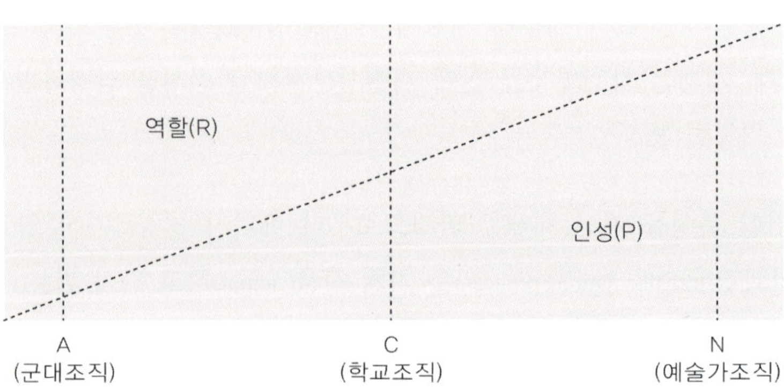

|그림 7-2| 역할과 인성의 상호작용 모형

그림 7-2와 같이 군대조직과 같은 관료조직에서는 개인의 행동이 인성보다는 조직에서의 위치나 주어진 역할에 의해 더 많은 영향을 받으며, 예술가 조직에서는 조직에서의 역할보다는 개인의 인성이 더 많은 영향을 미친다는 것이다. 즉, 군대나 경찰과 같은 집단에서는 개인의 인성보다는 역할이 더 우선적인 영향을 미치고, 예술가집단에서는 역할보다 개인의 인성이 더 많은 영향을 미친다는 것을 알 수 있다. 반면에 학교조직의 경우 명확하게 A선상이나 B선상이라 단정하기 어렵다. 학교조직은 공교육 체제하에서는 관료조직의 특성을 띠기 때문에 군대조직보다는 유연하지만 제도권내에서의 역할을 수행해야 하는 측면이 있기 때문에 A선상에 가까운 개인의 행동이 요구된다. 그러나 교사의 관점에서 보면 전문가로서의 소양에 따라 행동할 가능성도 있기 때문에 B선상의 예술가조직에 가까운 행동을 보일 수도 있다. 따라서 학교조직에서는 개인의 행동에 조직의 역할과 자신의 인성 양쪽 모두 중요한 영향을 미치게 된다.

(3) 사회체제 이론

사회체제 이론은 게젤스(Getzels)와 구바(Guba)에 의해 제안되었는데, 사회체제 속에서 개인의 행동은 사회적 조건들로 이루어진 규범적 차원(nomothetic dimension)과 개인의 심리적 특성들로 이루어진 개인적 차원(idiographic dimension)과의 상호작용 결과로 보았다. 규범적 차원은 조직이 추구하는 체제의 목적을 달성하기 위해 제시되는 지위와 역할 등에 관한 것으로 조직적 차원을 말한다. 개인적 차원은 개인이 사회의 지위를 차지하고 역할을 수행해야 할 심리적 특성으로서 개인의 고유한 욕구와 인성 등에 관한 것이다. 사회체제 속에서 인간의 행동은 규범적 차원과 개인적 차원이 서로 영향을 주고받는 상호작용 과정을 통해 이해될 수 있다. 이들의 상호과정을 그림 7-3과 같이 제시하였다.

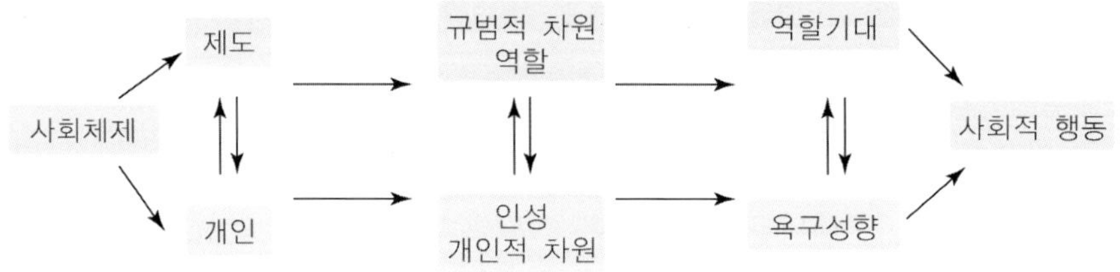

┃그림 7-3┃ 게젤스와 구바의 사회과정 모형

규범적 차원을 구성하는 것은 제도나 역할과 같이 사회의 요구에 의해서 기능이 부여된 곳으로 학교, 병원, 경찰서 등과 같은 기관이 있다. 개인적 차원을 구성하는 것은 개인, 인성, 욕구성향이 있다. 즉 개인의 독특한 인성과 욕구성향에 따라 행동이 달라 보인다. 게젤스와 구바는 사회체제 속에서 인간의 행동을 이해하기 위해서는 규범적 차원과 개인적 차원을 동시에 고려해야 한다는 사실을 강조하고 있다.

08
CHAPTER

생활지도와 상담

생활지도와 상담은 실제적인 학문인 동시에 전문적인 활동이다. 이 장에서는 생활지도의 이해를 돕기 위해 생활지도의 개념, 필요성, 원리, 영역과 활동들이 무엇인지 개관해 보려고 한다. 더불어 학교에서 학생들의 현재의 삶을 보다 행복하고 의미 있게 만들고 도울 수 있는 상담에 대한 정의, 과정, 기법, 상담 이론 등을 살펴보고자 한다.

1 생활지도의 이해

1) 생활지도의 개념

학교교육의 지도방향은 교과지도와 생활지도로 나누어 볼 수 있다. 인류 역사와 축적되어 온 지식이나 기능 및 문화적 유산을 이해시키고 전수하는 것을 교과지도의 영역으로 하며, 이외의 모든 교육, 즉 학생들이 학교에서 잘 적응할 수 있도록 도와주는 것을 생활지도의 영역으로 볼 수 있다. 또한 학자들마다 생활지도의 개념을 서로 다른 관점과 서로 다른 의미로 쓰고 있는 경우가 많기 때문에 한마디로 정의하기는 어렵다.

생활지도는 영어의 'guidance'를 번역한 것으로서 안내, 인도, 지도, 지시, 관리, 감독 등의 뜻으로 사용된다. 학자들 간의 견해를 살펴보면 트랙슬러와 노스(Traxler & North, 1966)는 '생활지도는 학생 각자로 하여금 자신이 가지고 있는 능력, 흥미, 성격 등 제 특성을 이해하게 하여 이를 최대한 발전시켜 나가며, 자신의 생활목표와 결부시켜 결국 민수사회의 바람직한 시민으로서 원만하고 성숙한 자기지도를 이루게 하는 과정'이라고 정의하였다. 스트랭(R. Strang)은 '생활지도란 학생 개개인의 가능성을 발견하고 그 자신의 노력을 통하여 개인적인 행복 및 사회적 유용성을 목표로 하여 그것을 발달시키는 과정'이라고 하였다. 홍경자(1986)는 '학생 개개인이 학교와 가정과 사회에서 최대한의 적응과 발전을 이룩할 수 있도록 자기이해와 가지결정 내지 자기지도의 능력을 배양해 주는 조직적인 활동'이라고 하였다. 박성수(1993)는 '인간 개개인의 인지적·정의적·신체적 특성과 잠재 가능성을 바르게 이해하고 발달시켜서 개인이 교육·직업·사회·심리적 발달 가능성을 최고 수준까지 도달할 수 있도록 원조하는 것, 즉 자아실현을 도와주는 봉사활동'으로 정의하였으며, 더불어 생활지도는 이런 봉사활동에 관한 학문적 이론과 실증적 연구의 총체로서 이 봉사활동의 과정과 절차를 모두 가리킨다. 또한 그런 목적을 달성하기 위해서 제공하는 모든 교육적 경험을 포함한다고 하였다.

김충기(1998)는 '학생들이 일상생활에서 해결해야 할 교육·가정·사회· 직업·신체·도덕·정서적 문제 등 여러 가지 문제를 자력으로 해결할 수 있도록 도우며, 저마다 가지고 있는 잠재력을 이해하고 발견하도록 도와 자아실현을 이룰 수 있도록 지원하는 활동'이라고 하였다. 이재창(2005)은 '개인으로 하여금 자기 자신과 주위 세계를 잘 이해해서 현명한 선택과 적응을 하여 건전한 사회의 일원으로서 성장, 발달할 수 있도록 하는 일련의 지속적인 조력과정'이라고 하였다. 조붕환 외(2011)는 '학생으로 하여금 자신의 특성과 잠재력을 깨닫고, 환경을 현실적으로 이해할 수 있도록 도움으로써, 교육, 진로, 개인·사회적 문제에 대해 스스로 현명하게 의사결정을 하고 원만하게 적응하여, 자기를 실현하고 사회의 일원으로 성장, 발달할 수 있도록 도와주는 활동'이라고 정의하였다.

이상의 정의를 종합해 보면 생활지도는 다음의 성격을 갖는다. 첫째, 자신에 대해 이해하도록 돕는 활동이다. 둘째, 자신을 둘러싸고 있는 환경과 당면 문제를 이해하도록 돕는 활동이다. 셋째, 교육, 진로, 개인·사회적 문제에 대한 현명한 의사결정과 원만한 적응을 돕는 활동이다. 넷째, 개인의 성장과 자기실현을 돕는 활동이다(조붕환 외, 2011).

결론적으로, 생활지도는 모든 교사가 맡아야 하는 교육활동의 일환으로, 교사교육에 필수적으로 다루어져야 하는 내용이며, 학생으로 하여금 자신의 특성과 잠재력을 깨닫고, 환경을 현실적으로 이해할 수 있도록 도움으로써, 제반 문제에 대해 스스로 현명하게 의사결정을 하고 원만하게 적응하여, 자기를 실현하고 사회의 일원으로 성장·발달할 수 있도록 도와주는 활동이라고 할 수 있다.

2) 생활지도의 필요성

(1) 개인적 측면

청소년기의 발달과정에 수반되는 특성들이 개인적 측면에서 다음과 같은 생활지도를 필요로 한다(조봉환 외, 2011).

첫째, 청소년의 발달과정에서 나타나는 여러 가지 발달·심리적 특성이 생활지도를 필요로 한다. 청소년기에는 심리·사회적으로 큰 변화가 동시에 일어난다. 청소년의 신체·심리적 문제의 변화를 수반하며, 이러한 변화에 적응하지 못할 경우 이에 따른 심리·사회적 문제를 겪게 된다. 청소년기를 흔히 '심리적 격동기', '질풍노도의 시기'라고 하는 것은 청소년기가 정서적으로 불안정하고 심리적인 갈등이 많은 시기임을 반영한다. 즉, 급격한 변화 과정에 놓여 있는 청소년들이 자신의 신체 변화를 정확히 이해하고, 정서적 불안정이나 적응과 관련된 정신건강의 문제를 해결하여 건강하게 성장할 수 있도록 돕기 위해서 생활지도가 요구된다.

둘째, 청소년들이 발달과정상의 변화를 수용하고 발달과업을 적절히 수행하여 원만한 적응을 할 수 있도록 도울 필요가 있다. 하비거스트(Havighurst, 1972)는 청소년기의 발달과업을 다음과 같이 제시하였다. 자신의 신체적 발달에 적응하고 성 역할을 회득하는 것, 동성과 이성에 대한 적절한 관계를 발전시키는 것, 부모나 성인들로부터 정신적으로 독립하는 것, 경제적 독립의 필요성을 인정하는 것, 직업을 선택하며 준비하는 것, 시민으로서 필요한 지식, 기능 및 태도를 습득하는 것, 사회적으로 책임 있는 행동을 이해하고 이를 실천하는 것, 결혼과 가정생활을 준비하는 것, 추상·논리적인 사고력을 배양하고 현실을 객관적으로 파악하는 태도를 확립하는 것 등이다.

셋째, 청소년은 성격의 형성과정에 놓여 있으므로 생활지도를 통하여 학생들이 건강한 성격을 형성하고 잠재능력을 최대한 발휘할 수 있도록 도울 필요가 있다. 청소년기는 성격과 자아정체감이 형성되는 시기이다. 개인의 성격은 18~19세가 되어야 안정적으로 형성되며, 자신이 어떤 사람인지 이해하게 되는 자아정체감의 형성 시기도 이와 비슷하다고 본다(김계현 외, 2003).

즉, 학생들로 하여금 자신을 다양하게 실험해 보고 진정한 자신을 발견해 나갈 수 있도록 적절한 환경과 경험을 제공함으로써 자신을 발견하고 건전한 자아개념을 형성할 수 있도록 도울 필요가 있으며, 이는 학생 개인의 행복과 발전은 물론 국가와 사회의 발전에도 기여하게 한다.

(2) 환경적 측면

청소년을 둘러싼 여러 가지 환경적 요소가 생활지도의 필요성을 증대시키고 있다.

첫째, 사회구조의 변화로 인해 청소년들이 성인의 사회·경제·가정적 역할을 수행하는 시기가 늦어지고 신체적 발달은 빨라져 일찍 사춘기로 접어들게 되면서, 청소년기가 전보다 일찍 시작해서 늦게 끝나는 현상이 나타나고 있다(이상주, 1983). 이로 인해 성인의 역할과 책임이 유보되는 시기가 길어짐으로써, 청소년들의 자아정체감 형성에 갈등을 일으키고 일탈행동을 할 기회가 증가되고 있다.

둘째, 전통사회에서 현대사회로 이행하는 과정에서 사회변화에 여러 가지 역기능적 문제들이 존재한다. 급속한 경제성장으로 인한 물질주의, 한탕주의, 금전만능주의, 요령 및 편법주의 등의 물질과 출세 지향적인 가치관이 청소년들에게 부정적인 영향을 미치고 있으며(이재창, 2005), 사회적 환경의 음란성과 퇴폐성은 청소년의 바람직하지 못한 성 행동을 조장한다. 또한 상업성에 치우친 대중매체와 사이버 문화는 청소년 문화를 지배할 정도의 영향력을 행사하면서 청소년의 정신건강을 해치는 커다란 요인으로 작용하고 있다. 이러한 요인들은 청소년의 정신 및 신체 건강을 위협함으로써 생활지도의 필요성을 가중시키고 있으며, 이와 더불어 청소년 범죄의 흉포화, 연소화, 지능화 경향 등도 생활지도의 필요성을 가중시키고 있다.

셋째, 가정의 전통적인 기능이 붕괴 또는 약화됨으로써 청소년의 생활지도와 학교상담에서 학교가 감당해야 할 역할이 증폭되고 있다. 핵가족화 현상, 부모와 함께 하는 시간의 부족, 과잉보호 또는 지나친 기대, 결손가정의 증가, 가정 내 성역할의 변화 등으로 가정의 교육·정서적 기능이 약화됨으로써 정서적 안정감을 잃고 정신적 혼란에 빠지거나 일탈 또는 비행에 이르는 청소년들이 늘고 있다.

넷째, 현대시회의 과도한 경쟁으로 청소년들은 인간성의 상실과 고독감, 스트레스 등을 경험한다. 특히 우리 사회의 학업에 대한 부담과 과도한 경쟁은 청소년의 정신건강을 위협하는 큰 요인으로 작용하여 청소년의 정신건강 문제를 부추기고 있다. 이는 최근 학교현장에서 날로 심각해지고 있는 학교폭력, 사이버중독, 집단따돌림 등을 유발하는 원인으로 작용하기도 한다.

다섯째, 급격한 현대사회의 변화에 대처하고 적응하는 능력을 신장시켜야 할 필요성이 요구되고 있다. 지식정보화 사회를 살아가는 오늘날의 청소년들은 급격히 변화하고 무제한으로 제공되는 지식과 정보의 사회에서 이를 취사선택해야 하는 입장에 놓여 있으며, 직업의 세계 또한 다양화, 세분화, 전문화됨으로써 청소년이 보다 체계적이고 전문적으로 대처해야 할 필요성을 증가시키고 있다. 이는 새로운 변화의 세계를 살아가는 청소년이 사회 변화에 능동적으로 대처하여 자신의 진로를 선택하고 자신의 개성과 인성을 창의적으로 개발시켜 갈 수 있도록 도와줄 필요가 있음을 시사한다(조봉환 외, 2007).

3) 생활지도의 원리

생활지도의 원리는 다양하지만 몇몇 학자(김계현 외, 2013, 김청자, 2012; 신명희 외, 2012; 신봉호 외, 2013; 조봉환 외, 2011)가 제시하고 있는 기본적인 원리를 토대로 정리하면 다음과 같다.

첫째, 생활지도는 모든 학생을 대상으로 한다.

생활지도는 적응상의 문제를 보이는 학생뿐만 아니라 전체 학생을 대상으로 이루어져야 하며, 형식교육이 시작되는 초등학교에서부터 중·고등학교, 대학에 이르기까지 전 연령층을 대상으로 해야 한다.

둘째, 생활지도는 자율적인 생활태도와 능력을 개발하는 것이다.

학생이 당면한 문제를 교사가 대신 해결하는 것이 아니라 학생 스스로 당면한 문제를 해결할 수 있도록 기회를 마련해 준다.

셋째, 생활지도는 전인적 발달을 도모하는 것이다.

생활지도는 학생 개개인이 지적·정서적·사회적·도덕적으로 조화롭게 발달된 전인으로 성장할 수 있도록 돕는 것이다. 또한 개개 학생의 존엄성과 가치를 인정하고, 그들의 능력과 노력을 격려하고 신뢰하며, 잠재적 능력과 재능을 발견하여 최대한 활용함으로써 각자 자신의 개성을 발달시켜 나갈 수 있도록 도와주어야 한다.

교사는 학생들이 지적 발달에 치우치지 않도록 학업·사회·정서·신체적 영역에 걸쳐 균형 있는 발달을 조장할 수 있는 활동을 제공하고, 다양한 프로그램들을 구성하여 실행해야 한다.

넷째, 생활지도는 치료나 교정보다 예방에 중점을 둔다.

생활지도의 출발은 문제가 일어났을 때 해결을 도와주는 것도 중요하지만 사전에 문제가 일어나지 않도록 지도해야 한다. 즉, 심리적 문제를 제거하거나 교정하는 것도 생활지도의 중요한 부분이지만 학생의 바람직한 성장을 조성하는 것은 더욱 중요한 일이다.

다섯째, 생활지도는 처벌보다 선도의 방향으로 나아가야 한다.

과거에는 처벌과 교정 위주로 이뤄졌지만, 생활지도에서 사용하는 훈육은 바람직하지 않은 행위를 처벌하는 것을 의미하지 않는다. 처벌과 위협은 표면적인 변화만을 강요함으로써 심리적인 부작용을 유발하여 근본적이며 지속적인 변화는 가져오는 방법이 될 수 없다. 따라서 학생들의 옳고 바른 행동을 찾아내어 그것을 북돋워 주고 이끌어 나가는 것에 주안점을 두어야 할 것이다.

여섯째, 생활지도는 임상적이고 과학적인 근거에 기초하는 창의적인 교육을 강화해야 한다.

생활지도는 임상적인 판단에만 의존할 것이 아니라 과학적 정보를 근거로 정확하고 객관적인 절차에 따라 실시되어야 한다. 즉, 심층 자료를 다양하게 수집하여 편견 없이 지도해야 한다.

4) 생활지도의 영역과 활동

(1) 생활지도의 활동별 영역

생활지도의 활동별 영역은 다양하지만 몇몇 학자(김계현 외, 2013, 김청자, 2012; 신명희 외, 2012; 신봉호 외, 2013; 조붕환 외, 2011; 황정규 외, 2003)가 제시하고 있는 기본적인 원리를 토대로 정리하면 다음과 같다.

첫째, 학생조사활동(student inventory service)은 학생 이해를 위한 기초자료를 수집하여 기록, 조직하고 해석하는 활동으로 정확하고 과학적인 학생 실태 파악을 목적으로 한다. 학생의 현재 적응상태, 심리 및 신체 건강, 학업성취도, 지능 및 적성, 흥미, 교우관계, 학교내외 활동, 장래 계획 등을 관찰이나 면담, 다양한 심리검사의 실시하여 파악한다.

효율적인 생활지도를 위해서는 정확하고 가치 있는 자료를 수집해야 하며 학생조사활동의 근본적 목적은 학생의 자기이해와 현명한 의사결정을 증진하기 위한 것이다.

둘째, 정보수집 및 제공활동(information service)은 학생들에게 필요한 각종 정보를 수집·제공해 주어 학생들의 자기성장과 적응을 도와주는 정보가 해당된다. 정보에는 크게 교육정보, 직업(진로)정보, 개인·사회적 정보들이 있다. 이러한 활동은 학생들이 스스로 자기 문제를 해결하거나 장래계획을 세우는 데 필요한 주위 환경조건 및 그와 관련된 여러 사실을 객관적으로 이해하고 평가할 수 있도록 도와주게 된다.

교육정보는 학습활동에 필요한 여러 정보로 자신이 교육계획을 합리적으로 수립하고 학습 기회를 최대한 활용하는 데 사용될 수 있다. 학생이 이수해야 할 정규교육과정, 특별활동, 과외활동, 도서관, 박람회 등의 교외의 교육정보도 포함한다.

직업(진로)정보는 직업구조의 변화에 대한 일반적인 정보를 비롯하여 특정 직업에서 하는 일이나 특정 직업에 취업하기 위한 조건 등 매우 다양한 정보가 있다.

개인·사회적 정보는 개인 및 대인관계에 대한 정보라고 할 수 있다. 개성이나 성격에 대한 정보, 개인의 발달과정, 감정과 이성에 대한 지식 등 개인에 대한 정보이다. 이와 더불어 개인은 사회에 속하므로 사회 속에서 타인의 감정, 생각, 행동에 대한 이해, 가족에 대한 이해, 남성과 여성의 관계, 예절, 사교에 대한 정보 등이 사회적 정보에 해당된다.

셋째, 상담활동(counseling service)은 생활지도의 핵심적 활동으로서 도움을 필요로 하는 학생들의 적응을 도와주는 것이다. 상담은 전문적 훈련을 받은 상담자와 문제를 갖고 있는 내담자인 학생 간의 관계 속에서 진행되는 대화와 다양한 심리검사를 통해 학생의 사고, 감정, 행동의 변화를 도와 현재 문제 상황을 이해하며 변화시킴으로써 적응하며 성장을 돕는 활동이다.

상담은 문제 성격에 따라 학습장애나 발달장애를 다룬 발달상담, 사회성이 부족한 학생, 따돌림을 받는 학생, 무단결석, 가출, 흡연, 폭력 행사 등 행동 문제의 교정이 필요로 하는 교정상담, 성폭력, 학교폭력, 자살, 약물남용 등의 위기상담의 형태를 취할 수 있다.

대상에 따라 일대일 면대면 상담을 통해 개인의 모습을 깊이 있게 탐색해 보는 개인상담, 소그룹형태로 진행하여 타인의 모습을 통해 자신의 모습을 통찰해 볼 수 있는 집단상담, 문제해결을 위해 가족원들의 협조와 변화가 필요할 때 취하는 가족상담의 형태를 취할 수 있다.

방법에 따라 한 장소에 상담자와 내담자가 만나서 실시되는 면접상담과 익명성이 보장되며 편안한 장소에서 자신이 원하는 상황에서 상담할 수 있는 전화상담이 있으며, 이메일, 게시판, 대화방 등 사이버 공간에서 상담할 수 있는 사이버상담이 있다.

넷째, 배치활동에서 학생의 교과 선택, 특별활동, 학급 배정, 과외활동을 위한 교육적 활동이 있다. 또한 진학지도나 취업지도 등에 있어 자신의 적성 및 각 진로의 특성을 정확하게 이해하여 자기 자신의 진로를 현명하게 선택하도록 도와주는 진로·직업에 필요한 조력활동이 있다.

배치활동은 적재적소의 배치를 지향하며 교육효과의 극대화를 위해서도 매우 중요한 활동이다.

다섯째, 추수(follow-up)활동이란 이미 지도를 받은 학생에 대해 계속적인 지도를 하는 것으로 재학생은 물론 졸업생이나 중도 탈락 학생들도 그 대상이 될 수 있으며, 이들에 대한 추수평가 및 그에 따른 지도를 하는 것을 말한다. 이러한 활동은 변화를 위해 꾸준히 관심을 갖고 지켜봄으로써 자신의 문제를 스스로 해결할 수 있는 능력을 기를 수 있도록 돕는다. 더불어 새로운 환경에 적응할 수 있도록 자율적이고 건전한 성장·발달을 촉진시켜는 데 목적이 있다. 따라서 일회성 지도가 아닌 학생 개개인에 대한 지속적인 관심과 지도를 실시해야 한다.

(2) 생활지도의 내용별 영역

생활지도의 내용별 영역은 다양하지만 몇몇 학자(김계현 외, 2013; 조붕환 외, 2011; 신봉호 외, 2013)가 제시하고 있는 기본적인 원리를 토대로 정리하면 다음과 같다.

첫째, 학생들의 학습을 돕는 학업지도에는 신입생 및 진급학생에게 새로운 교육과정 및 교육내용을 안내하고, 교과목을 선택하는 방법을 지도하며, 효과적인 학습방법이나 학습동기 유발 방법을 안내하는 것이 포함된다.

구체적인 학습전략으로는 주의집중력 전략, 기억력 향상 전략, 효과적인 읽기 및 필기 전략, 사고력 향상 전략, 시험전략, 효과적인 시간 및 공간 관리 전략 등의 인지적 측면뿐만 아니라 시험불안 대처방법, 학업 스트레스 관리 전략, 동기유발 등 정의적 측면까지 포함된다.

둘째, 진로지도에는 학생이 자신의 적성, 능력, 흥미, 환경조건에 따라 적절한 진로를 결정하고 목표 달성에 필요한 활동들을 실행할 수 있도록 돕는 영역으로써 진학지도와 직업지도가 여기에 해당한다.

지도 내용으로는 학생자신의 적성, 흥미, 성격 등과 가정환경에 대한 이해를 통해 자신을 있는 그대로 인식할 수 있는 자기이해 활동을 통해 객관적이고 올바른 자기의 모습 살펴볼 수 있도록 한다. 이를 바탕으로 진학, 직업, 취업, 일과 직업에 대한 탐색을 하도록 한다. 더불어 건전한 가치관과 태도를 형성하는 것을 도움으로써 진로를 선택할 때 자신에게 가장 적절하며 효과적인 것을 선택할 수 있도록 돕도록 한다.

셋째, 인성지도는 성격지도라고도 하는데, 대체로 심리적인 문제가 되는 성격, 정서적 불안, 욕구불만, 정신건강, 신경과민, 개인적 습관과 태도 등 모든 영역을 포함한다.

인성지도는 올바른 인격형성에 장애가 되는 욕구좌절, 지나친 우월감과 열등감, 지나친 수줍음, 공격적인 태도, 이기주의, 자만심, 정서불안 등을 효율적으로 대처하여 조화로운 인성발달을 도와줌으로써 원만한 사회생활을 할 수 있도록 하는 것이다

넷째, 건강지도는 신체적·정신적 건강을 위한 지도가 모두 포함된다. 신체검사 및 건강진단을 통해 질병 및 영양 결함의 예방과 치료, 건강한 신체 유지를 위한 건강관리교육 및 공중위생교육, 각종 사고의 예방을 위한 안전교육 등은 신체건강지도에 속한다. 정신건강지도로는 심한 불안이나 신경증 및 정신질환에 대한 이해와 예방을 위한 정신건강 교육을 할 수 있다. 이와 더불어 공중위생지도나 안전사고 대책지도 등도 포함된다.

다섯째, 문제행동지도는 학교에서 발생되는 다양한 문제들을 사전에 예방하거나 교정하기 위한 활동을 의미한다.

학교에서 지각, 결석, 규칙위반, 수업태도, 기본예절 등 단체생활에서 요구되는 생활태도의 문제와 음주, 흡연, 약물흡입, 인터넷·스마트미디어 중독, 가출, 무단조퇴, 자퇴, 자살충동 등 자기를 파괴하는 일탈행동 및 폭력, 도벽, 갈취, 성적 비행 등 타인을 파괴하는 일탈행동까지 다양한 문제행동을 대상으로 한다. 이러한 문제행동을 예방하고 교정하기 위해서는 비행의 원인과 관련 요인을 파악하고, 가정과 학교, 지역사회의 청소년 유관기관들이 연대하여 대처할 포괄적인 지도방안을 모색해야 한다.

여섯째, 여가지도는 학교생활의 대부분을 차지하는 학업 시간 외에 활용할 수 있는 시간을 보람 있게 보내도록 도움을 주는 활동을 뜻한다.

여가는 직접적인 만족을 보상받지 않더라도 자유롭게 추구되는 것이며, 그 주된 기능으로 휴식, 오락, 즐거움 그리고 개인적인 발달이다. 건전한 여가활동은 학생의 정신건강을 증진시킬 뿐 아니라 학업능률 향상에도 도움이 되기 때문에, 여가지도의 중요성이 생활지도와 교과지도 등 교육 전반에서 강조되고 있다.

2 상담의 이해

1) 상담의 정의

상담(counseling)이라는 용어는 라틴어의 'counsulere'에서 유래한 것으로 그 의미는 '고려하다(consider)', '반성하다(reflect)', '숙고하다(deliberate)' 등의 뜻을 내포하고 있다. 전문적 기능으로서의 상담은 내담자에 적응문제에 관심을 두거나(Williamson & Foley, 1949), 상담의 과정을 강조(Rogers, 1942)하기도 하며, 자신과 환경에 대한 학습에 초점을 두기도 하며(Shertzer & Stone, 1980), 상호작용의 관계(Corey, 2005)를 강조하기도 한다. 여러 학자의 상담의 견해를 살펴보면 **표 8-1**과 같다.

표 8-1 상담에 대한 학자들의 정의

학자	정의
Rogers(1942)	치료자와의 안전한 관계에서 내담자가 과거에 부정했던 경험을 다시 통합하여 새로운 자기로 변화하는 과정
Williamson & Forey (1949)	훈련과 기술, 신뢰로써 상담자가 내담자의 적응문제를 해결하는 면대면의 상태
Shertzer & Stone (1980)	자기와 환경에 대해 의미 있는 이해를 촉진시키고 장래 행동의 목표나 가치관을 확인해서 명료화하도록 하는 상호작용의 과정
Pietrofesa 등 (1980)	전문적으로 훈련을 받은 상담자와 문제해결, 자기성장, 자기이해 및 의사결정과 행동변화를 가져오기 위해서 도움을 필요로 하는 내담자와의 관계
Corey(2005)	치료적 모험을 통해 변화를 가져오도록 하는 상담자와 내담자 간의 계약 과정
홍경자(2001)	상담자 내담자와의 관계에서 촉진적인 의사소통을 통하여 내담자가 개인적인 문제에 대한 자기 이해와 자기 지도력을 터득하도록 도와주는 과정
염문희·강진령 (2002)	도움을 필요로 하는 내담자가 상담에 대한 전문적 교육과 훈련을 받은 상담자와의 관계에서 감정, 사고, 행동 측면의 변화를 촉구하고, 스스로의 힘으로 문제를 해결하며, 합리적인 의사결정을 함으로써 인간적 성장을 추구하는 과정
이장호(2005)	도움을 필요로 하는 사람이 전문적 훈련을 받은 사람과의 대면관계에서 생활과정의 해결과 사고, 행동 및 감정 측면의 인간적 성장을 위해 노력하는 학습과정

조봉환 외(2011).

여러 학자의 정의를 종합하여 상담은 다음과 같은 몇 가지 특징으로 요약할 수 있다.

첫째, 상담은 도움을 필요로 하는 내담자와 도움을 주는 상담자가 있어야 한다.

둘째, 상담은 전문적으로 교육과 훈련을 받은 상담자에 의해 제공되는 전문적인 활동이다.

셋째, 상담은 상담자와 내담자의 관계에 기초를 둔 활동으로서 상담자와 내담자가 대등한 위치에서 서로 협력하는 활동이다.

넷째, 상담은 내담자에게 의사결정 기술과 문제해결 방법을 찾도록 가르치는 과정이다.

다섯째, 상담은 내담자가 새로운 행동이나 태도를 학습하도록 돕는 과정이다.

여섯째, 상담은 궁극적으로 내담자의 성장과 발전을 위해 노력하는 과정이다(조봉환 외, 2011).

결론적으로, 상담이란 전문적인 훈련을 받는 이가 도움이 필요한 이에게 조력활동을 통해 자기 이해를 도우며 더불어 타인 이해를 통해 자신의 인지, 정서, 행동의 변화를 촉진하는 것이다. 이로 인해 환경에 적응하고 인간적인 성장을 하며, 적절히 기능할 수 있도록 돕는 활동이라고 할 수 있겠다.

2) 상담의 과정

상담은 시작부터 끝까지 똑같은 방식으로 진행되는 것이 아니며, 또 그렇게 되어서도 안 된다. 상담의 첫 회, 초기, 중기, 종결 과정에 따라 이루어져야 할 일들이 각각 다르며, 각 단계마다 초점을 맞춰야 할 일들이 순조롭게 진행될 때 상담은 성공적으로 끝날 수 있다. 상담과정은 상담교사, 학생, 문제의 특성, 접근방식, 상황 등에 따라서 각각 달라질 수 있으나 학생과 상담교사가 함께 하는 공동 노력의 특징에 따라 단계를 구분해 볼 수 있다.

여기에서는 상담과정을 이해하기 위하여 이러한 상담과정을 첫 회, 초기, 중기, 종결 단계로 나누어 살펴보고자 한다. 그러나 초기단계, 중간단계들과 같이 상담의 과정을 구분하는 것은 아니며, 각 단계에서 이루어져야 할 일들에 중점을 두어 첫 회 상담, 초기상담, 중기상담, 종결로 구분하여 살펴보고자 한다(김계현 외, 2000; 김환 외, 2006; 이장호, 1995; 조붕환 외, 2012 재인용 Muro & Korman, 1995).

(1) 첫 회 상담

처음 상담을 받으러 오는 학생에게는 첫 면접이 상담의 전체 기간 중에서 가장 불안하고 두려운 시간이다. 학생은 상담교사의 인간적·전문적 능력과 상담 자체에 대한 의심과 불안을 느끼며, 비밀누설에 대한 불안과 자기가 상담교사에게 어떻게 보일까 하는 등의 불안을 갖는다.

상담교사는 학생의 비합리적인 두려움과 상담교사에 대한 비현실적인 기대를 줄여 주어야 하며, 상담교사 자신의 불안과 긴장감을 통제할 수 있어야 한다. 또한 상담교사는 학생이 상담을 받으러 오게 된 문제에 대한 기초 정보를 수집하고, 학생 스스로 자유롭게 자신의 생각을 말할 수 있게 하며, 상담에 대한 긍정적인 기대를 갖도록 해야 한다. 결국 첫 회 상담이 효과적이려면 학생이 자유롭게 말할 수 있는 편안하고 수용적인 분위기를 조성한다.

(2) 초기단계

상담교사와 상담 자체에 대한 학생이 어떻게 지각하고 있는지, 학생이 상담에 대해 어느 정도 저항을 느끼고 있는지, 자원해서 상담을 받으러 온 학생인지 의뢰되어 온 학생인지 등은 상담과정에 영향을 준다. 상담회기가 계속되면서 대부분의 상담교사와 학생은 상담목표에 대해 일치하는 견해를 갖게 되지만 그렇지 않은 경우 학생과 상담교사는 상담에서 어떤 결과를 맺고 싶은지를 결정하기 위해 중간단계의 상담에서 많은 노력을 해야 한다.

상담의 초기단계는 상담교사와 학생 사이에 첫 만남이 이루어지는 순간부터 이후의 몇 번의 만남을 말한다. 초기단계의 가장 큰 목표는 상담의 틀을 잡는 일이다. 상담의 틀을 잡기 위해서는 효과적인 상담관계를 형성하고, 학생의 문제를 이해하며, 상담목표를 결정해야 한다. 학생을 대상으로 하는 상담의 경우 학생의 세계로 들어가는 작업이 포함되어야 할 것이다. 이러한 일은 거의 첫 회 상담에서 어느 정도 대강의 틀이 잡히지만 초기 몇 회기 동안에 걸쳐 계속 틀을 다져간다고 볼 수 있다. 초기단계에서 상담의 틀을 제대로 잡지 않으면 이후의 상담에서 좋은 성과를 내기 어려운 경우가 많다.

(3) 중기단계

상담의 중기단계는 초기단계의 끝 무렵부터 상담목표가 어느 정도 달성되기까지의 전체과정을 말한다. 중기단계에서는 초기단계에서 설정된 상담목표를 해결하기 위한 구체적인 상담 작업들이 행해진다. 상담의 중기단계는 문제해결 단계로도 불리며 상담의 핵심적 단계라고 할 수 있다.

상담의 중기과정은 상담관계의 발전 및 상담목표와 상호합의 단계에서 학생들의 자기탐색, 자기발견, 자기측정을 돕는 단계로 옮겨간다. 상담교사는 학생이 자기가치와 목표들을 표현하고 충족시킬 방법을 결정하도록 돕는다. 이 과정에서 상담교사는 학생들의 생활유형을 이해하도록 노력한다. 상담이 진전됨에 따라 상담교사는 학생의 문제해결을 돕기 위한 과정으로서 상담교사 자신의 견해와 가치, 생활유형, 생활목표를 상담에 통합시키기 위해서 학생의 이해를 더 깊이 하도록 주의를 기울임으로써 학생들이 자기 자신, 자기 문제들, 자기 행동들을 더 잘 이해하도록 도와주어야 한다.

(4) 종결단계

상담 종결단계에서는 목표성취가 요약되고 상담 진전과정이 평가된다. 상담의 종결단계에서 상담자는 학생들이 자기 자신과 타인에 대해 건설적인 방법으로 행동하고 처신하도록 돕는 데 주의를 기울인다. 이 단계는 학생들이 특정 절차를 배우고, 계획을 발달시키고, 행동수행을 하는 시기로서(Blackman, 1977) 행동변화를 통한 목표 실현의 시기(Nugent, 1990)로 묘사된다. 글래서(1980)는 상담의 마지막 단계를 행동지향적 계획시기라고 묘사한다.

상담의 종결은 상담교사 편에서 민감성이 요구된다. 상담교사는 학생들이 종결을 직접적인 거부로 보지 않도록 주의를 기울여야 한다. 친구가 거의 없는 학생의 경우는 특히 그렇다. 상담교사는 학생들이 가지고 있는 자기 문제에 대한 이해의 수준과 그 문제에 대응하는 능력의 수준을 평가해야 한다.

상담교사가 학생에게 제공한 상호작용이 가능한 한 최고였다고 만족할 때 종결의 적절한 시기가 될 것이다. 상담교사와 학생이 개발한 계획들에 대해 일정기간이 지난 후에도 계속 발진이 있는가를 결정하기 위해 학생들을 만나보도록 해야 한다. 상담을 끝내도 좋다는 징조는 학생들이 계획을 발전시키는 데 적극적으로 참여하려는 의지를 보이는 것이다. 이 시기에는 상담교사가 학생에게 앞으로 언제든지 상담자에게 도움을 구할 수 있다는 말을 전달하는 것이 중요하다.

상담종결은 종결되기 2~3회 전에 학생에게 권유하는 것이 좋다. 사전에 종결을 준비하면서 일상생활에서 자신의 적응 정도를 스스로 확인하도록 하여 상담의 효과를 인식하도록 만든다. 특히 상담의 종결을 자기를 배척하는 것으로 생각하는 학생에게는 사전에 종결을 고지함으로써 갑작스런 종결에 의해서 받을 수 있는 충격을 최소화한다. 학생과 종결에 대한 생각, 감정 등을 나누고 장래의 계획을 이야기함으로써 학생 스스로 홀로서기를 준비하도록 기회를 제공한다. 또한 학생에게 문제가 생기면 언제라도 다시 찾아올 수 있다는 추수상담의 가능성을 제시하는 것도 잊지 말아야 한다(조붕환 외, 2012).

3) 상담의 기법

(1) 경청

경청은 내담자가 말하는 흐름을 잘 따라가며 듣는 것을 말한다. 내담자가 말과 행동을 통해 전달하려는 메시지를 주의 집중하여 잘 듣고 이해하려는 자세를 말한다.

경청할 때 상대적으로 더 비중을 주어야 할 내담자의 말과 행동을 선택적으로 주목함으로써 내담자가 특정 문제에 대해 탐색하도록 돕는다.

상담자는 내담자의 음성언어와 신체언어를 들으면서 내담자와 시선을 마주치고, 내담자의 말에 고개를 끄덕이는 등의 비언어적 메시지와 '음~', '네~' 등과 같은 언어적 메시지를 전달함으로써 내담자에게 주의를 기울여 경청하고 있음을 나타내도록 해야 된다(조붕환 외, 2011).

(2) 수용

내담자에 대한 존중과 말에 대한 감정이입을 말한다. 수용은 '으음'이나 '예, 계속 이야기해 보렴', '그렇겠구나'와 같은 짧은 문구로 표현하는 반응이다. 이는 경청 받는다는 느낌을 받도록 격려함으로써 수용이 촉진될 때 이야기를 계속해 나갈 수 있도록 강화시키는 효과가 있다(조붕환 외, 2011).

(3) 반영

내담자의 말 속에 흐르는 주요감정을 놓치지 않고 전달해 주는 것이다. 내담자의 느낌이나 진술의 정서적 부분을 다른 동일한 의미의 말로 바꾸어 기술하는 기법으로 내담자가 하고자 하는 말의 내용과 의미, 말에 담겨 있는 생각과 감정을 파악하여 내담자에게 거울에 비추어주듯이 보여줌으로써 내담자의 자기 이해를 도와줄 뿐 아니라, 자기가 이해받고 있다는 인식을 주게 된다.

적절한 반영을 위해서는 상담자의 감수성이 동원되어야 하며, 반영을 할 때는 내담자가 말로 표현한 수준 이상으로 깊이 들어가지 않는 것이 중요하다. 내담자가 분명히 표현하지 않은 것을 언급하는 것은 명료화나 해석이 되기 쉽다(이장호, 1995).

(4) 명료화

명료화는 내담자의 말에 내포되어 있는 뜻을 내담자에게 명확하게 말해주거나 분명하게 말해 달라고 요청하는 것이다. 단순히 재진술하는 것이 아니라 내담자의 반응에서 나타난 감정이나 생각이 암시하는 의미, 즉 내담자 자신은 아직 충분히 자각하지 못하는 의미를 내담자에게 보다 분명히 말해주는 것이다.

명료화를 위해 질문할 때는 상담자가 내담자에게 도움을 주기 위해 질문하고 있다는 느낌을 주어야 한다.

(5) 침묵

침묵은 상담 도중 내담자의 저항이나 혼동, 탐색, 사고의 중단에서 비롯된다. 상담자는 내담자의 침묵의 유형을 잘 파악하고 그에 따른 적절한 반응을 보이는 것이 좋다.

침묵에는 다양한 이미가 있다. 내담자는 자신이 한 말을 곱씹어 보며 정리하는 시간을 가질 때 침묵할 수 있다. 즉, 다음에 무슨 말을 할까 생각하며 준비하는 과정인 것이다. 또는 상담자가 한 말을 받아들이기 어렵다는 수동적 거부의 표시로 침묵할 수 있으며, 극단적인 경우로는 상담자의 말을 제대로 이해하지 못하였을 경우에 침묵할 수도 있다. 상담자는 내담자의 침묵 속에 숨어 있는 감정이나 의미를 공감하려고 노력해야 하며, 이때 느낀 바를 내담자에게 전달할 수 있도록 해야 한다(이장호, 1995).

(6) 요약

요약은 여러 생각과 감정을 간략하게 묶어 정리하는 것이다. 요약은 매회 상담이 끝날 무렵 하나로 묶어 정리함으로써 매회의 내용과 감정들의 요체 그리고 일반적인 줄거리를 잡아내는 데 활용할 수 있다. 상담자가 요약하거나 내담자가 요약해 보게 할 수도 있다.

요약 반응은 상담과정에 초점을 맞추거나 방향을 제시하기 위해 언제든지 사용할 수 있지만 상담 중에 내담자가 산만하게 이야기하거나 말한 내용이 진부해질 때도 요긴하게 사용할 수 있다.

(7) 해석

해석은 내담자가 자기 문제를 새로운 각도에서 이해하도록 그의 생활경험과 행동의 의미를 상담자가 설명해 주는 것을 말한다. 즉, 내담자가 자기문제를 새로운 방법으로 볼 수 있도록 의미를 설명하는 적극적인 조력과정이다(Brammer, 1988).

해석은 일반적으로 육감이나 추측의 형태로 주어지며 마법의 열쇠가 아니며, 단지 내담자의 이해 수준과 다른 새로운 참조체제를 제공하는 것으로 풀

이될 수 있다. 이로 인해 해석은 내담자를 통찰로 이끄는 가장 직접적인 방법이라 할 수 있다.

4) 상담 이론

(1) 정신분석적 상담

19세기 말 의사인 프로이트(Sigmund Freud)에 의해 정신분석이 창안되었다. 정신분석(psychoanalysis)은 인간의 본성에 대한 철학이며, 인간의 성격이 어떻게 발달되는가를 설명하는 성격발달 이론인 동시에 그것을 활용한 심리치료의 한 방법이다.

정신분석은 어린 시절의 경험을 매우 중시하며 성격이 어떻게 발달되는가에 관심을 두고 있다. 프로이트는 인간의 성격과 행동에는 반드시 원인이 있으며 '무의식적 동기'가 원인이라고 하였다.

정신분석적 상담은 무의식적 정신과정을 다루어서 의식화시킴으로써 건강해지도록 이끄는 상담이다. 기법으로는 내담자가 자유롭게 연상하게 하는 자유연상기법, 꿈, 저항, 전이 등을 분석하여 그 속에 담긴 의미를 내담자에게 지적 및 설명하며 가르치는 해석의 방법이 있다. 또한 내담자가 잠을 자는 동안 억압되어 있던 욕망과 감정이 의식의 표면으로 떠오르게 되는 꿈을 분석하는 방법과 상담이 진전되지 못하고 방해하는 내담자의 무의식적인 행동인 저항을 다루는 방법과 상담자에게 자신의 무의식적인 갈등을 표출하는 전이를 분석하는 방법이 있다.

대표적인 방어기제는 합리화(rationalization), 투사(projection), 승화(sublimation), 반동형성(reaction formation), 부인(denial), 퇴행(regression), 동일시(identification), 고립(isolation), 보상(compensation), 억압(repression), 백일몽(daydreaming) 등이 있다(이종철 외, 2010).

정신분석적 상담의 사례는 다음과 같다(중등임용시험, 2010).

최 교사: 김 선생님, 우리 반 영수는 매사에 반항적입니다. 어제는 수업 시간에 졸고 있어서 깨웠더니 날 위아래로 불손하게 쳐다보면서 "에이 짜증나!"라고 화를 내었습니다.

김 교사: 무척 놀라고 속상하셨겠네요.

최 교사: 그럼요! 정말 어이가 없더라고요.

김 교사: 영수가 아버지에게 어떤 감정을 가지고 있을까요? 학생이 아버지에 대한 감정으로 선생님을 대하는 경우가 흔히 있더군요.

최 교사: 전에 영수의 아버지가 학교에 와서 영수와 대화하는 것을 보았는데, 영수와 아버지는 서로를 친구처럼 대하는 것으로 보였어요.

김 교사: 네, 그럼 아버지에 대한 좋지 않은 감정 때문에 선생님께 반항하는 것 같지는 않다고 생각됩니다.

최 교사: 저도 그렇게 생각해요.

(2) 개인심리학적 상담

의사인 아들러(Alfred Adler)에 의해 주창된 상담으로 프로이트(Freud)가 성 심리 발달을 강조한 것에 대해 논박하고 대신에 사회적이고 교육적인 범위를 결합하면서 전체적인 관점의 중요성을 강조했다.

인간은 누구나 가족, 학교, 친구 관계 등의 사회 속에 소속되어 인정받으며 살아가고 싶어 하며, 그러기 위해서 자신에게 잘 맞고 최선이라고 여겨지는 생활양식과 성격을 발달시켜 간다고 보았다.

특히 가족 내에서의 영향력, 즉 자신이 어떤 위치에 있는지, 가정의 분위기가 어떠한지, 어떤 것에 열등감을 느끼는지, 그리고 어떤 것을 잘해서 인정받고 싶어 하는지 등에 따라 생활양식과 성격을 발달시켜 간다고 보았다.

이에 상담에서 타인에 대한 관심을 갖기 위한 방법을 탐색하며, 과거의 사건 자체가 중요한 것이 아닌 과거 사건에 대한 지각과 해석이 어떻게 현재에 지속적인 영향을 미치며 자신이 가진 능력으로 무엇을 하는지가 중요하다. 따라서 인간행동을 결정하는 것은 그의 가치, 믿음, 태도, 등과 같은 내적 요인들의 변화를 추구하였다.

상담의 목표로는 개인이 자신을 이해하고 자신의 인생에 대해 보다 현실적·공동체적인 견해를 갖도록 도우며, 이를 위해 사회적 관심을 기르도록 하였다. 또한 패배감을 극복하고 열등감을 감소시키기 위해 내담자를 잘못된 동기를 바꾸며 내담자가 다른 사람들과 동등하다는 인식을 갖도록 도우며, 사회구성원으로서 사회적 관심을 갖고 기여할 수 있도록 노력하였다.

상담의 기법으로 생활양식 조사를 통해 가족구조, 초기 아동기의 회상, 기본적인 오류를 찾아봄으로써 가족 내에서와 또래관계, 학교에서의 내담자의 위치를 탐색하며 어린 시절 생활양식을 형성하는 과정에서 어떤 영향을 받았는지를 확인하였다. 여기에는 초기 기억, 꿈, 우선적 욕구, 즉시성, 역설적 의도, 마차 ~인 것처럼 행동하기, 행동의 대가 알려 주기, 버튼 누르기, 과제 설정과 수행 순으로 진행한다(조봉환 외, 2011).

개인심리학적 상담의 사례는 다음과 같다(중등임용시험, 2007).

상담자: 당신의 형제 관계는 어떻게 됩니까?

내담자: 저는 무남독녀입니다. 그래서 부모님의 충분한 사랑을 받고 자랐습니다.

상담자: 아, 그렇군요. 그런데 한 가지 더 궁금한 것은 중 · 고등학교 때에 전교 1등을 놓친 적이 없다고 했는데, 그렇게 열심히 공부했던 이유가 있을 것 같은데요.

내담자: 저는 몸이 너무 약해서 아이들이 나를 따돌림까 봐 늘 두려웠지요. 그래서 열심히 공부해서 1등을 하면 아무도 나를 얕잡아 보지 못할 것 같았어요.

상담자: 열심히 공부해서 우수한 성적으로 신체적 열등감을 보상 받으려 했군요. 음……. 지금 이 순간 생각나는 가장 어린 시절의 초기 기억이 무엇인지 말씀해 보세요.

내담자: 제가 5살 또는 6살 때였어요. 그때 외가에 놀러 가서 낮잠을 자다가 깼는데, 주변에 아무도 없는 거예요. 엄마가 나를 놔두고 혼자서 집으로 가 버리신 줄 알고 한참을 엉엉 울었던 생각이 납니다.

(3) 인간중심 상담

인간중심 상담(person-centered counseling)에서 모든 사람이 더 좋게 발전하고 더 행복해지고, 더 잘하고 싶은 마음을 가지고 있으며, 또 그렇게 될 수 있는 힘을 가지고 있다고 본다.

로저스(Carl Rogers)는 미국의 심리학자로 인간중심 상담을 처음 만들어 발전시켰다. 로저스는 인간은 아주 믿을 만하고, 협조적이며, 선한 존재이다. 따라서 인간은 좋은 방향으로 발달해 가려는 경향성, 즉 스스로 자기 문제를 해결할 수도 있고, 자기가 원하는 방향으로 성장해 갈 수 있는 자아실현경향성이 있다고 하였다.

사람들은 외적인 경험 때문에 행동하는 것이 아니라 그런 경험인 주관적인 경험의 세계를 어떻게 느끼는가에 따라 행동하게 된다고 하였다. 이에 상담자는 내담자에게 긍정적 관심을 갖고 그들의 인정에 대한 욕구를 충족시킬 수 있도록 돕는 역할을 강조하였다. 내담자가 자주적이며 자신감을 갖게 됨으로써 '충분히 기능하는 인간'으로 성장하도록 하는 것이 인간중심 상담의 목표이다.

이에 따라 상담자는 내담자에 대한 진실한 태도와 내담자가 어떤 상태에 놓여 있든지 무조건 긍정적으로 수용해 주며, 내담자가 겪는 감정에 대해 공감적 이해를 해 줌으로써 내담자에게 긍정적인 변화를 일으킬 수 있다고 하였다. 이 상담에서는 초기에는 기술에 많은 관심이 주어졌으나 최근에는 진실성, 무조건적 긍정적 수용, 공감적 이해와 같은 상담자와 내담자의 관계가 중요시되고 있다(김계현 외, 2013).

인간중심 상담의 사례는 다음과 같다(중등임용시험, 2008).

철수: 우리 선생님은 차별이 심해요. 공부 잘하는 애들만 편애하시고요. 그래서 선생님을 보면 화가 나고 따지고 싶어요. 그렇지만 선생님께 버릇없이 굴면 안 되잖아요.

상담 교사: 선생님께 섭섭한 모양이네. 그러시지 않았으면 좋겠다고 말씀드리고 싶은데, 선생님께 그런 것을 따지듯이 말하면 버릇없이 구는 것처럼 느껴지는 모양이네.

철수: 예! 선생님이 그러실 때마다 매우 섭섭해요. 우리도 똑같이 대해 주셨으면 좋겠어요. 선생님께 말씀 드리는 것이 좋을까요.

상담 교사: 선생님께 말씀드리면 어떻게 될까를 생각하고 있구나.

(4) 행동주의 상담

행동주의 상담은 학습 이론을 상담에 응용한 것으로 파블로프(Pavlov), 왓슨(Watson), 손다이크(Thorndike), 스키너(Skinner), 반두라(Bandura) 등의 여러 학자에 의해 체계화되어 왔으며 스키너가 대표자이다.

행동주의 상담의 목표는 바람직하지 못한 행동을 없애고 바람직한 행동을 새롭게 학습시키는 것으로 공격적 행동, 불안, 공포 등 내·외적인 행동 모두를 가리킨다.

상담기법으로는 바람직한 행동을 했을 때 그것을 보상해 주어 행동이 더 잘 일어날 수 있도록 하는 정적 강화가 있다. 반대로 바람직한 행동을 했을 때 싫어하는 것을 없애주어 바람직한 행동을 더 잘 일어날 수 있도록 하는 부적강화가 있다. 더불어 여러 가지 행동 중에서 하나만 선택적으로 강화해 주는 올바른 행동을 할 때는 관심을 갖고, 그렇지 않을 때는 모른척하는 차별강화가 있다. 새로운 행동을 형성시키기 위해 몇 단계를 나누어 그 행동에 가까운 행동을 할 때 강화를 주면서 점차로 새로운 행동에 접근해 가는 행동 형성방법이 있다. 즉, 이러한 방법은 바람직한 행동을 강화시키기 위한 기법이다.

반대로 바람직하지 못한 행동을 감소시키는 방법으로는 소거와 벌이 있다. 소거는 나쁜 행동을 한 다음에 얻을 수 있는 강화물을 없애서 나쁜 행동을 더 이상 못하게 하는 방법이다. 벌은 바람직하지 못한 행동을 했을 시 벌을 주는 것으로 벌의 효과는 일시적으로 벌 자체로 새로운 행동을 가르칠 수는 없다. 벌의 일종으로 좋지 않은 행동을 했을 때 잠시 다른 장소에 격리시켜 두는 타임아웃의 방법이 있다.

추가적으로 다른 사람이 하는 시범을 보고 배우는 모델링과 상호제지의 원리에 바탕을 주고 점진적으로 불안을 일으키는 덜 민감해지게 하는 이완훈련과 불안위계표(체계적 감각법) 작성으로 단계적으로 실시하는 체계적 탈감법이 있다. 그 밖에 주장훈련, 홍수기법, 혐오기술, 대리 경제체제, 조형, 사고중지, 지도하기, 인지적 행동수정 등이 있다(김계현 외, 2013).

행동주의 상담의 사례는 다음과 같다(강진령, 2009 재인용; Riggs & Foa, 1993).

상담자: 첫 회기에 이야기한 것처럼 상상 속에서와 현실에서 당신을 방해하는 것들에 노출시킬 것입니다. 이제 상상하게 될 장면들은 당신이 씻지 않으면 두려워하는 일이 생길 거라는 피해 상황에 초점을 맞출 것입니다. 상상에서 화장실 변기, 그리고 씻지 않음으로써 병에 걸리게 되는 것과 같이 당신이 두려워하는 것을 만지는 장면을 떠올리게 될 겁니다. 그리고 무엇이 잘못되었는지를 잘 모르고 고칠 수도 없는 의사를 찾아가는 당신의 모습을 떠올리게 할 것입니다. 이것이 당신이 가지고 있는 일종의 두려움이지요. 그렇죠?

내담자: 네, 그래요. 아이들이 병에 걸리게 될 거예요. 다 제 잘못이죠.

상담자: 좋아요. 그래서 몇 개의 장면에서 아프게 될 거예요. 그리고 다른 장면에서는 아이가 아프게 될 거예요. 조심하지 않은 것에 대해 당신을 비난하는 사람들을 추가할까요? 이것이 당신이 두려워하는 것인가요?

내담자: 네, 특히 우리 엄마.

상담자: 그래요. 당신이 충분히 조심하지 않은 것에 대해 당신을 비판하도록 할 거예요. 심상에 추가해야 할 다른 것은 없나요?

내담자: 아니, 더 이상 없어요. 그 정도면 될 것 같아요.

상담자: 실제 노출부터 계획하고 나서 상세한 장면들을 구성해야겠어요. 당신이 만지기를 두려워하는 것들의 목록을 검토해 봅시다. 목록이 올바른 순서대로 작성되었는지 확인해 봅시다. 그런 다음 상담이 있는 날마다 어떤 작업을 할 것인지 결정하겠습니다. 괜찮겠죠?

내담자: 그럼요. (내담자는 목록을 검토한다. 목록에는 쓰레기통, 부엌 바닥, 목욕탕 바닥, 아파트 복도 바닥 등이 포함되었다.)

상담자: 좋아요. 자, 치료 계획을 세웁시다. 첫 회기에 당신이 60 미만으로 평정한 것들부터 시작해 봅시다. 거기에는 목욕탕 문손잡이, 책장의 책, 전등 스위치, 계단 손잡이 만지는 것이 포함됩니다. 두 번째 회기에는 60에서 70 수준의 항목들, 즉 수도꼭지, 세간이 없는 마루, 더러운 빨래, 그리고 아이의 책상 위에 있는 물건들에 대해 작업을 할 것입니다. 세 번째 회기에서는 처마 물받이, 타이어, 공공 화장실과 같이 가장 최악의 상황을 반복하게 될 것입니다. 그리고 죽은 동물을 발견하고는 그 옆을 걸을 것이고, 그 옆의 도로를 만질 것입니다.

지시적 상담의 사례는 다음과 같다(이동혁 외, 2013).

첫 회 상담

상담자: 안녕하세요? 어떻게 오셨지요?

내담자: 저는 현재 2학년입니다. 더 좋은 직업을 갖기 위해서 대학에 왔어요. 지금까지는 교양 과목만 수업을 들었는데, 이제는 전공을 결정해야 할 때가 되었습니다.

상담자: 어떤 전공을 생각하고 계신가요?

내담자: 잘 모르겠어요. 제가 알고 있는 것은 지금까지 해 왔던 지겨운 일은 더 이상 하고 싶지 않다는 겁니다.

상담자: 어떤 직업을 선택해야 이전보다 더 만족할 수 있을까요?

내담자: 글쎄요. 그저 지겹고 월급도 조금 받는 그런 일을 하면서 인생을 보내고 싶지 않다는 생각만 드네요.

상담자: 어떤 일을 해 보았나요?

내담자: 음식점 점원도 했고, 톨게이트에서 돈도 받아 봤고, 마트에서 일도 해 보았어요.

상담자: 그런 일 중에서 혹시 좋았던 부분은 없었나요?

내담자: 안내원이나 음식점 점원 그리고 마트에서 일하면서 사람들과 이야기하는 것은 좋았습니다.

상담자: 내담자 자신을 더 잘 이해하고 자신에게 적합한 전공이나 직업을 선택할 수 있도록 하기 위해 홀랜드 적성탐색검사와 O'Net 인터넷 검사를 실시해 보시고 다음 회기에 다시 만나면 어떨까요?

내담자: 네, 좋아요.

2회 상담

상담자: 지난주에 제가 홀랜드 적성탐색검사지를 드렸습니다. 그 검사는 자신의 흥미와 기술을 이해하는 데 도움이 되는 도구입니다. 그 결과를 활용해서 전공과 직업을 찾아볼 수 있을 것입니다. 검사를 해 보셨습니까?

내담자: 예. 했습니다. 매우 흥미롭던데요. 끝까지 다 했고 코드도 나왔습니다.

상담자: 코드가 뭐였습니까?

내담자: SER입니다. E와 S가 비슷하게 높았고 R이 약간 낮은 세 번째였습니다. 선

생님께서 주신 프로파일에 점수를 기입하고 프로파일을 그려 보았습니다.

상담자: 코드가 무엇을 의미하는지 아십니까?

내담자: 네. 주신 검사에 있는 정보를 읽어 보니까 SER이 사람들하고 면 대 면으로 일하는 것을 좋아하는 유형이라는 것을 알게 되었습니다. S는 다른 사람들을 도와주는 것을 좋아한다는 것이고, E는 어떤 것을 팔거나 다른 사람에게 영향을 주는 것을 좋아하는 것이고, R은 손으로 어떤 일을 하는 일을 하는 것을 좋아하는 것이죠. 이전에 가졌던 직업에서 이런 일을 많이 했습니다. 그리고 집에서 아버지 일을 많이 도와드렸습니다.

상담자: 이 코드는 당신의 성격이나 흥미를 설명하는 것인데, 어떻게 생각하시나요?

내담자: 그렇게 새롭지 않습니다. 지난주에 말씀드렸듯이, 저는 예전에 했던 일에서 사람들과 이야기하고 만나는 것을 좋아했습니다. 다만 R이 나온 것은 조금 놀랍습니다. 다른 직업을 생각하면서 이런 흥미 영역은 생각해 본 적이 없습니다.

상담자: 당신에게 분명한 흥미 영역이 있고, S와 E가 서로 비슷한 영역이기 때문에 당신에게 가능한 직업이나 전공을 찾아봐도 될 것 같습니다.

내담자: 선생님이 주신 직업 찾기라는 서적에서 SER에 해당하는 직업이 어떤 것이 있나 보았습니다.

상담자: 그중에서 흥미가 있는 것이 있던가요?

내담자: 네. 건강관리 시설의 행정직이나 시각장애인을 교육하는 직업이 흥미 있었습니다. 그런데 대학원에 다니지 않고 조금 직위가 높은 건강관리 관련 직업이 저에게 가능할지 모르겠습니다.

상담자: 혹시 ESR과 관련된 직업을 보지는 않으셨나요? E가 S만큼 높았기 때문에 한번 보실 필요가 있습니다. 그래야 다른 종류의 관리직, 직업재활사, 공인중개사 등도 볼 수 있을 것입니다.

내담자: 그러면 전공은 어떻게 알 수 있나요?

상담자: 우선 가능한 직업부터 찾아보도록 하지요. 그리고 그와 관련된 전공들을 찾아볼 수 있을 것입니다. 직업목록을 만들어 보셨네요. 그 직업에 대해서 조금 더 자세히 알아볼까요?

내담자 : 그러죠.

상담자 : 제가 직업에 대한 자세한 정보가 들어 있는 웹사이트 주소를 알려 드리겠습니다. 각 직업에 대한 정보를 읽어 보세요. 어떤 것을 찾았는지 다음 회기에서 이야기해 보도록 하겠습니다. 그리고 교육기회 찾기라는 책을 볼 것입니다. 그러면서 전공 목록도 만들고 어떤 대학에서 그런 전공이 가능한지 알아보겠습니다.

(7) 형태주의 상담

형태주의 상담은 펄스(Fritz Perls)에 의해 창안된 이론으로, 게슈탈트 상담으로도 표현되고 있다.

상담자는 내담자가 현재 자신에게 가장 적실한 욕구와 감정이 무엇인지를 잘 깨닫지 못해서 욕구를 채울 수 있는 행동을 하지 못하면 심리적·신체적 장애를 겪게 된다. 건강한 사람은 자기가 무엇을 느끼고 있는지, 무엇을 하고 싶은지를 분명하고 강하게 깨달아 행동으로 옮긴다. 따라서 이 상당은 자신에 대해 더 많이 알고 받아들이며, 현실을 알고 더 많이 접촉하고, 스스로 더 많이 선택하고 책임지는 인간이 되게 한다. 상담자의 역할은 내담자들로 하여금 자신의 욕구와 감정을 분명히 알아차리고, 이를 환경과의 접촉을 통해 잘 해소할 수 있도록 도와준다. 상담자는 내담자와의 관계 형성을 통하여 내담자로 하여금 자신에 대해 깨닫고 현재 순간에 어떻게 경험하고 있는가를 지원해 준다. 상담자는 학생에게 새로운 행동을 시도하고 무슨 일이 일어났는지를 스스로 깨닫게 하는 실험적 태도를 선택함으로써 자신에 관하여 배울 수 있도록 돕는다. 상담의 과정은 지금 여기에서 나와 그대가 함께 경험함으로써 내담자가 자기를 충분히 각성하여 자기의 부적응 행동의 본질과 그것이 어떻게 자기의 삶을 방해해 왔는지를 알도록 돕는 과정이라고 할 수 있다. 구체적인 성격의 변화과정은 피상층, 공포층, 곤경층, 내파층, 폭발층으로 5단계이다(이형득 외, 1994). 상담의 인지적 기법은 자기각성, 대화게임, 투사연기하기, 반대행동하기, 책임지기, 신체표현을 활용하기, 과정하기, 반의가 기법, 뜨거운 자리, 언어적 접근기법 등이 있다.

형태주의 상담의 사례는 다음과 같다(중등임용시험, 2007).

상담자: 그러니까 그때 아버님에게 억울하게 몰아붙이셨는데 너무 어린 나머지 적절하게 대항도 못했고 그것이 가슴 속에 미해결 과제로 남아 지금까지 아버지만 보면 불편한 심정이 든다는 것이지요.
내담자: 네, 그 뿐만 아니라 아버지 생각만 하면 소화가 잘 되지 않아요.
상담자: 그러면 여기 빈 의자에 아버지가 앉아 있다고 가정하고 아버지에게 그때 못다 한 이야기를 풀어내 보시지요.
내담자: (빈의자를 향하여) 아버지, 정말 너무하세요. 나는 정말 아버지를 생각해서 그렇게 한걸 가지고 나에게 이렇게까지 퍼부으십니까? 정말 너무 하십니다.

(8) 의사거래 분석 상담

의사거래 분석적 상담은 번(Berne)에 의해 창안된 이론으로, 의사교류분석 상담으로도 표현되고 있다.

상담자는 내담자가 어릴 때 생활하는 데 도움을 주었던 생활자세와 자아 상태들이 더 이상 자신에게 도움이 되지 않는다는 것을 깨닫게 하여 자신의 인생을 새롭고 효과적으로 다시 설계할 수 있도록 돕는 것이다. 상담자의 역할은 내담자들로 하여금 자신이 가지고 있는 내적 힘을 찾아 스스로 지금 더 적절한 결정을 하도록 돕는 것이다. 상담의 과정은 계약, 구조 분석, 의사거래 분석, 게임 분석, 각본 분석, 재결단 등으로 6단계이다(이형득 외, 1994). 상담의 인지적 기법은 허용, 보호, 잠재력, 질의, 특별세부반응, 맞닥뜨림, 설명, 실증, 확립, 해석, 구체적 종결 등이 있다.

의사거래 분석 상담의 사례는 다음과 같다.

영희: 이번 반장 선거에 친구가 한번 나가려고 하는데, 저는 너무 자신이 없고 불안해요.
상담자: 아니, 영희같이 공부도 잘하는 학생이 왜 그런 생각을 하게 되었을까?
영희: 글쎄요. 잘 모르겠어요. 음… (중략) 저는 엄마에게 칭찬을 받아 본 적이 없는 것 같아요.
상담자: 엄마가 칭찬을 안 해 주셨구나. 그럼 칭찬을 받을 줄 알았는데 칭찬을 못 받은 적이 있니?
영희: 음…… 예. 제가 반에서 1등을 했는데도 엄마는 칭찬을 해 주지 않으셨어요.
상담자: 그럼 그때에 엄마가 너에게 뭐라고 말씀하셨니?
영희: 엄마는 "반에서 1등만 하면 뭐하니. 전교에서 1등을 해야지." 하시면서 속상해 하셨어요. 저는 엄마에게 언제나 부족한 딸 같아요.
상담자: 그래서 너는 자신이 항상 부족하고 유능하지 못한 사람이라고 생각하는구나.
영희: 예. 제가 아무리 잘해도 엄마를 만족시킬 수는 없었어요. 그래서 제 자신은 늘 부족한 아니라고 생각했어요.
상담자: 그래서 너 자신을 마치 미운 오리 새끼처럼 생각하면서 자랐겠구나.
영희: 예. 그런 것 같아요.

(9) 현실적 상담

현실적 상담은 글래서(William Glasser)에 의해 창안된 이론으로, 현실요법 상담으로도 표현되고 있다.

상담자는 내담자가로 하여금 자신의 행복세상에서 자신이 선택한 사람들과 관계를 잘 맺도록 도와주고, 내담자에게 선택 이론을 가르쳐 주는 것이다(이재창, 2005). 상담자의 역할은 내담자들이 단기적이든 장기적이든 간에 현실적 맥락에서 자신의 생활을 이해하고 명료화하도록 도와주는 것이다. 상담의 과정은 상담관계 형성하기, 현재행동에 초점두기, 행동을 평가하기, 활동계획 짜기, 다짐을 받아내기, 변명을 받아들이지 않기, 처벌을 사용하지 않기, 포기하지 않기 등으로 8단계이다. 상담의 기법은 질문, 유모어, 토의와 논쟁, 맞닥뜨림, 언어충격 등이 있다.

현실적 상담의 사례는 다음과 같다(중등임용시험, 2008).

지섭: 공부를 잘하고 싶은데 집중이 잘되지 않습니다.

상담자: 집중을 해서 공부를 하고 싶구나.

지섭: 네, 집중해서 공부를 할 수 있으면 참 좋겠습니다.

상담자: 집중해서 공부를 잘 하기 위해 무엇을 하고 있니?

지섭: 예. '집중하자! 집중하자!' 스스로 암시를 주면서 공부도 해 봤고요.

상담자: 아하, 스스로 암시를 주면서 공부를 해 봤구나.

지섭: 네.

상담자: 집중해서 공부하고 싶은 너의 바람과 실제로 네가 하고 있는 행동에는 어떤 차이가 있는지 말해 줄래?

지섭: 암시를 줄 때는 다소 집중이 되었지만, 원하는 만큼 집중이 잘되지 않았어요.

상담자: 집중해서 공부하기 위해 앞으로 어떤 계획을 가지고 있니?

지섭: 미리 문제를 내고 답을 찾으면서 읽을까 생각합니다.

상담자: 아주 좋아. 문제를 해결하기 위해 적극적으로 생각하는구나.

(10) 해결중심 상담

해결중심 상담은 가족치료에서부터 시작한 이론으로 지금은 부부와 가족뿐만 아니라 다양한 내담자들을 대상으로 개인상담을 위해 다양한 장면에서 광범위하게 활용되고 있다. 이 상담은 드세이저(Steve de Shazer)와 오한론(Bill O' Hanlon)에 의해서 1980년대부터 시작되었다. 이들 모두는 단기치료의 창시자인 밀턴 에릭슨(Milton Erikson)에 의해 직접적으로 영향을 받았다. 이 상담에서 뛰어난 상남사와 이론가로는 와이너-데이비스(Michele Weiner-Davis)와 버그(Insoo Kim Berg)가 있다(Gladding, 2007).

이 상담은 인간본성에 대해 종합적인 관점을 갖지 않는다. 오히려 밀턴 에릭슨(Milton Erikson)의 아이디어, 즉 인간은 자신 안에 자신의 문제를 해결할 수 있는 능력과 자원을 지니고 있다는 생각을 받아들인다. 그는 어느 한 사람의 작은 행동이 간혹 문제의 맥락에서 더 큰 변화를 가져오는 데 있어서 꼭 필요한 것이라고 믿었다. 밀턴 에릭슨의 전통 이외에 해결중심 상담은 인간을 본질적으로 구성주의자로(construction) 본다. 즉, 현실은 관찰과 경험의 반영이라는 것이다. 마지막으로 해결중심 상담은 인간은 변화를 원하고 그 변화는 불가피하다는 가정에 기초한다. 상담자의 역할은 내담자(세 유형)가 변화의 과정에서 얼마나 적극적이고 헌신적인가를 결정하는 것이다. 해결중심 상담자는 참여를 결정하는 것 외에 내담자가 자신의 자원과 강점을 발견할 수 있도록 도와주는 변화의 촉진자 역할을 수행한다. 내담자들은 자원과 강점을 이미 가지고 있지만 잘 모르고 있거나 혹은 활용하지 않는 사람들이다(Cleveland & Lindsey, 1995). 따라서 상담자들은 용기를 북돋워 주고, 도전하고, 변화에 대한 기대를 갖도록 한다. 그들은 비난하거나 “왜?”라고 묻지 않는다. 그들은 기본적으로 내담자를 자신의 인생에 대한 전문가로 인정한다(Helwig, 2002). 즉, 내담자는 자신의 삶에 있어서 하나의 전문가로 인정되는 반면, 상담자는 치료적 환경을 창조하는 데 있어서 전문성을 가진다.

해결중심 상담의 주요 목표는 내담자로 하여금 내적 자원을 개발하고 그들이 스트레스를 경험할 때 예외사항을 알도록 돕는 것이다. 결국 상담의 목표는 이미 예외 속에 존재하는 것, 즉 문제를 해결하는 쪽으로 지향하도록 하는 것이다(West, Bubenzer, Smith & Hamm, 1997). 따라서 상담회기가 내담자에게 주어지는 과제는 긍정적인 것과 현재 혹은 장래에 대한 가능성에 초점을 맞춘다(Walter & Peller, 1992).

해결중심 상담은 상담자와 내담자 간에 협동적인 과정이다. 즉, 상담자는 내담자에게 따뜻하고 긍정적이며 수용적인 관계를 제공하고 내담자는 이해되고 존중받는 다고 느껴지는 협력적 ‘결합’을 발달시키려고 노력한다. 상담자는 내담자로 하여금 문제를 경험하는 때와는 다른 예외적인 경우를 찾아보도록 격려하는 것 외에 다양한 기법을 활용한다(Gladding, 2007). 예를 들어, 기적질문은 기본적으로 문제가 사라진 가설적인 상황에 집중하는 것이다. 만약 문제가 해결되거나 더 나아진다면, 내담자가 자신의 삶이 그렇게 될 것이라는 것을 가능한 한 분명하고 명확히 기술하도록 도와주는 미래지향적인 질문이다. 다른 기법은 척도화인데 이것은 1점(낮음)에서 10점(높음)까지 해당하는 점수에 현재의 문제를 평가하도록 함으로써 문제가 얼마나 심각한지를 평가하기 위한 것이다. 척도화는 내담자로 하여금 그 문제와 관련하여 어디

쯤 있고 또 목표를 달성하기 위하여 현실적으로 어떻게 해야 하는지를 이해하도록 해 준다. 척도화의 목적은 내담자들이 확인할 수 있는 작은 목표를 세우고, 진전을 측정하고, 또 행동의 우선순위를 설정하도록 돕는다. 척도화를 통하여 내담자의 동기와 확신을 평가한다.

또 다른 기법은 내담자를 칭찬하는 것인데 이것은 내담자가 가지고 있는 강점을 칭찬하기 위해 고안된 메시지로서 내담자들에게 '긍정적 사고'(yes set)를 만들어 준다(예: 어려움을 헤쳐 나갈 수 있다는 신념). 칭찬은 보통 내담자에게 과제를 내기 직전에 준다. 그 외에도 단서(clues)와 만능 열쇠(skeleton keys) 등이 있다(Gladding, 2007; 김계현 외, 2013 재인용).

해결중심 상담의 사례는 다음과 같다(중등임용시험, 2008).

철수: 인터넷, 게임을 너무 많이 하고 지각을 자주 하니까 성적이 말이 아니에요.

상담자: 그래, 인터넷 게임 시간을 줄이고, 지각을 하지 않았으면 좋겠단 말이지? 그런데 게임시간과 지각을 줄일 자신이 있니? 완전히 줄일 수 있는 것을 100점으로 하면 몇 점을 줄 수 있어?

철수: 인터넷 게임 줄이기는 89점 정도 자신이 있고요, 지각 안 하기는 95점 정도 자신 있어요.

상담자: 철수야, 네가 원하는 대로 이루어진다면 너에게 어떤 일이 일어날 것 같아?

철수: 당연히 성적이 오르겠죠. 부모님이 제일 좋아하실 것 같아요. 요즘 집 안 분위기가 별로 안 좋아요. 그런데 제가 성적이 오르고, 게임도 덜 안 하고, 부모님이 기뻐하실 것 같아요.

09

CHAPTER

대안교육의 이해

대안교육은 미래형 교육모델을 창안하는 실험학교이자 다양한 창의·인성 교육 모델을 개발하는 프로젝트이며, 인간의 전인적 성장을 추구하는 교육적 원형을 되살리는 교육이다. 현재 정부에서는 지속적으로 대안교육을 제도화하고 지원하려는 노력을 해오고 있고, 교육의 본질을 구현하기 위한 교육개혁으로서 대안교육이 이루어지고 있다. 이 장에서는 이러한 대안교육에 대한 이해를 돕고자 한다.

1 대안교육의 개념

1) 대안교육의 등장배경

대안학교는 공교육과 정부가 주도하는 교육정책에 대한 비판과 반론을 제기하면서 나타났다. 존 듀이(John Dewey)의 사상과 실험학교에 영향을 받아 1920년에 시작된 닐(Neill)의 서머힐 학교나 슈타이너 학교를 시작으로 일반 학교의 제도적인 틀에서 벗어나는 학교가 등장하였다. 그 후 1960년대 초반부터 인식되기 시작한 공교육 제도의 문제로 인해 학교를 중도 탈락하는 학생들이 생겨나면서 획일적인 공교육방식을 지양하고 학생들의 자유로운 운영방식을 실천하는 학교들이 생겨났고, 1970년대에 들어 '대안학교(alternative school)'라는 용어가 등장했다(이종태, 2007).

우리나라의 경우 진보적 교육운동가들의 주도하에 1960~1970년대의 야학 운동이나 공부방운동을 시작으로 대안학교의 형태가 처음 등장하였다. 1990년대 중반 이후 획일적이고 억압적인 기존의 학교교육에 대한 문제로 대안학교에 대한 관심이 급증하기 시작하였고, 우리나라에서 '대안교육'이라는 말이 대두된 것은, 1996년 말 교육부가 학교부적응 학생을 위한 '대안학교 설립계획'을 발표하면서 시작되었다.

특히 입시위주의 교육제도와 학벌주의 사회풍토가 만연하고 학교붕괴, 청소년비행, 사교육비 증대 및 사교육 의존도 증가 등의 여러 가지 이유를 들어 공교육에 대하여 많은 문제를 제기하는 시각이 날로 증가하면서 이에 대한 고민과 대안도 지속적으로 제시되기 시작하였다. 이에 1997년 3월에 간디 청소년학교가 개교하였고, 1998년 2월「초·중등교육법」 시행령에서 '특성화학교' 학교설립에 관한 내용을 제시하면서 처음으로 대안교육이 입법화 되었다. 그 후 1998년 대안교육특성화학교 6개 학교가 개교하였고, 이듬해 4개의 학교가 추가로 개교하였다. 2000년대에 들어와서 교육부의 지원이 확대되면서 2001년에 도시형 대안학교로서 서울시교육청이 위탁대안학교를 3개교로 지정하여 운영하기 시작하였고, 같은 해에 서울시대안교육센터를 출범시켜 대안학교의 지원을 도왔다. 2005년 「초·중등교육법」상에 '대안학교 설립' 근거를 마련했으며, 3월 정식으로 대안학교를 양성화하는 명칭을 사용하였고, 2006년 대안교육법제화 시행령을 발표와 함께 2007년에는 「대안학교의 설립·운영에 관한 규정」을 제정하여 대안학교 설립을 위한 세부적인 절차와 기준을 정했다. 현재 우리나라에서도 증가하는 대안 교육 수요에 대응하고 대안교육의 특성을 살린 교육이 이루어지도록 하기 위해 다양한 형태의 대안학교를 인정하고 대안학교 설립에 대한 불필요한 규제를 완화하고 대안교육이 활성화될 수 있도록 대안학교의 설립·운영에 관한 규정 개정을 위한 추진이 활발하게 진행되고 있다.

2) 대안교육의 개념과 의의

(1) 대안교육의 개념

대안교육(代案教育)은 서구 교육계의 'alternative education'에서 나온 말로 대안학교보다 더 광범위하고 개념적이고 이념적인 용어로 사용되는 경향이 있으며, 우리나라에서는 억압적인 입시교육에서 벗어나 좀 더 다양하고 자유로우며 자연친화적인 교육을 받을 수 있도록 가르치는 교육을 말한다. 또한 대안학교는 대안교육을 수행하는 실질적 주체기관으로서 기존의 지식과 입시위주의 학교교육의 한계를 극복하고자 다양한 방법모색을 시도하는 대안적인 학교의 형태이다. 쿠퍼(Cooper)는 교육백과사전에서 이런 배경을 염두에 두고 대안학교의 의미를 표준적인 공립학교들이 제공하는 전통적인 것과는 다른 경험을 추구하는 아동과 학부모들을 위하여 특별한 교수법과 프로그램,

활동, 여건 등을 제공할 수 있도록 고안된 학교로 정의하고 있고, 우리나라 교육법에서는 대안학교를 자연친화적이고 공동체적인 삶의 전수를 교육목표로 학습자중심의 비정형적 교육과정과 다양한 교수방식을 추구하는 학교로 명시하고 있다. 또한 이병환·김영순(2008)은 대안교육을 성적 지상주의에 바탕을 둔 경쟁적이고 비인간적인 기존의 학교교육에서 탈피하여 개인적인 가치와 사회적인 가치가 존중되는 공동체적 사회를 실현하는 것을 교육목적으로 하는 새로운 교육실천운동이라고 정의하였다. 따라서 대안교육은 개인의 잠재력과 능력을 개발하는 교육의 본질적인 목적 이외에도 이웃과 지역사회 그리고 자연과의 상호작용을 중시하는 공동체적인 인간을 양성하는 것을 목적으로 한다.

(2) 대안교육의 의의 및 특성

대안교육은 제도교육의 한계를 인식하고 그것을 넘어서는 대안적 사회를 구성하면서 새로운 교육을 모색하려는 시도이다. 대안학교는 학교마다 서로 다른 철학적 배경을 가지고 있어서 교육목표와 학교의 운영에서 매우 상이한 모습을 보이지만 대부분 철학과 영성을 중시하고 소규모로 운영되며, 진정한 체험을 통해 '지·정·의'의 고른 영역의 교육을 균형 있게 운영하고 있다. 또한 학부모와 학생을 교육의 주체로서 교육활동에 적극 투입하고, 지역사회의 풍부한 자원을 최대한 활용하여 인간적인 관계형성, 인격적인 면을 유도한다. 대부분의 학부모는 교육활동의 주체로 나설 수 있으며 교육에 참여하는 인적 요인이 되는 학생, 교사, 학부모 간의 친밀감을 증대시키고 학생들은 친밀한 소속감을 느껴 사회·정서적으로 바람직한 영향을 받는다. 더욱이 직접체험을 통한 살아 있는 교육을 실시하여 지식편중의 단편적인 교육을 지양하고, 학습활동의 다양성, 선택권의 이양, 자율권의 확대로 학생들은 보다 주도적으로 학습에 참여하게 된다. 무엇보다도 각 학교의 교육철학에 대한 배경의 차이로 개별학교마다 저마다의 독특함을 가지고 있어 제각각의 공동체문화를 형성하고 있으므로 학생과 학부모가 저마다의 교육에 대한 기호에 따라 학교선택이 가능하다.

대안교육의 주요 특성은 다음과 같다. 첫째, 대안교육은 학습자 개개인의 특성을 중시한다. 이것은 루소(Rousseau) 이후 뚜렷한 전통으로 자리 잡은 아동중심교육 사상과 맞닿아 있다. 국가의 힘과 관료적인 조직을 바탕으로 하여 운영되는 종래의 학교교육 제도에서는 학생 개인의 자유로운 요구를 충분히 반영할 수 없으며, 아동중심교육이 제대로 이루어지지 않았다. 그런 이유로 대안교육은 가급적 공교육 제도의 밖에서 학습자 개인의 요구에 최대한 부응할 수 있는 자유로운 형식의 학교를 추구한다. 여기서는 제도보다 인간을, 집단보다 개인을, 교사보다는 학습자를 우선시하며 인간에 대한 무한한 신뢰를 바탕으로 한다. 대안학교의 선구자라 할 수 있는 닐이 서머힐 학교를 시작할 때 '아이들을 학교에 맞추기보다는 학교를 아이들에게 맞춘다'는 생각과 같은 맥락으로 학교 또는 학습자 집단의 소규모화이며, 그 속에서 모든 구성원 간의 친밀하고 공동체적인 유대관계가 형성된다고 본다.

둘째, 대안교육은 종래 교육에서 중시되었던 가치인 합리성이나 보편성, 또는 편리함이나 물질적 풍요 등이 오늘날 인류가 직면한 위기의 원인으로 보고 대안적 가치들을 추구한다. 교과 지식보다는 다양한 체험을 통한 감성을 중시하고, 노동을 통해 인간 본래의 자립성을 기르고자 한다. 특정한 가치 기준을 획일적으로 강요하기보다는 각각의 공동체가 지닌 고유의 전통을 중시한다. 무엇보다 개인 상호 간의 경쟁보다는 공동체적 유대를 강조하며, 특히 자연을 적대시했던 종래의 태도 대신에 생명 중심 또는 생태주의적 가치관에 바탕을 둔 자연과의 공존 교육을 실천한다(강태중·이종태·이명준, 1996).

따라서 대안교육은 기존의 학교교육과는 다른 형태와 내용을 가진 교육이되, 그 다름의 내용은 제도나 교사보다는 학습자 개개인의 요구와 특성이 중시되는 교육이라는 점과 근대 문명이 소홀히 했던 인간과 인간, 인간과 자연의 협동과 조화를 지향한다. 이를 통해 대안교육은 궁극적으로 대안적인 사회의 실현을 추구하고 있다.

2 대안학교의 교육법령

1) 설립근거

대안학교에 관한 설립근거는 「초·중등교육법」 제60조3의 규정에 따라 대안교육 특성화학교와는 별도로 체험위주 교육이나 인성위주 교육을 실시하기 위한 학교로서 '대안학교'의 경우 보통 명사화된 대안학교라는 단어를 학교의 법적명칭으로 사용하고 있으며, 학제상의 각종학교(각종학교: 기간학제상의 학교와 유사하게 운영되지만 이를 다투지 않는 교육과정 혹은 다루기 어려운 교육과정을 편성·운영하는 교육기관으로 학교의 명칭을 사용할 수는 없지만 학력인정이 가능한 학교이다)이지만 국가가 인가하는 학교라는 점 그리고 학교의 운영형태는 기간학제상의 학교형식과 유사하다는 점, 무엇보다 기능상 학교의 고유성을 실현할 여지가 많다는 점에서 새로운 교육실천의 법률적 공간으로 이해되고 있다.

「초등교육법」 제60조의 각종학교에 관한 규정에서 대안학교에 관한 「초·중등교육법」 제60조 3항의 내용과, 「대통령령」 제27772호에 따른 대안학교의 설립·운영에 관한 규정은 다음과 같다.

표 9-1 대안학교 설립·운영에 관한 규정[시행2017.1.10.]

설립근거	내용
대통령령 제27772호	**제1조(목적)** 이 영은 「초·중등교육법」 제60조의3에 따른 대안학교의 설립·운영에 관하여 필요한 사항을 규정함을 목적으로 한다. **제2조(다른 법령과의 관계)** 「고등학교 이하 각급 학교 설립·운영 규정」은 대안학교의 설립·운영에 대하여 적용하지 아니한다. **제3조(시설·설비기준)** ① 대안학교의 설립·운영에 필요한 시설·설비기준은 다음 각 호와 같다. 1. 안전·방음·환기·채광·소방 및 배수 등의 면에서 교수·학습에 적합한 교사[교사(교실, 도서실 등 교수·학습활동에 직·간접적으로 필요한 시설물을 말한다)] 2. 배수가 잘 되는 옥외체육장 3. 학생의 통학에 지장이 없는 곳에 위치한 교지[교지(교사용 대지와 옥외체육장용 대지를 합한 용지를 말한다)] 4. 학습에 필요한 도서·기계·기구 등의 교구 5. 수질검사 결과 위생상 무해하다고 판명된 급수시설 및 온수를 공급할 수 있는 시설 (중략) **제3조의2(사립 대안학교 교사·교지 등의 소유주체 등)** ① 사립 대안학교의 교사 및 교지는 해당 대안학교를 설립·경영하는 자의 소유이어야 한다.(중략)

(계속)

설립근거	내용
	제4조(설립인가) ① 법 제4조제2항에 따라 사립 대안학교의 설립인가를 받으려는 자는 「초·중등교육법 시행령」 제3조에도 불구하고 다음 각 호의 사항이 기재된 서류를 갖추어 교육감에게 신청하여야 한다. (중략) 제5조(대안학교설립운영위원회의 구성·운영) ① 대안학교의 설립·운영에 관한 중요사항을 심의하기 위하여 교육감 소속하에 대안학교설립운영위원회(이하 "위원회"라 한다)를 둔다. (중략) ⑤ 위원회는 다음 각 호의 사항을 심의한다. 1. 대안학교의 설립인가·변경인가 및 인가취소에 관한 사항 2. 대안학교의 교육과정 운영 및 제4조제2항에 따른 인정학력에 관한 사항 3. 대안학교의 평가 및 운영 등에 관한 사항 4. 이 영에서 심의하도록 한 사항 5. 그 밖에 교육감이 필요하다고 인정하는 대안학교의 설립·운영에 관한 사항 ⑥위원회의 구성·운영에 관하여 그 밖에 필요한 사항은 교육감이 따로 정한다. 제6조(학력인정) 국·공립 대안학교를 졸업한 자와 제4조에 따라 설립인가를 받은 대안학교를 졸업한 자는 국·공립 대안학교의 설립 시 계획된 학교 급별 또는 사립 대안학교의 설립인가 시 표시된 인정학력에 따라 법 제2조의 초등학교·중학교 또는 고등학교 졸업 학력이 있는 것으로 본다. 제7조(학기운영 및 학년제) ① 대안학교의 학기 운영은 학교교육과정을 고려하여 학칙으로 정한다. ② 대안학교의 장은 교육과정 운영상 필요한 경우에는 학년 구분 없이 교육과정을 운영할 수 있다. 제8조(수업연한 및 수업일수) ① 대안학교의 수업연한은 법 제39조, 제42조 및 제46조 본문에 따른다. ②대안학교의 수업일수는 매 학년 180일 이상으로 한다. 제9조(교육과정) 대안학교의 교육과정은 대안학교의 장이 학칙으로 정한다. 다만, 「초·중등교육법 시행령」 제43조에 따른 교과 중에서 국어 및 사회(중학교와 고등학교 과정의 사회 교과는 국사 또는 역사를 포함한다)를 교육부장관이 정한 교육과정상 수업시간 수의 100분의 50 이상을 운영하여야 한다. 제10조(교과용 도서) ① 대안학교의 장은 「교과용도서에관한규정」에 따른 국정도서, 검정도서, 인정도서 중에서 선택하여 사용할 수 있다. ② 대안학교의 장은 자체 개발한 도서를 교과용으로 사용할 수 있다. 제10조의2(교직원의 배치기준) ① 초등학교 과정의 대안학교에는 교장·교감을 포함하여 학급마다 교사 1명을 배치한다. ② 중·고등학교 과정의 대안학교에는 교장·교감 외에 3학급까지는 학급마다 2명의 교사를, 3학급을 초과할 때에는 1학급이 증가할 때마다 1명의 비율로 교사를 더 배치한다. ③ 학생 수가 100명 이하이거나 학급 수가 5학급 이하인 대안학교의 경우에는 교감을 두지 아니할 수 있다. (중략) 제11조(학교생활기록 및 건강검사기록 유지) 대안학교의 장은 다음 각 호 사항이 기록된 것으로서 학교의 학업 성취도 등 학생 생활에 관한 기록 및 「학교보건법」 제7조의3제1항에 따른 건강검사기록 중 학생의 진학이나 전학에 필요한 내용을 적절한 방법으로 기록·관리할 수 있다. 1. 인적사항 2. 학적사항 3. 출결상황 4. 자격증 및 인증취득상황 5. 교과학습발달상황 6. 행동특성 및 종합의견

(계속)

설립근거	내용
	제12조(국 · 공립 대안학교의 위탁운영) ① 국 · 공립 대안학교의 설립자는 위탁운영 계약을 통하여 「사립학교법」 제2조제2항에 따른 학교법인과 그 밖에 안정적으로 대안교육을 실시할 수 있다고 판단되는 자에게 대안학교의 운영을 위탁할 수 있다. (중략) **제13조(다른 학교 학생의 위탁교육)** ① 대안학교는 재학생 외에 다른 학교 학생을 위탁받아 대안교육을 할 수 있다. ② 제1항에 따른 위탁교육기간은 학교장 간 협의에 따라 정한다. ③ 제1항에 따라 위탁교육을 받은 학생은 위탁교육기간이 종료된 후 재학 중인 학교로 복귀하여야 한다. ④ 제3항에도 불구하고 위탁교육을 받은 학생이 원하는 경우 학교장 간 협의에 따라 위탁교육을 받은 대안학교로 전학할 수 있다. 이 경우 위탁교육을 받은 학생이 「교육기본법「 제8조에 따른 의무교육 대상자인 경우에는 보호자의 행방불명 등 부득이한 사유가 없으면 보호자의 동의가 있어야 한다. (중략) **제14조(입학전형 등)** 대안학교의 장은 입학전형 및 학생 선발시기에 관하여 필요한 사항을 학칙으로 정한다. **제15조(보고)** 대안학교의 장은 교육부장관 또는 교육감이 정하는 바에 따라 매년 4월 1일 현재의 시설 · 설비 및 교원 등의 보유현황을 4월 30일까지 교육부장관 또는 교육감에게 보고하여야 한다. **제16조(규제의 재검토)** 교육부장관은 제4조에 따른 대안학교 설립인가에 대하여 2017년 1월 1일을 기준으로 3년마다(매 3년이 되는 해의 1월 1일 전까지를 말한다) 그 타당성을 검토하여 개선 등의 조치를 하여야 한다.

2) 교육법령

대안학교는 일반학교와 차별된 다양한 교육을 위해 도입된 제도로 법적 고시 하에 특성화 중·고등학교를 운영하고 있다. 「초·중등교육법」 제76조 제2항에서 교육감은 교육과정의 운영 등을 특성화하기 위한 중학교를 지정·고시할 수 있다고 명시하고 있다. 이러한 특성화 중학교는 교육의 내용, 교육방법 및 평가 등 교육과정 체제가 표준화되어 있는 평준화 체제하에서 개별학교의 교육과정의 고유성과 다양성을 허용한다. 즉, 기간학제상의 탈평준화된 예외적인 학교 또는 의무교육단계에서 발생하는 대체적 교육수요를 고려한 다양화학교라고 할 수 있다. 현재 관련 조항에 따라 설립된 대안교육 특성화 학교로는 대안교육 특성화 중학교, 예체능교육 특성화 중학교, 외국어교육 및 글로벌 교육을 위한 국제계열 특성화 중학교 등이 있다.

「특성화 고등학교 설립규정」은 같은 법령 제91조 제1항에서 '교육감은 소질과 적성 및 능력이 유사한 학생을 대상으로 특정분야의 인재 양성을 목적으로 하는 교육 또는 자연현장 실습 등 체험위주의 교육을 전문적으로 실시하는 고등학교를 지정·고시할 수 있다'고 명시하고 있다. 이러한 교정에 따라 특성화 고등학교는 크게 소질과 적성을 고려하여 특정분야 인재양성을 목적으로 하는 직업교육 특성화 고등학교와 자연현장실습 등 체험위주의 교육을 전문적으로 실시하는 대안교육 특성화 고등학교로 분류할 수 있다(교육과학기술부, 2009). 대안교육 특성화학교의 경우 개별학교의 설립이념 및 교육철학에 따라 다양한 교육과정영역의 개발이 가능하다. 특성화 중학교의 경우 교육감은 교육과학기술부장관의 사전 협의를 거쳐야 하지만 특성화 고등학교의 경우 교육감의 독자적 판단으로 정할 수 있다. 이는 중학교 단계가 의무교육인 반면, 고등학교는 선택교육이기에 가능하다. 따라서 학교의 설립이념이나 교육목표에 따라 고유하고 독창적인 교육과정의 운영이 가능하다.

3 대안학교의 운영

1) 교육목적

교육의 목표는 학생의 성장과 변화를 기대하는 것과 관련되며 학교운영과 교육과정 전반에 반영된다. 대안학교의 교육목적은 설립배경과 이념에 따라 약간의 차이가 있지만 일반적으로 다음의 공통적인 교육목표를 갖는다.

첫째, '공동체적인 삶'을 강조한다. 공동체적 문화 속에서 더불어 살아갈 수 있는 상생의 지혜를 터득할 수 있도록 철학·인권·생태·노작·NGO·봉사학습·식구총회 등의 교과를 개설하여 실현한다.

둘째, 주체적인 삶을 꾸릴 수 있도록 '자율과 자주성'을 강조한다. 이를 위해 학생의 적성과 흥미를 고려한 다양한 현장체험과 사회체험활동을 진행한다. 옷이나 음식, 집만들기, 통합기행, 이동학습, 인턴십, 주제학습 및 졸업논문 등을 통해 실제 삶과 연계된 교과 내용을 구성한다.

셋째, '조화로운 발달'을 추구한다. 창조적 지성, 풍부한 감성, 건강한 몸을 만들기 위해 통합 교과를 지향한다. 다양한 표현예술영역, 산악등반, 전통무

예, 성교육, 다도 등 여러 교과 운영을 학습과 통합하여 전인적 인격체 형성에 중점을 둔다(대안교육백서, 2007).

표 9-2 대표적인 대안학교 교육목표

구분	학교명	교육목표
특성화 중학교	두레자연중학교	지적·도덕적·정서적 성장
	용정중학교	바른인성, 잠재력개발, 호연지기, 공동체생활, 미래사회를 이끌어 나갈 인재
	이우중학교	더불어 사는 삶
	헌산중학교	인성교육을 바탕으로 자연친화적 전인교육
특성화 고등학교	간디학교	전인적·공동체적 인간, 자연과 조화되고 책임성 있는 인간, 지·정·의가 조화된 인간, 사랑과 자발성의 교육
	경기대명고등학교	사회적응력과 민주시민 의식을 배양하여 건전한 사회인으로 성장, 협동·자율·근로·창의적인 사회인
	영산성지고등학교	마음공부를 통한 인격함양 감사와 자력생활, 공익심이 있는 사람
	이우고등학교	21세기의 더불어 사는 삶을 실천하는 인간교육, 자주적이고 자율적인, 창조적인 사람, 머리·가슴·손·발이 조화롭게 발달된 사람
	전인고등학교	자기다움을 개발, 지성·감성·영성의 조화를 바탕으로 스스로의 삶을 운영세상을 따뜻하게 할 수 있는 리더양성
	푸른꿈고등학교	자연과 조화로운 삶, 공동체적인 인간, 심성과 실천, 실력을 겸비한 사람
	한울고등학교	21세기를 남과 더불어 행복하게 살아갈 수 있는 시민양성

2) 교육과정

대안교육 특성화학교의 경우 학교의 설립이념이나 교육목표, 교육철학에 따라 고유하고 독창적인 교육과정 운영이 가능하다. 특성화교과 시간 범위 내에서 교과 수업시수를 증감하여 편성하여 운영할 수 있고, 전문 교과에 대한 학습은 현장실습으로 대체할 수도 있다. 특성화 중학교의 경우 의무교육으로 교육과정상 국민공통기본교육과정에 따르게 되어 있어서 특성화 고등학교에 비해 특성화교과 비율이 낮게 배분되어 있다. 특성화 중학교의 학교 교육과정은 국가수준의 교육과정 지침에 따라 국민공통기본교육과정의 연간 1,122시간(국민공통기본교과 952시간, 재량활동 136시간, 특별활동 68시간)을 필수로 편성하되 학교의 설립이념을 구현하기 위한 별도의 특성화교육과정을 편성하고 있다. 따라서 특성화 중학교는 일반중학교의 경우보다 많은 수업 시수(특성화교과 수업시수)를 이수하게 된다. 이에 비해 특성화 고등학교는 국가수준의 교육과정 지침과 시·도교육청 지침에 의해 학교교육과정을 편성하게 된다. 이들 지침에 따라 각 특성화 고등학교는 국민공통기본교육과정의 기본교과와 재량활동, 특별활동, 그리고 각 시·도교육청에서 지정하는 교과목을 필수로 편성하되 나머지 단위 수(약 100여 단위)에 대해서는 자율적으로 편성할 수 있다.

3) 교육내용

대안학교의 교육은 몸과 마음을 수련하고 실생활과 연관된, 삶을 살아가기 위한 방법을 학습하고 자연을 체험하는 활동중심의 교육이 중심이 된다. 주로 마음수련, 자립 및 진로, 노동, 체험활동 중심의 교과과정이 배분되어 있고 학생의 자율성과 공동체의식에 교육적 가치를 둔다. 대안교육 특성화학교 교육과정의 특성을 살펴보면 다음과 같다.

첫째, 철학교육 또는 영성교육을 중시한다. 대안학교의 뚜렷한 설립이념과 교육철학을 배경으로 삶과 철학, 마음공부 교과목 등 각종 공동체성 신장프로그램이 포함되어 있다.

둘째, 진로탐색과 관련된 교과목 비중이 높다. 직업세계에 대한 단순한 정보전달을 넘어 삶의 가치를 숙고하고 나아가 직접 직업체험을 할 수 있는 진로와 직업, 직업 멘토링 등의 교과목을 편성한다.

셋째, 자연체험과 사회참여 교과를 강조한다. 대안학교의 대부분은 앎과 삶의 결합을 강조하며 현재 삶의 조건인 사회사상과 생활세계를 중요한 교육소재로 활용한다. 교과목으로 NGO, 지역사회탐구, 현장체험, 봉사활동 등을 교육과정에 편성한다.

넷째, 이러한 교육과정을 운영하는 데 있어서 교과 간 경계를 넘어서는 통합교육을 강조한다. 체험활동과 지식교과를 연계하는 등 교과 통합수업이 진행되기도 한다.

다섯째, 분기 집중제, 블록제, 배움의 공동체 등 실험적인 교수학습 방법을 채택하고 있다.

여섯째, 무엇보다 학생들이 학습을 스스로 기획하고 관리하며 문제 해결방안을 모색하는 등 자기주도적인 학습을 강조한다. 이를 위해 교과 선택권을 부여하고 주제별 프로젝트 학습 및 체험활동에 대한 보고서 작성 등을 중요시 한다(조혜정 외, 2011).

이와 같이 대안학교에서는 일반학교에 비해 교육과정의 편성과 운영에 있어서 자율성과 자율 재량권을 갖고 있기에 학교가 추구하는 이념과 목적에 따라 다양한 과목을 특성화교과로 적용하여 학생들의 창의·인성교육, 공동체교육, 통합교육 등을 실현하고 있다.

표 9-3 주요 교육내용

영역	교육내용	교과목
몸·생활 영역	자신의 몸과 환경, 생태를 이해하고 노동을 통한 자아의 발견과 의식주 해결능력을 키운다.	기체조, 요가, 건강과 보건, 숲과 인간, 생명과 자연, 조리실습, 홈패션, 작물, 생태농업, 목공예 등
인성·영성 영역	심성을 다듬고 몸과 마음, 영혼의 조화로운 성장을 추구한다.	명상, 종교, 철학, 마음공부, 기행, 등반, 봉사활동, 노작 등
놀이·예술 영역	일상생활 속에서 건전한 취미활동 능력을 기르고 예술적 감각을 길러 삶을 풍부하게 한다.	탈춤, 도자기 공예, 전통놀이, 민요, 서예, 연극, 영화이해, 영상제작 등
인관관계·사회영역	개인과 개인, 개인과 집단이 관계를 이해하고 원활한 관계를 형성한다.	인간관계 훈련, 대화법, 상담, 대중매체의 이해, 국제이해 등
교양 심화영역	새로운 세계관이나 인생관, 시대의 변화에 관한 인식 등을 길러준다.	진로세계, 정보화 세계, 심리학, 문학사, 신문제작, 프로그래밍 등

4 우리나라 대안교육의 특성 및 유형

1) 대안교육의 특성

대안학교의 특징은 학교마다 매우 다양하긴 하지만, 우리나라 대안학교는 공통적으로 네 개의 특징이 있다. 첫째, 아동을 주체적이고 자율적인 존재로 인정하는 아동중심적인 접근방식을 갖고, 개인의 특성과 자유를 존중한다. 둘째, 생명과 생태계 회복을 지향하는 생명존중 사상이나 생태주의적 사상을 기반으로 한다. 셋째, 노작활동을 중시하며 학교에서 필요한 물건들을 자체적으로 학생들이 만들어 사용하거나 직접 재배하여 얻는 농작물을 가지고 학교살림을 운영하기도 한다. 넷째, 작은 학교를 지향하고 교사와 학생, 학생과 학생 간의 친한 관계를 유지한다. 다섯째, 지역주민의 자발적인 참여를 통해 지역사회에 뿌리내린 마을공동체 학교가 많이 설립되어 있는 추세이며, 종교단체의 후원을 통한 학교설립도 많은 편이다(이병환, 2004).

2) 대안교육의 유형

대안교육의 유형은 교육이념, 목적, 운영형태, 교육방법과 내용 등의 기준으로 다양하게 분류할 수 있다.

교육인적자원부에서 발간한 대안교육백서(2007)에서는 정식 학력의 인정 여부에 따라 대안학교를 제도권 안에서 학력이 인정되는 '인가형 대안학교'와 학력이 인정되지 않는 '비인가형 대안학교'로 나누어서 구분하였다.

(1) 인가형 대안학교

제도권 안에서 학력인정이 되는 학교로 특성화학교와 위탁형 대안학교로 구분한다.

첫째, 특성화학교는 교육의 다양성을 추구, 새로운 형태의 학교에 대한 요구와 함께 대안학교가 법제화됨으로써 특성화학교가 설립되었다. 특성화학교의 교과는 각 학교의 교육목표나 설립취지에 따라 다양하며, 중학교의 경우 교육과정의 30%, 고등학교의 경우 70% 정도의 자율성을 가진다. 주로 학생의 적성과 흥미를 고려한 다양한 현장체험과 사회활동을 위주로 학생 개인의 자율성과 공동체적인 삶을 강조하며 전인적 인격체 형성을 중점으로 운영된다.

둘째, 위탁형 대안학교는 학교부적응 등 학교생활을 지속하기 어려운 일반 중·고등학교에 다니는 학생을 대상으로 정규학교가 아닌 위탁형 교육기관에서 일정기간 또는 졸업 시까지 학업을 지속할 수 있는 교육기관이다. 소속학교에 학적을 두고 위탁형 대안학교의 교육과정을 마치면 졸업장을 받는다. 학생 위탁기간은 보통 1년이며 위탁 기관장과 소속 학교장이 협의하여 연장이 가능하다. 수업은 최소한의 보통교과를 편성하고 주로 인성과 진로, 체험 활동이 주가 되어 운영된다.

(2) 비인가형 대안학교

제도권 안에서 학력이 인정되지 않는 학교로 학교형태에 따라 전원형 대안학교, 도시형 대안학교, 초등 대안학교, 통합형 대안학교로 구분한다.

첫째, 전원형 대안학교는 전원이나 시골에 위치하며 학생들이 학교 밖에서 지속적으로 배울 수 있는 기회를 제공하고 대부분 무학년 통합과정으로 운영된다. 특성화학교 보다 자유롭고 탄력적인 교육과정이 운영되며 상황에 따라 유연한 학습이 진행된다. 학습과 삶을 일치시키고, 학교 밖에서의 많은 경험을 쌓을 수 있는 기회를 마련하기 위한 다양한 체험학습과 도제식 노작교육, 진로탐색활동 등을 중점으로 이루어진다.

둘째, 도시형 대안학교는 도시에서 대안적 학습을 추구하는 학부모나 시민들이 중심이 되어 만들진 비인가 대안학교로 문화예술, 치유와 성장, 진로지도 등 다양한 학교별 특성을 갖는다. 서울과 부산의 도시속작은학교, 극빈층 학생들을 대상으로 한 광주 도시속참사람학교 등이 있으며, 현재는 장애인, 탈북민청소년 등 다양한 대상을 위한 대안학교가 설립·운영되고 있다.

셋째, 초등 대안학교는 공동육아, 지역 교육운동, 종교단체 등에서 초등학생을 위한 교육과정을 자유롭게 구성하여 운영하며, 기본적으로는 자유·평등·인권·공동체·생명 등을 강조한다.

넷째, 통합형 대안학교는 학교 급별이나 단계에 따라 학제를 구분하지 않는 통합형 대안학교이다.

그 외에도 '대안교육의 추구이념 및 형태'에 따라 자유학교 유형, 생태학교 유형, 재적응 학교유형, 고유이념 추구유형 등으로 구분할 수 있으며, '운영 형태'에 따라 전일제학교, 주말 및 계절제 프로그램, 방과 후 프로그램 등의 유형으로 구분할 수 있다. 이와 같이 대안학교는 지향하는 교육의 목적, 방향, 대상에 따라 다양한 유형으로 운영되고 있다.

표 9-4 우리나라 대안학교의 유형 분류

기준	분류	내용	대표학교
제도권 (신학봉, 2001)	제도 안 학교	기존 학교제도 속에 있으면서도 내용적으로 대안교육을 추구	풀무원농업기술고, 거창고교, 세인고, 성지고 등
	제도 밖 학교	기존 학교제도에 편입되길 거부하고 새로운 형식이나 내용을 통한 대안교육을 추구	진솔대안학교, 간디학교, 민들레학교, 들꽃 피는 학교
	제도 곁 학교	기존 학교교육을 유지한 채 방학, 주말 대안교육 프로그램 추진	두밀리자연학교, 파랑새열린학교 등
추구이념 및 형태 (이종태, 1998)	자유학교형	영국 서머힐이나 독일 자유대안학교와 같이 아동의 자유를 중시하고 잠재 가능성에 대한 굳은 신념에 기초	대부분 대안학교의 공통적인 특성이나 대표적 학교는 없음
	생태학교형	1980년대 들어 생태 위기 인식으로 영국 하틀랜드 지방의 작은 학교 같이 생태와 노작, 지역사회와 학교와의 결합을 중시	간디청소년학교, 두밀리주말자연생태학교 등
	재적응 학교형	일반적인 정규학교에서 여러 가지 이유로 잘 적응하지 못하는 학생을 주대상으로 함	특성화고교로 지정된 성지고, 원경고, 화랑고는 대표적인 학교
	고유이념 추구형	독일 발도르프 학교와 같이 독특한 교육이념과 방식을 바탕으로 대안교육을 실시	풀무농업고등기술고, 민족사관고, 한빛고, 세인고, 화랑고 등
운영형태 (서울평화교육센터, 1996)	전일제 학교형	정규학교와 같이 학교 내에서 대안교육을 실시	간디청소년학교, 방하생활학교, 진동고 등
	주말 및 계절제 프로그램형	주말이나 방학을 이용한 소모임 또는 캠프의 형태로 운영	등불, 두밀리자연학교, 반딧불학교 등
	방과 후 프로그램형	정규 수업이 끝난 후 대안교육 프로그램을 운영하는 유형	여럿이 함께 만드는 학교, 꽃우물학교 등
	주말, 방과 후, 계절 혼합 프로그램형	주말, 방과 후, 방학기간을 모두 이용하여 프로그램을 운영하는 경우	다물자연학교, 부산창조학교, 물꼬 등
	도서관형 및 기타형	주민, 부모의 자치적 운영 형태의 보육원이나 소모임등에 의한 경우	공동육아, 꾸러기학교, 책마을 유치원, 성남가족도서관 등
각급 학교별 (김미숙 외, 2009)	초등학교	열린교육보다 더 진보한 교육과정을 채택한 학교 유형	서울장평초등학교, 샛별초등학교 등
	중·고등 학교 인가	대안학교 유형으로 볼 수 있고 정식학력이 인정되는 경우	풀무농업고, 거창고, 성지고, 부천실고 등 10개교
	중·고등 학교 비인가	대안학교 유형으로 볼 수 있으나 정식 학력이 인정되지 않는 경우	진솔고, 간디 청소년 학교, 푸른꿈 학교 등

(계속)

인가여부 (대안교육백서, 2007)	인가형	특성화 학교	대안학교가 법제화됨으로써 대안학교를 법적으로 수용하고 설립을 법적 행정적으로 지원, 특성화 중학교의 경우 교육과정의 30%, 특성화 고등학교는 70% 정도의 자율성을 갖음	영산성지학교, 간디학교, 양업고등학교, 운경고등학교, 화랑고등학교, 한빛고등학교
		위탁형	학교가 맞지 않아서 중도탈락 가능성이 높은 학생을 대상으로 정규학교가 아닌 위탁형 교육기관에서 학습을 해도 출석으로 인정하는 제도	꿈타래학교, 성지대안고등학교, 한림실업고등학교, 정화미용고등학교 등
	비인가형	중등-전원형	전원이나 시골에 위치하며 학생들이 학교 밖에서 지속적으로 배울 수 있는 기회 제공, 특성화학교 보다 자유로운 교육과정을 운영, 대부분 무학년 통합과정임	가온학교, 꿈틀학교 등 26개교
		중등-도시형	도시에서 대안학습을 하려는 이들을 위해 만들어졌고, 문화예술·치유와 성장·진로지도 등 학교특성이 다양함	산청간디중학교 등 15여개교
		초등	수도권을 중심으로 공동육아, 종교단체, 지역운동 및 교육운동 등 초등학생들을 대상, 교육과정을 자유롭게 구성, 기본적으로는 자유, 자치, 평등, 인권, 공동체성, 생명 등이 강조	두레학교 등 30여개교
		통합형	학교 급별이나 단계에 따라 학제를 구분하지 않는 통합형 대안학교	

3) 대안학교 및 대안교육 특성화학교 현황

(1) 대안학교 / 각종학교(32교: 공립10교, 사립 22교)

시도	학교명(과정)	설립 구분	설립 연도	소재지	시도	학교명(과정)	설립 구분	설립 연도	소재지
서울	서울실용음악학교(고)	사립	'09	중구	경기	광성드림학교(초·중 통합)	사립	'14	고양시
	여명학교(고)	사립	'10	중구		하늘꿈학교(중·고 통합)	사립	'16	성남시
	지구촌학교(초)	사립	'12	구로	충북	글로벌선진학교(중·고 통합)	사립	'11	음성군
	다솜관광고등학교(고)	공립	'12	종로		한국폴리텍다솜학교(고)	사립	'12	제천시
인천	인천청담학교(고)	사립	'11	연수		다다예술학교(초·중 통합)	사립	'17	청주시
	인천해밀학교(중·고 통합)	공립	'12	남동		은여울중학교(중)	공립	'17	진천군
	인천한누리학교(초·중·고 통합)	공립	'13	남동	충남	여해학교(중)	공립	'13	아산시
광주	월광기독학교(초)	사립	'14	서구	경북	한동글로벌학교(초·중·고 통합)	사립	'11	포항시

(계속)

지역	학교명	설립주체	지정년도	소재지	지역	학교명	설립주체	지정년도	소재지
대전	그라시아스음악고등학교(고)	사립	'12	서구	경북	글로벌선진학교 문경(중·고 통합)	사립	'13	문경시
	그라시아스음악중학교(중)	사립	'17	서구		산자연학교(중)	사립	'14	영천시
울산	두남중고등학교(중·고 통합)	공립	'17	울주군		나무와학교(중)	사립	'14	영천시
경기	TLBU글로벌학교(초·중통합)	사립	'08	고양시		링컨학교(중·고 통합)	사립	'17	김천시
	화요일아침예술학교(고)	사립	'11	연천군	경남	꿈키움중학교(중)	공립	'14	진주시
	쉐마기독학교(초·중·고 통합)	사립	'11	양주시		지리산중학교(중)	사립	'14	하동군
	새나래학교(중·고 통합)	사립	'11	용인시		고성음악고등학교(고)	공립	'17	고성군
	경기새울학교(중)	공립	'13	이천시		밀양영화고등학교(고)	공립	'17	밀양시

출처 : 교육부(2017).

(2) 대안교육 특성화 중학교(14교: 공립 4교/ 사립 10교)

지역	학교명	설립주체	지정년도	소재지
광주	평동중학교	공립	'14	광주시
경기	두레자연중학교	사립	'03	화성시
	이우중학교	사립	'03	성남시
	헌산중학교	사립	'03	용인시
	중앙기독중학교	사립	'06	수원시
	한겨레중학교	사립	'06	안성시
강원	팔렬중학교	사립	'11	홍천군
	가정중학교	공립	'17	춘천시
전북	전북동화중학교	공립	'09	정읍시
	지평선중학교	사립	'02	김제시
전남	용정중학교	사립	'03	보성군
	성지송학중학교	사립	'02	영광군
	청람중학교	공립	'13	강진군
경남	남해상주중학교	사립	'15	남해군

출처 : 교육부(2017).

(3) 대안교육 특성화 고등학교(25교: 공립4교, 사립21교)

지역	학교명	설립 주체	지정 년도	소재지	지역	학교명	설립 주체	지정 년도	소재지
부산	지구촌고등학교	사립	'02	연제구	충남	한마음고등학교	사립	'03	천안시
						공동체비전고등학교	사립	'03	서천군
대구	달구벌고등학교	사립	'03	동구	전북	세인고등학교	사립	'99	완주군
인천	산마을고등학교	사립	'00	강화군		푸른꿈고등학교	사립	'99	무주군
광주	동명고등학교	사립	'99	광산구		지평선고등학교	사립	'09	김제시
경기	두레자연고등학교	사립	'99	화성시	전남	영산성지고등학교	사립	'98	영광군
	경기대명고등학교	공립	'02	수원시		한빛고등학교	사립	'98	담양군
	이우고등학교	사립	'03	성남시		한울고등학교	공립	'12	곡성군
	한겨레고등학교	사립	'06	안성시	경북	경주화랑고등학교	사립	'98	경주시
강원	전인고등학교	사립	'05	춘천시	경남	간디고등학교	사립	'98	산청군
	팔렬고등학교	사립	'06	홍천군		원경고등학교	사립	'98	합천군
	현천고등학교	공립	'14	횡성군		지리산고등학교	사립	'04	산청군
충북	양업고등학교	사립	'98	청원군		태봉고등학교	공립	'10	창원시

출처 : 교육부(2017).

5 국내·외 대안교육 사례

1) 우리나라 사례

(1) 간디학교

간디학교에서 내세우는 교육목표는 '전인적인 인간, 공동체적 인간, 자연과 조화된 인간'이다. 간디학교는 말로만 아닌 실제적인 전인교육을 구현하기 위해 전인(whole person)의 요소인 몸, 지성, 감성과 인격을 골고루 발달시킬 수 있는 실제적인 교과와 교육과정을 운영한다. 지식교과로서 인문계 고등학교에서 일반적으로 가르치는 과목들인 언어(국어, 영어), 국사, 정치, 경제, 공통과학, 수학 등을 다루며, 감성교과로서는 인간과 자연에 대한 감수성을 발달시킬 수 있는 여러 가지 교과가 편성·반영된다. 여기에는 보통 학교에서 다루는 음악, 미술을 비롯하여 우리 가락 우리 춤, 표현예술, 디자인 공예 등이 포함된다. 자립교과로서는 인간의 삶에 가장 기초적인 의식주 문제를 스스로 해결할 수 있도록 교과를 편성 운영한다. 여기에는 음식 만들기, 텃밭 가꾸기, 집짓기, 옷 만들기 등의 교과가 포함된다. 이러한 교육과정을 통해 인생에서 여러 모로 실제 사용될 수 있는 쓸모 있는 지식을 습득하고 인격적으로 독립적인 사람으로 성장하도록 돕는다.

간디학교의 수업은 무학년(학년통합) 수업 운영으로 민주적 수평관계 형성 및 개인별 능력별 선택에 의해 운영된다. 또한 개인별 진로별 시간표를 자율적으로 구성하고 방학 때는 해외 언어 및 문화 연수를 통해 학생들의 넓은 견문과 유용한 지식 습득을 돕는다. 간디학교의 평가는 필기시험 위주가 아니며, 점수나 석차가 매겨지지 않는다. 대신 한 학기에 두 번 있는 중간평가와 기말평가는 평소에 기록했던 노트, 과목별 보고서, 세미나 결과물, 글모음, 작품, 연극, 춤 등을 펼쳐 놓고 친구와 교사, 학부모에게 도움말과 평가를 받는 잔치형식의 종합평가로 이루어진다.

간디학교의 주요 특징으로 첫째, '작은 학교'를 지향한다. 작은 학교라는 특성은 교사와 학생, 그리고 학부모 간에 한 가족과 같은 유대를 가능하게 하고, 따라서 사랑과 자발성이 쉽게 꽃피도록 한다는 것이다. 둘째, 기존 교육을 있는 그대로 받아들일 수 없다는 강한 신념에서 시작하며 오늘의 기존 학교들이 단순히 대학 입시의 준비장이나 지배 이데올로기 학습장으로 전락해 있는 것에 대해 그저 복종하지 않고 불복종의 정신으로 새로운 문화를 건설해 가고자 한다. 셋째, '쓸모 있는 교육'을 지향한다. 오늘의 학교교육이 크게 잘못된 이유들 중의 하나는 무엇보다도 그 긴 시간을 보내고도 실제 얻는 것이 너무나 없다는 비판에 더하여 간디학교는 한 인간이 독립적이고도 자족적으로 떳떳이 살아가는 데 진정 필요한 것들을 가르쳐야 하며, 타협하지 않고 자신을 지키며 살아갈 수 있도록 한다. 넷째, 오늘의 기존 교육은 획일적이고도 일방적인 점에서 훈련과 매우 흡사하다고 비판하면서, 간디학교는 학생들의 개성과 잠재력을 무엇보다 존중하는 탁월성의 교육을 운형한다.

(2) 이우학교

이우학교는 2001년 1월 '내일을 여는 학교 준비모임'을 시작으로 성남시 분당구에 학교와 생태마을을 분리하여 설립하고, 2003년 6월 중·고등학교 설립을 인가받고 이우학교를 개교하였다.

이우고등학교의 교육과정의 특징은 개인별 선택과정을 확대하여 4단위씩 학기별 집중이수제와 11~12학년 무학년제로 운영되고 있다. 개인별 시간표를 운영할 수 있고 학교철학(철학수업, 생태교육 등)과 사회체험(농촌봉사, NGO, 통합기행 등), 생활체험(농사, 옷만들기, 음식만들기, 목공 등)과 진로탐색(직업과 진로, 인턴십 등) 등 다양한 체험 인성교과를 개설하여 운영하고 있다.

이우고등학교의 교육목표는 '21세기 더불어 사는 삶'을 실천하는 인간 교육을 목표로 상생의 지혜와 창조적 지성, 전문지식과 기술을 겸비한 인재들을 양성하기 위해 다음과 같은 인간상을 추구한다. 첫째, 더불어 사는 사람을 추구한다. 성과 계급, 인정, 종교, 장애 여부를 떠나 인간을 존중하고 생명과 환경을 소중히 여기며 21세기 현실 속에서 나와 다른 남과 더불어 살아갈 수 있는 상생의 지혜를 터득한 사람이 되도록 한다. 둘째, 자주적이고 자율적인 사람을 추구한다. 자신과 세계에 대해 반성적으로 사유할 수 있으며 그에 기초하여 자신의 삶을 주체적으로 꾸려나가는 사람이 되도록 한다. 셋째, 창조적 지성인을 추구한다. 틀에 박힌 생각과 기성의 지식에서 벗어나 새로운 아이디어와 지식을 창조해 낼 수 있는 사람이 되도록 한다. 넷째, 머리와 가슴, 손발이 조화롭게 발달된 사람을 추구한다. 창조적 지성, 따뜻한 마음, 잘 발달된 오감과 섬세한 손, 굳센 의지, 튼튼한 몸을 조화롭게 갖춘 전인적 인격체가 되도록 한다.

이러한 인간상으로 키워나가기 위해 기존의 틀에 박힌 교육방식을 뛰어넘어 새로운 교육철학과 방법론으로 접근한다. 또한 교실 안에 갇힌 교육이 아니라 지역사회 안에서 더불어 사는 삶의 구체적 전형들을 실현하는 산 교육을 추구한다. 그 일환으로 졸업생과 학부모, 지역의 시민과 사회단체가 힘을 합쳐 신협, 생협, 마을도서관, 생태적 주거단지, 지역언론, 인터넷을 이용한 커뮤니티, 생산협동조합운동을 전개하는 등 지역사회에서 더불어 사는 삶을 확산시키기 위한 교육을 실천한다.

(3) 한울고등학교

한울고등학교는 입시경쟁과 교과중심의 교육에서 벗어나 인성위주의 교육, 참여와 체험위주의 교육, 자연친화적 교육, 개인의 소질과 적성개발 교육 등 학생중심의 유연하고 다양한 교육과정을 운영하는 전남 최초의 공립형 대안학교이다.

더불어 행복하게 살아갈 수 있는 민주시민을 육성하고 타인과 협력할 수 있는 협업능력의 배양, 스스로 살아갈 수 있는 힘을 기르는 자율성의 신장이 교육목표이며, '생활역량·진로역량·소통역량' 세 가지의 핵심역량을 기르기 위해 성장지향적인 개인별 생활지도체계를 마련하고, 해봄활동을 통한 진로중심의 교육과정의 운영, 상담활동을 통한 중도탈락의 예방과 학부모 참여 확대 및 지역사회와의 소통과 협력에 중점을 두고 운영되고 있다.

교육과정은 일반고등학교에서 배우는 기초교과로 구성된 공통교과와 학교자율과정으로 구성되어 있다. 학교 자율교육과정 중 첫째, '공동체 가치교육'으로는 국토순례, 통합기행, 인문학, 생활과 윤리 교과목이 있고, 둘째, '생태환경교육'으로는 공작활동, 텃밭가꾸기, 프로젝트학습이 있다.

학교 자율 선택교육과정으로는 '진로중심의 교육'이 이루어지는데 1학년은 진로탐색, 2학년은 진로체험이 진행된다. 특히 진로소양 과목으로 '해봄프로젝트'가 운영되고 있는데, 스스로 해 보자는 뜻의 해봄은 다양한 진로소양활동을 통해 자신의 삶에 대한 자존감과 자립의식을 높여 스스로 삶의 길을 찾아 갈 수 있도록 하기 위한 교육과정이다. 헤어디자인, 네일아트, 제과제빵, 바리스타, 3D프린팅, 복싱부, 샌드아트, 생활도자기, 목공반, 패션디자인 등 다양한 진로소양 교과목이 운영되고 있다. 이와 함께 전문상담교사와 전문상담사에 의한 개인상담과 집단상담활동이 이루어지며 심리검사, 심리극장, 전교생 멘토링제, 상담동아리, 대안교실 등 다양한 마음성장프로그램이 운영되고 있다. 또한 학교의 중요한 사안은 학생과 교직원이 모두 함께 모여 진행하는 '한울가족회의'를 통해 결정하는데, 학생과 교사 모두 동등한 1인 1표로 학교의 중요한 사항들을 의결하고 공동체 가치를 실천한다. 한울고등학교 졸업 후에는 정규 공립고등학교 졸업자격이 주어지며 학생의 희망과 노력에 따라 대학진학, 취업 등 다양한 진로분야로 진출한다.

2) 외국 사례

(1) 영국 서머힐 학교

1921년, 영국의 교육학자 닐(Neill)이 5명의 학생으로 설립한 최초의 대안 학교이며, 만 5세부터 16세까지의 학생을 대상으로 하는 기숙사제 사립학교이다. 서머힐 학교는 민주·평등·자유를 세 원칙으로 삼아 강요가 아닌 자유를 통한 배움을 강조한다. 학생들에게 수업참여는 선택사항이며 시간을 어떻게 보낼지는 학생들이 스스로 결정한다. 설립자 닐은 '어린이의 목적은 스스로의 삶을 사는 것이지, 간섭하기 좋아하는 부모가 원하는 삶을 사는 것이 아니고, 자기가 잘 안다고 생각하는 교육자가 원하는 삶을 사는 것도 아니다'라는 신념에 입각해 서머힐 학교는 타인에게 피해를 주지 않는 모든 자유를 허용하는 방식으로 운영된다. 학교 운영에는 학생 모두가 참여 가능한 민주주의를 채택해 교사와 학생을 포함한 모두가 동일한 한 표를 행사한다. 학생들과 스태프가 참여하는 정기미팅을 통해 구성원들은 학칙의 개정, 취침시간 결정, 도둑질에 대한 벌금 결정 등의 여러 가지 사안의 의사결정에 참여한다. 학생 개개인이 자신의 속도에 맞춰서 배워야 한다는 믿음에 입각하여 학생들은 각 과목마다 각자의 능력과 진도에 따라 수업을 받는다.

(2) 독일 발도르프교육

발도르프교육은 1919년 슈타이너(Steiner)에 의해 세워진 발도르프 학교에서 출발한 대안교육이다. 발도르프교육의 특징은 남녀공학, 에포크수업, 전인교육, 성적이 없는 성적표, 교과서 없는 수업, 외국어 수업의 발달, 자치행정 등이 있다. 발도르프교육의 교육목적으로는 '개별 학생을 고려한 전인교육'이다. 슈타이너는 인지적 영역에 치우친 교육에 반대하고, 신체와 정신적 성장에 맞춘 의지, 감각, 사고의 조화로운 발달을 추구한다. 이 때문에 발도르프 학교에서는 학생들의 우열을 나누지 않으며 학생 개개인의 성장과 요구에 귀 기울인다. 인지적·도덕적·실용적 재능의 발달이 모두 똑같이 중요하기 때문에 노작교육이나 예술교육 등이 교육내용의 상당 부분을 차지한다. 발도르프교육에서 예술교육을 하는 이유는 학생들이 예술을 통해 자신의 내면을 들여다보고, 내적 자유를 획득한 인간으로 만들기 위해서다. 발도르프교육에서 강조하는 조화는 개인 유기체 내에 그치는 것이 아니라 전체 우주와의 조화까지 고려한다. 즉, '우주와 내가 하나다'라는 인식을 갖게 하는 것인데, 인간이 내면의 잠재성을 일깨움으로써 정신적으로 점차 고양되며 우주와 하나가 될 수 있게 되는 교육을 강조한다. 이 때문에 발도르프교육학에서는 영성 회복도 전인 교육의 일부로 본다.

발도르프 학교에서는 1학년 입학 후 8년까지 같은 교사가 담임을 맡아 주요 교과목을 가르친다. 슈타이너는 8년 정도를 발달의 주기로 보았기 때문에 이 시기를 학년으로 나누지 않았다. 8년이라는 기간 동안 교사가 아이들을 관찰하기 때문에 연속성이 보장되고, 아이들은 교사와의 안정적이고 지속적인 유대 관계 형성을 통해 권위를 학습할 수 있다. 발도르프교육에서 교사는 학생에게 지식을 전달할 뿐만 아니라 관찰자이기도 하다. 학생들을 8년 동안 지켜보면서 그들의 성장과 발달을 면밀하게 살펴볼 수 있다. 주기집중수업이라고도 불리는 에포크 수업은 동일한 과목을 매일 2시간 정도 3~6주에 걸쳐 집중적으로 공부하는 발도르프 학교만의 특별한 수업 방식이다. 대개 언어(외국어)와 예술 교과목을 제외한 수학, 역사, 지리, 과학 등 주요과목 전체에 걸쳐 이루어지고, 특정 과목을 선정하여 매일 오전 첫 수업으로 공부한다. 에포크 수업을 오전에 시행하는 이유는 아이들의 체내 리듬을 고려한 것인데, 오전 8시부터 10시 사이의 집중력이 매우 높기 때문에 아침 첫 수업으로 100분 동안 진행한다.

발도르프교육의 가장 큰 특징이기도 한 오이리트미는 내면의 소리를 몸으로 나타내는 것으로 보이는 대화, 보이는 노래 또는 몸으로 해석된 대화와 노래 등으로 일컬어진다. 오이리트미는 전 학년의 필수과목이다. 편안하게 움직일 수 있게 만들어진 단색의 오이리트미 의상과 실내화를 착용하고 연주에 따라 몸을 움직인다. 슈타이너는 오이리트미를 인간의 호흡, 혈액 순환과 연관된 인간의 질적이고 내적인 활동과 관련되어 있다고 보았다.

또한 발도르프 학교에는 교장이 없고 교사들의 자치 행정에 의해 학교가 운영된다. 이 또한 슈타이너의 삼중적 사회질서(사회 삼원화)와 관련된 사항으로 교육행정적인 측면에서 발도르프 학교는 강한 유대감을 바탕으로 운영되는 민주적이고 자치적인 학교의 형태라 할 수 있다.

(3) 프랑스 프레네교육

프레네(Freinet)는 교육을 통하여 사회를 개선해야 한다는 생각을 가지고, 지배계급의 자녀들과 프롤레타리아 자녀들이 아무런 차별 없이 한데 어울려 공부하는 학교를 만들고자 하였다. 그는 비판적 사유의 함양과 관련이 있는 '자유글짓기'를 강조하였고, 특정 계급의 이익을 대변한 내용을 수동적으로 받아들이게 하여 현실 비판력을 흐리게 하는 교과서를 없앴으며, 높은 지적 능력을 요구하는 직업만이 고상한 것으로 간주되는 사회분위기에 대한 비판으로부터 '실과과목'을 중시하였다.

프레네는 기존의 인위적 학교의 폐해는 학교가 생활과 유리되어 있기 때문에 학생들에게 의미가 없을 뿐만 아니라 흥미를 끌지도 못한다고 보고, 이러한 인위적인 학습방법에 맞서서 '자연적 방법'을 강조하였다. 즉, 학생이 어떤 경우에 가장 잘 배우는가는 학생 개인이 규정해야 한다고 보고, 학생 스스로 선택한 학습내용을 자신에게 알맞는 학습방법, 속도, 리듬에 따라 학습할 권리를 갖고, 교사는 이러한 학생의 권리를 존중하였다.

프레네 학교의 실제적인 수업은 거의 모든 차원에서 자유로운 표현, 학생이 발언할 권리가 배려되며 인종이나 민족에 대하여 편견을 가지지 않고 다양한 문화적 관습을 이해하도록 구성되었다. 특히 '자유글짓기'를 통해 자기 자신을 표현하도록 했는데, 교사가 많은 지도를 하지만 학생의 경험세계와 느낌, 체험, 생각이 반영된 학생의 글을 고치는 것에 대해서는 학생 스스로가 하도록 하였다.

또한 '학급인쇄소'를 설치하여 학급·학교신문을 만들고 만들어진 신문을 가지고 학급 간, 학교 간 교류를 하였다. 신문을 만드는 과정에서 함께 의논을 하고 각자 자기가 맡은 일을 해내고 나아가 글과 표현의 중요성을 깨닫고 글을 쓰고 싶은 욕구를 일어나게 하는 이 과정은 읽기·쓰기 공부에 많은 도움을 주며, 집단구성원들 사이에 토의와 협동을 통해 자신에게 맡겨진 일을 책임지는 능력까지 배우게 된다.

마지막으로 학생의 자연스러운 작업리듬을 존중하는 프레네학교는 시간표

보다는 주간단위로 계획을 세우는 '주간활동계획'을 세워 벽신문에 기입하고 수행하도록 하였다. 작업을 평가하는 방법은 학생들 스스로가 먼저 평가 후에 교사가 확인하거나 재검토시키는 방식으로 진행하였으며, 점수나 등급이 아닌 개별적인 보고서 형태로 평가하였다.

• 프레네교육학의 기본 명제

- 학생들은 자신들 나름대로의 학습과정과 그 발전 및 개성에 대한 권리를 가진다. 이 점에서 특히 외국 아이들과 그들의 언어를 배려한다.
- 학습자로 하여금 자신의 삶을 풍요롭게 경험하도록 한다. 반면에 이들을 서로 동일하게 만드는 것은 부패시키는 것이다.
- 학습자는 자신의 학습 속도에 대한 권리를 가진다.
- 학습에서는 기쁨을 맛보아야 하고, 기쁨은 다시금 성취감으로 이어져야 한다.
- 경쟁과 실패에 근거하는 선발(제)은 될 수 있는 대로 제거해야 한다.
- 완결된 결과를 받아들이도록 하지 말고, 스스로 실험하게 하고 더듬어 가서 찾아내는 식의 학습과정이야말로 목표하는 바이다.
- 이미 주어진 교재의 지식을 통한 교시(教示)가 아니라, 현실에 대한 자신의 비판적인 연구가 학생들의 사고와 관계되어야 한다.
- 학생들은 그들 자신의 학습과정을 주도하고 조직한다(여기에는 개개인의 작업계획과 스스로를 수정할 수 있는 자료, 자유로운 본문작업 및 학습 진도에 대한 상대평가적 접근 등의 도움이 제공된다).
- 학급모둠을 통한 학습은 공동책임 아래 협동적으로 조직해야 한다.
- 갈등이 일어날 경우에는 학급위원회에서 자치적으로 해결한다.

10
CHAPTER

다문화교육의 이해

오늘날 급변하는 사회의 흐름 속에서 우리는 전 세계를 지구촌이라 일컬을 만큼 서로의 문화와 지식, 기술을 공유하며 다양한 모습으로 동시대를 살아가고 있다. 그만큼 서로의 교류도 활발해졌고 다양한 문화와 생활 형태를 갖는 가족체계가 구성되어 가고 있다. 급속한 세계화로 인해 문화의 다양성이 심화되고 있는 가운데 다문화에 대한 이해의 필요성도 높아지고 있다.

다문화교육은 자신의 문화뿐만 아니라 서로 다른 문화를 이해, 존중하고 수용하여 바른 지식과 가치 및 태도를 갖추어 함께 상호작용하는 방법을 가질 수 있는 총체적 노력이다.

이를 위해 다문화사회를 살아가는 현 시대의 사회구성원들에게 반드시 행해져야 할 필수적인 교육이 바로 다문화교육이다. 다문화교육에 대해 제기되는 문제들을 '학교교육과정'이라는 영역에 초점을 두고 살펴보고자 한다. 다문화교육에 대해 응급 처치 수준이 아니라 학교교육에서 다문화교육을 어떻게 인식하고 있는지, 한국사회의 다문화교육을 체계적으로 다루기 위해서는 근본적으로 한국사회의 특수성을 고려한 교육과정과의 접목이 필수적으로 이루어져야 함이 매우 중요하다.

1 다문화사회의 이해

1980년대부터 결혼 이민자가 증가하면서 현재 우리나라는 다인종, 다민족 국가로 바뀌는 추세이다. 국내 체류 외국인은 2005년 75만 명에서 2017년 12월 현재 200만 명으로 10년 동안 2.7배 증가했다. 결혼 이민자는 2017년 12월 현재 혼인 귀화자를 포함하여 25만 8천 명, 다문화가족 자녀(만 18세 이하) 수도 2006년 2만 5천 명에서 2017년 21만 명으로 약 8배 증가했다.

이 중 6세 이하가 57%, 7~12세까지가 27%로 증가 추세이며, 13~18세까지가 16%로 초·중등학교에 재학 중인 다문화가정 학생 수가 계속 증가하는 추세이다. 기존의 단일문화, 단일민족 개념의 사회적 관계에 대한 성찰과 개혁이 요구되고 다양한 인종, 언어, 종교를 지닌 사람들과 평화롭게 공존할 수 있도록 하는 교육의 역할과 책임에 대한 적극적인 논의가 필요한 시점이다.

1) 다문화주의multiculturalism의 개념

다문화주의의 '다문화'라는 뜻은 '많을 다'자에 '문화'라는 말이 붙어서 '여러 나라의 생활양식'이라는 뜻이며, 민족적·문화적 다양성을 장려하는 생각이나 정책을 말한다.

다문화주의는 '한 국가 또는 지역공동체가 언제나 상존했지만 당시의 지배적인 문화의 월등함으로 인하여 무시됐던 다양한 문화 차이를 인식하거나, 그 차이를 열린 마음으로 인정하여 포용할 수 있는 감수성을 배양하는 것' 또는 '이런 목적 달성을 위한 일련의 행위'라 정의해 볼 수 있다(출처: 제주新보 홈페이지 http://www.jejunews.com).

다문화주의(multiculturalism) 이념은 1970년대 서구 민주주의 사회에서 전면적으로 등장했고, 1971년 공식적으로 다원주의 정책을 선언하여 국적과 상관없이 사회참여, 평등, 민족적 고유성을 보장하기 위해 1982년 인종과 국적, 피부색에 근거한 모든 차별을 금지하는 법을 제공하고, 캐나다 연방정부의 이민자에 대한 동화정책을 대신하여 소수 및 이민자 집단의 민족적·문화적 정체성을 유지하고 보존하는 것을 인정하고 수용하는 정책을 수립하면서 사용되었고, 이후 이 용어는 호주, 일부 유럽 각국으로 확산되었다.

세계화가 진행됨에 따라 단일한 민족 국가들이 가지고 있던 다양한 문화를 서로 인정하고 교류하기 위해 여러 문화를 존중하고자 하는 이론으로, 여성문화, 소수파문화, 비서양문화 등 여러 유형의 이질적인 주변 문화를 제도권 안으로 수용하자는 입장을 이르는 말이다. 급속히 통합되는 현대사회에서 여러 국가의 문화를 자유롭게 접하며 문화의 다양성을 이해하고 수용할 필요가 커지고 있다. 다문화주의는 서로 다른 문화에 대한 존중과 문화적 차이에 대한 관용을 중시한다. 우리나라에서도 1980년대 말 이후에 다문화주의의 민족 국가와 소수 집단 현상이 등장하면서 다문화주의 이념이 논의되기 시작했다.

즉, 다문화주의란 한 국가 또는 사회 안에서 몇 가지의 문화가 공존하는 것을 의미하며, 일반적으로 인간사회의 인종적·문화적 다양성과 특수성을 설명할 때 사용된다. 따라서 다문화주의라는 용어는 사용하는 사람에 따라, 분야에 따라, 국가에 따라 다양한 의미를 표현할 수 있다.

대부분의 사회와 국가에서 다문화주의를 받아들이고, 이미 다문화적인 사회가 된 현실을 인식하지 않을 수 없다. 대부분의 사람들에게 다문화적인 현실은 관심의 대상이 되고 있다. 따라서 다문화주의는 현재 우리가 살고 있는 현실을 나타내는 것이며, 사회적인 의미를 넘어 정치적·철학적 의미도 가지고 있다.

2) 다문화사회의 개념

다문화란 기존의 단일문화와 대비되는 개념으로서, 동일한 혈통과 문화를 추구하던 단일문화에 다른 문화들이 통합되어 여러 문화가 공존하는 상태 또는 성별, 종교, 직업, 계층, 인종 등에서 비롯되는 각 사회집단들의 고유한 문화적 특성이 다양하게 존재하고 있는 상태를 의미하는 용어이다. 오늘날의 다문화주의는 국가나 인종, 민족 등의 거시적인 차원에만 국한되는 것이 아니라, 사회 내의 소외계층이나 소수 인종 또는 세대 간 갈등과 성역할의 차이 등과 같은 미시적인 문제를 포함하는 매우 광범위한 주제로서 이해하기도 한다.

우리나라에서 다문화라는 용어는 1990년대 중후반부터 정부 정책과 이주노동운동단체에서 사용하기 시작하였으며, 그 후 '다문화'를 둘러싼 담론이 급격하게 확산되었고, 이와 관련된 용어가 학자나 정책실무자, 시민단체 등 집단에 따라 다르게 정의되고 있다.

앞서 언급한 바와 같이 다문화란 동일한 혈통과 문화를 구하던 단일문화에서 다른 문화들이 통합되어 여러 문화가 공존하는 상태를 의미한다. 따라서 다문화사회는 세계화와 국제화로 인하여 국가 간의 인구이동이 빈번해지면서 기존 사회에 서로 다른 이질적인 문화가 새로이 유입되어 두 가지 이상의 문화가 공존하면서 새로운 변화가 발생하는 사회를 의미하는 개념이다.

다문화사회는 두 가지 형태로 분류될 수 있다. 영국이나 독일, 프랑스, 한국 등과 같은 비교적 동질적인 문화를 가졌던 국가들이 자본과 노동의 세계화에 따른 이주노동자와 이질 문화, 새로운 종교의 유입과 함께 다문화사회가 형성된 형태가 한 가지 유형이고, 다른 하나는 미국과 캐나다와 같이 건국 초기부터 다양한 인종과 문화로 구성된 이민자의 나라인 유형이다. 단일민족의 신화를 가지고 단일문화를 강조하던 우리나라는 첫 번째 형태와 유사하다고 할 수 있다.

- 문화적 다원주의(cultural pluralism): '개인주의화'와 '구조적 분화'와 연관되어 각각의 독특한 문화와 전통이 공존하는 집단으로 구성된 현대사회의 특성을 지칭한다. 즉, 각 개인을 여러 견해와 전통에 노출시키며, 그들이 가질 수 있는 선택의 폭을 다양화시켜 개방적 태도를 갖게 하는 측면이 강조된다는 점에서 문화다원주의는 문화상대주의와 구별된다.
- 문화적 상대주의(cultural relativism): 한 사회의 관념과 가치 혹은 문화적 영역은 다른 언어로 완전히 번역될 수 없으며, 전적으로 이해될 수 없다는 주장이다. 또한 각 민족의 문화는 우월성이나 서열이 있을 수 없고 모두가 상대적 중요성이 있다고 본다.
  즉, 세계 문화의 다양성을 인정하고 각 문화는 문화의 독특한 환경과 역사적·사회적 상황에서 이해해야 한다는 견해이다.

출처: 고영복(2000).

3) 다문화사회의 지향점

(1) 개방적 다문화교육으로 전환

다문화사회의 문제를 풀 열쇠를 다문화교육이 담당할 수 있어야 한다. 따라서 외국인 주민이나 학생을 넘어 온 국민을 대상으로 하는 상호이해교육을 바탕으로 지역사회를 연계시킬 수 있는 보다 효율적이고 적합한 다문화

교육방법을 활용하여 지역사회의 통합을 이루도록 노력해야 한다.

배타적 동화주의 교육으로부터 개방적 다문화교육으로 방향을 전환해야 한다. 동화주의를 극복하고 학교는 다문화학생들이 자신의 정체성을 정립하고, 한국사회에서 긍정적 성향을 가지고 행복하게 성장하는 데 도움을 주도록 노력해야 한다.

(2) 균형 있는 다문화교육

다양성과 통합성 간의 균형 있는 다문화교육을 해야 한다. 이민자의 출신국에 따른 문화적 다양성을 존중하면서, 한국사회의 문화 속으로 통합시키려는 방식이 타당함을 인식하고, 그들이 가진 문화의 다양성에 주목하는 열린 사고방식으로 진정한 통합의 길을 추구하는 것이 필요하다.

일회성 및 이벤트성 다문화 행사만이 아닌 다문화교육 프로그램의 개발 및 확대가 필요하다. 각 학교에 다문화상담 전담교사와 다문화 보조교사를 양성 및 배정하고, 다문화교재와 교수-학습방법 그리고 다문화생활지도를 해야 한다.

(3) 제도적 차원의 교육기회 제공

다문화학생들에게 제도적 차원의 교육기회를 제공하는 것이 필요하다. 한국사회의 미래를 위해서도 반드시 필요한 과제로 인식하고 동등한 교육 기회를 보장해야 한다. 체류 신분이나 부모의 경제 문제 등 여건에 따라서 교육 기회를 상실하고 유해한 환경에 노출된 학생들을 보호할 필요가 있다.

다양한 인종·민족 집단이 국내로 유입되면서 인구 구성만이 아니라 문화적 측면에서도 다양성이 증가하고 있는 현실을 직시하고, 국가 통합을 저해하지 않는 선에서 다양성을 인정해야 한다. 특히 일반인을 대상으로 다문화에 대한 이해를 넓힘으로써 문화적 편견을 극복하게 해야 한다.

국제기구와 선진 우수사례 등을 참고하여 유사정책 간, 유관교육기관 그리고 교육대상 등이 서로 연계되어 협력·운영되는 방안들을 탐색하고 실천해야 한다. 지역 내 유관교육기관 및 단체의 연계 협력도 미흡한 실정에서 통지원체제 구축을 위한 연계망을 강화할 필요가 있다.

3~5세 사이에는 대부분의 인성이 형성될 뿐만 아니라 언어가 발달되는 시기이므로 취학 전 다문화교육은 매우 중요하다. 따라서 취학 전 다문화교육에도 관심을 갖고 유아기부터 다문화교육을 실시해야 한다.

다문화사회에 대한 문제와 이를 풀어내기 위한 고통으로 세계가 고민하고 있는 것이 현실이다. 그래도 이 같은 상황을 다문화시대의 문제로만 인식할 것이 아니라 다문화사회에 주어진 새로운 기회로 삼음으로써 미래 다문화사회를 건설적으로 만들어가야 할 것이다.

4) 한국의 다문화사회 현황

2000년대에 이르러 전 세계적으로 국제 이주가 늘어나고 있다. 한국도 이민자를 받아들이기 시작했고 현재 외국인과 이주민의 비율이 우리나라 전체 인구 대비 3.4%에 달하며, 그 수는 200만 명을 넘어서고 있다(2017. 11. 1. 인구주택총조사 기준). 이는 10년 전과 비교했을 때 두 배 이상 증가한 수치이다. 불법 체류자와 결혼 이주자 역시 빠른 증가 속도를 보이고 있다. 이에 따라 한국사회는 본격적으로 다민족사회로 전환하게 되었다. 그러나 우리나라는 열린 다문화사회로 진입하는데 어려움을 겪고 있다. 즉, 결혼 이민자, 북한이탈주민, 외국인 노동자 등이 증가함에 따라 민족, 인종, 문화적 다양성이 공존하며, 사회적 욕구가 급변함에도 불구하고 그에 따르는 국가사회정책, 복지제도와 서비스들은 적절하게 대응하지 못하고 있다.

2020년에는 우리나라 10가구 중 1가구가 다문화가정이 될 것이며, 다문화가정의 2세들이 우리 사회의 구성원으로써 우리와 함께 우리나라를 꾸려 나가게 될 것이라는 점이다. 현재 우리나라에서는 다문화에 관한 크고 작은 잡음들이 발생하고 있다. 여전히 빠르게 진행되고 있는 외국인 유입속도를 고려한다면 다문화를 받아들일 준비가 되지 않은 우리의 자세가 더 큰 문제가 될 수 있다. 다문화사회는 다민족, 다인종사회에서 자연스럽게 이어지는 것이 아니다. 다문화사회는 다른 문화와 인종에 대한 열린 마음을 가지고 그들의 문화를 존중하며 배려하고 서로 공생할 수 있는 사회를 의미한다. 그러므로 우리가 진정한 열린 다문화사회로 성장하기 위해서는 사회적·제도적인 노력과 인식의 변화가 우선시되어야 할 것이다.

2 다문화교육의 이해

다문화교육은 개인들이 자신의 나라와 세계에 존재하는 다양성을 접하도록 하는 교육과정이므로, 인류의 보편적 문화가치를 추구하고 세계 가치와 문화적 다원성을 강조하는 문화 상대주의적 입장을 견지한다. 또한 다문화교육은 다양한 인종과 민족이 함께 살고 있는 나라를 중심으로 발전되어 왔다. 단일 민족으로 구성된 우리나라 국민들은 다문화교육은 미국과 같은 다민족사회에만 필요한 것이라는 오해를 갖게 되었고, 이로 인해 다문화교육에 대한 이해나 교육자료의 개발 등이 거의 이루어지지 않았다. 우리나라도 여러 민족과 인종이 활발히 교류하는 국제시대의 한 일원인 만큼, 다른 나라 사람들의 문화나 종교, 정치 등에 대해서도 이해를 해야 할 것이다. 또한 발달적으로 볼 때 청소년 시기는 자신은 물론 타인의 문화적 유산에 대한 이해를 발달시키는 중요한 기간이므로, 다문화교육을 통하여 청소년들에게 세계의식을 길러주기 위한 생활경험을 제공할 수 있다. 요즈음 청소년들은 다양한 문화에 노출되어 있다. 그 문화가 긍정적이든 부정적이든 간에 유치원과 초등학교 연령의 아동들에게도 이제 많은 문제들이 직접적으로 전달되고 있다. 미래의 주역이 될 유아들에게 타문화·타정보는 유익할 수 있다. 이제 적극적인 자세로 그들에게 세계적인 이슈들을 전달하고, 거기에 적절히 대응할 수 있는 세계 시민직인 자질을 길러주는 것이 21세기 교육의 방향이라고 하겠다. 이는 세계적인 추세로서 범국가적으로 교육의 중요한 의무로 부상되고 있다.

1) 개념

다문화교육(Multicultural Education: MCE)이란 민주주의의 신념과 가치에 기반을 두고 상호의존성이 증가한 세계 및 문화적으로 다양한 사회 안에서 문화다원주의를 지지하는 교수-학습방법이다(Bennett, 2007). 다문화교육은 첫째, 평등지향운동 혹은 평등교수법. 둘째, 교육과정 개혁 혹은 다양한 관점에서의 교육과정 재검토. 셋째, 다문화적 역량 혹은 문화 간 상호작용의 기초로서 자신의 문화적 관점과 타인의 문화적 관점을 이해하게 되는 과정. 넷째, 사회정의를 지향하는 교수법 혹은 모든 유형의 차별과 편견, 특히 인종차별주의, 성차별주의 계급차별주의에 대한 저항이다(Bennett, 2007).

다문화교육은 문화의 다양성을 존중하고 한 사회 안에 불가피하게 공존하게 된 다양한 문화집단이 서로를 인정하며 원활히 상호 교류할 수 있도록 하는 교육을 말한다. 즉, 문화적으로 다원적인 사회를 준비시키고, 자신의 문화에 대한 정체성을 가지고 타문화와 인종에 대해 개방적이고 이해하는 태도를 가져 그 문화를 공유할 수 있도록 하는 데 목표를 둔다. 다문화교육은 말 그대로 다양한 문화가 '공존'하는 교육이지 타문화를 주류문화에 편입시키거나 동화시키는 교육이 아님을 명심해야 한다. 이를 통해 '다름'에 대한 존중을 배움과 동시에 '다름'이 배타적 요소가 아니라 풍부한 '소통'의 매개임을 인지할 수 있게 하는 것이다.

다문화교육은 기존의 문화집단들 간의 평등과 상호존중을 특징으로 한다. 소수민족이 자신의 고유한 문화를 포기하고 주류사회에 융화된 것을 강요하는 문화적 동화(assimilation)와는 대치되는 것이다. 소수집단의 구성원들이 전체 사회 속에서 조화로운 공존을 위하여 자신의 고유문화를 유지할 수 있도록 배려한다.

평등지향운동은 모든 소수민족이나 경제적으로 불리한 조건에 있는 집단에게 공평하고 동등한 교육의 기회를 제공하는 것을 목적으로 한다. 평등교수법은 교수자가 교육대상의 성취수준을 향상시키기 위하여 문화적으로 민감한 교수기법을 사용하는 것을 말한다. 교수-학습과정에서 교육대상의 경제적 조건 및 고유문화를 고려하는 행위를 포함한다.

따라서 다문화적 역량 강화를 통하여 교수자는 자신과 인종적·문화적으로 다른 교육대상을 편안하게 대할 수 있고, 그들과 어떻게 상호작용해야 하는지를 배운다.

다문화교육에서는 다양한 방식으로 인식·평가·생각하고 행동할 수 있는 역량을 함양하는 것이 요구된다. 역량을 함양하는 과정에서 국가 내 그리고 국가 간, 주류문화 및 소수집단 간에 존재하는 문화적 다양성을 이해하고 조율하는 방법을 학습하는 것이 중요하다.

다문화교육운동은 1960년대 미국에서 사회적 불평등에 대한 시민권 운동의 산물이다. 다문화교육의 관점에서는 '홀로 사적으로만 살아가는 개인'이 존재하지 않기 때문에 인격발달은 곧 '개인적이 아닌 사회적 현상'이 된다. 따라서 다문화교육은 미국사회의 이상적 특성 －예를 들어, 민주주의의 원리들－ 이라고 할 수 있는 기본적 가치들을 받아들이고 있으며 인종, 성별, 사회경제적 지위로 인한 어떠한 차별도 용인하지 않고 다양한 문화, 민족, 성 그리고 사회계층과 학생들이 동등한 교육적 기회를 얻고 긍정적인 문화교류적인 태도와 인식 그리고 행동을 발달시키도록 돕는 중요한 목표를 가진 교육이다.

다문화교육의 개념을 살펴보면 다문화교육(multicultural education)은 다민족교육(multiethnic education), 다문화적인 교육(education that is multicultural), 문화간 교육(intercultural education), 세계화교육(global education), 반편견교육(anti-bias education) 등 유사용어와 함께 사용되고 있다.

첫째, 다문화교육의 선두주자라고 할 수 있는 뱅크스(Banks)는 "다문화교육은 교육철학이자, 교육개혁운동으로 교육기관의 구조를 바꾸어 학생들에게 평등한 교육 기회를 제공하는 것이 중요한 목표"라고 했으며, 여러 개념을 조합한 베넷(Bennett)은 다문화교육을 네 가지 구성요소(평등교육, 교육과정 개혁, 다문화적 능력, 사회정의를 향한 교육)로 구분해서 "다문화교육은 평등교육을 목표로 교육과정 개혁을 통하여 주류집단과 소수집단의 모든 사람이 다문화적 능력을 배양하여 사회정의 실현에 참여할 수 있도록 하는 교육"이라고 정의하였다.

둘째, 미국의 교사교육공인협회(National Council for Accredition of Teacher Education; NCATE)에서는 두 가지로 정의하고 있다. 첫째, 다문화교육의 핵심은 각 개인이 다양한 문화 속에서 정치적·사회적·경제적인 생활을 경험하고 다양성을 존중·자각하는 데 있다. 둘째, 교육의 과정에 있어서 다양한 사회, 경제, 인종, 종교, 문화집단 간의 상호 영향의 중요성을 인식하는 데 있다.

셋째, 김선미(2000)는 다문화교육(multicultural education)은 문화의 다양성을 존중하고, 개인이 적어도 한 개 이상의 문화집단에 동시에 소속되어 있으면서 서로 다른 문화집단과도 상호 연결되어 있음을 인식하는 데서 출발한다. 학생들 스스로의 자아정립과 삶의 방식, 사회적 관계를 형성하는 과정에서 자신들이 속해 있는 문화뿐만 아니라 서로 다른 문화에 대하여 올바른 지식과 가치, 태도를 갖출 수 있도록 다양한 문화에 대한 교육의 필요성을 강조한 개념이라고 하였다.

넷째, 다문화교육은 학교교육과정에서 인종차별(racism), 성차별(sexism), 계급차별(classism), 언어차별(linguicism), 장애인차별(ablism), 연령차별(ageism), 동성애자 차별(heterosexism), 종교적 불관용(religious intolerance), 외국인 혐오(xenophobia)와 관련된 이슈를 직접적으로 다룬다(National Association for Multicultural Education, 2007).

다섯째, 다문화교육은 반편견교육, 세계이해교육, 다민족교육, 국제사회 이해교육 등 학자별로 시대적 상황에 따라 강조하는 것이 다르지만, 대체적으로 다문화교육은 다른 민족이나 인종, 성, 가족, 장애, 종교, 사회계층 등에 대해 올바른 지식을 구성하도록 하고, 궁극적으로 서로를 존중하고 편견을 습득하지 않는 태도를 길러주는 것이다(최석란, 2010).

여섯째, 모경환(2009)은 “교육과정과 교육제도를 개혁하여 다양한 계층·인종·민족·집단의 학생들에게 균등한 교육기회를 제공할 수 있도록 하는 것이다. 또한 사회정의의 원리를 추구함으로써 학교와 사회에 모든 종류의 불평등에 도전하며, 모든 학생들의 지적·개인적·사회적 잠재력을 최대한 실현하고자 하는 교육”이라고 정의하고 있다.

마지막으로 정두용 외(1998)는 다문화교육은 다민족교육보다 한층 더 포괄적인 개념으로, 다민족교육은 다민족국가에서 그 주류세력이 지배하고 다른 소수민족문화의 공존을 관용하고 배려하는 측면이 강하나, 다문화교육은 문화적 다양성을 가치 있는 자원으로서 지원하고 확장하려는 교육이라고 하였다.

앞의 내용을 종합해 보면 다문화교육이란 교육과정 및 교육제도를 개혁하여 다양한 계층, 인종, 민족 집단의 학생들에게 균등한 교육기회를 제공하고자 하는 개혁운동이다. 그리고 사회정의의 원리를 추구함으로써 학교와 사회의 모든 종류의 불평등에 도전하며 모든 학생들의 지적, 개인적, 사회적 잠재력을 최대한 실현하고자 하는 교육이다. 다문화교육은 문화적 다양성에 대해 진보적 입장을 개진하며, 사회 내에 다양한 문화가 존재한다는 것을 인정한다. 즉, 문화적 차이를 동화의 대상이 아니라 그 자체로 가치 있는 것으로서 인식하도록 교육하는 것이다. 또한 다문화교육은 사회 내 소수자 자녀들이 학업 곤란 요인을 극복하여 학업 성취를 이룰 수 있도록 도우며, 다수자 자녀를 위한 민주시민교육을 수행한다.

2) 필요성

우리 사회의 문화적 다양성의 심화에 따라 대두되고 있는 교육적 과제는 두 가지 측면으로 요약할 수 있다. 즉, 우리 사회의 새로운 교육소외계층으로 떠오르고 있는 다문화가정 자녀들의 적응 문제를 해결하는 한편, 기존의 다수 집단 학생들을 위한 시민교육도 균형 있게 실시해야 한다.

다양한 인종·민족 집단이 한국사회에 유입되면서 인구 구성 측면뿐만 아니라 문화적 차원에서도 다양성이 증가하고 있다. 다양성의 증가는 필연적으로 사회에서 소외되는 소수자들의 문제를 발생시킨다. 한국사회의 소수집단을 형성하고 있는 이들은 한국사회에 적응하는 데 많은 어려움을 겪고 있으며, 대다수가 낮은 경제적 지위에 머무르고 있다.

이들을 한국사회에 적응시키기 위한 정부 차원의 다양한 정책이 실시되고 각종 시민단체의 활동이 전개되고 있다. 그러나 이들은 여전히 편견과 차별, 인권 침해를 경험하며, 한국사회에 쉽게 정착하지 못하고 있다. 한국사회의 일부를 구성하고 있는 이들 소수 집단을 포용하지 못한다면 사회 갈등을 유발하는 원인으로 작용하게 될 것이다. 따라서 이들과의 상호존중과 포용, 공존의 문제는 이제 한국사회의 민주주의 실현 정도를 가늠하는 하나의 척도가 되었다.

다문화가정의 자녀들 역시 한국사회에 적응하는 데 많은 어려움을 겪고 있다. 언어 능력의 부족, 기초학습 능력 부진, 정서적 불안과 같은 내적 요인 및 불안정한 학습 환경, 또래의 편견과 놀림, 교사의 인식 부족 등과 같은 환경적 요인으로 인하여 학업 성취가 부진한 경우가 많다(조영달 외, 2006). 다문화가정의 자녀들은 현재 대부분이 유·초등학생들이지만 지속적인 증가와 함께 수년 내에 청소년의 한 층을 형성하게 될 것이며 이들의 한국어 능력 향상, 학교 적응, 차별·소외감 해소가 사회적·교육적 과제로 부각될 것이다.

따라서 각급 학교에서 교육을 담당하는 교사들은 학생들의 성, 인종, 문화 그리고 언어의 다양한 배경에 민감해야 하며, 이러한 다양성이 교육과정이나 교실수업에서 문제시 될 수 있다는 것을 인식해야 할 필요가 있다. 따라서 교사는 자신의 학급을 보다 통합적으로 만들고 다문화가정의 학생들을 포용하며, 주류 학생들에게 다문화적 감수성과 태도를 육성하는 책무를 이행해야 한다.

또한 문화적 다양성의 심화에 따라 대두되고 있는 교육적 과제는 대상의 측면에서 두 가지로 파악할 수 있다. 먼저 다문화가정이 급증함에 따라 다문화가정 자녀교육을 위한 지원 대책을 확대해야 하며, 다문화가정 자녀와 함께 살아가는 다수자 자녀들의 시민적 자질 육성을 위한 교육을 체계적으로 실시해야 한다. 즉, 다문화적 사회의 구성원들이 주체적이고 능동적으로 살아갈 수 있도록 하는 시민교육(citizenship education)이 새로운 교육적 과제이다. 이러한 시민교육은 사회적 소수집단에게만 필요한 것이 아니라, 주류 사회의 시민과 그 자녀들에게 더욱 필요하다. 다문화적 환경에 대한 대처 방식은 변화하는 환경에 대한 우리 사회구성원들의 인식과 가치관에 영향을 받기 때문이다.

다시 말해 우리 사회의 새로운 교육 소외 계층으로 떠오르고 있는 다문화가정 자녀들의 적응과 학업성취 문제를 해결하는 한편, 기존의 다수집단 학생들을 위한 시민교육도 균형 있게 실시해야 한다. 사회적 약자에 해당하는 다문화가정 자녀에 대한 교육 지원이 다문화교육의 하나의 방향은 될 수 있으나, 다문화교육의 대상을 이들로 한정시켜서는 안 된다.

다문화교육은 소수민족 집단의 정착을 돕기 위한 프로그램이나 다양한 민족과 문화에 대한 지식을 습득하는 것에 국한되지 않는다. 학교교육은 다양한 문화와 민족이 공존하는 사회에서 시민으로서의 역할을 수행할 수 있도록 돕고, 모든 학생들의 학업 성취 향상과 차별의 해소를 추구해야 한다. 즉,

소수자가 한국사회에 잘 적응하도록 하는 측면과 함께 주류 한국인이 소수 문화를 이해하고 편견을 극복하는 것, 나아가 차별을 시정하고자 하는 태도의 육성과 실천하는 데까지 나아가야 한다. 다시 말해 다양한 문화와 민족이 공존하는 사회에서 시민으로서의 역할을 수행할 수 있도록 돕고, 모든 학생들의 학업 성취 향상과 차별의 해소를 추구하는 교육이 이루어져야 한다(차경수 외, 2008 : 421-436).

예를 들어, 사회의 주류 다수자들이 소수문화를 이해하고 포용하는 관용과 공존의 측면을 강조하는 것과 소수민족 집단이 사회에 적응하고 자신의 정체성을 확립하도록 돕는 것이 교육적 과제의 요체이다. 이러한 역할을 수행하는 다문화교육은 평등과 정의, 반편견, 상호의존적 세계에 대한 인식 및 차이와 다양성에 대한 긍정적인 태도를 다루어야 한다.

현대사회는 성, 연령, 민족 및 인종, 출신 배경, 학력, 외모 등 다양한 요소에서 차별과 편견이 존재하고 있으며, 특히 주류집단보다는 소수집단 및 사회적 약자들이 받는 차별과 편견은 더욱 심한 게 사실이다. 이에 서로 다른 문화권에 대한 사회적 인정이 필요하며, 이를 위해 주류집단이 가진 소수집단에 대한 차별 의식과 고정관념, 선입견을 없애기 위하여 다문화교육이 행해져야 할 필요가 있다.

첫째, 다문화사회에서는 '사람들과 어떻게 소통하고, 그들을 어떻게 이해할 것인가?' 하는 것이 중요한 교육내용이다. 그러므로 다문화교육은 교육과정을 통해 각 교과내용에서 다방면으로 이루어져야 한다.

둘째, 다양한 사회구성원이 조화롭게 공존하는 다문화사회 형성이 중요하다. 이를 위해 다문화가족 자녀 세대를 위한 적절한 교육이 필요하며, 일반학생을 대상으로 국제문화 이해교육을 실시하며, 다문화시대에 바람직한 운영체제 시스템을 개발해야 한다.

셋째, 다문화에 대한 일반학생들의 안목과 인식을 키워줄 필요가 있다. 이를 위해 다문화적 시민권과 전 지구적 차원에서 한국인과 한민족의 정체성을 재구성할 수 있도록 도와주는 방향에서 다문화교육을 실시해야 한다.

이상을 종합해 보면 다문화교육의 목적은 많은 형태의 다문화주의를 인정하고, 인간의 다양성에 대한 존중을 주창해야 할 필요성이 있다. 세계문화의 비판적 수용을 위해서는 문화적 개방성을 지향하여 문화발전을 꾀하고, 제한된 서구문화에서 탈피하여 시야를 확대하는 일이 중요하다. 각 개인이 속한 집단에 대한 긍정적인 정체성을 증진시키고, 타문화에 대한 편견을 없애고 존중하는 가치와 태도를 지닐 수 있도록 하는 것이며, 궁극적으로 다양한 문화의 학생들이 지니고 있는 고유의 잠재력을 최대한 발달시켜 주는 것이다.

3) 목표

다문화교육은 교육적 불평등 해소와 기회 균등 그리고 모든 학생들의 학업 성취 및 민주사회의 구성원으로서의 기능과 비판적 안목 육성을 추구한다. 다문화교육의 목표는 학자들에 따라서 다양하게 제시되고 있다.

- 다문화교육은 자기 이해의 심화를 추구한다.
  사회를 자신의 문화적 관점에서만 파악하는 사람들은 편협한 상태에 놓여 있으며, 인간의 총체적 경험을 이해하지 못하므로 자신의 문화도 충분히 인식할 수 없다. 이해와 지식을 통해 존경이 나올 수 있다고 가정하는 다문화교육은 개인들로 하여금 다른 문화와의 관점을 통해 자신의 문화를 바라보게 함으로써 자기 이해를 증진시키고자 하는 것을 목표로 한다.
- 다문화교육은 주류 교육과정에 대안을 제시하는 것을 목표로 한다.
  미국의 학교교육과정에서는 권력과 영향력을 소유하고 있는 주류 백인집단의 역사와 문화에 초점을 맞추어 왔다. 백인중심의 교육과정은 주류학생과 유색인종 학생 모두에게 해로운 영향을 끼친다.
- 다문화교육은 모든 학생들이 다문화사회에서 요구되는 지식과 기능, 태도를 습득하는 것을 목표로 한다. 예를 들어, 미국의 경우 주류 백인 학생들은 흑인 영어의 독특함과 풍부함을 배울 필요가 있고, 흑인 학생들은 자기 가족과 공동체로부터 소외감과 이질감을 느끼지 않으면서 주류사회에서 성공할 수 있도록 표준 영어를 말하고 쓸 수 있어야 한다.

- 다문화교육은 다문화가정 자녀들이 인종적·신체적·문화적 특성 때문에 겪는 고통과 차별을 감소시키는 것을 목표로 한다. 소수계 학생들은 학교와 주류사회에 동화되어 성공하기 위해 의도적으로 자신들의 민족적 유산과 정체감 그리고 가족마저 부인하는 경우가 있다. 민족적 정체감은 자아정체감을 구성하는 중요한 부분인데, 민족적 문화와 정체성을 거부하는 것은 소수민족 집단의 사회화 과정에 악영향을 미친다.
- 다문화교육의 목표는 학생들이 전지구적인 테크놀로지 세계에서 살아가는데 필요한 읽기, 쓰기 그리고 수리적 능력을 습득하도록 돕는 것이다. 다문화교육은 성인으로서 직업을 구하고 살아가는데 실직적인 도움을 준다.
- 다문화교육은 학생들이 자신의 공동체에서 제구실을 하는데 필요한 지식, 태도, 기능을 다양한 집단의 학생들이 습득하도록 도와주는 것이다. 효과적인 시민교육이란 다양한 문화적 배경의 학생들이 자신들의 문화 공동체로부터 국가, 지역, 나아가 세계 공동체의 시민으로서 살아갈 수 있는 지식과 기술, 가치를 가르치는 것이다.

소수자를 위한 배려와 교육의 기회 균등

주류 학생들을 포함한 모든 학생들의 시민적 자질 육성

지구촌 공동체의 일원으로서의 역량 함양

다문화교육에 있어서 교사의 역할은 매우 중요하다. 다문화교육을 위해서는 가정, 학교, 사회에서의 교육이 모두 중요하겠으나 체계적인 교육을 수행하는 학교교육이 특히 중요하다. 무엇보다도 교사의 인식과 실천이 없으면 다문화교육은 성공할 수 없다. 교사의 다문화적 인식과 태도는 수업과 학생 지도에 직접적인 영향을 미치기 때문이다.

팽(pang)은 학교현장에서 교사들이 다문화교육을 실시하면서 어떤 목표를 강조하는가에 따라 다음과 같은 네 가지 유형의 교사로 구분하고 있다.

- **동화주의 교사**: 기존의 사회정치적 체제에 순응하도록 함. 소수자 학생들이 자기네 언어와 문화를 버리고 주류사회 문화를 습득하게 함.

- **인간관계를 강조하는 교사**: 다양한 집단의 학생들이 서로 존중하고 협력하는 경험을 제공하여 편견을 극복하도록 함.
- **사회적 행동을 강조하는 교사**: 비판적 사고를 통해 사회적 불평등에 도전하며 변화의 주체가 되도록 함.
- **배려를 강조하는 교사**: 상호 존경하고 배려하는 분위기를 통해 다문화사회를 건설하고 공정과 평등의 가치를 공유하도록 함.

4) 유형

첫째, 다문화교육은 문화적 소수자의 적응을 위한 교육이다. 이러한 측면의 교육은 문화적 소수자들이 한국사회와 문화에 적응하도록 하여 문화적 단일성과 사회적 통합성을 유지하도록 하기 위한 내용을 담고 있다. 이에 따라 한국어, 한국요리, 한국예절, 한국관습, 한국역사와 지리 등에 관한 내용 및 학교생활 적응 방안 등을 주요 내용으로 하고 있다.

둘째, 다문화교육은 문화적 소수자의 정체성 형성을 위한 교육이다. 소수자 정체성 형성 교육에서는 한국어와 소수자의 출신 국가 언어를 모두 가르치는 이중 언어교육을 주요 내용 중 하나로 삼고 있다. 또한 언어와 불가분의 관계에 있는 출신 국가의 문화를 함께 가르치는 것도 가능하다. 장기적으로는 한국의 다문화가정 자녀의 다중 언어 구사능력과 다문화 향유 능력이 기존의 한국인은 물론 주변국 국민과의 관계 맺음에 있어서도 긍정적으로 기여하는 측면이 있을 것이다.

셋째, 다문화교육은 문화적 소수자 공동체 상호 간의 조화를 위한 교육이다. 다문화교육은 문화적 소수자와 다수자(즉, 기존의 한국인) 사이의 바람직한 관계 형성에만 이바지하는 것이 아니라, 다양한 배경의 문화적 소수자들 간의 관계 맺음을 위해서도 매우 중요하다. 따라서 한국사회라는 공통적인 공간에서 더불어 살아가는 소수자 공동체들 간에도 타문화를 문화상대주의적 태도로 바라보며 상호 존중하고 인정할 수 있도록 하는 내용을 강조한다.

넷째, 다문화교육은 다수자를 대상으로 하는 소수자에 대한 이해 증진 교육이다. 다문화사회에서 함께 어울려 살아가기 위해서는 다수자나 소수자 어느 한편의 노력만으로 되는 것은 아니다. 소수자는 소수자로서 적응과 통합을 위해 담당해야 할 몫이 있고, 다수자는 다수자로서 인정과 포용을 위해 맡아야 할 몫이 있는 것이다. 그것은 다른 의미에서의 '적응'일 수 있다. 다시 말해 다문화사회에서의 적응은 소수자에게만 필요한 것이 아니라, 다수자 역시 그것을 위해 노력해야 함을 의미한다. 2008년 총선거에서는 필리핀 출신으로 한국 국적을 얻은 여성이 처음으로 비례대표 국회의원으로 입후보하였다. 그리고 다음 총선거 때인 2012년에는 필리핀 출신 여성과 러시아 출신 남성이 각각 비례대표 국회의원으로 입후보해 필리핀 출신 여성이 당선되었다. 우리나라 국회에서 처음으로 맞이한 외국인 출신 국회의원이다.

5) 내용 및 영역

다문화교육의 내용에 대한 여러 연구들을 분석해 보면 각 가정, 사회집단, 국가에는 다양한 문화와 가치, 태도 및 행위가 있음을 알고 경험해 보며 공동체 사회를 위해 함께 노력하고 협력해야 함을 알고 실천할 것을 강조하고 있다. 또한 다양한 구성원 등은 고유한 특성을 지니고 있는 동시에 모두 공통점을 가지고 있음을 인식해야 한다.

일반인을 대상으로 하는 다문화 이해 차원의 교육활동으로 소수자의 이해나 세계화 시대에 적합한 가치관 교육을 실시하여 다문화에 대한 인식 확대를 통해 다른 문화에 대한 수용력을 길러 주고, 민주적 소양을 갖춘 세계 시민의 자질을 함양함으로써 근본적인 차원에서 다수자의 변화를 도모하는 교육이다.

(1) 문화의 차이에 대한 교육

문화다원주의나 문화간 교육의 중요성이 점점 더 중시 되고 있다. 이는 개방체제 안에서 다른 문화에 대해 이를 배타적으로, 적대적으로 대하지 말고 이를 이해하고 존중하는 능력 배양을 강조하고 있다. 그러나 다른 한편에선 외래문화에 문을 활짝 열어둠으로써 각 나라 고유의 전통, 가치, 문화를 상실할 위기에 처해 있다. 여기서 주목할 점은 문화의 다양성 존중과 정체성

유지는 결코 상호 배타적 관계가 아니라 동전의 양면과 같다는 점이다. 즉, 문화의 차이를 받아들여 자신의 정체성을 풍부하게 하는 요인임을 인식시키는 교육이 필요하다.

(2) 공동체의식 함양에 대한 교육

설령 외모나 언어가 다르다고 해도 이들도 우리와 똑같이 먹고, 자고, 입고, 일하고, 사랑하고, 아이를 낳고, 감정을 지니고 사는 인간적 존재라는 것이다.

공동체 의식함양에 대한 교육이 이루어져야 한다. 다원화 및 상호의존적인 정보화, 세계화 시대에서는 개별 국가의 영향력은 점차 감소되고 국제기구의 역할이 증대될 것이다. 평화와 협력, 인권과 자유, 환경과 교육, 기아와 빈곤 퇴치 등 세계 보편적 가치추구를 강조하는 공동체의식 교육 또한 함께 이루어져야 한다. 그래야 우리가 세계화 시대에 대한 적응력을 높이고 국제평화와 번영에 더 많이 기여하게 된다.

(3) 인종에 대한 교육

우리가 인종적 편견을 가지고 색안경을 통해 다문화가정의 자녀들을 대한다면 다문화가정 자녀들의 성장과정에 나쁜 영향을 미칠뿐더러 건강한 우리 사회의 구성원으로 자라는 데 걸림돌이 될 것이다.

따라서 인종에 대한 교육의 필요성이 제기된다. 다인종 국가인 미국에서는 인권에 대한 투쟁과 성, 다문화에 대한 반편견교육이 시작되었다. 반편견교육이란 새로운 내용이나 방법을 제기하는 교육이 아니라 우리의 삶 안에서 다른 문화에 대한 고정관념이나 편견, 차별적 행동이 다른 사람에게 상처를 준다는 것을 알게 하여, 다른 문화에 대한 긍정적인 수용과정에서 자신의 문화적 정체성을 스스로 구성할 수 있도록 방향 짓게 하는 것이라고 정의할 수 있다. 인종에 상관없이 모든 사람을 존중하도록 교육함으로써 특정 인종에 대한 편견을 갖지 않도록 교육하는 것이다.

(4) 인권에 대한 교육

인권교육은 인권과 기본적 자유를 실현하고 평등성을 제고하는데 중요한 기여를 하며, 갈등과 인권침해를 방지하고 참여와 민주적 과정을 증진시키는 데 필수적인 과정이다.

우리가 사회 각 영역에서 인권교육을 받을 수 있는 기회는 아주 적지만, 인권교육의 필요성에 대해서는 대부분 공감하고 있는 실정이다. 지금 바로 사회적 약자나 소수자의 인권실현에 대한 이해와 시각이 필요하다.

다문화교육의 영역을 뱅크스(Banks)의 분류를 중심으로 살펴보면 다음과 같다. 첫째, 교사가 다양한 문화 콘텐츠를 사용하여 문화적 다양성을 통합적으로 제시하기 위한 내용통합. 둘째, 학생들이 지식이 어떻게 구성되는지를 이해하게 하기 위한 지식구성과정. 셋째, 인종적·민족적 편견을 줄이는 방법을 모색하기 위한 편견감소. 넷째, 다양한 아이들의 배움에 적합한 교수법을 사용하여 다양한 배경을 가진 아이들이 평등한 학업 성취를 할 수 있도록 교수법을 개발하는 공평한 교수법. 다섯째, 다양한 민족, 인종, 문화적 그룹의 학생들이 학교에서 균등하게 역량을 발휘하기 위한 학교문화와 조직이 있다.

표 10-1 뱅크스의 다문화교육 영역

내용통합	지식구성과정	편견감소	공평한 교수법	학교문화와 조직
특정한 교과와 상관없이 다양한 문화집단의 자료 정보를 활용하는 정도	학자들이 지식을 창조하는 절차, 문화적 가정, 준거틀, 관점, 편견 등이 지식 형성에 영향을 미치는지에 대한 내용	학생들이 보다 긍정적인 인종적·민족적 태도를 습득할 수 있도록 하는데 활용될 수 있는 전략	교사가 다양한 인종, 민족, 사회계층 집단학생들의 학업성취도를 향상시키기 위하여 사용하는 기법과 교수법	다양한 인종, 민족, 언어, 사회계층 집단 학생들이 교육적 평등을 경험하도록 학교의 문화와 구조를 재구성하는 과정

3 다문화교육의 실제

다문화 배경 학생들이 우리 사회의 한 구성원으로서 자신의 정체성을 확립하고, 각자의 장점을 살려 자신 있게 생활할 수 있도록 모든 학생들의 다양성을 인정하며 '우리'라는 생각을 가지고 조화로운 삶을 살아갈 수 있도록 도와야 한다.

이에 따라 교사는 다양성·문화적 차이가 반영된 수업 및 교수－학습방법을 개발하고 가르치는 법을 배워야 하며, 다양성을 존중하는 교실 및 학교 분위기를 조성해야 한다. 또한 다문화가정의 장점을 활용할 수 있는 프로그램을 운영하여 다문화가정의 자아정체성을 강화하고, 사회구성원으로서의 자긍심을 향상시켜 친다문화 인식 전환으로 미래사회의 통합을 위한 토대를 마련해 나가는 것이 중요하다.

1) 교수–학습방법

뱅크스와 뱅크스(Banks & Banks, 2001)가 제시한 다문화교육 교수－학습방법에 대해 살펴보면 다음과 같다.

첫째, 다양한 문화로부터 적절한 예와 내용을 통합적으로 제시한다. 둘째, 지식이 구성되는 방법에 영향을 주는 훈련 내에서 문화적 가정, 참고물의 프레임, 시간, 편견들을 함축하는 방법을 이해하고 조사·결정하도록 돕는다. 셋째, 아동의 인종적 태도의 특성에 대하여 적절한 방법과 자료를 사용하여 가르침으로써 편견을 수정해 준다. 넷째, 다양한 인종적·문화적·성 그리고 사회적 계층 집단의 학생들의 학문적 성취를 촉진시키도록 교사 자신들의 교수방법을 수정하는 평등 페다고지의 실천이 필요하다. 다섯째, 그룹핑, 실제 명명하기, 스포츠 참여, 성취의 불균형 그리고 민족과 인종을 넘어선 교직원과 학생간의 상호작용을 통한 학교문화를 강화하는 교수－학습방법이 필요하다(김영옥, 2002).

슬리터와 그랜트(Sleeter & Grants, 1999)가 제시한 다문화교육 교수－학습방법에 대해 알아보면 다음과 같다.

교수의 원리로서의 학습방법은 다음과 같다. 학생은 복합적인 자료를 학습하고 높은 기술 수준에서 수행할 능력이 있고, 타고난 호기심 많은 개인으로 보는 것, 각 학생은 자신만의 독특한 학습 양식을 가지고 있으므로 교사는 가르칠 때 한 가지 학습 양식뿐만 아니라 그들이 보다 효율적으로 학습할 수 있는 '자신만의 독특한 학습양식을 발견하도록' 도와야 한다. 교사는 모든 학생들에 대한 높고 현실적인 기대를 갖게 하고 협력을 증진하도록 지원해 주어야 하는 것, 남녀를 동등하게 비성차별적 방법으로 대해야 하며, 긍정적 자아개념을 발달·형성시켜 주는 학습방법이 필요하다.

교수하기로서 학습방법은 학생의 학습양식 형성하기, 학생의 기술 수준에 맞추기, 학생을 사고하기와 분석하기에 적극적으로 참여시키기(비판적인 사고/대안적 견해), 협동적 학습 사용하기 등이 있다(김영옥, 2002).

티트와 티트(Tiedt & Tiedt, 1998)가 제시한 다문화교육 교수－학습방법에 대해 실제적인 방법을 알아보면 다음과 같다.

- 예술: 아동문학의 삽화, 종이접기, 동식물 모음집, 필름 다큐멘터리, ABC 책, 중국의 종이 오리기, 아동 소설주제로서의 예술, 실제 예술가들에 대한 일기자료, 실제적인 견학 등
- 읽기: 의미 있는 토의 수행하기, 크게 소리 내어 읽기, 국제적 펜팔, 역할놀이, 교육과정을 통해 모든 언어 과정 이용하기 등
- 수학: 추천된 자료, 수학적 단어 찾기, 수학에서의 여성, 컴퓨터 이용하기, 주제 연구에서 수학 사용하기 등
- 음악: 음악 단어망 구성하기, 노래를 묘사한 아동의 책, 음악적 재능이 있는 젊은 사람들에 관한 책 읽기, 실제 뮤지션들에 대한 악기, 노래책 등
- 신체적 교육: 질병 또는 무능력에 대한 보고서, 다양한 문화를 반영한 게임 조사하기, 스포츠와 신체교육과 관련된 이슈들, 미국 원주민들에게서 기원한 게임과 스포츠, 젊은 사람들을 위한 스포츠 주제의 소설, 스포츠와 스포츠 스타, 운동에 대한 실화 읽기 등

- **과학과 기술**: 뉴스에서의 과학, 과학과 이중 언어 사용 학생들, 여성과 과학, 실제적인 견학, 인터넷 연결, 실제 과학들에 대한 읽기, 과학소설, 실제적인 과학 주제 등
- **사회**: 토의 주제, 학급 구성원들의 태생 그리기, 문학에서의 사회 연구 주제, 다문화적 역사에 대한 소설, 실제 사람들에 대한 읽기, 분석하기와 비교하기, 벤다이어그램 이용하기 등(김영옥, 2002)

2) 교사의 자질과 역할

씨펠트(Seefeldt, 2005)는 다문화교육에 있어 무엇보다도 교사의 태도가 핵심적인 역할을 한다고 언급하면서, 다양성의 가치에 대한 추상적인 시도보다 교사가 자신과 타인에 대한 감정, 지식 그리고 태도에 대해 주기적으로 점검하는 것이 중요하다고 하였다(최일선 외, 2008, 재인용). 베넷(Benett, 1993)과 뱅크스(Banks, 1994)가 제시한 다문화교육을 위한 교사교육에서의 강조점을 토대로 다문화적 교사가 되기 위하여 고려해야 할 점을 살펴보면 다음과 같다.

(1) 다문화 교사의 자질

- 교사는 각 유아가 그들의 개별적인 특성에 대한 관심과 배려를 필요로 한다.
- 교사는 모든 어린이가 성공할 능력이 있다고 믿는다.
- 교사는 어린이들을 위해 기꺼이 변할 수 있다.
- 교사는 전문가이다. 교사는 도덕적으로 행동한다.
- 교사는 모든 어린이들의 요구사항을 만족시킬 실행과 방법에 관한 건전하고 현 시대에 맞는 지식을 갖고 있다.
- 교사는 어린이에 대한 그들의 중요한 책임을 알고 있다. 그들은 그들이 하는 일에 헌신할 의지를 보여 준다(장지영, 2008).

(2) 다문화 교사의 역할

코펠과 멀루니(Koeppel & Mulrooney, 1992)는 다른 문화나 나라에 대해 가르치기 전에 교사 스스로에게 이러한 질문을 해 보아야 한다고 하였다(정선희, 1997).

- 나는 다른 나라에 관한 최근 정보와 책을 즐겨 읽는가?
- 나는 다른 나라의 사진이나 그림에 관심이 있는가?
- 나는 다른 나라의 고유한 풍습이나 전통을 어느 정도 알고 있는가?
- 나는 유아들이 세계 시민으로 자라나야 한다고 생각하는가?
- 나는 계속적으로 유아들이 협동하고 의견을 나누도록 하고 있는가?
- 나는 다양성과 차이를 이해할 수 있는 따뜻하고 수용적인 분위기를 만들고 있는가?
- 나는 유아들이 다양한 문화나 차이에 대해 질문하고 사고하도록 격려하는가?

뱅크스(Banks, 1995)가 제시한 다문화교육자의 특성은 다음과 같다.

- 사회과학과 교육적인 원리에 대한 지식을 가지고 있어야 한다.
- 다른 민족과 문화집단에 대한 경험과 자신의 문화적인 유산에 대한 반성적이며 분명한 이해를 갖고 있어야 한다. 이는 문화적인 정체성을 확고히 해야 한다는 것을 의미한다.
- 인종이나 문화 차이에 관계없이 다른 사람들에 대한 긍정적인 태도를 가지고 있어야 한다.
- 효과적이며 타당한 교수적 지식을 바탕으로 한 교수 기술을 지니고 있어야 한다.

미국유아교육협회 NAEYC(National Association for the Education of Young Children)와 ACEI(Association for Childen Education Internation)는 훌륭한 다문화교사의 표상을 다음과 같이 설명하고 있다.

- 어린이의 발달에 관한 지식이 풍부하고 그 지식을 토대로 어린 아동들을 가르친다.

- 다문화주의는 우리 사회의 절대적인 요소이고 모든 교육과정에 포함되어야 한다.
- 어린이들이 사회의 다양성을 이해할 수 있도록 헌신적으로 도울 수 있어야 한다.
- 자신과 유아들의 다양성을 인지하고 다양성, 편견, 신념에 관한 자신의 생각이 확고해야 한다.
- 모든 어린이들에게 평등하게 높은 기대를 갖고 그들의 잠재력을 최대한 발달시켜 준다.
- 어린이들의 요구에 적절한 새로운 방법과 요소들을 시도한다.
- 지속적으로 자기 자신을 평가함으로써 어린이들의 요구에 대응한다.
- 전문가로서 나 자신과 다른 사람들에게 긍정적, 자발적 그리고 열린 마음의 태도로 유지한다.
- 현실을 다른 시각들과의 혼합인 것을 인지해야 한다(장지영, 2008).

3) 다양한 학습매체를 활용한 다문화교육

(1) 그림도서 활용

그림도서의 문화 소재를 통한 다문화교육은 다양한 문화 속에 사는 다양한 삶을 보다 친근하게 제시하여, 세계 여러 문화를 포용할 수 있는 힘을 길러줌으로써 다문화교육의 목적에 접근하게 해준다. 또한 문학적 경험을 통해 다른 나라의 문화를 접하고, 의사소통과 감정의 교류가 형성된다는 기대를 할 수 있다.

학생들의 수준에 맞는 그림도서를 교육의 자료로 활용하는 것은 가장 일반적인 다문화교육방법 중 하나이다. 다문화 내용을 포함하고 있는 도서란 인종, 민족, 종교, 계층, 언어, 성, 장애, 연령, 가족 등과 관련하여 다양한 사회 집단의 문화를 다문화적인 관점에서 기술한 책이라 할 수 있다(박윤경, 2007).

그림도서를 활용한 다문화교육방법의 장점은 다음과 같다. 첫째, 도서를 활용한 다문화수업 후 다른 나라와 관련된 책을 찾아 읽은 빈도 수가 크게 향상된다는 점, 둘째, 저학년에게 여러 국가들에 대한 인식의 폭을 넓힐 수 있다. 인도, 스웨덴 등의 국가나 마사이족, 에스키모족 등 세계의 여러 민족과 특수성을 가진 민족에 대해서 새롭게 알게 된다는 점, 셋째, 다문화수업을 통해 다른 나라의 문화는 평가하는 것이 아니라 존중해줘야 한다는 인식이 형성된다는 점, 넷째, 다른 나라에 대한 객관적인 정보, 상식, 지식, 관심 등 인지적인 태도가 크게 향상된다든 점, 다섯째, 우리나라에 사는 외국인에 대한 인식이 새롭게 형성된다는 점에서 도서의 문화 소재를 활용한 다문화수업이 초등학교 저학년 아동에게 매우 효과적인 교육 방안이 될 수 있다.

- 그림도서 선정 기준
  - '피부가 검은색이거나 눈이 파란색이면 다문화학생이다'라는 식의 고정관념이 생기는 도서는 지양한다.
  - 아이들이 다름을 이해하고 차별하지 않아야 한다는 것을 학습할 수 있는 내용으로 선정한다.
  - 다문화 아이들의 나라에 대해 배울 수 있는 내용으로 선정한다.
- 수업 활용 방안
  - 다문화 아이들 국가의 전래동화를 함께 읽어보며 그 나라의 문화와 전통, 우리나라와의 공통점과 차이점을 알아본다.
  - 예를 들어, 호랑이가 주인공을 잡아먹으려고 할 때 "안 돼!"라고 같이 말해보는 식으로 참여형의 독서수업을 진행한다. 이때 "안 돼!"라는 말을 다른 나라의 말로 해보며 무조건 한국어만을 강요하는 '용광로' 이론적 수업이 아닌 '샐러드볼' 이론적 수업을 지향한다.

2) 영화(영상매체) 활용

영화는 학생들에게 해석, 설명, 암기가 필요한 또 하나의 학습의 대상이라는 부담감을 경감시켜 줄 수 있다. 이러한 친숙성은 비교적 학생들의 집중도를 높이고 흥미를 유발시키기에 적절하다. 즉, 매우 효율적인 교수매체가 될 수 있다. 또한 수용자 개인의 입장에서 볼 때 영화와 책은 본질적으로 타인의 삶과 세계관에 대한 기록이고 바로 이 점에서 자신과 타자, 집단 등이 이루는 복합적인 관계를 종합적인 시각으로 심층적으로 이해하는 데 유리하다. 근본적으로 타자에 대한 이해, 나아가서는 타자와의 조화로운 공존을 지향하는 문화 또는 다문화교육에서는 간접 경험의 활용은 매우 적절한 선택이다.

영화와 광고를 통해 다문화학생들의 상처를 이해하고 자신도 모르게 상처를 준 부분에 대해 반성해보며 앞으로 어떻게 배려할 것인지 학습한다.

애니메이션 '샤방샤방샤랄라'의 내용은 다음과 같다. 은진이의 엄마는 필리핀 사람인데, 은진이는 친구들로부터 놀림받을 것이 두려워 엄마의 유전자로부터 물려받은 곱슬머리를 숨기고 다니다가 어느 날 엄마가 필리핀 사람이라는 것을 들키게 된다. 학습지 질문은 "자신은 부모님과 가장 닮은 점이 무엇인가요?", "그것 때문에 놀림 받은 적이 있나요? 있다면 기분이 어떨까요?", "놀림 받게 된다면 기분이 어떨까요?", "영화 속에서 은진이는 어떤 기분이었을까요?", "은진이의 친구로서 앞으로 어떻게 지낼지 생각하고 친구들과 얘기해봅시다"라고 내용을 전개한다.

주요 활동내용으로는 다문화 친구들을 위한 만화/광고를 만들어 보는 것이다.

▌그림 10-1▐ 영상매체를 이용한 다문화교육

3) 전통놀이 체험 이용

• 후쿠와라이

후쿠와라이란 일본의 전통놀이로 눈, 코, 입이 없는 얼굴에 눈, 코, 입을 붙여주는 게임으로, 술래가 눈을 가리고 다른 사람의 지시에 맞추어 각 부위를 얼굴에 붙인다. 이를 미술시간에 활용하여 여러 나라 아이들의 눈, 코, 입을 서로 그려주고(또는 잡지 등에서 찾아 오려) 한 얼굴에 다양한 친구들의 부위를 붙이도록 유도한다. 그럼으로써 하나의 얼굴을 완성시켜 서로 조화와 화합·공존의 의미를 배운다. 부위마다 다르게 생긴 것을 보며 개인의 다름을 느끼고, 그들이 모여 하나의 얼굴을 완성함으로써 결국엔 다 같이 존중받아야 할 인격체라는 것을 가르친다.

4) 신문을 활용한 NIE(인쇄매체 활용) 수업

이 수업을 통해 아이들은 서로 도우며 친다문화 인식을 형성할 수 있으며, 함께 수업내용을 실생활에 접목시켜 해결해감으로써 우애를 다지고 문제해결능력을 기를 수 있을 것이다. 또한 함께 신문기사를 읽고 서로 이야기해봄으로써 자신과 다른 의견을 존중하는 태도를 기르고, 미디어를 비판적으로 수용하는 능력 또한 기를 수 있을 것으로 기대한다.

NIE 수업이란 Newspaper In Education의 약자로 신문을 교재 또는 보조교재로 활용해 지적 성장을 도모하고 학습효과를 높이기 위한 교육을 의미한다.

• 신문 내용(예시): 초등학생 사회 수업 중 법 관련 과목 – 정당방위

신문기사 : 사건은 이렇습니다. 새벽 시간, 한 가정집에 도둑이 들었습니다. 이를 모르고 군입대를 앞둔 20대 아들이 새벽 3시에 귀가하여 서랍장을 뒤지던 도둑을 발견하고 격투 끝에 50대 도둑을 잡았고 경찰에 직접 신고했습니다. 문제가 발생한건 그 이후인데요. 도둑을 제압한 20대 최 씨에게 맞은 도둑이 뇌를 다쳐 식물인간이 됐고, 지금까지 일어나지 못하고 있다고 합니다. 이에 검찰은 흉기 없이 도주하려던 도둑을 과하게 폭행했다며 20대 최

씨를 기소했습니다. 특히 몸싸움을 할 때 알루미늄 빨래 건조대를 위험한 물건으로 판단했다는 건데요. 법정에서 최 씨의 국선변호인측은 일반인의 입장에서는 도둑을 제압해야겠다는 생각을 하는게 보통이고, 빨래건조대는 무게나 재질을 볼 때 흉기나 위험한 물건으로 보기는 어려울 것 같다고 변호를 했지만, 법원은 1심에서 20대 최 씨에게 1년 6개월을 선고했고, 최 씨는 교도소에서 두 달 넘게 복역 중에 있다고 합니다(출처: YTN뉴스).

(플립드러닝처럼 같은 내용의 기사가 각 나라의 언어로 되어 있으면 더욱 좋다.)

- **학습지 질문** : 위 기사를 읽고 집안에 침입한 도둑을 때려서 뇌사상태에 이르게 한 집주인 아들에게 1년 6개월의 실형선고를 내린 것에 대해 정당방위란 무엇인지, 정당방위의 범위에 대해 어떻게 생각하는지 말해보시오.

5) 역할놀이 활용

역할놀이는 교실 안에서 사회현상을 재현하는 활동으로서, 정서적·사회적 활동을 통하여 공감, 감정이입을 경험하고 그에 대한 문제를 해결해 볼 수 있도록 한다. 역할놀이는 학생들에게 감정이입을 통하여 공감, 분노, 애정 등의 다양한 감정을 탐색하는 기회를 제공하고, 사회현상과 관련된 태도 및 가치를 습득하고 행동의 증진을 가져오게 함으로써(Joyce, et al., 2000) 통찰력, 의사결정능력 및 문제해결능력, 상담 및 의사소통 기술 등의 증진을 길러주는 데 유용하다.

역할놀이를 통한 다문화교육의 효과는 다음과 같다.

첫째, 역할놀이는 자기중심적 사고에서 벗어나 조망수용능력의 발달을 가져온다. 역할놀이는 어떤 상황에 있어 자기중심적인 사고에서 벗어나 상대방의 관점이나 의도, 생각, 느낌을 파악할 수 있는 능력을 발달시킨다. 따라서 다문화교육을 위한 역할놀이는 타민족이나 문화에 대한 이해에 도움을 준다.

둘째, 역할놀이는 다양한 상황에서 경험할 수 있는 실제적인 갈등상황을 재현하므로, 이러한 경험을 통해 행동에 대한 성찰과 함께 바람직한 문제해결을 하는 데 필요한 능력을 키워준다. 그러므로 다문화사회에서 나타나는 다양한 갈등에 대한 해결책을 논의하고 고려하게 된다.

셋째, 역할놀이는 보통 두 명 이상의 학생들이 함께 활동하므로 이러한 집단활동을 통해 협력적 사고와 함께 공동체 의식을 향상시키는 데 도움을 준다. 이에 다양한 문화집단이 함께 공존하고 협력해 나갈 수 있는 방법을 알게 되고, 공동체 의식을 배양하는 데 도움을 준다.

넷째, 역할놀이에 참여한 학생들은 다른 문화나 집단에 대해 공감하게 됨으로써 편견이나 선입견을 감소시키고, 자신의 생각과 감정을 적절하게 표현하고, 다른 사람의 이야기를 잘 수용하는 기회를 경험함으로써 바람직한 의사소통능력의 증진을 가져온다.

6) 언어생활

언어생활영역에서는 단순히 다른 나라의 인사말을 알아보거나 글자를 소개하는 것이 다문화적 접근으로 인식되는 경향이 있다. 유아에게는 일상생활과 관련된 언어의 다양성과 유아문학이라는 적절한 통로를 사용하는 것이 적절하다. 예를 들어, '상황에 맞게 말하기'는 설날이나 생일에 다른 친구들과 주고받는 적절한 말을 생각해 보고 나누는 경험을 제공하고, 다양한 글자 모양을 감상하고 이를 활용한 조형활동을 제공함으로써 다양성과 문화 등을 경험해 보게 할 수 있다. '3. 이야기를 듣고 이해하기', '4. 동화, 동요, 동시 듣기', '14. 책에 관심 가지기', '15. 읽어 주는 글을 이해하기' 등은 유아 주변의 풍부한 문학작품을 활용하는 것이 적절하다. 특히 유아문학 작품들에는 다양한 문화나 반편견적인 요소, 정체성 형성, 평등성, 다양성 등을 담고 있는 작품들이 많다. 이러한 유아문학 작품은 유아의 일상생활에 필요한 기초적인 언어능력을 기르고, 바른 언어생활 습관과 태도를 기르게 할 수 있음과 동시에 유아에게 올바른 다문화적 인식과 태도를 기르는 데 효과적인 대안이 될 수 있다.

표 10-2 언어생활을 통한 다문화교육

구분	내용	지도방법(예)	내용요소
듣기	1. 말소리 듣기	• 여러 나라의 인사말 알아보기	문화/다양성
	2. 낱말과 문장을 듣고 이해하기	• '○○가 말하기를' 게임 하기	문화/협력
	3. 이야기를 듣고 이해하기	• '말더듬이 호도애' 듣기	평등성
듣기	4. 동화, 동요, 동시 듣기	• 여러 나라(지방)의 동물에 관한 노래 감상하고 부르기(예; 나비, 오리, 잠자리 등)	문화/다양성
	5. 바른 태도로 듣기	• 친구가 들려주는 이야기 듣기	평등성
말하기	6. 바르게 발음하여 말하기	• '녹음기' 게임 하기	문화/다양성
	7. 낱말과 문장을 말하기	• 친구들에게 자신을 소개하기	정체성 형성
	8. 경험, 생각, 느낌 말하기	• 여행 다녀온 이야기 들려주기	문화/다양성
	9. 상황에 맞게 말하기	• 설날이나 생일에 다른 친구들과 좋은 말(덕담) 나누기	문화/다양성
	10. 바른 태도로 말하기	• '오늘은 내가 친구들의 생각을 듣고 전해준답니다' 활동하기	협력
읽기 · 쓰기에 관심 가지기	11. 말과 글의 관계 알기	• 여러 나라의 '친구'라는 글자 알아보기	문화/다양성
	12. 글자에 관심 가지기	• 다양한 글자모양 감상하기	문화/다양성
	13. 쓰기에 관심 가지기	• 여러 가지 축하카드에 축하의 내용 그리거나 써 보기	문화/다양성
	14. 책에 관심 가지기	• 여러 가지 그림책 보기	문화/다양성
	15. 읽어 주는 글을 이해하기	• '피터의 의자' 동화 듣기	문화/정체성 형성

7) 탐구생활

탐구생활영역에서는 다양성을 탐구함으로써 유아 주변의 환경에 대하여 각자의 독특성을 인식함과 동시에 동질성도 확인해 보는 기회가 되도록 하는 것이 중요하다. '3. 자연현상에 대하여 알아보기'는 우리가 사는 곳과 다른 지역의 날씨를 알아보는 것보다는 유아들에게 흥미로운 '크리스마스'라는 시기를 제시하고, 이때 우리와 다른 날씨에서 크리스마스를 맞이하는 곳의 날씨와 풍습을 알아보는 접근이 더 적절할 것이다. 특히 수학적 탐구의 내용들은 자칫하면 수학적인 것만을 강조하는 흐름으로 일관될 수 있음을 조심해야 한다. 예를 들어, '6. 분류와 순서짓기'에서 여러 인종의 사람그림들을 분류하고 세어보는 등의 활동을 한다면 수학적인 분류는 이루어질 수 있으나, 다문화교육으로는 충분하지 않다. 적어도 주어진 상황의 맥락(몇 명이 함께 갈 수 있을까?) 등이 제공되어 자연스럽게 문제를 해결할 수 있는 장면이 도입되도록 하는 것이 바람직하다.

표 10-3 탐구생활을 통한 다문화교육

구분	내용	지도방법(예)	내용요소
과학적 탐구	1. 우리 몸에 대하여 알아보기	• 초상화 그리기	문화/정체성 형성
	2. 생물에 대하여 관심 가지기	• 좋아하는 동물 알아보기	다양성
	3. 자연현상에 대하여 알아보기	• 산타클로스가 여름에 오시는 곳 알아보기	다양성/문화
	4. 물체와 물질 탐색하기	• 여러 가지 빵 만드는 방법 알아보기	문화/다양성
	5. 도구와 기계에 관심 가지기	• 여러 가지 이동수단 알아보기	문화/다양성
수학적 탐구	6. 분류와 순서짓기	• 여러 가지 조각보 이어보기	문화
	7. 수의 기초 개념 이해하기	• 음식점 메뉴와 가격 조사하기	다양성
	8. 기초적인 측정과 관련된 경험하기	• 주차장 공간 재어보기	다양성/문화
	9. 시간에 대한 기초개념 알기	• 다른 유치원의 하루일과 순서 알아보기	다양성
	10. 공간과 도형의 기초개념 알기	• 다른 지역으로 가는 방법 알아보고 비교하기	문화/다양성
	11. 기초적인 통계와 관련된 경험하기	• 친구가 좋아하는 간식 조사하기	다양성
창의적 탐구	12. 주변 상황에 관심을 가지고 탐색하기	• 장애인을 위한 장소나 일 알아보기	평등성/다양성
	13. 다양하게 생각하기	• 여러 가지 운송수단 찾아보기	문화/다양성
	14. 독특하게 생각하기	• '만약 우리 유치원 선생님이 ~라면' 생각해보기	평등성/문화/다양성

8) 건강생활

건강생활영역에서 다문화적 요소를 제시할 때 단지 여러 나라, 지방의 다양한 운동을 소개하는 것은 '사신의 신체에 대한 긍정적인 인식과 함께 생활에 필요한 기초체력을 기르고, 건강하고 안전한 생활 습관을 가진다'는 목표와는 관계가 없는 활동이 되고 만다. 따라서 다문화적 요소와 방법이 건강생활영역의 목표에 효과적으로 접근하는데 사용되도록 하는 방향성이 필요하다. 즉, '3. 이동운동하기' 내용은 지역이나 나라마다 독특한 자연환경을 활용한 운동에 대하여 알아볼 수 있을 것이다. 예를 들면, 바다가 많은 곳에서의 수영, 산이 많은 곳의 등산, 평지인 지역에서는 조깅을 소개함으로써 자연을 활용한 다양한 건강증진 방법에 관심을 갖게 할 수 있다. 그리고 '12.

질병 예방하기'는 사람들이 질병에 대처하는 다양한 방법, 예를 들면 감기를 예방하기 위해서 '운동하기', '음식을 골고루 먹기', '손을 깨끗이 씻기' 등 사람들마다 건강을 유지하는데 필요한 생활습관이나 방법을 알아봄으로써 동기화되도록 할 수 있다.

표 10-4 건강생활을 통한 다문화교육

구 분	내용	지도방법(예)	내용요소
감각 및 신체인식	1. 감각기관 활용하기	• 신체 모든 기관의 중요성 알기	평등성
	2. 신체를 인식하고 움직이기	• 다양한 피부색 알아보기(여러 나라 사람 본뜨기)	평등성/다양성
기본운동 능력	3. 이동 운동하기	• 환경을 활용한 운동 알아보기	다양성/문화
	4. 비이동 운동하기	• 각 나라의 요가 해보기(인도, 중국)	문화/다양성
	5. 조작 운동하기	• 세계 여러 나라 사람들의 손 운동 기구 알아보기	문화/다양성
	6. 신체활동에 참여하기	• 여러 지역의 다양한 놀이 알고 참여하기	문화/다양성
건강	7. 몸을 깨끗이 하기	• 여러 피부 색깔의 인형 씻어 보기	평등성
	8. 주변을 깨끗이 하기	• 각기 다른 조건을 알고 실천하기(방, 운동장, 교실 등 청소하는 방법이 다름)	문화/다양성
	9. 적절하게 옷 입기	• 남녀노소의 다양한 옷 입혀보기	평등성
	10. 바른 식생활 하기	• 세계 여러 나라의 주식 알아보기	문화/다양성
	11. 적절히 휴식하기	• 여러 사람들의 휴식 방법 알아보기	문화/다양성
	12. 질병 예방하기	• 사람들이 질병에 대체하는 방법 알아보기	문화/평등성/다양성
	13. 즐겁게 생활하기	• 여러 가지 유머 알아보기	문화/다양성
안전	14. 안전하게 놀이하기	• 다양한 놀이방법과 규칙 알아보기	문화/다양성
	15. 교통안전 규칙지키기	• 다양한 교통 표지판 알아보기	문화/다양성
	16. 위험한 상황을 알고 대처하기	• 주변의 위험한 곳 알아보기	다양성
	17. 환경 오염이나 재해에 대비하기	• 다양한 재해와 대피방법 알아보기	다양성

9) 사회생활

다문화를 사회생활영역과 연관지을 때 흔히 세계 여러 나라 사람들의 생활과 풍습 등에 대해 둘러보는 관광주의식 접근으로 흐르는 경향이 있다. 예를 들면, '10. 공공규칙을 이해하고 지키기' 내용은 세계 여러 나라의 공공규칙을 알아봐야 할 것 같은 착각을 하게 된다. 그러나 유아는 나의 유치원과 다른 유치원 또는 주변 기관의 규칙을 알아봄으로써 다양성을 접할 기회가 얼마든지 있다. 또한 '6. 자신의 일을 계획하고 실천하기'는 유아 자신의 하루계획을 순서대로 계획해 보기, 시간대별로 조직화 해보기, 가장 중요한 일부터 순서 지어 보기 등 다양한 방법으로 일과를 조망해 보는 과정을 통하여 개인생활을 효율적으로 영위할 수 있는 기초능력을 발달시킴과 동시에 자기 정체성을 하게 된다.

표 10-5 사회생활을 통한 다문화교육

구분	내용	지도방법(예)	내용요소
기본생활 습관	1. 예절바르게 생활하기	• 여러 가지 인사방법 알아보기	문화/다양성
	2. 질서 지켜 생활하기	• 상황과 장소에 따른 질서 알아보기	다양성
	3. 아껴서 생활하기	• 다양한 재활용 방법 알아보기	문화
개인생활	4. 나에 대해 긍정적으로 생각하기	• 나의 단점이 장점이 될 수 있는 일 찾아보기	정체성 형성
	5. 감정과 욕구 조절하기	• 여러 사람의 화 다루는 사례 알아보기	다양성/문화
	6. 자기 일을 계획하고 실천하기	• 자신의 하루계획을 다양한 표현형태로 바꾸어 보기	다양성
가정생활	7. 가족과 화목하게 지내기	• 다양한 가족구성원 알아보기	평등성
	8. 가족과 협력하기	• 가족을 위해 내가 할 수 있는 일 알아보기	협력
집단생활	9. 다른 사람을 이해하고 존중하기	• 다양한 사람들의 삶에 관한 이야기 듣기	다양성/평등성/문화
	10. 공공규칙을 이해하고 지키기	• 우리 유치원과 다른 여러 유치원의 규칙 알아보기	다양성
	11. 두레의 소중함을 알고 협력하기	• 친구들과 함께 꾸며보기	협력
사회 현상과 환경	12. 주변지역에 관심 가지기	• 주변의 기관, 교통, 이동 방법 알아보기	지역문화의 정체성
	13. 직업에 관심 가지기	• 다양한 직업 알아보기	평등성
	14. 경제 생활에 관심 가지기	• 물건 선택하는 방법 알아보기	평등성
	15. 환경 보전에 관심 가지기	• 여러 나라와 지방의 깨끗하고 아름다운 자연환경 접하기(사진, 그림)	문화/다양성
	16. 우리나라의 상징과 전통에 관심 가지기	• 상징물, 풍습, 민속놀이에 대한 친밀감 갖기	정체성 형성
	17. 통일에 관심 가지기	• 북한과 같고 다른 점 이해하기	평등성/협력
	18. 세계 여러 나라와 문화에 관심 가지기	• 다른 나라의 풍습, 생활에 대한 친밀감 갖기	문화/평등성/다양성
	19. 정보 자료에 관심 가지기	• 필요한 정보자료 찾고 공유하기	협력

10) 표현생활

자연과 사물의 예술적 요소를 접하게 할 때 여러 나라의 예술을 장황하게 소개하는 것으로만 그치는 경우가 많다. 유아들은 주변의 상황 속에서 다양한 방법으로 탐색, 표현, 감상의 기회가 주어질 수 있다. 강아지의 다양한 몸 움직임을 살펴보고 흉내 내어 보거나, 다른 친구들의 작품을 감상하는 것으로도 다양성을 접할 수 있으며, 다른 문화를 반영하거나 반편견적인 동화를 듣고 동극으로 표현해 봄으로써 다른 문화에 대한 올바른 인식과 편견을 배제하는 동기를 불러일으킬 수 있는 것이다.

표 10-6 표현생활을 통한 다문화교육

구분	내용	지도방법(예)	내용요소
탐색	1. 소리 탐색하기	• 여러 가지 종소리 들어보기	문화/다양성
	2. 형태 탐색하기	• 도요지 견학하기	문화/다양성
	3. 움직임 탐색하기	• 강아지의 움직임 살펴보고 몸으로 표현하기	다양성
표현	4. 여러 가지 소리 만들기	• 목소리 연주 감상하기	협력/다양성
	5. 노래 부르기	• 여러 나라(지방)의 자장가 감상하기	문화/다양성
	6. 리듬 악기 다루기	• 여러 나라의 전통 리듬악기 알아보기	문화/다양성
	7. 그림 그리기	• 여러 가지 방법으로 그려보기	문화/다양성
	8. 만들기와 꾸미기	• 콜라주 만들어보기	다양성
	9. 동작으로 표현하기	• 여러 나라의 민속춤 감상하기	평등성/문화
	10. 통합적으로 표현하기	• 동극 공연 준비하고 발표하기	평등성/협력
	11. 극놀이로 표현하기	• 가 보고 싶은 곳 꾸미고 역할놀이하기	문화/정체성 형성
감상	12. 음악 감상하기	• '피터와 늑대' 감상하기	문화
	13. 자연과 사물 및 조형 작품 감상하기	• 자연환경에 따른 여러 지역의 모습(자연, 집 등) 감상하기	문화/평등성/다양성
	14. 춤 감상하기	• 축제에 추는 춤 감상하기	문화/평등성/다양성
	15. 극놀이 감상하기	• 여러 나라의 인형극 감상하기	문화
	16. 예술적 표현 존중하기	• 다른 유치원 친구들의 작품 감상하기	평등성/다양성
	17. 전통 예술에 친숙하기	• 옛날 그림 감상하기	문화/정체성 형성

11
CHAPTER

평생교육의 이해

미래사회는 쉽게 예측하기 어렵고 위험의 요소가 편재되어 있는 불확실한 사회로서 사회의 각 부분 간 또는 부분 내의 분화가 심한 동시에 다양한 기회가 열려 있는 복잡한 사회로서 초고령화 사회가 빠른 속도로 진행되어 가고 있으며, 세계화의 가속화, 고용구조의 변화 또한 요구하고 있다. 이러한 변화의 사회에 새로운 무엇인가의 필요성이 대두되고 있다. 현재 변화하는 사회에 적극적으로 대처하는 방법의 하나로 평생교육이 각광을 받고 있다고 할 수 있으며, 우리나라의 경우 국민들의 교육수준이 높아짐에 따라 자아실현이나 삶의 질 향상에 대한 기대가 증가하면서 평생교육의 중요성이 더욱 강조되고 있다. 이 장에서는 평생교육의 개념과 이념, 필요성과 특성, 그리고 평생교육의 내용과 영역에 대해 살펴보고, 마지막으로 우리나라의 평생교육 제도에 대해 살펴보고자 한다.

1 평생교육의 개념

평생교육이란 가르치는 제도로부터 배우도록 만드는 제도로의 패러다임의 전환이다. 말 그대로 평생에 걸쳐서 행해지는 교육을 의미하는 것으로 연령과 사회의 한계를 벗어난 일생을 통해 배우는 것을 의미한다. 평생교육의 용어는 불어의 영구교육(education permanate)에서 시작되어 영어로는 평생교육(lifelong education)으로 일본에서는 생애교육이라 하며, 성인교육, 사회교육, 학습사회, 학습도시, 인적자원개발 등으로 다양하게 불리고 있다. 평생교육의 개념에 대한 여러 학자들의 정의를 살펴보면 나음과 같다.

평생교육의 창시자라고 불리는 랭그랑(P. Lengrand, 1970)은 평생교육(lifelong education)은 "개인이 출생에서부터 죽을 때까지 전 생애에 걸친 교육과 개인 및 사회 전체 교육의 통합"으로 보았다. 또한 그는 유네스코(UNESCO)회의에서 교육의 모든 과정을 활성화하는 원리로서 인간의 통합적 성장에 초점을 두고 각 단계에서 학습을 통해 잘 조화되게 하여 인간의 갈등을 해소하도록 도와주는 노력이라고 하였다. 그리고 우리나라 평생교육은 1973년 8월 유네스코 한국위원회가 '평생교육 발전 세미나'를 개최하여 평생교육의 방향과 전략에 대하여 협의한 것이 출발점이다(한방교·윤길근, 2007). 평생교육의 1세대라고 할 수 있는 김종서는 평생교육을 삶의 질 향상의 이념 실현을 위하여 태아에서 무덤에 이르기까지의 교육의 수직적 통합과 가정교육, 사회교육, 학교교육의 수평적 통합을 통한 학습사회를 건설함으로써 최대한의 자아실현과 사회발전 능력의 함양을 목적으로 하는 것이라고 말하고 있다(김종서 외, 2000). 데이브(Dave, 1976)는 평생교육을 개인적·사회적 삶의 질을 지속적으로 향상시키기 위하여 평생 동안에 걸쳐 이루어지는 모든 형태의 형식적·비형식적 학습활동이라고 하였다. 그리고 유네스코(UNESCO)는 평생교육이란 평생을 통해 이루어지는 계속적인 교육을 의미하며, 일정한 나이에 해당하는 사람들을 대상으로 하는 학교교육과 학교교육 이외의 모든 교육자원을 효율적으로 활용하여 교육능력을 극대화시키고자 하는 종합적인 노력이라고 하였다(김한별, 2010).

평생교육은 자신의 자아실현과 만족을 위한 자기주도적 학습인 '평생학습'과 유사한 개념으로 쓰이기도 하지만, 정확한 의미는 이런 평생학습이 이루어질 수 있도록 학습의 과정과 환경 등을 체계적으로 수립한 일반 교육과정 및 체계라 할 수 있다. 즉, 평생교육의 목적은 삶의 과정에서 이루어지는 '평생학습'을 가능하게 하는 것이라고 볼 수 있다. 인간의 삶의 질을 개선하기 위해 교육권을 실질적으로 보장해 주기 위한 교육이면으로 유아교육·청소년교육·성인교육·노인교육 등 발달단계에 따른 교육활동의 수직적 통합과 가정교육·학교교육·사회교육 등으로 각기 다르게 전개되는 형식·비형식·무형식적인 교육활동의 수평적 통합을 통하여 '삶이 곧 교육'인 '학습사회'를 건설하고자 하는 모든 형태의 교육활동이다. 또한 평생교육은 크게 협의적 측면과 광의적 측면에서 정의할 수 있다. 협의적 측면에서 평생교육이라 함은 교육대상을 분류 준거로 하여 성인만을 대상으로 하는 모든 형태의 교육활동을 말하며, 광의적 측면에서 평생교육이란 학교교육을 포함하여 모든 이를 위한 그리고 교육기회의 균등화를 위해 그들이 일생 동안 학습활동을 전개해 나가도록 돕는 행위를 의미한다. 즉, 언제, 어디서나, 누구나, 원하는 학습활동에 참여하여 지식을 축적하고 능력을 신장시켜 개인적 성장·발달과 사회적 능력을 새롭게 변화시켜 나가는 총체적 교육활동으로 정의할 수 있다.

이와 같이 평생교육이란 사람들이 태어나서 죽을 때까지 끊임없이 배우고 익히는 학습활동이며, 가정, 학교, 직장, 사회 등 사람이 속해 있는 모든 영역에서 학습활동이 이루어지는 통합적인 교육으로서 모든 교육과 학습활동을 포괄하는 광의적 개념이라고 할 수 있다.

2 평생교육의 이념

평생교육의 이념은 인간 개개인의 삶의 질 향상과 인격고양 및 현대인으로서 추구해야 할 시대정신을 향유할 수 있도록 만들어 주기 위한 계속적인 교육활동을 의미한다. 또한 인간의 무한한 지식 및 가치 추구에 대한 욕구 그리고 이러한 욕구 충족을 위하여 학습에 몰두한 결과 나타나는 급속한 사회의 변화에 대처해 나가기 위한 방향의 제시이다. 즉, 지식의 폭발적 증가, 탈산업화, 정보화, 전문화 및 기계공학, 물질문명 등의 발달로 인한 사회 부조리와 모순구조 그리고 인간 생명의 위협 등 새로운 많은 문제가 폭발적으로 양산됨에 따라 이들 문제들을 인본주의적 차원에서 통제하고 해결하기 위한 현대인들의 교육적 대안이다.

미래의 교육활동은 더 이상 평등한 교육, 즉 교육의 대중화·보편화 체제를 통해 누구에게나 그들이 원하는 교육이 다양한 교육적 접근방식을 통해 다양한 형태로 제공될 수 있는 통합적 교육체제로서 평생교육이 전개되어야 한다(Jarvis, 1985). 특히 기존의 학교교육제도가 안고 있는 폐쇄성과 경직성을 극복하고 각 교육체제 간의 상호 유기적·탄력적 연계성과 개방성을 확대시켜 보다 융통성 있고 다양한 체제로의 교육활동이 변화해 나가야 한다.

최근 우리나라의 교육개혁이 표방하는 평생교육의 이념도 누구나, 언제, 어디서나 개인이 원하는 교육을 받을 수 있도록 다양한 학습을 제공하는 것이다. 따라서 누구나 원하는 교육을 받을 수 있는 활짝 열려진 '열린교육사회·평생학습사회' 건설을 지향하고 있다. 이를 위한 평생학습체제의 구축은 누구에게나 개방되고, 그래서 국민 모두가 참여할 수 있는 교육이 이루어질 수 있어야 한다.

궁극적으로 평생교육의 이념은 국민들의 삶의 질적 개선과 인격함양 그리고 급변하는 현대사회에 능동적으로 대응할 수 있는 시대정신의 함유를 위하여 기존체제를 수직적·수평적으로 통합해 나가는 지도이념이다. 따라서 누구나, 언제, 어디서나 원하는 교육을 받을 수 있는 다양하고 열려 있는 학습체제를 구축하는 것이며, 또한 이를 통한 학습결과를 사회적으로 공인받을 수 있는 제도적 장치를 지속적으로 만들어 가는 사회적 기제인 것이다. 그러므로 모든 국민이 자아실현을 극대화할 수 있는 열린교육사회를 만들어 갈 수 있으며, 나아가 정보화 및 지식기반 사회에 능동적으로 대처해 나갈 수 있는 창의적이고 창조적인 신지식인으로 모든 국민의 자질을 향상시켜 나갈 수 있을 것이다. 우리나라 평생교육법에서 평생교육이념은 다음과 같다(「평생교육법」 제1장 제4조).

① 모든 국민은 평생교육의 기회를 균등하게 보장받는다.
② 평생교육은 학습자의 자유로운 참여와 자발적인 학습을 기초로 이루어져야 한다.
③ 평생교육은 정치적·개인적 편견의 선전을 위한 방편으로 이용되어서는 아니 된다.
④ 일정한 평생교육과정을 이수한 자에게는 그에 상응하는 자격 및 학력인정 등 사회적 대우를 부여하여야 한다.

3 평생교육의 필요성

현대사회는 산업사회에서 정보사회, 지식기반사회를 거쳐 제4차 산업혁명의 시대를 맞이하면서 인간의 평균수명 또한 상당기간 늘어나고 있다. 평생교육은 이러한 사회의 급격한 변화에 대한 적응과 삶의 질 향상 등에서 이해할 수 있어야 하며, 산업사회, 정보사회, 지식기반사회, 지식정보사회의 전환 속에서 야기된 새로운 변화에 적응하기 위한 노력과 인간 자신의 삶에 대한 질적 향상을 위한 수단으로 평생교육의 필요성이 제기되고 있다(Pata, 2004).

사회의 변화는 새로운 도전을 파생하고, 그러한 위기와 관련된 도전이 결국 교육의 필요성을 강조한다고 말할 수 있다(Fryer, 1997). 지식기반사회 및 지식정보사회에 따른 변화와 관련한 여러 연구자들(성태제 외, 2000; 허혜경·김혜수, 2012)의 제안에 따른 평생교육의 필요성은 다음과 같이 제기할 수 있다.

1) 세계화와 정보사회의 도래

지식과 정보가 증가하고, 고도산업사회가 성숙되고, 교통수단의 발달 등으로 인한 정보화사회, 지식기반사회를 거쳐 지식정보사회의 도래는 지식에 기반을 둔 경제사회를 만들었으며, 이러한 사회는 세계화 범주 안에서 이해될 수 있다. 지식기반사회 및 지식정보사회는 기존의 세계화 경향을 더욱 가속시키며, 동시에 새로운 통신, 교통, 경제의 상호의존성의 결과인 세계화는 지식발전의 중요한 요소로 작용하고 있다. 세계화는 단순히 경제적인 측면에서 강조되는 것이 아니라 문화, 이념, 종교, 스포츠 등과도 매우 관련이 깊다고 볼 수 있다. 또한 지식의 창출, 저장, 이용, 공유와 같은 여러 활동에 있어서 가장 중요한 도구의 역할을 한다. 그러므로 가치 있는 지식을 생산하고 가공하여 효과적으로 이용함에 있어 정보기술의 숙련도는 필수적이다. 정보기술은 과거 어느 때보다 매우 빠른 속도로 발전하고 있으며, 지식기반사회 및 지식정보사회의 모든 시스템, 제도, 행정, 문화, 교육 등에 영향을 주고 있다. 지구촌이 갈수록 좁아지는 상황에서 개인과 국가 모두 세계화에 동참할 수 있는 개인의 가치관과 모든 생활양식이 변화에 적응하는 태도와 능력이 요구된다.

2) 경제발전에 따른 산업구조의 변화

글로벌 시대는 해를 거듭할수록 국가 간 경쟁이 심화되고 자유무역 시장경제체제로 인하여 산업구조가 개편되고, 고용구조 또한 변화하고 있다. 과거보다는 더 많은 여성, 노령인력, 비정규 고용 인력에 대한 수요가 지속적으로 증가하고 있으며, 이러한 인력들이 산업현장에서 차별 없이 일을 할 수 있도록 다양한 기술과 지식의 지원이 필요하다. 또한 정보화와 자동화에 기반을 둔 작업으로 급속히 변하고 있는 일의 형태도 작업이나 자재 중심에서 인간중심의 경영 또는 지식경영에 기반을 둠으로써 새로운 형태의 업무나 작업을 수행할 수밖에 없다. 앞으로 사회의 급속한 변화와 함께 개인의 취향이나 생활양식의 변화로 인하여 기존에 인기 있고, 많은 사람이 선호하는 직업의 종류들이 사라지고 새로운 직업의 종류들이 인기를 얻는 등 직업의 생명은 현저히 짧아지고 있는 추세이다. 이러한 변화에 능동적으로 대처할 수 있는 지식인들이 더 많이 일자리의 기회를 얻을 수 있게 될 것이다.

3) 평균수명 연장과 여가시간의 증대

고도의 전문적인 산업과 의료기술의 발달로 인간의 정년이 빨라지고 수명이 연장되며, 여가시간 또한 많아져서 다양한 여가활동을 위한 프로그램의 필요와 함께, 노후를 준비하는 교육과 노인들을 대상으로 하는 노인교육의 필요성이 점차적으로 증대되고 있으나, 산업사회가 고도로 발달되면서 인간이 해야 할 많은 일들이 기계나 새롭게 개발된 제도, 기술에 의하여 대치되고 있어, 이에 필요한 교양교육, 취미, 오락 등의 교육이 필요하다. 노후준비 교육내용으로 네 가지 고통인 병고, 생활고, 역할 상실고, 고독고에 대한 해소방안이 평생교육의 과제로 부각되고 있다. 따라서 노인들이 계속적으로 일을 할 수 있는 조건을 갖추고, 변화하는 사회에 능동적으로 대처하여 지속적으로 직업을 가지고 일을 할 수 있도록 교육의 기회를 제공해야 할 필요가 있다.

4) 지식의 생산과 환경의 문제

지식의 생산과 사용으로 인해 세계적으로 급속한 경제성장과 인구 증가로 인하여 예기치 않았던 환경문제를 야기하게 되었다. 기존의 산업사회에서부터 정보사회 그리고 최근의 지식기반 및 지식정보사회로 오면서 환경문제는 더욱 심각해지고 있다. 도시화, 산업화, 자동화, 대량화, 자본화 등으로 인한 환경파괴는 지식기반사회에서 아직까지 사회적 이슈로 작용하고 있다. 이러한 사회적 변화는 인간의 개성이나 존엄성보다는 이익추구에 혈안이 되고 상대방과 더불어 사는 사회보다는 개인을 우선시하는 이기적인 사회로 변하고 있다. 따라서 사회변화로부터 발생되는 사회병리와 기존에 없었던 새로운 가치의 등장, 환경적 변화에 대처하기 위한 지속적이고 꾸준한 문화적 이해와 사회적 질서가 요구되고 있다.

5) 자아실현과 삶의 질 향상추구

지식기반사회는 어느 정도 경제성장을 이룩한 국가에서 나타날 수 있는 사회이며, 인간의 기본권이나 생리적인 욕구가 충족되는 나라에서나 가능하다. 또한 지식기반경제사회를 의미할 정도로 경제적인 측면에 많은 초점을 맞추어 해석되는 것이 사실이지만, 인간의 욕구는 다양하게 계층적 구조를 이루고 있기 때문에 경제적인 활동으로 경제적 가치를 성취하는 것만이 최우선의 과제는 아니다. 따라서 인간은 자신의 삶을 영위하기 위한 기본적인 욕구가 충족되면, 자신의 삶의 질이 향상되기를 바라게 되므로 자아실현을 위한 교육이 필요하게 된다.

6) 새로운 사회생활양식의 변화

지식과 정보의 증가, 고도산업사회의 성숙, 교통수단의 발달로 인한 심각한 인구이동, 매스컴에 의한 정보전달 및 교환의 속도가 빨라짐에 따라 사회가 급격하게 변화하고 있고, 인간의 가치관 및 생활양식 또한 변하고 있다. 특히 생활양식의 계속적 변화는 공식적이고 제한된 학교교육만을 통해서 해결되는 것은 아니라 평생을 살아가면서 적용해야 하기 때문에 이에 대한 지속적인 학습이 필요할 것이다. 하임스트라(Hiemstra, 2002)는 많은 사람에게 영향을 미치고 있는 생활양식의 변화와 문화가치의 향상이 평생교육의 필요성을 강조하는 계기가 된다고 주장하였다.

7) 교육수준의 질적 향상과 평생교육권의 보장

21세기는 초·중등의 의무교육화가 되어가고 있는 추세이다. 제2차 세계대전 직후에는 중등교육의 대중화 현상이 나타나고, 20세기 후반부터는 고등교육의 대중화 현상이 나타나기 시작하여 고등교육의 인구가 급진적으로 증가함에 따라, 고등교육의 기회는 학교교육만으로는 충족시킬 수 없으며, 다양한 교육의 기회가 융통성 있게 모든 사람들에게 개방되어야 할 것이다. 이와 같이 학교교육의 한계를 극복하기 위한 방안으로 평생교육의 개념이 보급됨에 따라 모든 사람에게 인종, 종교, 성, 연령 등의 차별이 없는 민주주의 이념의 실현과 교육의 기회가 평생 동안 보장될 수 있도록 다양한 교육이 펼쳐져야 할 것이다.

이와 같이 현대사회의 변화는 과거와는 다른 지식기반사회에서의 새로운 도전과 기존의 공교육이나 형식교육의 체제로부터 무엇인가 다른 새로운 교육체제를 요구하는 비형식교육이나 학교 밖의 교육 등 다양한 교육이 펼쳐지는 평생교육의 중요성이 더욱 강조되고 있다.

4 평생교육의 특성

평생교육은 취학 전 유아나 학교에 재학 중인 아동과 청소년은 물론 모든 사람을 학습대상자로 한다. 유네스코에서는 평생교육을 성인계속교육(adult & continuing education)이라 하면서 정규학교에 다니지 않는 근로청소년 및 성인들의 이익과 그들의 욕구 충족을 위하여 조직적으로 교육 프로그램을 제공하는 교육활동이며, 전통적인 학교교육과는 다른 특성을 지닌다고 한다(UNESCO, 1985). 따라서 평생교육은 모든 이를 위한 교육활동이라는 것을 인식하고 그 특성은 다음과 같다.

1) 학습참여에 있어서의 자발성

평생교육은 학교교육과는 달리 강제성과 의무성이 없는 학습자들의 자발적 참여에 의하여 실행되는 무형식적 또는 비형식적 학습활동이다. 학습목표의 설정, 학습내용 및 방법의 선정, 학습시간의 선택 등에 있어서도 학습자의 의견이 적극 반영되어야 한다.

2) 자기주도적 학습

학습대상자인 성인들은 스스로 자신의 학습요구 진단, 학습목표 설정, 자원선정 및 학습전략을 구상하며 학습 성취도를 평가한다. 이러한 과정에 있어서 다른 사람의 도움을 받거나 통제로부터 독립하려 하고, 학습과정 전체에 있어서 자신이 주도권을 가지며, 학습의 의미 이해나 학습목표 결정 그리고 학습 성취도 평가에 있어서 자율적이다.

3) 학습자중심의 수평적 관계 학습

평생교육은 교수자와 학습자의 관계가 수직적 주종관계가 아닌 수평적 대등한 관계로서, 교수자는 학습자에게 지식을 주입 전달해 주는 교사 역할이 아니라, 학습자들이 스스로 학습해 나갈 수 있도록 학습 조력자 및 촉진자로서의 역할을 수행하는 것이다. 즉, 학습 분위기 조성과 학습안내 그리고 학습자의 의식각성과 고양을 촉진시켜 주면서 상호간에 친구처럼 가까운 비형식적 관계이어야 한다. 그리고 교수자는 교사의 입장보다는 학습자원으로서 간주되어야 한다. 때로는 학습자의 축적된 경험이 학습내용으로 또는 학습자원으로 활용될 수 있으므로 학습자가 교수자의 역할도 수행하게 된다.

4) 교수-학습활동 체제의 다양성

평생교육은 성인들이 주된 대상이고, 성인들을 위한 비형식적 교육활동으로 성인의 연령, 신분, 거주지, 직업, 지위, 성 등에 관계없이 누구나 원하면 참여가 가능하다. 교육내용에 있어서도 특정 계층만을 위한 교육활동이 아니기 때문에 다양한 학습대상자들의 교육욕구 충족을 위한 다양한 교육프로그램이 제공되는 다양한 교육과정 형태에 의한 교육활동이다. 또한 학습방법과 지도자 선택에 있어서도 학습자중심의 다양성이 중시되어야 한다.

5) 교육 프로그램의 내용과 기대효과의 실제지향성

일반적으로 학교교육 내용은 미래지향적 측면에서 표준화된 교과과정 중심으로 제공되지만, 평생교육은 그 대상이 성인들이기 때문에 그들의 일상생활, 직업, 여가, 취미 등에 적합한 내용으로 구성되어야 하고, 성인들의 현실적 문제들을 즉시 해결해 줄 수 있는 다양한 경험과 지식을 축적해 나갈 수 있어야 한다. 또한 성인들의 학습참여 동기나 학습목표는 그들의 실제생활에 적용 가능한 현실성과 즉시성으로 활용 가능한 실용 지향적 특성을 지녀야 한다.

6) 교육구조 내의 이동과 선택의 융통성

모든 교육제도는 학습자로 하여금 주어진 범위 안에서 종적으로나 횡적으로 움직일 수 있는 여유를 가질 수 있고 선택의 범위가 넓다. 그리고 개인들은 형식적인 기준에 의해서 방해됨 없이 그들의 목표를 달성할 수 있는 길이 열려 있다. 특히 성인을 주 대상으로 이루어지는 평생교육은 학습자중심의 교육활동이다. 학습자로서의 성인들은 생활양식이 다양하며 생활구조 역시 복잡하다. 따라서 성인 학습자의 입장에서 그들의 주어진 상황이나 환경에 따라 다양한 학습방법, 학습장소, 학습기간, 학습시간 등이 조정·선택 가능한 융통성이 발휘되어야 하며, 교육내용에 따라서도 적합한 교수자가 선택될 수 있어야 한다.

7) 지역사회의 모든 자원을 활용하는 통합성

학습자들은 그들이 거주하는 지역의 다양한 교육시설이나 기관을 활용하여 학습할 수 있다. 적은 경비와 시간을 활용하여 그들이 원하는 학습기관이나 시설을 선택하여 학습할 수 있도록 지역사회 내의 다양한 물적 자원을 활용할 수 있는 제도와 정책이 요구되는 것도 하나의 평생교육 특성이라 할 수 있다.

5 평생교육의 내용

평생교육은 인간이 전 생애에 걸쳐 받는 모든 교육을 포함하므로 그 내용과 영역은 광범위하고 다양하다. 대상은 어린이에서 노인에 이르기까지 다양하고, 학력의 수준 또한 초등교육에서 고등교육에 이르기까지 다양하며, 내용도 교양교육에서 전문교육에 이르기까지 광범위하다. 따라서 평생교육 내용구성에는 다양한 학습자의 교육요구가 반영되어야 하고 광범위한 교육 내용에 대해서 고려해야 한다. 그러나 다양한 형태의 평생교육도 대체적으로 과학, 예술, 윤리도덕, 직업, 오락 등 사회생활 전반에 걸친 문제를 다룬다는 점에서는 공통점을 지닌다. 그러므로 평생교육에 참여하고자 하는 학습자들의 요구와 흥미, 평생교육을 지원하는 조직과 기관의 요구와 흥미, 지역사회의 요구와 흥미 등이 고려되어야 한다. 평생교육의 내용은 학자에 따라 분류하는 방식이 조금씩 다르다. 여기서는 UNESCO에서 제시한 평생교육의 내용을 제시한다.

■ UNESCO의 분류

- 시민적·정치적 직업단체와 산학협동 교육을 통해 독립성과 비판력을 길러, 자신이 속한 단체의 의사결정이나 사회업무 관리에 적극적으로 참여하여 생활을 변화시킬 수 있도록 한다.
- 직업기술교육을 통해 직업의 지속적인 변화, 영역, 직업생활 등에 대한

비판적 시각을 갖도록 한다.

- 문화발전 및 예술활동에 대한 이해를 제고하고, 개개인의 예술적 표현 능력을 길러 예술적 활동에 참여할 수 있도록 한다.
- 평생교육은 성, 인종, 출신지역, 문화, 연령, 사회적 지위, 경험, 학력 등 어떤 요소에 의해서도 제한되지 않아야 한다.
- 여성을 위한 평생교육은 사회에 기여하는 집단세력이 될 수 있도록 자주적 의사결정중심의 여성운동과 통합하여 다음의 네 가지를 중심으로 실시한다. 첫째, 사회에서 남녀평등의 조건 정립, 둘째, 사회에 편재하는 성적인 선입견 탈피, 셋째, 여성의 시민적·직업적·심리적·문화적·경제적 자율성, 넷째, 여성의 사회적 지위, 여성운동 등
- 농촌 주민을 위한 평생교육은 생활수준의 향상을 목적으로 하고, 특히 개인 간 집단 간의 고립을 해소하고, 주민 모두가 새로운 생활방법에 익숙하도록 하는 것에 초점을 맞춘다.
- 성인문맹자를 위한 평생교육은 읽기, 계산, 자연현상에 대한 기초적 이해 등에 대한 교육과 함께 생산적 활동 참여와 자각, 건강 및 위생에 대한 이해, 가정관리, 자녀양육, 지역사회활동 참여 등에 관하여 실시한다.
- 자격을 취득하고자 하는 성인 또는 여러 가지 이유로 교육을 받지 못한 성인들을 대상으로 하는 평생교육을 제공한다.
- 신체 및 정신 장애자를 위한 평생교육은 장애 극복을 위한 지식과 기능, 사회생활 및 직업생활을 위한 전문적 기술에 관한 교육활동으로 구성한다.
- 학교를 졸업하고도 직업을 갖지 못한 성인을 대상으로 하는 평생교육은 취업에 적합한 전문적 자질을 갖추도록 하는 교육활동으로 구성한다.
- 노인 대상의 평생교육은 현대의 제 문제와 젊은 세대에 대한 이해, 여가선용, 건강증진, 생활의 의미 발견, 정년퇴직에 따른 문제 등에 대해서 실시한다.

이와 같이 평생교육의 내용이 광범위하고 다양한 것처럼, 평생교육의 내용은 평생교육 학습자들의 교육요구가 평생교육 내용의 기반이 되기 때문에 시대적으로 민감하게 나타나게 된다.

6 평생교육의 영역

평생교육의 영역은 학자에 따라 다양하게 주장된다. 평생교육 학습자의 요구에 따른 평생교육의 영역을 살펴보면 다음과 같다. 1960년대 초 놀스(Knowles, 1960)는 성인을 위한 고등교육, 노인교육, 지역사회개발교육, 창조적 예술교육, 경제교육, 성인을 위한 기초교육과 문자교육, 공중건강교육, 가정 및 가족생활교육, 인간관계 및 지도자양성교육, 성인교양교육, 공공문제 교육, 레크리에이션교육, 과학교육, 직업교육의 열네 가지 영역을 제시하였다.

스미스(Smith, 1970)는 기초교육, 인간관계 교육, 가정생활교육, 사회적 공공책임교육, 직업·기술교육, 여성의 계속교육으로 구분하였고, 이석재(1990)는 인간의 발달단계에 따른 과업 및 성별에 따른 교육, 직업과 관련된 교육, 자기성장을 위한 기본교육, 여가선용을 위한 교육, 사회적응을 위한 교육, 교양교육으로 구분하였으며, 권건일과 김인아(1996)는 성인을 중심으로 한 평생교육의 내용을 문해 및 기초교육, 국민의식계발교육, 직업기술교육, 준학교 형태의 교육, 교양증진 및 여가선용교육의 다섯 개 영역으로 구분하였다.

첫째, 문해 교육 및 기초교육은 일상생활에 필요한 국어를 정확하게 사용할 수 있도록 하고 국민생활에 필요한 의식주, 직업 등에 기초적인 이해와 능력을 배양하기 위한 초등교육 수준의 교육을 실시하는 가장 기본적인 사회교육 영역이다.

둘째, 국민의식계발교육은 국가사회의 발전을 위하여 전체 구성원들로 하여금 그에 필요한 자질과 태도를 고양시키고 자발적·적극적인 참여를 유도하며, 구성원의 인식변화와 정신계도를 목적으로 하는 사회운동적 성격을 띤 사회교육 영역이다.

셋째, 직업기술교육은 실생활에 도움을 줄 수 있는 다양한 직업기술을 제공함으로써 개인의 사회적응 능력을 함양시켜 개인적 측면과 경제성장, 사회발전을 위해 양질의 인력을 확보해야 한다는 사회적 측면을 반영하는 사회교육 영역이다.

넷째, 준학교 교육은 개인적 사정, 기존 교육체제의 모순에서 발생하는 진학하지 못한 학습자와 직업에 종사하는 사람들을 대상으로 필요에 따라 학교과정에 준하는 교육과정을 자율적으로 선택하여 학교시설이나 그에 준하는 교육시설에서 단계별교육과정을 제공하는 교육이다.

다섯째, 교양증진 및 여가선용 교육은 사회교육시설과 사회교육활동을 통해서 건전한 여가생활과 국민들의 기초적 교양증진에 목적이 있는 평생교육 영역이다. 우리나라의 경우 교양증진 및 여가선용 교육은 주로 도서관, 마을문고, 청소년 단체, 대학의 사회교육원 및 평생교육원 등을 중심으로 실시되고 있으나, 교양증진과 여가선용의 개념이 불명확하게 자의적으로 사용되고 있다.

7 우리나라 평생교육의 주요 제도

평생교육에 대한 법적 규정인 「평생교육법」은 대한민국 「헌법」과 「교육기본법」에 규정된 평생교육의 진흥에 대한 국가 및 지방자치단체의 의무와 평생교육의 운영을 규정한 법률이다. 즉, 학교 밖 장면에서 벌어지는 다양한 학습경험에 대한 체계적인 지원을 위해서 국가 차원의 지원과 관리를 명시한 것이다.

1) 우리나라 평생교육의 행정체제

「평생교육법」 제5조는 우리나라 모든 국민에게 평생교육의 기회가 부여될 수 있도록 평생교육진흥정책을 수립하고 추진하는 책임을 국가 및 지방자치단체가 가진다는 점을 명시하고 있으며, 국가 및 지방자치단체는 소관단체, 시설, 사업장 등의 설치자가 평생교육을 적극적으로 실시할 수 있도록 권장할 책임을 가지게 된다. 관련법에 따라 평생교육진흥을 위해서 갖추고 있는 평생교육의 행정체제는 **그림 11-1**과 같이 중앙정부 수준, 광역자치단체 수준, 기초자치단체 수준으로 구분되며, 중앙정부차원에서 수립하는 평생교육진흥 기본계획의 큰 방향성과 기초자치단체 수준에서 이루어지는 구체적인 활동이 일관성을 가질 수 있도록 하고 있다. 또한 수준별로 평생교육신흥과 관련한 의사결정의 주체, 심의기구, 시행 주체의 설치를 명문화함으로써 평생교육정책의 결정과 실행이 체계적으로 연계될 수 있도록 하고 있다.

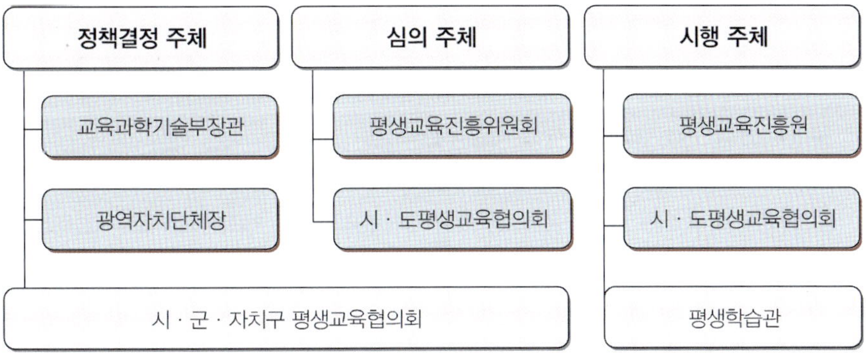

| 그림 11-1 | 평생교육진흥을 위한 행정체제

2) 평생교육사

평생교육사란 「평생교육법」에 따라 자격을 부여받아 평생교육의 기획·진행·분석·평가 및 교수업무 등 평생학습 관련 업무(학습자조사 및 환경 분석, 학습자원 간 네트워킹, 프로그램 및 기관 운영지원, 평가보고 및 성과분석, 계획수립 및 기획, 프로그램 개발, 교수학습, 상담·컨설팅, 행정경영, 학습참여활성화 등)의 전반을 담당하는 현장전문가이다. 평생교육사는 평생교육 전문 인력으로서 인가·등록·신고된 시설, 법인 또는 단체는 평생교육사를 1명 이상 배치하고, 시·군·구 평생학습관은 정규 직원이 20명을 넘을 경우에는 2명 이상을 배치하도록 되어 있다. 평생교육사 자격은 세 가지 등급으로 구분되어 있으며, 등급별 자격 기준은 **표 11-1**과 같다.

표 11-1 평생교육사 등급별 자격 기준

등급	자격기준
평생교육사 1급	평생교육사 2급 자격증을 취득한 후 교육과학기술부 장관이 정하는 평생교육과 관련된 업무(이하 '관련업무'라 한다)에 5년 이상 종사한 경력이 있는 자로서 진흥원이 운영하는 평생교육사 1급 승급과정을 이수한 자
평생교육사 2급	1. 「고등교육법」 제29조 및 제30조에 따른 대학원에서 교육과학기술부령으로 정하는 평생교육과 관련된 과목(이하 '관련과목'이라 한다) 중 필수과목을 15학점 이상 이수하고 석사 또는 박사학위를 취득한 자. 다만 「고등교육법」 제2조에 따른 학교(이하 '대학'이라 한다)에서 필수과목을 이수한 경우에는 선택과목으로 필수과목 학점을 대체할 수 있다. 2. 대학 또는 이와 같은 수준 이상의 학력을 인정할 수 있는 기관, 「학적인정 등에 관한 법률」에 따라 평가 인정을 받은 학습과정을 운영하는 교육·훈련 기관(이하 '학점은행기관'이라 한다)에서 관련 과목을 30학점 이상 이수하고 학위를 취득한 자 3. 대학을 졸업한 자 또는 이와 같은 수준 이상의 학력이 있다고 인정되는 자로서 다음 각목의 어느 하나에 해당하는 기관에서 관련 과목을 30학점 이상 이수한 자 가. 대학 또는 이와 같은 수준 이상의 학력을 인정할 수 있는 기관 나. 법 제25조 제1항에 따른 평생교육사 양성기관(이하 '지정양성기관'이라한다) 다. 학점은행기관 4. 평생교육사 3급 자격증을 보유하고 관련 업무에 3년 이상 종사한 경력이 있는 자로서 진흥원이나 지정 양성기관이 운영하는 평생교육사 2급 승급과정을 이수한 자
평생교육사 3급	1. 대학 또는 이와 같은 수준 이상의 학력을 인정할 수 있는 기관, 학점은행기관에서 관련 과목을 21학점 이상 이수하고 학위를 취득한 자 2. 대학을 졸업한 자 또는 이와 같은 수준 이상의 학력이 있다고 인정되는 자로서 다음 각목의 어느 하나에 해당하는 기관에서 관련 과목을 21학점 이상 이수한 자 가. 대학 또는 이와 같은 수준 이상의 학력을 인정할 수 있는 기관 나. 지정양성기관 다. 학점은행기관 3. 관련 업무에 2년 이상 종사한 경력이 있는 자로서 진흥원이나 지정 양성기관이 운영하는 평생교육사 3급 양성과정을 이수한 자 4. 관련 업무에서 1년 이상 종사한 경력이 있는 공무원 및 「초·중등교육법」 제2조 제2호부터 제6호까지의 학교 또는 학력 인정 평생교육시설의 교원으로서 진흥원이나 지정양성기관이 운영하는 평생교육사 3급 양성과정을 이수한 자

출처: 평생교육법 시행령[별표 1]

또한 평생교육사 자격을 취득하기 위해서는 「평생교육법」에서 인정하고 있는 기관에서 평생교육 관련 과목을 이수해야 하는데 **표 11-2**와 같다.

표 11-2 평생교육 관련 과목

과 정	구 분	과목
양성 과정	필수	평생교육론, 평생교육방법론, 평생교육경영론, 평생교육프로그램개발론
		평생교육실습(4주간)
	선택	아동교육론, 청소년교육론, 여성교육론, 노인교육론, 시민교육론, 문자해득교육론, 특수교육론, 성인학습 및 상담(1과목 이상 선택하여야 함)
		교육사회학, 교육공학, 교육복지론, 지역사회교육론, 문화예술교육론, 인적자원개발론, 직업·진로설계, 원격(e러닝, 사이버)교육론, 기업교육론, 환경교육론, 교수설계, 교육조사방법론, 상담심리학(1과목 이상 선택하여야 함)
		<비고> 1. 양성과정의 과목 명칭이 동일하지 아니 하더라도 교과의 내용이 동일하다는 평생교육진흥원장의 승인을 받은 경우 동일 과목으로 본다. 2. 필수과목은 평생교육실습을 포함하여 15학점 이상을 이수하여야 한다. 3. 과목당 학점은 3학점으로 하고 성적은 각 과목을 100점 만점으로 하여 평균 80점 이상이어야 하며, 평생교육실습 과목은 「평생교육법 시행령」 제69조 제2항에 따라 문자 해득교육 프로그램으로 지정받은 기관, 「평생교육법」 제19조부터 제21조까지의 규정에 해당하는 평생교육기관에서의 4주간 현장실습을 포함한 수업과정으로 구성한다.

출처: 평생교육법 시행규칙[별표 1]

3) 평생학습계좌제

평생학습계좌제는 「평생교육법」 제23조에 따라 국민의 다양한 학습경험을 온라인 학습계좌에 누적·관리하고 이를 학력·자격인정과 연계하거나 고용정보로 활용함으로써, 학습이수 결과에 대한 사회적 인정 및 활용 기반을 확대하기 위한 학습이력관리시스템 제도이다. 또한 「평생교육법」 제23조에는 '국가는 국민의 평생교육을 촉진하고 인적 자원의 개발 관리를 위하여 국민의 개인적 학습경험을 종합적으로 집중 관리하는 제도로서 학습계좌를 도입·운영할 수 있도록 노력할 것'을 규정하고 있다.

즉, 평생학습계좌제란 제도화된 형식교육 기회를 통한 학습경험뿐만 아니라 비형식적·무형식적 학습경험까지 동등하게 인정하려는 취지를 담고 있다. 따라서 한 개인의 학습계좌는 학습경험의 형식에 상관없이 우리의 일상생활 속에서 습득한 비형식적·무형식적 등 모든 형태의 학습경험을 개인이 학습계좌에 기록함으로써 자신이 어떠한 학습과정을 통해서 어떠한 능력을 갖추고 있는지 확인해 볼 수 있는 것이다. **그림 11-2**는 평생학습계좌제 등록 학습과정 평가인정 절차와 평생학습계좌제의 운영구조를 확인할 수 있다.

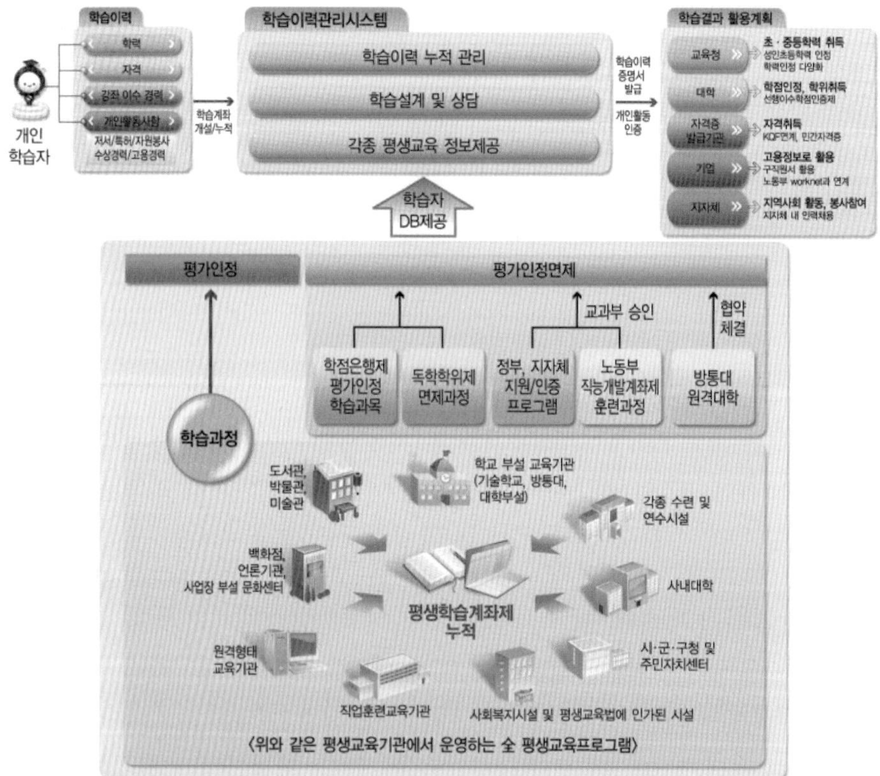

▌그림 11-2▐ 평생학습계좌제의 운영구조

출처: 평생학습계좌제 홈페이지.

4) 학점은행제

학점은행제는 「학점 인정 등에 관한 법률」에 의거하여 개인이 학교에서뿐만 아니라 학교 밖에서 이루어지는 다양한 형태의 학습과 자격을 학점으로 인정하고, 학점이 누적되어 일정 기준을 충족하면 전문대학 또는 대학교에 준하는 학위를 가능하게 함으로써 궁극적으로 열린 교육사회, 평생학습사회를 구현하기 위한 제도이다.

학점은행제를 통한 학위 취득과정은 교육과학기술부 장관이 수여하는 방식과 대학이나 대학교의 총·학장이 수여하는 방식으로 구분된다. 표 11-3에서 나타난 것처럼 학점은행제의 학위 취득 기준은 다음과 같다.

표 11-3 학점은행제의 학위 취득 기준

구분	학 사 학 위	전문학사 학위		비 고
		2년제	3년제	
총 이수학점	140학점 이상	80학점 이상	120학점 이상	평가 인정 학습과목 또는 시간제 등록을 통해 이수한 학점(18학점) 반드시 포함
전공학점	60학점 이상	45학점 이상	54학점 이상	
교양학점	30학점 이상	15학점 이상	21학점 이상	

출처: 평생교육진흥원 홈페이지.
* 대학장에 의한 학위를 취득하기 위해서는 해당 대학에서 학사 학위의 경우 84학점 이상, 전문학사 학위의 경우 48학점(3년제 65학점) 이상을 이수하여야 한다.

학점은행제의 가장 두드러진 성과는 대학 진학이 이루어져야 할 시기에 다양한 이유로 진학하지 못한 사람들을 위해 국가에서 그들에게 고등교육을 이수하고 학위를 취득할 수 있도록 도와줌으로써 고등교육 기회를 부여하고 사회적 통합에 기여하고 있다는 것이다.

5) 독학학위제

독학학위제는 1990년 제정된 「독학에 의한 학위취득에 관한 법률시행령」 제2조에 따라 학습자가 자기 주도적으로 공부한 정도로 학사학위를 취득할 수 있는 기회를 부여함으로써 평생교육의 이념을 구현하고 개인의 자아실현과 국가사회의 발전에 기여함을 목적으로 국가가 시험에 합격한 사람에게 학위를 수여하는 제도이다. 독학학위제의 시험은 다음과 같이 네 단계로 구분된다(「독학에 의한 학위취득에 관한 법률 시행령」 제2조).

- 1단계 – 교양과정 인정시험: 대학의 교양과정을 이수한 사람이 갖추어야 할 일반적인 학력 수준의 보유 여부 평가
- 2단계 – 전공 기초과정 인정시험: 각 전공 영역의 학문을 연구하기 위해 각 학문계열에서 공통적으로 필요한 지식과 기술 보유의 정도 평가

- **3단계 – 전공 심화과정 인정시험**: 각 전공 영역에 관하여 보다 심화된 전문적인 지식과 기술을 평가
- **4단계 – 학위 취득 종합시험**: 시험의 최종 단계로서 학위를 취득한 자가 일반적으로 갖추어야 할 소양 및 전문지식과 기술을 종합적으로 평가하여 단계별로 응시해야 할 과목의 수는 **표 11-4**와 같다.

표 11-4 독학학위제 4단계 시험 응시과목 수

단계	필수과목	선택 과목	시험과목 수
1단계: 교양과정 인정시험	3과목	15과목 중 2과목	5과목
2단계: 전공 기초과정 인정시험	없음	8과목 중 6과목	6과목
3단계: 전공 심화과정 인정시험	없음	8과목 중 6과목	6과목
4단계: 학위 취득 종합시험	4과목	3과목 중 2과목	6과목

출처: 평생교육진흥원 홈페이지.

시험의 면제는 **표 11-5**와 같다.

표 11-5 시험 면제 기준

과정 면제	1. 국가기술자격 취득자: 국가기술자격 취득 분야와 동일한 전공분야의 시험에 응시하는 자는 해당 과정별 인정시험을 면제 2. 공무원 시험 합격자: 국가(지방) 공무원 7급 이상의 공개경쟁 채용 시험에 합격한 자 3. 자격·면허 취득자 교육부령이 정하는 자격·면허를 취득한 자
과목 면제	1. 국가기술자격 취득자: 국가기술자격 취득 분야와 다른 전공분야의 시험에 응시하는 자는 해당 시험 과목을 면제 2. 지정 교육과정 이수자: 평생교육진흥원장이 지정한 강좌 또는 과정을 이수한 자

출처: 평생교육진흥원 홈페이지.

12
CHAPTER

학교폭력의 이해

학교폭력 문제의 심각성은 날이 갈수록 더해지고 있으며, 이를 예방하고 해결하고자 많은 노력을 하고 있다. 학교폭력의 유형과 원인 및 양태들은 매우 다양하고 복합적이기 때문에 접근하기가 쉽지는 않다. 따라서 이러한 문제 예방과 해결을 위하여 학교뿐만 아니라 가정과 유관기관과의 체계적인 협력과 신속한 대응 체계가 필요하다. 그리고 효과적인 문제 예방과 유사시 신속한 대처를 위하여 학교폭력 관련법과 정책의 이해, 그리고 다양한 관련 기관에 대한 이해도 필요하다. 이 장에서는 학교폭력의 개념과 법적 근거, 대처 방법과 사례 등을 중심으로 소개하고자 한다(엄재춘 외, 2018).

1 학교폭력의 개념과 유형

학교폭력에 대한 정의는 「학교폭력 예방 및 대책에 관한 법률」(시행 2017. 11. 28.) 제2조에 구체적으로 규정되어 있다. 이 조항에서 학교폭력이란 '학교 내·외에서 학생을 대상으로 발생한 상해, 폭행, 감금, 협박, 약취·유인, 명예훼손·모욕, 공갈, 강요·강제적인 심부름 및 성폭력, 따돌림, 사이버 따돌림, 정보통신망을 이용한 음란·폭력 정보 등에 의하여 신체·정신 또는 재산상의 피해를 수반하는 행위'라고 제시하고 있다.

학교폭력의 유형은 **표 12-1**과 같이 신체폭력, 언어폭력, 금품갈취, 집단따돌림, 사이버따돌림, 성폭력, 사이버폭력 등으로 분류될 수 있다.

첫째, 신체폭력은 학교 내외에서 다른 학생에 대하여 직접 또는 간접적인 힘을 이용하여 난폭한 행동을 행사하거나 다른 학생의 몸에 상처를 내어 해를 끼치는 행위를 말한다.

둘째, 언어폭력은 학교 내외에서 선후배나 동료들을 상대로 놀림이나 조롱, 심한 욕설, 비난 등의 행위로서 타인에게 욕설을 한다거나, 상대가 갖고 있는 신체상의 특징이나 약점을 확대, 과장, 선전하거나 행동성격상의 약점을 이용하여 별명을 부르거나 놀리고 조롱함으로써 피해학생의 자존심을 상하게 하여 정신적 피해를 주는 행위를 말한다.

셋째, 금품갈취는 학생에게 공갈 협박하여 돈이나 물품을 빼앗거나 불법한 이익을 취득하는 행동을 말한다.

넷째, 따돌림은 학교 내외에서 2명 이상의 학생들이 특정인이나 특정 집단의 학생들을 대상으로 지속적이거나 반복적으로 신체적 또는 심리적 공격을 가하여 상대방이 고통을 느끼도록 하는 일체의 행위를 말한다.

다섯째, 사이버폭력은 인터넷, 휴대전화 등 정보통신기기를 이용하여 학생들이 특정 학생들을 대상으로 지속적·반복적으로 심리적 공격을 가하거나 특정 학생과 관련된 개인정보 또는 허위사실을 유포하여 상대방이 고통을 느끼도록 하는 일체의 행위를 말한다.

여섯째, 성폭력은 상대방 의사에 반하여 가하는 성적 행위, 신체적·언어적·정신적 폭력을 포함하는 광범위한 개념(강간, 성추행, 성희롱 등), 언어적 희롱, 음란 전화, 성기노출 등을 말한다(임경희 외, 2013).

표 12-1 학교폭력의 유형

유형	학교폭력예방법 관련	예시 상황
신체 폭력	• 상해 • 폭행 • 감금 • 약취·유인	• 일정한 장소에서 쉽게 나오지 못하도록 하는 행위(감금) • 신체를 손, 발로 때리는 등 고통을 가하는 행위(상해, 폭행) • 상대방을 속이거나 유혹해서 일정한 장소로 데리고 가는 행위(유인) • 장난을 빙자해서 꼬집기, 때리기, 힘껏 밀치기 행동 등도 상대학생이 폭력행위로 인식한다면 학교폭력에 해당
언어 폭력	• 명예훼손 • 모욕 • 협박	• 여러 사람 앞에서 상대방의 명예를 훼손하는 구체적인 말(성격, 능력, 배경 등)을 하거나 그런 내용의 글을 인터넷, SNS 등으로 퍼뜨리는 행위(명예훼손) • 여러 사람 앞에서 모욕적인 용어(생김새에 관한 놀림, 병신, 바보 등 상대방을 비하하는 내용)를 지속적으로 말하거나 그런 내용의 글을 인터넷, SNS 등으로 퍼뜨리는 행위(모욕) • 신체 등에 해를 끼칠 듯한 언행과 문자메시지 등으로 겁을 주는 행위(협박)
금품 갈취	• 공갈	• 돌려 줄 생각이 없으면서 돈을 요구하는 행위 • 옷, 문구류 등을 빌린다며 되돌려주지 않는 행위 • 일부러 물품을 망가뜨리는 행위 • 돈을 걷어오라고 하는 행위 등
강요	• 강제적 심부름 • 강요	• 속칭 빵 셔틀, 과제 대행, 게임 대행, 심부름강요 등 의사에 반하는 행동을 강요하는 행위(강제적 심부름) • 폭행 또는 협박으로 상대방의 권리행사를 방해하거나 해야 할 의무가 없는 일을 하게 하는 행위(강요)
따돌림	• 따돌림	• 집단적으로 상대방을 의도적이고 반복적으로 피하는 행위 • 싫어하는 말로 바보취급 등 놀리기, 빈정거림, 면박주기, 겁주는 행동, 골탕 먹이기, 비웃기 • 다른 학생들과 어울리지 못하도록 막기 등

(계속)

성폭력	•성폭력	•폭행, 협박을 하여 성행위를 강제하거나 유사성행위, 성기에 이물질을 삽입하는 등의 행위 •상대방에게 폭행과 협박을 하면서 성적 모멸감을 느끼도록 신체적 접촉을 하는 행위 •성적인 말과 행동을 함으로써 상대방이 성적굴욕감, 수치감을 느끼도록 하는 행위 등
사이버 폭력	•사이버 따돌림 •정부통신망을 이용한 음란폭력 정보 등에 의해 신체적 정신적 또는 재산상의 피해를 수반하는 행위	•특정인에 대해 모욕적 언사나 욕설 등을 인터넷 게시판, 채팅, 카페 등에 올리는 행위 •특정인에 대한 허위 글이나 개인의 사생활에 관한 사실을 인터넷, SNS 등을 통해 불특정다수에게 공개하는 행위 •성적수치심을 주거나, 위협하는 내용, 조롱하는 글, 그림, 동영상 등을 정보통신망을 통해 유포하는 행위 •공포심이나 불안감을 유발하는 문자, 음향, 영상 등을 휴대폰 등 정보통신망을 통해 반복적으로 보내는 행위

출처: 교육부(2018).

2 학교 내 학교폭력 관련 기구

1) 학교폭력전담기구

학교폭력전담기구의 구성권자는 학교장이며, 교감, 전문상담교사, 보건교사 및 책임교사 등으로 구성된다. 학교폭력전담기구는 학교폭력예방활동으로서 학교폭력실태조사와 학교폭력예방교육 등을 실시하는데, 학교폭력 실태조사는 연 2회 이상 정기적으로 실시하여 학교폭력 사안처리의 기초자료로 활용하고 학교폭력 예방계획 수립에 반영한다. 학교폭력예방교육은 학생, 교직원, 보호자에게 시행할 예방교육프로그램 계획을 수립하고 운영하게 된다. 그리고 학교폭력사안발생 시 학교폭력 신고 접수 및 관련학생 보호자에게 통보, 학교폭력사안조사, 학교폭력대책자치위원회 개최 전 사전심의, 집중보호 및 관찰대상 학생에 대한 생활지도 등의 역할을 한다. 그리고 학교폭력전담기구 담당교사들은 서로 유기적인 협력을 통해 효과적으로 사안을 처리하기 위하여 구체적으로 학교폭력전담기구 구성원의 역할이 세분화되어 있다. 학교의 장이나 자치위원회의 요구가 있을 때는 조사결과 등 활동결과를 보고하여야 한다.

표 12-2 학교폭력사안발생 시 학교폭력전담기구의 역할

학교폭력 신고 접수 및 관련학생 보호자에게 통보	• 전담기구는 학교폭력신고 접수대장을 비치하고 117신고센터, 학교장, 교사, 학생 보호자 등 학교폭력 현장을 보거나 그 사실을 알게 된 자 및 기관으로부터 신고 받은 사안에 대해 기록·관리함 • 학교폭력신고 접수대장은 학교장, 교원의 학교폭력 은폐 여부를 판단하는 중요한 기초자료로 활용되므로, 사소한 폭력이라도 신고한 것은 접수하여야 함 • 접수한 사안에 대해서는 즉시 관련학생 보호자에게 통보하고, 통보일자, 통보방법 등 통보사실 등을 기록함
학교폭력 사안조사	• 학교폭력을 인지한 경우 피해 및 가해사실 여부에 대해 조사하여야 함. 이 경우, 담임교사의 협조를 구할 수 있음 • 인지: 학교폭력 사태를 인지한 경우, 학교의 장은 지체 없이 전담기구 또는 소속교원으로 하여금 가해 및 피해사실 여부를 확인하도록 해야 함
학교폭력대책자치위원회 개최 전 사전심의	• 신고된 학교폭력사안에 대해 사전심의를 실시하고 심의내용을 상황보고서로 작성하여 학교장 및 자치위원장에게 보고 함
집중보호 또는 관찰대상 학생에 대한 생활지도	• 해당학생 담임교사와 함께 지속적인 상담 및 기록을 진행함

학교폭력전담기구는 학교폭력사건을 인지하면 신고접수 및 학교장 보고, 즉시조치(긴급조치포함), 사안조사, 관련 학생과 보호자 면담, 사건을 보고하고 자치위원회를 개최하게 된다.

표 12-3 사안조사 진행과정

단계	처리내용	비고
학교폭력 사안 발생인지	• 117 학교폭력 신고센터로부터의 통보 및 교사, 학생, 보호자 등의 신고 접수 등을 통해서 학교폭력 사건 발생 인지	업무 담당자
신고 접수 및 학교장·교육청 보고	• 신고 접수된 사안을 신고대장에 반드시 기록하고, 학교장과 담임교사에게 보고한 후 관련 학생 보호자에게 통지, 교육청(교육지원청)에 보고	학교장 담임교사
즉시조치 (긴급조치 포함)	• 필요시 피해학생과 가해학생 즉시 격리. 가해학생이 눈빛·표정등으로 피해학생에게 영향력을 행사 못하도록 조치 • 관련학생 안전조치(피해학생- 보건실 응급처치·119 신고·병의원진료 등, 가해학생- 격리·심리적 안정 등) • 피해학생 및 신고·고발한 학생이 가해학생으로부터 보복행위를 당하지 않도록 조치 • 피해학생의 신체적·정신적 피해를 치유하기 위한 조치 우선 실시 • 성폭력인 경우 「아동·청소년의 성보호에 관한 법률」에 따라 반드시 수사기관에 신고하고, 성폭력 전문상담기관 및 병원을 지정하여 정신적·신체적 피해 치유 • 긴급한 필요가 있는 경우, 법률 제16조 제1항 및 제17조 제4항에 따라 긴급조치 실시	학교장 담임교사 등

(계속)

사안조사	• 피해 및 가해사실 여부 확인을 위한 구체적인 사안조사 실시 - 관련 학생의 면담, 주변학생 조사, 설문조사, 객관적인 입증자료 수집 등 • 피·가해학생 신충면담 • 소사한 결과를 바탕으로 육하원칙에 따라 사안조사 보고서 작성 • 성폭력의 경우 비밀유지에 특별히 유의 • 장애학생에 대한 사안조사의 경우, 특수교육 전문가(위원 및 참고인)를 참여시켜 장애학생의 진술 기회 확보 및 조력 제공	전담기구 담임교사
보호자 면담	• 사안과 관련하여 조사된 내용을 관련 학생의 보호자가 충분히 이해할 수 있도록 안내 • 향후 처리 절차 등에 대하여 통보 • 필요시 관련 학생의 보호자 면담을 통해서 각각의 요구사항 파악	전담기구 담임교사
조사결과 보고	• 피해 및 가해사실 내용에 관하여 종합적으로 정리하여 학교의 장 및 자치위원회(자치위원회의 요청이 있는 경우)에 보고	전담기구

2) 학교폭력대책자치위원회

학교폭력대책자치위원회는 학교폭력의 예방 및 대책에 관련된 사항을 심의하는 심의기구로서 학교폭력의 예방 및 대책을 위해 각 학교 단위 체제로 구축된다. 이 기구는 피해학생 보호, 가해학생에 대한 선도 및 조치, 피해학생과 가해학생간의 분쟁조정 등의 임무를 수행한다.

자치위원회는 위원장 1인을 포함하여 5인 이상 10인 이하의 위원으로 구성하되, 학교장이 임명하거나 위촉한다. 위원으로는 해당학교의 교감, 학생생활지도 경력이 있는 교사, 학부모대표, 법조인, 해당학교를 관할하는 경찰서 소속 경찰공무원, 의사의 자격이 있는 사람, 학교폭력SOS지원단, 청소년상담복지센터, ONE-STOP지원센터, 배움터지킴이 등의 학교폭력 예방 및 청소년보호에 대한 지식과 경험이 풍부한 사람 등이 해당된다.

자치위원회의 진행은 개최알림, 자치위원회 개요 안내, 사안 보고, 피해자 측 확인, 가해자 측 확인, 질의응답, 피해학생 보호조치 및 가해학생 선도·교육 조치 논의, 조치결정, 결과 통보로 이뤄진다. 가해자 측과 피해자 측의 확인 과정에서의 유의사항은 피·가해자 측이 확인 시 같은 공간에 있는 경우, 자유로운 의견 개진이 어려울 수 있다. 따라서 피해측은 확인 후 퇴실하고, 대기하고 있던 가해측이 회의실에 들어와서 확인하는 것이 효과적이다. 이렇게 해서 대면의 문제를 해결할 수 있다. 그리고 서면으로 결과 통보 시 주의할 점은 피해자 측의 경우, 조치에 대하여 이의가 있는 경우 지역위원회에 재심을 청구할 수 있음을 안내하고, 가해자 측에는 조치에 대하여 이의가 있는 경우에는 시·도학생조치조정위원회에 재심을 청구할 수 있음을 안내한다.

표 12-4 학교폭력대책자치위원회 진행과정 예시

단계	처리내용	비고
개회	① 개회알림 ② 진행절차 설명 ③ 주의사항 전달 - 자치위원회의 조치는 처벌을 목적으로 하는 것이 아니라 교육적 선도와 보호를 위한 목적임을 설명한다. - 발언을 하기 위해서는 먼저 동의를 구해야 함을 알린다. - 욕설, 폭언, 폭행 등을 할 경우에는 퇴실조치 됨을 알린다. - 위원들의 제척 사유 및 기피·회피 여부를 확인한다. - 회의 참석자 전원은 자치위원회에서 알게 된 사항에 대한 비밀유지 의무가 있음을 알린다.	간사 또는 위원장
사안보고	• 사안조사 결과 보고를 한다. ※ 피해·가해측에서는 해당 사안조사 결과를 사전에 인지하고 자치위원회에 참석할 수 있도록 한다. • 피해 및 가해학생에게 긴급조치가 이루어진 경우 이를 보고한다. • 자치위원회는 해당지역에서 발생한 학교폭력에 대하여 학교장 및 관할 경찰서장에게 관련 자료를 요청할 수 있다.	전담 기구 (간사)
피해측 사실확인, 의견진술 및 질의응답	• 사실을 확인하고 피해측의 입장과 요구 사항을 말하도록 한다. • 피해측에 의견진술기회를 반드시 주어야 하며, 참석하기 어려운 경우(예: 성폭력 피해자 등 피해학생이 참석을 원치 않을 경우)에 의견제출 기회를 부여한다. • 위원회에서 피해측에 질문하고 피해측에서 답변한다.	피해측 입장
가해측 사실확인, 의견진술 및 질의응답	• 사실을 확인하고 가해측의 입장을 말하도록 한다. • 가해측에 의견진술 기회를 반드시 주어야 하며, 참석하지 않을 경우 사전에 의견제출 기회를 부여한다. • 위원회에서 가해측에 질문하고 가해측에서 답변한다.	피해측 퇴장 가해측 입장
피해학생 보호 및 가해학생 선도조치 논의	• 자치위원들 간의 협의를 통해 피해학생 보호조치와 가해학생 선도·교육 조치를 논의한다.	가해측 퇴장
조치 결정	• 피해학생에 대한 보호조치 결정 • 가해학생에 대한 선도 및 교육조치 결정 • 피해학생 및 가해학생 긴급조치가 이루어진 경우, 이를 보고 받고 가해학생 긴급조치의 추인 여부를 결정한다.	
결과통보 및 교육청 보고	• 서면으로 결과를 통보한다. - 결과 통보 시 피해측과 가해측에 재심 등 불복절차가 있음을 반드시 안내한다. - 가해학생이 다수인 경우 가해학생별로 조치결과를 적시한다. • 교육청(교육시원청)에 자치위원회 결과를 보고한다.	학교장

3 학교폭력사안 처리과정과 방법

1) 폭력사건 발생인지

사건현장을 목격하였거나, 117신고센터를 통해 통보되었거나, 신고 등으로 사건 발생을 인지한 교사, 교사, 학부모 등은 학교폭력전담기구(책임교사 등)에 신고한다.

2) 신고 접수 및 학교장 보고

학교폭력전담기구는 신고된 사안을 신고대장에 반드시 기록하고, 학교장, 담임교사에게 보고한 후 가·피해학생 학부모에게 통지한다.

3) 즉시 조치

즉시 조치해야 할 경우, 학교장과 학교폭력전담기구 및 담임교사는 피해학생과 가해학생을 즉시 격리하고, 신고·고발한 학생도 피해학생의 수준에서 가해학생으로부터 보복행위를 당하지 않도록 조치한다. 피해학생의 경우, 「아동·청소년의 성보호에 관한 법률」에 따라 성폭행은 반드시 수사기관에 신고, 성폭력 전문상담기관 및 병원을 지정하여 정신적·신체적 피해를 치유해야 하며, 피해학생의 신체적·정신적 피해를 치유하기 위한 조치를 실시한다.

가해학생의 경우, 학교장은 출석징지 사안에 대해서 출석정지를 하거나, 가해학생의 선도가 긴급한 경우 학교장은 가해학생에 대한 조치를 취한 후, 자치위원회에 즉시 보고하여 추인한다. 가해학생에 대한 "즉시 출석정지"를 해야 하는 사안에 대한 대응요령은 가해학생과 피해학생을 격리하고, 신고한 학생이 있는 경우 신변 보호 조치를 신속하게 실시하고 가해학생, 피해학생, 신고한 학생의 보호자에게 학교폭력 발생 사실을 즉시 통보한다. 또한 학교폭력 전담기구에 우선 신고하고, 학교폭력전담기구 소속 교사와 함께 초기 사안조사를 실시한 후 학교장에게 신속하게 보고하여 '출석정지'를 하도록 해야 한다. 이후 학교폭력대책자치위원회를 개최하여 조치 결정을 하고 학교장에게 통보하게 된다.

4) 사안조사

학교폭력전담기구에서 가·피해학생 면담, 주변 학생조사, 설문조사, 객관적인 입증자료 수집 등으로 구체적인 사안을 조사하고, 가·피해학생과 심층면담을 실시한다. 피해유형, 학교폭력 구체적인 사실, 가해학생 명단 등 구체적인 증거를 확보한다.

5) 가·피해학생 부모면담

학교폭력전담기구나 담임교사는 조사결과와 향후 처리 절차에 대하여 학부모에게 통보한다. 피해사실과 학교폭력대책자치위원회 개최 등 향후 조치계획을 설명하고, 피해학생이 신체적·정신적 피해를 신속하게 치료할 수 있도록 병원, 상담기관 등을 안내한다.

가해학생 학부모에게는 가해 사실과 학교폭력대책자치위원회 개최 등 향후 조치계획을 설명하고 피해학생에게 보복행위를 하지 않도록 알려주어야 한다.

6) 처리방향 심의 및 결정

학교폭력전담기구는 자치위원회 개최 시기 결정 등 처리방향에 대하여 심의를 한 후, 전담기구 심의결과를 바탕으로 자치위원회 개최를 학교장에게 요구한다.

7) 자치위원회 개최 및 조치

자치위원회는 가해학생 및 보호자에게 의견진술의 기회를 부여하는 등 적절한 절차를 거쳐야 하며, 자치위원회를 개최하여 가·피해학생에 대한 조치를 결정한다.

8) 결정통보 및 재심안내

학교장은 자치위원회의 결정을 가해자와 피해자 및 그 보호자에게 통보하며, 통보 시 재심을 받을 수 있는 방법도 함께 안내한다.

9) 조치 실행 및 사후 관리

학교장은 자치위원회의 조치 요청이 있는 경우 이에 대한 해당 조치를 해야 하며, 가해학생과 그 보호자가 조치를 거부하거나 회피하는 경우 관련 법령에 따라 징계 또는 재조치를 취해야 한다. 그리고 교육감에게 조치 및 그 결과를 보고해야 한다. 아울러 가·피해학생이 안정적인 학교생활을 할 수 있을 때까지 심리치료, 재활치료, 생활지도 등을 실시하거나, 가·피해학생 소속 학급이나 학생 전체를 대상으로 학교폭력예방교육을 실시한다.

4 학교폭력 가해·피해학생 조치

피해학생에 대한 보호조치 사항으로는 심리상담 및 조언, 일시보호, 심리치료 및 치유를 위한 요양, 학급교체, 그 밖에 피해학생의 보호를 위하여 필요한 조치 등이 있다.

심리상담 및 조언은 학교폭력으로 받은 정신적·심리적 충격으로부터 회복할 수 있도록 하기 위하여 학교 내의 교사 혹은 학교 외의 전문상담기관의 전문가에게 심리상담 혹은 조언을 받도록 하는 조치를 말한다.

일시보호는 지속적인 폭력이나 보복의 우려가 있는 경우 일시적으로 보호시설이나 집 또는 학교상담실 등에서 보호를 받을 수 있도록 하기 위한 조치를 의미한다.

심리치료 및 치료를 위한 요양은 학교폭력으로 인하여 생긴 신체적·정신적 상처의 치유를 위하여 일정기간 출석을 하지 아니하고 의료기관 등에서

치료를 받도록 하는 것이다.

학급교체는 지속적인 학교폭력상황으로부터 벗어나도록 하기 위하여 또는 학교폭력으로 인해 생긴 정신적 상처에서 벗어나도록 하기 위하여 피해학생을 동일 학교 내의 다른 학급으로 소속을 옮겨주는 조치이다. 그 밖에 법에서 규정하고 있지 않지만 피해학생을 위하여 필요하다고 판단되는 다양한 조치를 할 수 있다.

가해학생에 대한 조치로는 피해학생에 대한 서면사과, 피해학생 및 신고·고발 학생에 대한 접촉, 협박 및 보복행위의 금지, 학교에서의 봉사, 사회봉사, 학내외 전문가에 의한 특별교육이수 또는 심리치료, 출석정지, 학급교체, 전학, 퇴학처분 등이 있다.

피해학생에 대한 서면사과는 가해학생이 피해학생에게 서면으로 폭력행위에 대하여 사과를 하도록 함으로써 서로 화해하도록 하는 조치를 말한다.

피해학생 및 신고·고발 학생에 대한 접촉, 협박 및 보복행위의 금지는 피해학생에 대한 가해학생의 접근을 막아 더 이상의 폭력이나 보복을 방지하기 위한 조치, 특히 학교폭력이 알려짐으로 인한 보복행위를 금지하도록 규정하고 있다.

자치위원회의 심의를 거쳐 학교봉사 및 사회봉사에 관한 사항을 학교장이 결정할 수 있다.

학내외 전문가에 의한 특별교육이수 또는 심리치료는 교내외 전문가에 의한 특별교육을 이수하거나 심리치료를 받도록 하는 조치를 말하는데, 이 경우 교내 특별교육과정을 이용할 수도 있고, 교육청의 '대안교육 지원센터'나 전문심리치료기관에 위탁하는 경우도 가능하다.

출석정지는 가해학생에게 학교에 출석하지 못하게 함으로써 반성의 기회를 주고 일시적으로 피해학생과 격리시킴으로써 피해학생을 보호하기 위한 조치인데, 출석 정지된 학생은 결석한 것으로 처리되어 출결사항에서 불이익을 받게 된다.

학급교체는 가해학생을 피해학생으로부터 격리시키고 피해학생에 대해 더 이상의 폭력행위를 하지 못하도록 하기 위하여 동일학교 내의 다른 학급으로 소속을 옮기는 조치를 말하며, 전학은 가해학생을 피해학생으로부터 격리시키고 피해학생에 대해 더 이상의 폭력 행위를 하지 못하도록 하기 위하여 다른 학교로 소속을 옮기도록 하는 조치를 말한다.

마지막으로 강제퇴학은 학생의 신분을 강제로 상실시키는 조치인데, 의무교육과정에서는 적용이 불가능하므로 고등학생에 대해서만 가능하다.

5 학교폭력예방 기관

1) 학교 및 교육행정기관(Wee 프로젝트)

학교폭력으로 받은 정신적·심리적 충격으로부터 회복할 수 있도록 하기 위하여 학교 내의 교사 혹은 학교 외의 전문상담기관의 전문가에게 심리상담 혹은 조언을 받도록 하는 조치이다. 학교폭력 예방 및 치료기관으로 각 학교와 지역 교육지원청에는 각각 Wee 클래스와 Wee 센터를 설치하여 운영하고 있다. Wee 프로젝트는 교육부가 가족적 위기, 교육적 위기, 개인적 위기 등의 다양한 위기 상황에 놓여 있는 학생들을 지원하기 위하여 학교, 지역교육청, 지역사회와의 긴밀한 협력을 통해 종합적인 안전망을 구축, 운영하는 상담지원시스템이다.

Wee 프로젝트는 Wee 클래스(1차 기관: 학교), Wee 센터(2차 기관: 교육지원청), Wee 스쿨(3차 기관: 도교육청) 차원의 3단계로 구성된 안전망이다.

Wee 클래스는 각 학교 단위로 설치되어 있고, 학습부진, 따돌림, 대인관계 문제, 학교폭력, 미디어중독, 비행 등으로 인한 학교부적응학생 및 징계대상자 등을 대상으로 하며 학생들의 고민, 고충을 풀어내는 학생공감상담실로써 학교부적응 학생을 위한 다양한 맞춤형 프로그램을 제공한다.

Wee 센터는 교육지원청 차원의 안전망으로써 각 지역교육청에 설치되어 있고, 학교에서 지도가 어려운 학생 및 희망학생을 대상으로 임상심리사, 사회복지사, 전문상담사 등 전문 인력이 함께 투입되어 진단－상담－치료의 서비스를 원스톱으로 제공한다.

Wee 스쿨은 심각한 위기 상황으로 장기적인 치유와 교육이 필요한 고위

기군 학생을 위해 기숙형 장기위탁 교육서비스를 제공한다.

이런 체계는 단위학교와 교육청의 학생 공감 프로그램과 서비스를 통해 학습부진 치유, 위기학생 선도, 진로개발과 잠재력 발현 등으로 전인적인 성장을 도모하고자 하는 것이다.

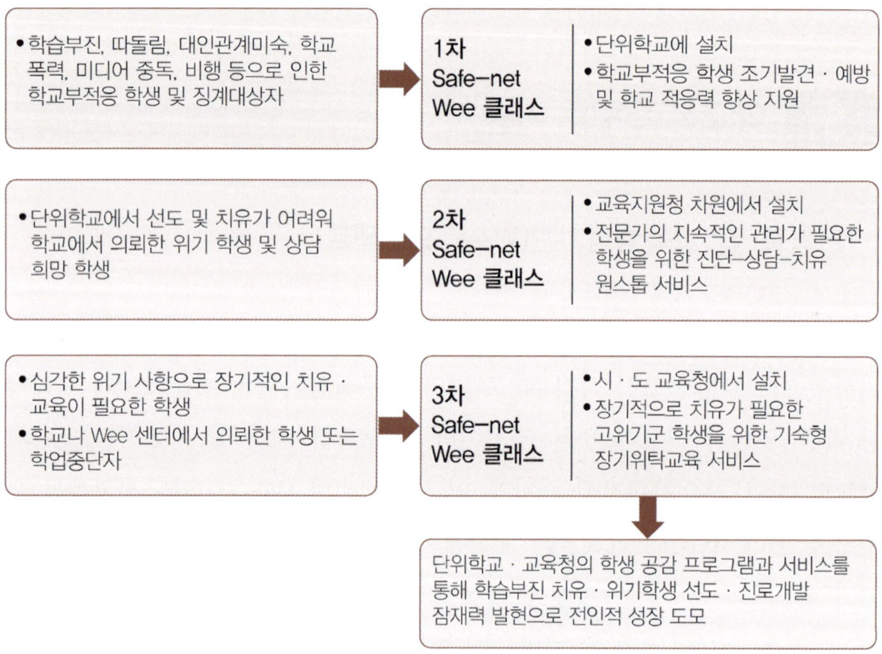

| 그림 12-1 | Wee 프로젝트 체계도

출처: 교육과학기술부 · 한국교육개발원 · 대전광역시교육청(2012).

2) 청소년상담복지센터

청소년상담복지센터는 전국의 시·군·구에 설치되어 있으며 위기청소년들에게 보호 및 서비스를 지원해 주는 기관으로 학교폭력과 관련하여 피해학생을 보호하고 신체적·정신적 치료에 도움을 주며, 가해학생 및 피해학생들을 상담하여 재발을 방지하고 심리적 안정을 찾을 수 있도록 하고 있다.

각 지역별로 구성되어 있는 긴급구조단은 긴급구조의 제보로 24시간 긴급구호 접수가 가능하며, 지원을 요청하는 학생들을 대상으로 상담 서비스를 제공하고 교육이나 재활지원 서비스, 시설보호 및 기관연계, 법률 및 의료 서비스를 제공한다.

각 학교와 지역 청소년상담복지센터는 상호 협력체계를 갖추고 있어 많은 학생들이 이용하고 있다. 이 기관은 개인상담, 심리검사, 사이버상담, 집단상담, 전화상담(청소년전화 1388) 등의 상담활동과 긴급구조 및 위기 개입(위기청소년 긴급구조, 일시보호, 찾아가는 서비스 아웃리치 활동, 의료지원 등), 진로의식 고취 및 자립 준비가 필요한 15세에서 24세까지의 취약계층 청소년들에게 체계적이고 전문적인 자립지원서비스를 제공하기 위해 실립된 청소년 사립 준비 공간인 두드림존(Do Dream Zone) 운영 등의 자활프로그램을 운영한다.

개인상담	전화신청(02-2285-1318) 온라인신청(teen1318.or.kr)	상담자가 전화하여 상담시간 정함	내방
상담복지센터 내 집단상담	공문 및 대중매체를 통한 홍보/ 집단상담 종류 및 시간확인	전화신청(02-2285-1318) 온라인신청(teen1318.or.kr)	내방
푸른교실	공문을 통한 홍보/내용 (시기/프로그램 종류 확인)	학교담당자가 전화신청 (02-2285-1318)	상담자가 직접 학교방문하여 프로그램 실시
(※푸른교실: 부적응 학생의 적응력 향상을 위한 집단상담)			
심리검사	전화신청 및 검사시간 예약 (02-2285-1318)	검사실시	해석상담
전화상담	02-2285-1318 안내방송=1번	사이버상담	teen1318.or.kr (공개상담 / 비밀상담)
긴급구조 활동	긴급구조 요청(1388전화, 청소년지원단, 경찰연계)	현장상담 / 내방상담	일시보호 의료 / 교육 / 자립 / 법률 / 귀가지원 등
청소년 동반자 활동	긴급구조 요청(1388전화, 청소년지원단, 경찰연계)	대상자와 연락 의사확인 및 지원내용파악	청소년 동반자 활동

| 그림 12-2 | 청소년상담복지센터 업무체계

출처: 서울시청소년상담복지센터.

3) 청소년폭력예방재단

청소년폭력예방재단은 어려운 여건 속에서 고통받는 청소년과 그 가정을 위해 봉사함을 기본 정신으로 청소년지킴이 운동, 상담, 연구 및 출판, 교육 등 다양한 사업을 하고 있는 우리나라 대표적인 학교폭력 관련 NGO이다.

청소년폭력예방재단은 자체적으로 상담치료센터를 운영하고 있는데, 여기서는 심리적인 어려움을 겪고 있는 청소년과 그 가족 및 일반 성인을 대상으로 내담자가 호소하는 주요 문제의 완화를 위해 내담자의 특성에 맞는 심리치료기법을 적용하여 내담자의 적응력을 높이고, 성장 및 발달을 촉진시켜 나가기 위한 상담치료센터 활동과 상담에 관한 캠페인, 경호지원서비스, 법률과 의료기관 연계 등의 일을 하고 있다. 그리고 가해학생 선도교육, 징계청소년 프로그램, 피해학생 치료 프로그램 등을 운영하고 있다. 교육센터에서는 학교폭력예방을 목적으로 학생, 학부모, 교사, 전문가 교육 및 연수를 통해 지속적으로 학교폭력예방을 위한 교육을 실시하고 있으며, 학교폭력예방을 위한 실질적 전문가를 양성하고, 양성된 강사의 파견을 통하여 학교폭력을 예방하고 근절하기 위해 예방교육센터, 온라인 연수원 등을 운영하고 있다. 학교폭력SOS지원단에서는 교육과학기술부의 지원을 받아 학교폭력 피해학생 및 부모, 교사, 전문가들을 대상으로 상담서비스를 제공하고, 까다로운 학교폭력 발생 시 각급 학교와 연계하여 학교폭력대책자치위원회 자문제공 및 분쟁조정을 지원 운영한다. 지원단은 크게 상담지원과 위기지원을 하고 있는데, 상담지원에서는 위기상담과 심리정서적 지원, 학교폭력사건처리방법지원, 의료 및 법률지원, 심리정서정보제공, 경호지원, 학교적응을 위한 심리상담, 관련 기관 정보제공 등을 한다. 위기지원의 경우, 사안을 접수하면 긴급출동하며, 자치위원회 자문 및 법률정보 제공, 중재개입, 사후관리 등의 역할을 담당한다.

6 학교폭력 예방 프로그램

1) 무지개 프로그램

무지개 프로그램은 초등학교와 중등학교 학생을 대상으로 학교와 청소년 기관에서 활동할 수 있도록 청소년보호위원회(2002)에서 개발한 피해학생 치유 및 재활 프로그램이다. 이 프로그램은 피해학생이 폭력과 상처로부터 벗어나 삶에 대한 열정과 마음의 힘 깨우기, 관심과 사랑나누기, 친구상담 연습하기, 학교 갈등 통찰하기, 선배체험 나누기, 희망 가꾸기 등으로 구성되며 10회기 프로그램으로 운영된다.

2) 문제해결적 집단상담 프로그램

따돌림을 당하고 있는 청소년을 대상으로 문제해결적 접근과 사회기술적 접근을 활용하여 자신이 당면하고 있는 따돌림 문제를 스스로 극복할 수 있는 능력들을 향상시키고, 이를 극대화하기 위해 또래와 대인관계 형성에 도움을 주는 의사소통 능력을 향상시키는 데 그 목적이 있다. 친밀감 활동, 따돌림 경험을 회상하며 감정 드러내기, 친구들과 좋은 관계를 유지하는 모습 그려보기, 따돌림 극복을 위한 여러 활동 등으로 구성된다.

3) 학교폭력 피해학생 치유 프로그램

구본용 외(2008)에 의한 학교폭력 피해학생 치유 프로그램은 피해학생들의 피해 후유증에 초점을 둔 피해 치유 프로그램과 사회적 기술과 스트레스 대처능력을 향상시키는 데 초점을 둔 훈련 프로그램을 개발하였다.

4) 학교폭력 가해학생 추수집단상담 프로그램

임경희 외(2013)에 의한 학교폭력 가해학생 대상 추수집단상담 프로그램은 추후 가해학생들을 대상으로 하는 학교적응 집단 프로그램으로 학교폭력인식,

자기성찰과 이해, 대인관계능력 등 총 10회기로 구성되어 있다.

5) 솔리언또래상담 프로그램

솔리언또래상담 프로그램 내용은 구성은 크게 들어가기, Friendship(친한 친구되기, 나의 친구관계 살펴보기, 친구에게 다가가기), Counselorship(대화하는 친구되기, 대화 잘 이끌어가기, 잠하둘셋 기법), Leadership(도움주는 대화 배우기, 대화 종합 연습, 도움되는 활동 찾기), 마무리로 되어 있다. 들어가기에서는 모임에 대한 친밀감 형성과 또래상담자들 간의 친밀감 형성, 솔리언또래상담 동기부여가 목적이 된다. 친한 친구되기에서는 주변 친구들에게 자신은 어떤 친구가 되고 있는지 되돌아볼 수 있는 기회를 제공함으로써 '친구'의 의미를 생각해볼 수 있도록 한다. 나의 친구관계 살펴보기에서는 상담자 자신의 친구관계 유형을 탐색할 수 있는 기회를 제공하는 것이며, 친구에게 다가가기에서는 친구와의 관계를 돌아보고, 관계가 나빠졌을 때 어떻게 다가갈 수 있을지 함께 방법을 찾아본다. 대화하는 친구 되기는 경청하기와 공감하기에 대해 학습하고 실습을 통해 기술을 충분히 익힘을 목적으로 하고, 대화 잘 이끌어가기에서는 대화를 이끌어가기 위한 전략인 '어기역차'를 익히며, 감정을 조절하며 대화를 이끌어 갈 수 있는 잠하둘셋 전략을 학습한다. 도움 주는 대화하기에서는 도움을 주는 모델인 '원무지계' 전략을 익히며, 대화종합 연습에서는 대화하는 친구되기에서 배운 내용들을 종합하여 연습해봄으로써 현장에서의 자신감을 높인다(교육과학기술부, 2013b).

7 학교폭력예방 활동 사례

학교별로 특색 있는 다양한 활동을 통해 학교폭력 근절과 예방에 큰 효과를 거두고 있다. 단위 학교에서 실제 학교폭력예방을 위하여 실시하고 있는 우수 활동들을 몇 가지 소개하고자 한다.[1]

1) 출처: 전라남도교육청(2012). 단위학교 학교폭력 대처 및 사안처리 우수사례집 내용 재구성.

1) ○○초등학교 학교폭력예방활동

운영목적	• 학교폭력 예방 및 근절을 위한 지속적인 활동의 내실화로 학생의 인권존중 및 안전한 학교 풍토를 조성하여 정과 사랑이 넘치는 즐거운 학교 문화를 정착한다.
운영내용	• 학교폭력대책자치위원회 구성(분기별 1회 협의회 실시) • 학교폭력 유관기관과 협력체계 구축(경찰서, Wee센터) • 자아성장프로그램 운영(청소년상담복지센터 협조) • 학부무상담주간 운영 • 학생상담자원봉사자를 통한 개인상담 활동 • 학교폭력실태조사 분기별 실시 • 학생정서·행동특성검사실시 • 교육공동체 합의에 의한 학교규칙 개정 • 인성실천주간 운영(칭찬편지쓰기, '교사먼저 스마일 운동', 등)

2) ○○중학교 학교폭력예방활동

운영목적	• 적극적인 학교폭력예방활동을 통하여 학생들의 피해를 사전에 방지하고, 학생들의 인성교육에 활동을 적극 지원한다.
운영내용	• 일진학생조사를 위한 설문조사 실시 • 일진학생대상 봉사활동, 스포츠동아리활동, 진로교육활동 실시 • 학교폭력예방캠페인활동과 금연교육 실시(금연일지작성) • 학교폭력예방 스포츠 대회 • 학교폭력예방 구호 및 응원가 만들기 • 또래조정프로그램운영

학교폭력 예방교육(학생)

학교폭력 예방교육(학부모)

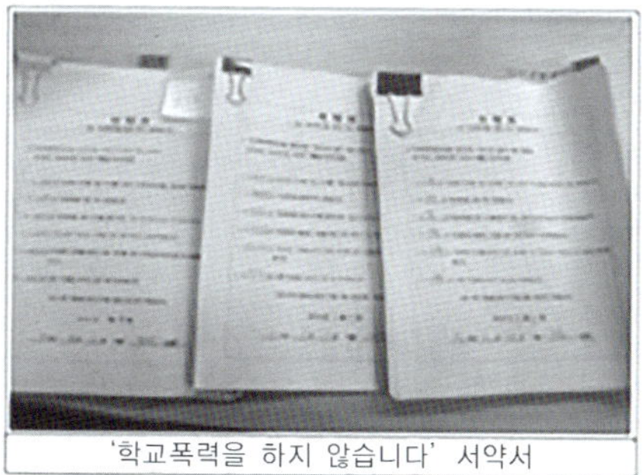
'학교폭력을 하지 않습니다' 서약서

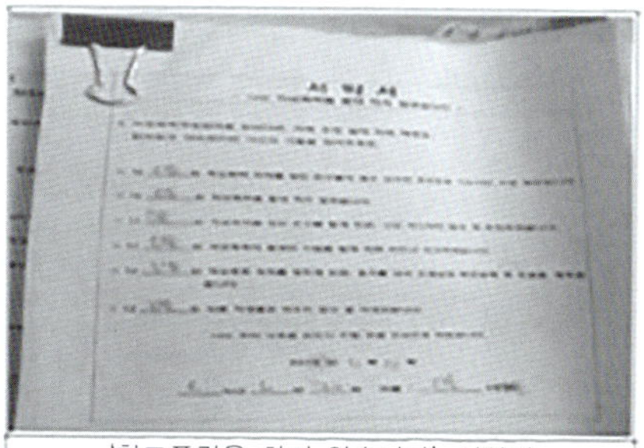
'학교폭력을 하지 않습니다' 서약서

3) ○○고등학교 학교폭력예방활동

운영목적	• 교사, 학생, 학부모 모두의 협력 조직구성 및 활동을 통하여 학교폭력을 예방한다.
운영내용	• 학생 및 교사, 학부모 1조 학교순찰대 조직 운영 • 경찰서 협조하에 학교폭력예방교육 실시 • 학교폭력신고체계 개선(학교폭력신고함 설치, 학교폭력 연락망 구성) • 학교폭력예방을 위한 전교 학생회 운영 • 또래상담프로그램

4) ○○초등학교 학교폭력예방활동

운영목적	• 학교폭력 근절을 위해 다양한 예방활동을 통한 학교폭력 ZERO화하기를 실천한다.
운영내용	• 폭력없는 학교 선포식 운영 • 학교폭력예방교육 주간 추진 • 학교폭력예방 서약서 작성하기 • 인성교육주간 실시(밥상교육, 마음의 편지쓰기, 바른말 고운말 쓰기) • 교사 학교폭력예방 교육(학교폭력법, STOP법칙, 학생자살예방) • 인권 UCC 발표대회, 인권생각키우기 노트작성 • 장애이해교육 및 특수학급신문 발행

인성교육주간 현수막

마음을 담은 편지 쓰기(3학년)

5) ○○초등학교 학교폭력예방활동

구분	내용
운영목적	• 학교폭력의 실태를 체계적으로 분석하여 적절한 예방과 대처를 하고, '학생주도적인 다양한 활동을 통하여 행복한 학교'를 만들 수 있도록 주도적인 활동 지원에 관심을 가진다.
운영내용	• 개인상담의 활성화(교사와 학생의 1:1 멘토 & 멘티 활동) • 학교폭력예방을 위한 학급(전교) 멍석토론 • '스스로 규칙'제징 운영 • 자율활동 시간 활용을 통한 '나의 도전' 활동하기 • 학교폭력 골든벨 대회 • 학부모 상담 및 학생상담 • 좋은 친구되기 프로그램 운영 • 학교폭력 예방 캠페인

6) ○○고등학교 학교폭력예방활동

구분	내용
운영목적	• 즐거운 학교문화 조성으로 행복한 학교 만들기와 폭력에 대한 대응 능력 및 책무성 제고를 통한 학교폭력 근절에 힘쓴다.
운영내용	• 학교폭력 실태조사 결과 후속조치 강화(전담기구 설치운영) • 학교폭력 사안별 처리방안 수렴(가정통신문을 통한 의견 수렴) • 기숙사 취약시간 순찰 강화 • 배움터 지킴이 교내 순찰 • 학부모자원봉사자 활용 • CCTV설치 • 지역 경찰서 연계 교내외 합동생활지도 • 117학교폭력신고센터 운영

7) ○○초등학교 학교폭력예방활동

운영목적	• 학교폭력을 예방하고 바른 심성을 기르며 배려와 나눔을 통해 행복한 학교 생활을 영위한다.
운영내용	• 마음과 정성을 담은 사과 편지쓰기 • Apple-day운영(사과하고 싶은 친구에게 사과하며 사과선물하기) • 성폭력예방교육 실시 • 교사, 학생, 학부모 학교폭력 대책 설명회 개최 • 드라마를 통한 언어폭력(언어순화) 예방 교육 • 학교폭력예방을 위한 아름다운 시 낭송 대회 개최

8) ○○고등학교 학교폭력예방활동

운영목적	• 학교폭력의 예방활동에 중점을 두고 안전한 학교문화 만들기에 노력한다.
운영내용	• '학교폭력 예방 및 조기발견 계획'을 학교교육과정에 반영 • 피해자 및 방관자 교육을 주기적으로 교육 • 역할극, UCC 경진대회, 주기적 토론 등 체험식 교육방식 적용 • 학생정서행동선별검사 적극적 활용 • 학생감성교육프로그램 강화 • 학교폭력예방 학교방송교육 활성화 • 쪽지상담(1주 1회) • 학교폭력예방 창체적 체험활동 운영

9) ○○초등학교 학교폭력예방활동

운영목적	• 학교생활에서 일어나는 문제에 관심을 가지고 문제를 효율적으로 해결하려는 태도를 갖도록 하여 학교폭력예방 의식을 고취한다.
운영내용	• 학교폭력예방을 위한 나의 명예 약속 다짐 • 학교폭력예방 동요 부르기 • 학교폭력예방 캠페인 • 쪽지상담, 칭찬릴레이 전개 • 나의 고민쓰기 • 정서교육 플래카드 공모전 • 학교폭력예방 결의대회 • 감사하는 마음 표현대회

10) ○○중학교 학교폭력예방활동

운영목적	• Happy school프로그램 운영을 통하여 학교폭력을 예방하고 학생들의 즐거운 학교문화를 정착시킨다.
운영내용	• 학교폭력예방 언어순화 홍보물 제작 대회 • 사제동행 등산 프로그램 • 폭력예방 창의인성캠프(청소년상담복지센터협조) • 정서순화 초청음악회 • 고바우의 날 행사 운영(우리말의 우수성을 이해하는 교육) • 언어순화 캠페인 활동 • 자아발전을 위한 징검다리 플래너(자기탐색과 성장프로그램) • 청소년명언카드-두드림(Do Dream)카드 제작

8 학교폭력에 대한 이해 Q&A[2)]

1) 학생 병원 이송 시 학생 인솔은 누가 하는가?

☞ 보건교사, 담임교사 책임교사, 그 외 교원이 이송하며, 동시에 보호자에게 연락하여 이송 중인 사항을 알려야 한다.

2) 학교폭력 접수 후 사안조사 결과 쌍방으로 확인되면 어떻게 처리해야 하는가?

☞ 가해학생이자 피해학생으로 절차를 진행해야 하며, 관련 양식에는 두 학생 모두 '가·피해학생'으로 표기하여야 한다.

2) 전라남도교육청(2018). 2018 학교폭력 업무 담당교사 수준별 역량강화 연찬회 자료 중 내용 일부 발췌.

3) 1년 전에 있었던 내용을 최근에 신고한 경우는 어떻게 처리해야 하는가?

☞ 1년 전에 있었던 일도 최근에 신고하면 학교폭력 사안처리 절차에 따라 처리해야 한다.

4) 평소에는 친하게 잘 지내던 여학생이 다른 친구 부모님을 욕했다는 이유로 따돌리고 있는 상황에서 피해학생이 신고를 하지 않아도 담임이 판단해서 학교폭력이라고 여겨지면 학폭위를 개최하도록 건의해서 개최해도 되는가?

☞ 피해학생이 신고하지 않아도 담임교사가 인지한 상태이기 때문에 신고의 대상이다.

5) 학교 밖 학원에서 학원 강사가 교육을 목적으로 체벌을 가할 경우 어떤 조치가 가능한가?

☞ 아동학대에 해당되며, 이 경우 학교에서는 학교폭력으로 인식하고 피해학생에 대한 보호 조치를 해야 한다. 학교는 학원 강사의 경우 아동학대로 수사기관에 신고해야 하며, 성인에 대한 부분은 수사기관에서 처리해야 한다. 그리고 학교폭력 사안 접수 및 교육청 보고를 해야 한다.

6) 수업 중 교실 내에서 욕설을 하는 학생이 있다. 특정 학생에게 하는 것은 아니고 혼자서 큰 소리로 말하여 학급 학생들의 수업 참여에 어려움을 겪게 하고 있다. 담임교사가 지도해도 멈추지 않고 있는데, 학교폭력 사안으로 신고해도 되는가?

☞ 피해학생이 다수인 경우에도 학교폭력 사안으로 신고하여 자치위원회 개최할 수 있다.

7) 아동학대로 상담기관 및 수사기관이 조사하는 과정과 이중으로 학폭전담기구 조사과정을 해야 하는가?

☞ 수사기관의 수사와는 별도로 학교 측 조사과정을 거쳐 피해 아동의 보호조치가 필요한 경우 보호조치를 위한 자치위원회를 개최하면 된다. 이 경우 피해학생 측이 보호조치를 원하지 않으면 자치위원회를 개최하지 않아도 된다. 단, 피해학생 측 미개최 동의서를 받은 후 학교장 결재를 받아야 한다.

8) 전담기구 또는 담임교사가 상담할 때 휴대전화로 녹음을 해도 되는가?

☞ 휴대전화 녹음은 가능하다. 단, 면담자에게 녹음에 대해 고지하고 녹음해야 한다. 대화 당사자 간에 녹음은 고지하지 않아도 불법은 아니니 권징 사항이니나.

9) 학교폭력 관련 학생에 대해 담임이 1차로 상담할 때도 수업시간 외에 상담하는 것이 원칙인가?

☞ 학습권 침해를 방지하기 위하여 수업시간 외에 조사하는 것이 원칙이다.

10) 초등학교 저학년이나 인지수준이 떨어지는 학생의 경우 자필 진술이 불가능하면 교사 작성 후 학생이 확인 서명해야 하는 것인가, 아니면 보호자가 기술해야 하는가? 또는 당사자의 진술서를 무리해서 그대로 받아야 하는가?

☞ 당사자의 진술서를 무리해서 받기보다는 편안한 상태에서 질문하고 답변하는 것을 녹음 또는 동영상 녹화 방식으로 해도 된다. 학생의 보호자를 동석하게 하여 진술서를 작성해도 무방하다. 단, 보호자가 학생 진술에 영향을 미치지 않도록 대리진술, 진술유도 발언 금지 등의 사항을 사전에 안내해야 한다.

11) '낙서로 비방' 등의 사례로 명예를 훼손한 경우, 학교폭력으로 해당되나 가해자를 찾을 수 없는 경우는 어떻게 처리해야 하는가?

☞ 전담기구 조사결과 가해학생을 특정할 수 없다면, 피해학생에 대한 보호조치를 위한 자치위원회만 개최하면 된다.

12) 학생들의 진술이 엇갈려서 사실 확인이 안 되는 경우 그대로 학폭위 심의로 상정해야 하는가?

☞ 목격자의 진술이나 객관적인 증거들을 수집하기 위하여 최대한 노력해야 한다. 전담기구에서 조사할 결과 사실 확인이 되지 않는 경우에는 조사한 자료를 바탕으로 자치위원회를 개최하여야 한다. 전담기구는 심의기구가 아니므로 자치위원회에 회부하여 처리토록 해야 한다.

13) 학부모 면담 시 해당 자녀의 진술만 공개한다고 했는데, 목격자 진술은 공개 가능한가?

☞ 목격자 지술은 일체 공개할 수 없으며 자녀 진술서만 공개 가능하다.

14) 관련 학생이 서로 대면하여 사안조사가 가능한가요?

☞ 관련 학생의 주장이 다른 경우, 대면조사보다는 목격자 또는 객관적 증거를 수집하도록 노력하여야 한다.

15) 가해학생이 학교폭력을 행사한 후 전학을 갔는데, 피해학생과 학부모도 종결하기를 원한다면 개최해서 종결할 수 있는가?

☞ 학교폭력을 행사한 후 전학을 간 경우에도 자치위원회를 개최해야 한다. 이 경우 가해학생과 피해학생이 다른 학교 학생인 경우가 되므로 공동자치위원회를 개최하거나, 각 학교에서 별도로 개최하면 된다.

16) 학부모가 학폭처리를 끝까지 거절하면?

☞ 자치위원회 개최는 법에 정해진 의무이므로, 학부모의 요청이 없어도 학교폭력이 발생한 사실을 신고받거나 보고받은 경우 소집해야 한다.

17) 자치위원회가 열리기 전에 학부모위원들이 사안에 대해 미리 알고 학부모위원들이 나서서 양측 부모들을 만나 긍정적인 방향으로 합의를 도출한 뒤 자치위원회를 열어서 '조치없음' 방향으로 가도 되는지?

☞ 자치위원이 임의로 사전에 만나서 합의를 도출하는 것은 불가능하다.

18) 가해학생에 대한 '출석정지' 조치는 등교 정지와 같은 용어인가?

☞ 출석정지 조치는 가해학생을 학교에 계속 등교하도록 해야 하며, 교실 이외의 별도의 공간에서 적절한 교육적 조치가 이루어 질 수 있도록 해야 한다. 출석정지는 '등교정지'와는 달리 가해학생을 학교에서 지속적으로 보호·감독해야 함을 의미한다. 피해학생과 같은 학교에서 분리하기 위해서는 '특별교육이수'조치를 내려야 한다.

19) 출석 정지 시 학교에 등교하더라도 출결은 인정되는가?

☞ 출석 인정은 되지 않는다.

20) 가해학생에 대한 조치가 서면사과로 결정되었을 때 며칠 이내에 해야 하는가?

☞ 학교의 장은 자치위원회 조치 결정 후 14일 이내에 해당 조치를 이행해야 한다.

21) 자치위원회 결정 사항을 이행하지 않는 학부모와 학생에 대한 조치는 어떻게 해야 하는가?

☞ 가해학생이 조치를 거부하거나 기피하는 것에 해당하므로 자치위원회를 개최하여 추가 조치할 수 있다. 가해학생의 보호자가 특별교육 이수 조치를 따르지 않을 경우 300만원 이하의 과태료 부과가 가능하다.

참고문헌

가영희 · 성낙돈 · 안병환(2011). 교육학개론. 서울: 동문사.

강갑원 외(2005). 교육학개론. 서울: 교육과학사.

강기수 외(2013). 최신 교육학개론. 서울: 동문사.

강대중(2002). 대안학교는 학교가 아니다. 서울: 박영률출판사.

강명관(2008). 옛글에 빗대어 세상을 말하다. 서울: 길.

_____(2012). 책벌레들 조선을 말하다. 서울: 푸른역사.

강민정(2008). 다문화 내용의 그림책을 활용한 철학놀이 프로그램이 유아의 인종 및 다문화에 대한 태도 및 사고에 미치는 효과. 위덕대학교 일반대학원 박사학위논문.

강봉규(1988). 교육심리학. 서울: 형성출판사.

강선보(2000). 교육과정평가연구. 제3권 제1호.

강선보 외 역(2011). 20세기 성인교육철학. 서울: 동문사.

강영삼 외(2007). 새로운 교육과정을 위한 교육학개론. 서울: 교육과학사.

강태중 · 이종태 · 이명준(1996). 새 학교 구상-좋은 학교의 이념과 그 구현 방안 탐색. 서울: 한국교육개발원.

강휘원(2006). 한국 다문화사회의 형성 요인과 통합 정책. 국가정책연구

경기도교육청. 다문화 교육의 이해와 실제(이론).

고려대학교 교육문제연구소(2004). 교육학 특강. 서울: 원미사.

______________________(2010). K교육학. 서울: 원미사.

고미숙(2006). 교육철학. 서울: 문음사.

고배준(2004). 초등담임교사의 일일노동량에 대한 사례연구. 한국교원대학교 교육대학원 석사학위논문.

고벽진 외(2006). 교육사 및 교육철학. 서울: 교육과학사.

고벽진 외(2006). 신교육사회학. 서울: 교육과학사.

고요한(2005). 비교교육철학. 서울: 학지사.

고형일 외(2003). 신교육사회학. 서울: 학지사.

공석영 외(2005). 생활지도와 상담. 서울: 동문사.

곽내영(2009). 곽내영교육학. 경기: 도서출판 형설.

교육과학기술부(2009). 대안학교의 설립 및 운영 등에 관한 규정.

____________(2013a). 솔리언 또래상담 지도자 지침서.

교육과학기술부/한국교육개발원/대전광역시교육청(2012). Wee 프로젝트 매뉴얼.

교육부(2013). 학교폭력 사안처리 가이드북.

_____(2015). 2015 개정 교육과정 교과별 선도교원 연수 자료집.

_____(2018). 학교폭력 사안처리 가이드북(개정판).

교육인적자원부(2007). 대안교육백서.

구광현 외(2006). 교육심리학. 서울: 동문사.

구본용 외(2008). 학교폭력 피해 학생 치유프로그램, 교육과학기술부.

________(2009). 다문화교육 이해. 서울: 동문사.

________(2010). 다문화 교육의 이해와 실천. 서울: 동문사.

구정화 외(2009). 다문화교육의 이해. 서울: 동문사.

권건일(2005). 교육학개론-인간과 교육의 만남-. 경기: 양서원.

권건일·김인아(1996). 사회교육의 이해: 프로그램 이론과 실제. 경기: 양서원.

권건일 외(2006). 교육학개론. 경기: 양서원.

권대훈(2006). 교육심리학의 이론과 실제. 서울: 학지사.

권창길 외(2000). 교육학개론. 서울: 학지사.

권형례(2010). 다문화가정 유아교육에 대한 실태 분석. 고려대학교 행정대학원 박사학위논문.

기순신(2002). 교사론. 서울: 학지사.

김경석 외(2005). 교육사회학. 서울: 교육과학사.

김경식 외(2011). 교육사회학 3판. 서울: 교육과학사.

김경식·안우환(2003). 한국교육사회학의 연구동향분석, 교육사회학연구, 13(2), pp. 47-64

김경이 외(2001). 교직의 이해. 서울: 문음사.

김계현 외(2000). 학교상담과 생활지도. 서울: 학지사.

김계현 외(2013). 학교상담과 생활지도. 서울: 학지사.

김계현·김동일·김봉환·김창대·김혜숙·남상인·천성문(2012). 학교상담과 생활지도. 서울: 학지사.

김국헌(2012). 발해의 교육기관과 교육내용. 숭실대학교 대학원 석사학위논문.

김남국(2005). 문화와 정의. 서울: 한양대학교.

김대현·김석우(2008). 교육과정 및 교육평가. 서울: 학지사.

김도수(1994). 교육학 개론. 서울: 교육과학사.

김미숙·백성준·옥준필(2009). 대안학교의 직업교육 운영실태 분석연구. 서울: 한국직업능력개발원.

김민한 외(2004). 교육사 교육철학신강. 서울: 학문사.

김범준·구병두(2009). 교육학개론. 경기: 공동체.

김병성(1990, 1995). 교육사회학 관련 이론. 경기: 양서원.

김병성(1995). 교육사회학, 경기: 양서원.

_____(1995). 교육과 사회. 서울: 학지사.

김병희 외(2008). 교육학개론. 경기: 공동체.

김병희 외(2012). 교육학개론. 경기: 공동체.

김병희 외(2011). 교육사회학 3판. 경기: 공동체.

김빛나·조상식(2013). 에라스무스 사상의 교육영향사적 해석-훈육이론을 중심으로. 교육사상연구 27(3), 77-97. 한국교육사상연구회.

김선미(2000). 다문화 교육의 개념과 사회과적용에 따른 문제. 사회과교육학연구 제4호. 서울: 한국사회과교육연구학회.

김신일(2000). 교육사회학. 서울: 교육과학사.

_____(2003). 교육사회학. 서울: 교육과학사.

_____(2006). 교육사회학. 서울: 교육과학사.

김신자·이인숙·양영선(1999). 교육공학의 이론과 실재. 서울: 문음사.

김아영 외(2003). 교육심리학. 서울: 박학사.

김아영(2006). 초등교사의 다문화 교육 인식 실태 조사. 서울교육대학교 교육대학원 논문.

김영광(2007). GLORY교육학(교수학습). 서울: 영광교육선교센터.

김영수·양영선(1994). 교육공학연구. 서울: 교육과학사.

김영옥 외(2002). 유아를 위한 다문화교육: 반편견, 세계 이해 교육의 현장 적용. 경기: 정민사.

________(2008). 유아 다문화교육의 통합적 적용. 서울: 학지사.

김용신(2009). 다문화 교육론서설. 경기: 이담.

김용현(2010) 평생교육개론. 경기: 양서원.

김유경 외(2008). 다문화시대를 대비한 복지정책방안 연구.한국보건사회연구원.

김이경 외(2005). 교원의 직무 수행 실태 분석 및 기준 개발 연구. 서울: 한국교육개발원.

김인식 외(2003). 인간교육의 이해. 서울: 교육과학사.

김재복 외(1995). 새로 쓴 교육학의 이해. 서울: 삼경사.

김재웅(2005). 평생학습국가 건설을 위한 평생교육제도 활성화 방안: 원격 대학, 학점 은행제, 그리고 독학학위제를 중심으로. 교육행정연구회. 서강대학교.

김재춘(2003). 예비 · 현직교사를 위한 교육과정과 교육평가(제3판). 서울: 교육과학사.

김재춘 외(2011). 교육과정과 교육평가. 경기: 교육과학사.

김정환(1982). 전인교육론. 서울: 세영사.

______(1996). 교육철학. 서울: 박영사.

김정환 외(2001). 교육철학. 서울: 박영사.

김정환 · 강선보(2005). 교육학개론. 서울: 박영사.

____________(2006). 교육학개론. 서울: 박영사.

김종서 외(1993). 최신 교육학개론. 서울: 교육과학사.

김종서 외(1998). 최신 교육학개론. 서울: 교육과학사.

김종서(2000). 평생교육개념의 모색. 교육문제연구 2집.

______(2000). 평생교육개론. 서울: 교육과학사.

김종서 · 이영덕 · 정원식(1993). 교육학개론. 서울: 교육과학사.

김종운 외(2014). 예비교사를 위한 교직실무. 서울: 동문사.

김종재(1981). 한국인의 교육관. 서울: 한국교육원.

김종철(1982). 교육행정의 이론과 실제. 서울: 교육과학사.

______(1985). 교육행정의 이론과 실제. 서울: 교육과학사.

______(1996). 교사론. 서울: 교육과학사.

김진규(2002). 교육과정과 교육평가. 서울: 동문사.

______(2008). 교육과정과 교육평가. 서울: 교육과학사.

김진규 · 윤길근(2013). 교육평가의 탐구. 서울: 동문사.

김준규 외(2005). 예비교사를 위한 교육방법의 이론과 실제. 서울: 학지사.

김진한(2009). 교직실무. 서울: 학지사.

______(2011). 교사를 위한 교육학. 서울: 학지사.

김창대 역(2006). 상담 및 심리치료의 기본기법. 서울: 학지사.

김천기(1998). 교육사회학. 서울: 학지사.

_____(2003). 교육의 사회학적 이해. 서울: 학지사.
김청자(2012). 교육심리학의 이해. 서울: 동문사.
김청자 외(2006). 교육심리학. 서울: 동문사.
김춘경·이수연·최웅용·홍종관 공역(2008). 상담 및 심리치료의 이해. 서울: 학지사.
김충기(2003). 생활지도 · 상담 · 진로지도. 서울: 교육과학사.
_____(2004). 미래사회와 진로교육. 경기: 한국학술정보원.
김충기 외(2002). 현대 상담이론과 실제. 서울: 교육과학사.
김충기 외(2004). 교육학개론. 서울: 동문사.
김충기·장선철(2003). 진로상담. 서울: 태영출판사.
김한별(2010). 평생교육론. 서울: 학지사.
김형관 외(1993). 교육행정. 서울: 성원사.
김혜숙 외(2001). 교원의 질 관리를 통한 학교개선 국제공동연구. 서울: 한국교육개발원.
김호권(1975). 현대교수이론. 서울: 교육출판사.
김홍운·김두정(2007). 다문화 교육의 이론과 실재 다문화 교육에 대한 해당 교육 주체의 인식 조사. 교육연구논총.
김환·이장호(2006). 상담면접의 기초. 서울: 학지사.
김회용(2006). 좋은 교사의 자질. 교육철학회. 2006년 교육철학회 연차학술대회 자료집. 101-118.
김희수(2011). 교육심리학. 서울: 신정.
나일주(2007). 교육공학 관련이론. 서울: 교육과학사.
나일주·정인성(2000). 교육공학의 이해. 서울: 학지사.
나항진 외(2011). 평생교육론. 경기: 양서원.
남궁용권 외(2005). 알기 쉬운 교육학개론. 경기: 양서원.
남정걸(2004). 교육행정 및 교육경영. 서울. 교육과학사.
_____(2015). 교육행정 및 교육경영. 서울: 교육과학사.
노상우(2008). 교육의 역사와 사상. 서울: 교육과학사.
노선하(2004). 초등 사회과에서 다문화 교육을 위한 교수-학습 방안에 관한 연구. 청주대학교 교육대학원 석사학위논문.
노안영(2005). 상담심리학의 이론제 실제. 서울: 학지사.
노희관 외(2000). 교육학의 새로운 패러다임. 서울: 교육과학사.
류동훈(2003). 교육입문을 위한 개론서 신교육학탐구. 서울: 창지사.

마르코 마르티니엘로 저·윤진 역(2002). 현대사회와 다문화주의. 경기: 한울아카데미.

모경환(2009). 다문화 교육의 개념과 목표. 경기: 양서원.

_____(2010). 다문화교육의 개념과 목표. 경기: 양서원 pp.91-109.

모경환·이혜진·이정수(2010). 다문화교사교육과정의 실태와 개선방안: 2010년 교과과정을 중심으로. 다문화교육, 1(1), 21-35.

문선모(2003). 학생상담 이론과 실제. 경기: 양서원.

문은식 외(2007). 교육심리학. 경기: 공동체.

문태형(2000). 창의성 체계이론과 교육환경－Csikszentmihalyi의 체계모형을 중심으로－. 인문과학연구 21. 235-255.

박남수(2000). 다문화 사회에 있어 시민적 자질의 육성－사회과를 통한 다문화 교육의 모색. 사회과교육 제33호. 서울: 한회과교육연구학국사회.

박덕규 외(2003). 교원의 표준수업시수 설정연구. 서울: 한국교육개발원.

박도순(2002). 한국 교육의 현실과 미래 전망: 세계화, 지식 정보화 사회에서의 교육의 과제. 교육학연구, 40(6), 1-15.

박도순 외(1994). 신교육학개론. 서울: 문음사.

박도순 외(2007). 교육평가－이해와 적용. 서울: 교육과학사.

박두순 외(2006). 교육과정 및 교육평가. 서울: 문음사.

박선영 외(2010). 교육학개론. 서울: 원미사.

박성수(1986). 생활지도. 경기: 정민사.

박성수(1994). 상담교육과 상담교육학-가능성 탐색을 위한 시론. 이성진 편, 한국 교육학의 맥. 378-415. 서울: 나남출판사.

박성익·임철일·이재경·최정임(2011). 교육방법의 교육공학적 이해. 서울: 교육과학사.

박아청(2002). 교육심리학의 이해. 서울: 교육과학사.

박영만(2006). 좋은 교사란 어떤 사람인가? 교육철학회. 2006년 교육철학회 연차학술대회 자료집. 69-95.

박영숙 외(1999). 학교급별, 직급별, 취득자격별 교원직무 수행기준에 관한 연구. 서울: 한국교육개발원.

박영진(2005). 중국교육사상가. 서울: 장서원.

박영진 외(2008). 교육학개론. 서울: 동문사.

박영진·장성화(2013). 최신 교육학의 이해. 서울: 동문사.

박영진·조건덕·장성화(2008). 교육학개론. 서울: 동문사.

박윤경(2007). 지식구성과 다문화 문식성. 독서연구, 18(2), 97-126.
박의수 외(2007). 교육의 역사와 철학. 서울: 동문사.
박종필(2004). 학교단위책임경영제. 서울: 원미사.
박진현(2002). 사회과 이문화 교육에 관한 연구. 부산: 부산교육대학교.
박천응(2009). 다문화 교육의 탄생. 경기: 국경없는마을 출판사.
박철홍 외(2013). 현대교육학개론. 서울: 학지사.
박행모 외(1994). 교육사회학. 서울: 도서출판 삼선.
박화윤 외(2011). 유아교직실무. 경기: 공동체.
백승관(2002). 섬머힐. 서울: 문음사.
백승주 외(2010). 다문화 교육 멘토링 프로그램. 서울: 학지사.
백영균(1999). 멀티미디어의 설계, 개발, 활용. 경기: 양서원.
_____(1999). 웹 기반 학습의 설계. 경기: 양서원.
백영균(2002). ICT 활용교육론. 서울: 문음사.
법무부 소년과(2013). 청소년비행예방센터 현황.
법무부(2010). 청소년비행예방센터소개.
_____(2011). 청소년비행예방센터의 현황 및 최근 5년간 성과 또는 이용실적.
법제처(2013). 학교폭력예방 및 대책에 관한 법률.
변영계·김영환·손미(2000). 교육방법 및 교육공학. 서울: 학지사.
서울대학교 교육연구소편(1999). 교육학용어사전. 서울: 도서출판 하우.
서울평화교육센터(1996). 대안학교의 모델과 실천. 서울: 내일을여는책.
서재복 외(2013). 교육학의 이해. 서울: 태영출판사.
석태종(1996). 교육사회학. 서울: 교육과학사.
성태제(2000). 교육평가의 변화와 역할. 한국교육평가의 쟁점과 논의. 황정규 편. 서울: 교육과학사
성태제 외(2013). 최신 교육학개론. 서울: 학지사.
손승남(2001). 교육해석학. 서울: 교육과학사.
_____(2006). 좋은 수업의 조건: 교수론적 관점들. 한국교육사상연구회. 교육사상연구 제20집. 115-134.
_____(2011). 인문교양교육의 원형과 변용. 서울: 교육과학사.
손승남 외(2010). 동양고전에서 교육을 묻다. 경기: 한국학술정보.
손승남 외(2013). 교육의 역사와 철학. 서울: 학이당.

손영환·권미량(2009). 교육학개론. 서울: 창지사.

손영환·신수균(2007). 교육행정 및 교육경영. 서울: 동문사.

손준종(2001). 교육사회학. 서울: 문음사.

송병순(1992). 현대사회와 교육-교육사회학적 접근. 경기: 양서원.

송순재 역(2002). 프레네 교육학에 기초한 학교 만들기. 서울 : 내일을여는책.

스털리 P. 렘브레이트 저·김태길 외 역(2009). 서양 철학사. 서울: 을유문화사.

신경진(2010). 상담의 과정과 대화기법. 서울: 학지사.

신득렬 외(2004). 교육철학 및 교육사. 경기: 양서원.

신명희 외(2010). 교육심리학. 서울: 학지사.

신명희 외(2012). 교육심리학 2판. 서울: 학지사.

신봉호(2010). 중학교 학교상담 프로그램 개발 및 효과. 순천대학교 대학원 박사학위논문.

신차균 외(2013). 교육철학 및 교육사의 이해. 서울: 학지사.

신봉호 외(2016). 교육심리학. 서울: 동문사.

신봉호 외(2013). 미래교육연구 제7호. 광주: 해성출판사.

신창호(2010). 함양과 체찰. 서울: 미다스북스.

신채호 저·박기봉 역(2006). 조선상고사. 서울: 비봉출판사.

신학봉(2001). 우리나라 대안학교의 실태분석과 교육내용 비교연구. 28-29.

신현석(1998). 중등교원의 질 관리를 위한 정책모형의 개발 Ⅰ. 한국교육정치학회. 교육정치학연구 5(2). 102-122.

신현석·안선희(2011). 교육행정 및 교육경영. 서울: 학지사.

안경식 외(2009). 다문화 교육의 현황과 과제. 서울: 학지사.

안길훈(2007). 학생들의 선호-교사상에 대한 내용 분석적 연구. 한국교육행정학회. 교육행정학연구 25(4). 117-140.

_____(2010). 학생참여중심 교사평가도구 개발. 순천대학교 대학원 박사학위 논문.

안길훈·이병환(2010). 중학생의 하루 일과 분석을 통한 자기표현력 증진 교육프로그램 개발 및 적용. 한국교육과정평가원. 교육과정평가연구 13(1). 87-112.

안병환(2003). 교육사회학. 서울: 교육과학사.

_____(2012). 교육사회학의 이해. 경기: 공동체.

안창선·남경형·이욱범(1999). 교사론. 서울: 교육과학사.

양영자(2008). 한국 다문화 교육의 개념 정립과 교육과정 개발 방향 탐색. 이화여자대학교 대학원 교육학 박사학위청구논문.

양진건 · 오성배 공역(2007). 교육학 개론. 서울: 아카데미프레스.

엄재춘 외(2013). 학교폭력의 예방 및 대책. 경기: 양서원.

연문희 · 강진영(2002). 학교상담 : 21세기의 학생생활지도. 서울: 학지사.

연문희 · 이영희 · 이장호(2008). 인간중심상담: 이론과 사례 실제. 서울: 학지사.

오경석 외(2007). 한국에서의 다문화주의: 현실과 쟁점. 서울: 한울아카데미.

오만록(2004). 교육심리학. 서울: 교육과학사.

오영재 외(2005). 현대교육의 이해. 서울: 교육아카데미.

유기섭(2001). 교육심리학. 서울: 동문사.

유득공 · 정진헌(2006). 발해고(잊혀진 제국 발해를 찾아서). 서울: 서해문고.

유재봉 · 이윤미 · 이윤식 · 임웅 · 홍후조(2013). 최신 교육학개론. 서울: 학지사.

유혜영(2014). 다문화교육에 대한 초등교사의 인식 수준과 유형 연구. 경기대학교 교육대학원 석사학위논문.

유혜윤(2003). 전통문화를 활용한 다문화 미술활동의 효과. 덕성여자대학교 대학원 석사학위논문.

윤인진(2008). 한국적 다문화주의 전개와 특성: 국가와 시민사회의 관계를 중심으로. 한국사회학, 42(2), 72-103.

윤인진 · 송영호(2013). 북한이주민에 대한 남한주민의 민족의식과 다문화의식. 재외한인연구 30호(2013. 6.).

윤재홍(2012). 교육철학 및 교육사. 서울: 학지사.

윤정일(2015). 교육행정학원론. 서울: 학지사.

윤정일 외(1996). 교육의 이해. 서울: 학지사.

윤정일 외(2003). 교육행정학 원론. 서울: 학지사.

윤정일 외(2007). 교육학개론. 서울: 고시각.

윤정일 외(2007). 신교육학의 이해. 서울: 학지사.

윤찬영(2017). 사회복지의 이해. 경기: 정민사.

윤천근(2012). 부끄러워야 사람이다. 경기: 글항아리.

이경우 외(1999). 반편견 교육과정. 서울: 창지사.

이경화 · 고진영 · 최병연 · 정미경 · 박숙희(2009). 효과적인 교수-학습을 위한 교육심리학. 서울: 교육과학사.

이규환(1978). 교육사회학. 서울: 배영사.

이기문(2004). 동아새국어사전. 서울: 두산동아.

이기철 역(1998). 세계화란 무엇인가. 서울: 현대미학사.

이명기 외(2011). 교육적 사유와 안목을 넓히기 위한 교육학개론. 서울: 학지사.

이병록(2007). 지역사회복지와 사회복지시설. 서울: 청목출판사.

이병승 외(2006). 쉽게 풀어쓴 교육학(2판). 서울: 학지사.

이병환(2004). 국내외 대안학교의 운영 특성에 관한 연구. 열린교육연구. 31-56.

이병환·김규태·장기풍(2012). 최신 교육행정 및 교육경영. 서울: 태영출판사.

이병환·김영순(2008). 대안교육의 실천과 모색. 서울: 학지사.

이병환 외(2010). 교육사회학. 서울: 교육과학사.

이상오(2008). 교육해석학 이론과 적용. 서울: 학지사

이석재(1990). 현대사회의 구조적 특징과 도덕적 위기. 한국교육학회. 교육학연구.

이성진(1997). 교육심리학 서설. 서울: 교육과학사.

이성진 외(2009). 교육심리학 서설 3판. 서울: 교육과학사.

이세형(2017). 사회복지 행정실무. 경기: 양성원.

이영분·김기환(2010). 사회복지실천론. 서울: 동인.

이용남 역(1998). 교육기초의 선구자들. 서울: 교육과학사.

이용남 외(2012). 교육학 : 교육의 이해. 서울: 교육과학사.

이원규(1992). 한국사회 계층갈등과 웨슬리적 답변. 신학과 세계 제24호. 1992.6. 162-198.

이윤식(1993). 장학론 논고: 교내자율장학론. 서울: 과학과 예술.

이인숙·한승연·임병노(2010). 교육공학·교육방법. 서울: 문음사.

이인재(2006). 인재교육학. 서울: 형설출판사.

이자영(2002). 나를 위해 기도하는 선생님. 학교법인 포철교육재단. 포철교육재단 통권 90호. 32-33.

이장호(1995). 상담심리학 3판. 경기: 법문사.

_____(1995). 상담심리학. 서울 : 박영사.

이종각(2004), 새로운 교육사회학 총론, 서울: 동문사.

이종숙·임종명·강태훈(2000). 교육학의 이해. 서울: 학이당.

이종철 외(2010). 신교육학의 탐색. 서울: 동문사.

이종태(2007). 대안교육 이해하기. 서울: 민들레.

이지헌 외(2009). 교육학의 이해. 서울: 학지사.

이지헌 외(2005). 교육학의 이해. 서울: 학지사.

이채석(2017). 사회복지 사례관리. 경기: 어가.

이철수 외(2008). 사회복지학 사전. 서울: 블루피쉬.

이현림 외(2000). 교육학의 이해. 서울: 원미사.

이현림 외(2005). 새교육학 개론. 서울: 원미사.

이현청(1994, 1996). 교육사회학. 서울: 양서원.

이형득 외(1994). 상담이론. 서울: 교육과학사.

이형행(2009). 교육학개론. 경기: 양서원.

이홍우(1992). 교육과정탐구. 서울: 박영사.

임경희 외(2013). 학교폭력가해·피해 학생 추수 관리 프로그램 개발 연구. 경북: 경상북도교육청.

임경희·신봉호(2007). 중학생용 진로탐색검사 개발을 위한 연구. 한국아동교육학회, 16(1).

임규혁(2004). 교육심리학. 서울: 학지사.

임연기·최준렬(2017). 교육행정 및 경영탐구. 경기: 공동체.

임은미(2010). 다문화사회와 상담: 상담학 개론. 서울: 학지사.

장선철 외(2005). 교육심리학. 서울: 태영출판사.

장원동(2011). 교육사 및 교육철학의 이해. 서울: 태영출판사.

장자크 루소 저·김중현 역(2010). 사회계약론. 경기: 펭귄클래식코리아.

장자크 루소 저·민의식 역(2012). 에밀. 경기: 육문사.

장재천(2009). 교육사회학의 이론과 실천. 서울: 교육과학사.

전라남도교육청(2012). 단위학교 학교폭력 대처 및 사안처리 우수사례집.

___________(2018). 2018 학교폭력 업무 담당교사 수준별 역량강화 연찬회 자료.

전덕수(2008). 유아교사의 다문화교육에 관한 인식 및 실제. 연세대학교 교육대학원 박사학위논문.

전상준 외(2018). 교육학의 이해. 경기: 정민사.

전제상(2000). 교원평가의 준거개발에 관한 연구. 홍익대학교 대학원 박사학위 논문.

전태련(2001). 한권으로 끝내는 교육학. 서울: 열린교육.

정두용 외(1998). 세계문화읽기. 유네스코한국위원회. 대전: 심지.

정범모(1968). 교육과 교육학. 서울: 배영사.

정석환(2007). 쉽게 풀어 쓴 교육철학 및 교육사. 서울: 동문사.

정선희(1997). 다문화 교육에 관한 유아교사의 인식과 실태 조사. 이화여자대학교 대학원 석사학위논문.

정수애(2012). 결혼 이주여성 교육프로그램 운영실태와 개선방안. 순천대학교 교육학 석사학위청구논문.
정영근 외(2002). 교육학개론. 서울: 문음사.
정영상(1998). 중학교 학부모가 기대하는 교사상 분석. 인제대학교 대학원 석사학위논문.
정영수 외(1998). 교사와 교육. 서울: 문음사.
정옥분(2006). 사회정서발달. 서울: 학지사.
정찬익 · 노진호(1998). 교육의 역사와 철학의 이해. 서울: 백산출판사.
정태범 외(1997). 학교기능 활성화를 위한 교원직무체계 정립 연구. 서울: 한국교원단체총연합회.
정희숙(2011). 교육철학. 서울: 집문당
조붕환 · 임경희(2011). 교사를 위한 생활지도와 학교상담. 서울: 아카데미프레스.
조승제(2007). 교육과정과 평가의 쟁점－삶과 앎－. 서울: 교육과학사.
조영달 외(2006). 다문화가정의 자녀교육 실태조사 연구. 교육인적자원부.
조현규(2009). 동양교육사상. 서울: 학지사.
조혜정 외(2011). 대안교육 종합발전 방안에 관한 연구. 교육과학기술부.
조화섭(2004). 조화섭교육학(上). 서울: 교육마을.
조화섭(2007). 조화섭 교육학 실전길라잡이. 서울: 도서출판 혜담.
존 듀이 저 · 이홍우 역(1996). 민주주의와 교육. 서울: 교육과학사.
주삼환 외(1996). 교원의 정체성 확립을 위한 교사의 직무수행 모형개발 연구. 서울: 중부교육청.
주은선 역(2013). 상담의 기술 3판. 서울: 학지사.
진동섭(2003). 학교컨설팅. 서울: 학지사.
진동섭 · 이윤식 · 김재웅(2011). 교육행정 및 학교경영의 이해. 서울: 교육과학사.
차경수 외(2001). 교육사회학의 이해. 경기: 양서원.
차경수(1985). 교육사회학의 연구－한국교육학의 탐색. 서울: 고려원
차경수 · 모경환(2008). 사회과교육. 서울: 동문사.
채정란(1999). 다문화 교육의 이해와 실제. 경기도교육청 장학자료.
청소년보호위원회(2002). 학교폭력 피해 학생 치료 · 재활 프로그램 매뉴얼.
최성균 · 이준우(2017). 한국 사회복지실천과 복지경영. 서울: 파란마음.
최은수 외(2010). 평생교육론. 서울: 학지사.
최일선 외(2008). 국제결혼 가정 자녀를 한 교육 멘토링. 서울: 교육과학사.

최재선(1998). 문화적 관점에서 본 인성교육의 과제. 연세교육연구, 11(1), 83-108.
최충옥 외(2009). 다문화 교육의 이론과 실제. 경기: 양서원.
최호성(2008). 교육과정 및 평가. 서울: 교육과학사.
키케로 저·허승일 역(2012). 키케로의 의무론. 경기: 서광사.
페스탈로치 저·김정환 역(2003). 은자의 황혼. 서울: 서문당.
평생교육진흥원(2009). 평생학습계좌제. 평생교육진흥원 홍보자료.
표시열(2002). 교육정책과 법. 서울: 박영사.
프리드리히 프뢰벨 저·이원영 외 역(2005). 인간의 교육. 경기: 양서원.
하현숙(2000). 다문화 교육에 대한 부모의 인식 및 양육실제 연구조사. 성균관대학교 대학원 석사학위 논문.
한국교육심리학회(2000). 교육심리학용어사전. 서울: 학지사.
한국사회이론학회(1989). 평등문제와 우리사회. 서울: 현상과 인식.
한국산업인력공단(2015). 사회복지서비스. 서울: 진한엠앤비.
한규원·이항재(1996). 서양교육사. 서울: 교육과학사.
한기언(1990). 교육철학 및 교육사. 경기: 양서원
한명희 외(2005). 교육의 철학적 이해. 서울: 문음사.
한민석(2003). 한민석교육학(하). 서울: 형설출판사.
한방교 외(2006). 교육의 이해. 서울: 동문사.
한상길 외(2007). 교육학개론. 경기: 공동체.
한상길 외(2011). 교육학개론. 경기: 공동체.
한상길 외(2012). 교육학개론. 경기: 공동체.
한상준(1982). 새로운 교육학. 서울: 한길사.
한스 쇼이얼 외 저·정영근 외 역(2004). 교육학의 거장들 1. 서울: 한길사.
한승희(2004) 평생교육학·평생학습 사회의 교육학. 서울: 학지사.
한준상(1996). 신교육사회학. 서울: 학지사.
허운나(1993). 산업교육 요구분석. 서울: 배영사.
허혜경·김혜수(2012). 교육학개론. 서울: 창지사.
현외성(2014). 현대 복지국가의 사회복지교육. 경기: 공동체.
홍경자(1986). 성장을 위한 생활지도. 서울: 탐구당.
홍경자(2005). Wellbeing 시대와 상담. 2005 한국상담학회 연차대회 학술논문자료집, 5-16. 한국상담학회.

홍재호(2011). 교육사회학. 충남: 공주대학교출판부.

황정규 외(2006). 교육학개론. 서울: 교육과학사.

간디학교 http://gandhis.sarang.net/

교육부 http://www.moe.go.kr

네이버 http://www.naver.com

네이버 지식백과 실용주의[實用主義, pragmatism](교육학용어사전, 1995.6.29, 하우동설).

대안교육연대 http://www.psae.or.kr

대안교육종합센터 http://www.daeancenter.or.kr

민들레출판사 http://www.mindle.org

서울시청소년상담복지센터 http://www.teen1318.or.kr

서울시학교밖청소년지원센터 http://www.seoulallnet.org

이우학교 https://www.2woo.net/

평생교육진흥원 http://www.nile.or.kr

평생학습계좌제 http://www.all.go.kr

풀무농업고등학교 http://www.geochang.hs.kr

한울고등학교 http://hanwool.hs.jne.kr

Alan Januszewski & Michael Molenda 저 / 한정선·김영수·강명희 역(2009). 교육공학. 서울: 교육과학사.

Amabile. T. M.(1983). The social psychology of creativity: A componential conceptualization. *Journal of Personality and Social Psychology. 45(2).* 357-376.

______________(1993). Motivational synergy: Toward new conceptualization of intrinsic and extrinsic motivation in the workplace. *Human Resource Management Review. 3.* 185-201.

American School Counselor Association.(2003). *The ASCA National Model: A Framework for School Counseling Programs*. ASCA.

Anderson, J. R.(1995). *Cognitive psychology and its implications*(4th ed.). NY: Freeman.

Apple, M, W.(1982). *Cultural and Economic Reproduction in Education.* London: R.

K. P.

Bandura, A.(1977). *Social learning theory*. Englewood Cliffs, NJ: Prentice-Hall.

__________(1986). *Social foundations of thought and action: A social cognitive theory*. Englewood Cliffs, NJ: Prentice-Hall.

Banks, O.(1977). *The Sociology of education*. London: B. T. Batsford. Ltd.

Baxter, B.(1941). *Teacher-Pupil Relationships*. New Yow: Mcmillan Co.

Beauchamp, G. A.(1972). Basic Components of a Curriculum theory, *Curriculum theory Network*, Fall. 18-22.

Beck, A. T.(1972). *Depression: Cause and treatment*. Philadelphia: University of Pennsylvania Press.

Benjamin Bloom(Ed.).(1956). *Taxonomy of educational objectives: Cognitive domain.* New York:

Berns, R. M.(2007). *Child, Family, School, Community*. Thomson: Australia.

Bertalanffy, L.(1967). *Robots, men and minds*. New York: Braziller.

Bloom, B. S.(1956). *Taxonomy of educational objectives handbook I : cognitive domain*. New York: David McKay.

Bloom, B. S.(1968). *Learning for Mastery*. UCLA Evaluation Comment, 1.

___________(1971). *Mastery learning*. In J. H. Block(Ed.), Mastery learning : Theory and practice. New York: Holt, Rinehart & Winston.

Bloom, B. S., et al.(1956). *Taxonomy of educational objectives. The classification of educational goals, Handbook 1. Cognitive domain.* New York: David Mckay Co., Inc.

Bobbitt, F.(1918). *The curriculum*. Boston: Houghton Mifflin.

Bower & Bower(1976). *The Systematic Design of Instruction Third Edition*. Glenview, Ⅲ.: Scott Foresman.

Bradley-Johnson., S., & Dean, V. J.(2000). Role change for school psychology: The challenge conginues in the new millennium. *Psychology in the Schools*, 37(1), 1-5.

Brameld, T.(1996). *Toward a Reconstructed Philosophy of Education.* New York: Holt. Rinehart and Winston.

Brammer, L.(1988). *The helping relationship: Process and skills*. Englewood Cliffs,

NJ: Prentice Hall.

Brookover et al.(1977). *Schools Can Make A Difference*. East Lansing. MI: Michigan State University.

Bruner, J. S.(1960). *The process of education.* Cambridge: Mass: Harvard University Press.

__________(1960). *The process of education.* New York: Random House.

__________(1961). *The act of discovery*. Harvard Educational Review, 31.

__________(1966). *Toward a Theory of Instruction*: Cambridge, Mass.: Harvard University Press.

C. E. Bidwell(1965), *The School as a Formal Organization*, In J. G. Maech(Ed). Handbook of Organizations(Chicago: Rand McNally, 1965). p.974.

Campbell, R. F., & Gregg, Russell T.(1957). *Administrative Behavior in Education.* N.Y.: Harper & Row Publishers.

Carl, J. D.(2010). *Think Sociology*. London: Prentice Hall.

Centers, R.(1949). *The psychology of social classes: A study of class consciousness*. Princeton: Princeton University Press.

Cooley, C. H.(1902; 1956). *Human Nature and Social Order*. Glencoe, Ⅲ: Free Press.

Cooper, B. S.(1994). Alternative Schools and Programs, in *The International Encyclopedia of Education*, 2nd ed. vol. 1, 260-266.

Csikszentmihalyi, M.(1988b). *Society, culture, person: A systems view of creativity*. In R. Sternberg(Ed). The nature of creativity(pp.325-339). Cambridge University press.

______________(1996). *Creativity : Flow and the psychology of discovery and invention.* New York: HarperCollins.

Dale, E.(1946). *Audio-visual method in teaching.* New York: Dryden Press.

Dave, R. H.(1984). *Lifelong Education and School Curriculum*, 전북대학교 부설 사회교육연구소 역. 경기: 정민사.

Dewey, J.(1902). *The child and the curriculum and the school and society*. Chicago: University of Chicago Press.

Dewey, J.(1944). *Democracy and Education.* New York: The Free Press.

Dick, W. and Carey, L.(1996). *The systematic design of instructional(4th ed.).* N.Y.: Harper Collins College Publishers.

Dick, W., & Carey, L.(1985). *The systematic design of instruction.* Glenview, IL: Scott, Foresman and CO.

Dreeben, R.(1977). The Contribution of Schooling to the Learning of Norms. *Harvard Educational Review.* 37(2). 211-237.

Durkheim, E.(1922). *Education et Sociologie.* Paris: Alcan.(1956).

Education and Sociology, Glencoe, Ⅲ: Free Press. 이종각 역(1978). 교육사회학. 서울: 배영사.

Ellis(1962). *A. Reason and Emotion in psychotherapy*, N.Y: Cyle Stwart.

Fllis, A. C.(1995). *Changing Rational-e-Behavior Therapy, 13(2),* 85-89.

Fryer(1997). *Lifelong learning exclusion and residence.* adults learning.

Gage, N. L.(1978). *The scientific basis of the art of teaching.* New York: Teachers College Press, Columbia University.

Gagene, R. M., Brggs, L. J. and Wager, W. W.(1998). *Principle of instructional design(3rd ed.).* N.Y.: Holt, Reinhart & Winston.

Gardner. H.(1993). *Creating minds.* New York: Basic.

George, R. L., & Cristiani, T, S.(1995). *Theory, methods, and process of counseling and psychotherapy.* Englewood Cliffs, NJ:Prentice-Hall.

Giddens, A.(1989). *Sociology.* 김미숙 외 역. 현대사회학. 서울: 을류문화사.

Ginot, H. 저 · 김순희 역(1974). 교사와 학생의 사이 : 하임 기너트의 교육심리학. 서울: 혜선문화사.

Giroux, H. A., Penns, A. N., & Pinar, W. F.(1981). *Curriculum & Instruction.* McCutchan Publishing Corporation.

Gladding, S. T.(2000). *Counseling: A comprehensive profession.* New Jersey: PrenticeHall, Inc.

_____________(2004). *Group work: A counselling specially*(3rd ed.). Upper Saddle River, NJ: Prentice-Hall.

Glaser, R.(1962). *Training research and education.* Pittsburgh, PA: University of Pittsburgh Press.

Gordon, T. 저 · 백종억 외 역(1987). 성공적인 교사가 되는 길. 서울: 성원사.

Gruber, H.(1988). The evolving systems approach to creative work. *Creative Research Journal. 1.* 27-51.

Gysbers, N. C. & Henderson, P.(2001). Comprehensive guidance and counseling programs: A rich history and a bright future. *Professional School Counseling*, 5.

Hans Scheuerl. H. 저 / 정영근 외 옮김(2004a). 교육학의 거장들 Ⅰ. 경기: 도서출판 한길사.

________________(2004b). 교육학의 거장들 Ⅱ. 경기: 도서출판 한길사.

Harvighurst, R. J.(1972). *Developmental tasks and educational*(3rd ed.). New York: David Mckay.

Henderson, S. J.(2000). "Follow your bliss" : A process for career happiness. *Journal of Counseling and Development*, 78, 305-315.

Hiemstra(2002). Bertus Haverkort and Wim Hiemstra(eds), *Food for Thought : Ancient Visions and New Experiments of Rural People*. development and change－The hague then London.

Hilgard, E. R., Atkinson, R. L., & Atkinson, R. C.(1979). *introduction to psychology(7th ed.)*. New York: Harcourt Brace Jovanovich.

Horton, P. B., & Hunt, C. L.(1980). *Sociology*. Tokyo: Mcgraw-HillKogakusha, Ltd.

J. S, Mill, 김형철 옮김(2009). 자유론. 경기: 서광사.

________, 조현수 편저(2006). 자유론. 서울: 타임기획.

James A. Banks(2002), *An introduction to multicultural education*. Allyn & Bacon.

Jarolimek, J., Foster, C. D.(1981). *Teaching and Learning in the Elementary school*, 2nd ed. New York: Macmillian Publishing Co.

Jarvis, P.(2004). *Adult education and lifelong learning : Theory andpractice. Oxon*, UK: Routledge Falmer.

JEANNE E. ORMROD. 이명숙 외 역(2011). 제7판 교육심리학. 서울: 아카데미프레스.

Jesse B. Sears(1950). *The Nature of the Administrative Process*. New York: McGraw Hill.

Knowles, M. S.(1980). *The modern practice of adult education : From pedagogy to andragogy*. New York: Cambridge Books.

Lengrand(1965). *Areas of learning basic to lifelong education.* London: Pergamon Pr.

Lengrand, P. J.(1988). *An Introduction to Lifelong Education.* London: Croom Helm Ltd.

Lieberman, M.(1956). *Education as a Profession.* N.J.: Prentice-Hall.

Max G. Abbot(1969). *Hierarchical Impediments to Innovation in Educational Organizations*, In F.D.Carver & T.J. Sergiovanni(Eds).. Organizations and Human Behavior(N.Y.: McGraw-Hill). 44-45

Mayer, J. D., & Salovey, P.(1990). Emotional intelligence. *Imagination, Cognition and Personality. 9,* 185-221.

Merril, M. D.(1991). Constructivism and instructional design. *Educational Technology,* 31, 5, 45-53.

Miationalalaret, G.,(Ed.)(1985). *Introduction to the educational science.* Paris: UNESCO; 신태진, 고요한 공역. 교육과학입문. 서울. 학지사.

Myrick, R. D.(2003). *Developmental guidance and counseling: A practical approach*(4th ed.). Minneapolis, MN: Educational Media Co.

Nigel Blake 외 편집, 강선보외 역(2009). 현대 교육철학의 다양한 흐름 Ⅰ, Ⅱ. 서울: 학지사.

Omstein, A, C., & Levine, D. U.(2006). *Foundations of education*(9th ed). Boston, MA: Houghton Mifflin; 김성봉·박정환·박종필·박태수

Parelius, A. P., & Parelius, R. J.(1978). *The Sociology of Education.* Englewood Cliffs, New Jersey: Prentice-Hal. Inc.

Parkay Forrest & W. Hardcastle B.(1990). *Becoming a Teacher: Accepting the Challenge of a Profession*, Boston: Allyan and Bacon.

Parsons, F.(1909) *Choosing a vocational.* Boston: Houghton Mifflin.

Parsons, T.(1959). The school class as a social system: Some of itsfunctions in American society. *Harvard Educational Review*, 29(fall): 297-318.

Pata(2004). *Teaching the Fundamentals of Cell Phones and Wireless Communications* : Mark Davids Rick Forrest and Don.

Patterson, C. H.(1971). *An introduction to counseling in the school.* New York: Harper and Row Publisher.

Peters, R. S.(1966). *Ethics and Education.* London: Georoge Allen and unwin.

Piaget, J.(1970). *Science of Education and the Psychology of the Child.* New York: Grossman Publishers, Inc.

Pintrich, P. R., & Schunk, D. H.(2002). *Motivation in education: Theory, research, and application(2nd ed.). Upper Saddle River*, New York: Prentice Hall.

Reedle F. & Wattenberg W. W.(1974). *Mental Hygien in Teaching.* New York: McGraw-Hill Book Co.

Reigeluth, C. M.(Ed.)(1999). *Instructional design theories and models*(Vol. II). Lawrence Erlbaum Associates.

Saettler, P.(1990). *The evolution of American educational technology.* Englewood, CO: Libraries Unlimited.

Schmidt, J. J.(1994). *Counseling in School: Essential services andcomprehensive program*(3rd ed). Boston: Allen & Bacon.

___________(2000). 학교상담(노안영 역). 서울: 학지사(원전은 1999년에 출판).

Schneider, Barbara(2000). Social System and Norms : *A Coleman ApprochIn Hallinan*, 2000. 365-385.

Schultz, T. W.(1977). Investment in human capital. In Karabel and A. H. Halsey(eds), *Power and Ideologyl in Education.* New York: OxfordUniversity Press.

Schunk, D. H.(2000). *Learning theories: An educational perspective*(3rd ed.). Columbus, OH: Merrill/Prentice-Hall.

Sciscoe, M.(1990). The termination of therapy.(Unpublished manuscript). In M. Young, *Counseling methods and techniques.* New York: Merrill.

Seels, B. B. & Richey, R. C.(1994). *Instructional Technology : The definition and domains of the field.* Washington, D, C.: AECT.

Smith B. O., Stanley W. O., Shores J. H.(1957). *Fundamentals of Curriculum Development.* New York: World Book. Yonkeks-on-Harcourt, Brace and World.

Smith(1970). *The troubled campus: current issues in higher education.* San Francisco: Jossey-Bass.

Snelbecker, G.(1974). *Learning theory, instructional Theory, and psychoeducational design.* New York: McGraw Hill.

Stenhouse, Lawrence(1975). *An Introduction to Curriculum Research and*

Development. London: Heinemann Educational Books, Ltd.

Sternberg. R. & Lubart. T.(1996). *Defying the crowd: Cultivating creativity in a culture of conformity*. New York: Free Press.

Stipek, D.(1996). Motivation and instruction. In D. Berliner & R. Calfee(Eds.), *Handbook of educational psychology*(pp. 85-113). New York: Macmillan.

Strang, R.(1960). *Helping your gifted child.* NY: Dutton.

Thorndike, E.(1969). *Educational psychology*. New York: Arno Press.

Toffler, A. 저 · 이규행 역(1992). 미래쇼크. 서울: 한국경제신문사.

Tyler, R.(1949). *Basic Principles of Curriculum and Instruction.* Chicago: universityof Chicago Press.

Vygotsky, L. S.(1978). *Mind in society: The development of higher mental process.* MA: Harvard Univeristy Press.

Wayne K. Hoy & Cecil G. Miskel(2005). *Educational Administration: Theory, Research, and Practice*, 7th ed(N.Y.: McGraw-Hill,Inc)

Weiner, B.(1980). *Human motivation.* New York: Holt, Rinehart and Winston.

Wilkinson, G. L.(1980). *Media in instruction: 60 years of research.* Washington, D.C.: Association for Educational Communications and Technology.

William B. Stanly 편저 · 사회과교육 연구 모임 역(2005). 21세기 사회과교육 연구의 핵심 쟁점들. 서울: 교육과학사.

찾아보기

기타

저자소개

▪ 안길훈(安吉薰)

국립순천대학교 대학원 교육학 박사
전) 삼성그룹 인력개발과장, 순천대학교 교육대학원 외래교수
현) 중등학교 교사
저서) 교육학개론(공저, 동문사, 2015),
한국의 기업교육 사례연구(공저, 박영사, 1998)

▪ 정수애(丁秀愛)

국립순천대학교 대학원 교육학 전공 박사 수료
현) 여수시청 공무원
저서) 교육학개론(공저, 동문사, 2015)

▪ 권경애(權敬愛)

국립순천대학교 대학원 교육학 전공 박사 수료
현) 고용노동부여수지청 순천고용복지+센터 공무원
저서) 교육학개론(공저, 동문사, 2015)

▪ 엄재춘(嚴在春)

국립순천대학교 대학원 교육학 전공 교육학 박사
현) 한울고등학교 전문상담교사, 참심리상담센터 부소장
저서) 교육학개론(공저, 동문사, 2015)
교육학의 이해(공저, 정민사, 2018)
학교폭력예방의 이론과 실제(공저, 교육과학사, 2016)
에니어그램과 행복(공저, 한국에니어그램연구소, 2014)

▪ 김회엽(金會葉)

국립순천대학교 대학원 교육학 전공 박사 수료
전) 순천대학교 외래교수
현) 전라남도여수교육지원청, 한국지역사회교육문화 · 연구소 부소장
저서) 교육학개론(공저, 동문사, 2015), 교육심리학(공저, 동문사, 2016)
교육철학 및 교육사(공저, 정민사, 2017)
인간과 교육(공저, 정민사, 2017)
교육학의 이해(공저, 정민사, 2018)

▪ 조혜영(曺惠永)

국립순천대학교 대학원 교육학 전공 박사 수료
전) 순천대학교 외래교수, 인력개발원 학생상담실 전임상담원
현) 참성장심리상담연구소 소장
저서) 교육학개론(공저, 동문사, 2015)
교육심리학(공저, 동문사, 2016)
교육철학 및 교육사(공저, 정민사, 2017)
인간과 교육(공저, 정민사, 2017)
교육학의 이해(공저, 정민사, 2018)

저자소개

· 조남미(趙南美)

국립순천대학교 대학원 교육학 전공 박사 수료
전) 순천대학교 교육대학원 외래교수
현) 중등학교 수석교사, (사)행복가교(행복을 가르치는 교사들의 모임) 이사
저서) 교육학개론(공저, 동문사, 2015)

· 조영옥(曺英玉)

국립순천대학교 대학원 교육학 전공 박사 수료
전) 청암대학교 학생생활연구소 전문상담원, 순천대학교, 순천제일대학교 외래교수
현) 마음산책 심리상담연구소 소장, 청암대학교 외래교수
저서) 교육학개론(공저, 동문사, 2015)
교육심리학(공저, 동문사, 2016)

· 전상준(田尙準)

국립순천대학교 대학원 교육학 전공 박사 수료
전) 중등학교 교사, 순천대학교 교육대학원, 한영대학 외래교수
현) 청암대학교 외래교수, 한국지역사회교육문화 · 연구소 소장
저서) 교육학개론(공저, 동문사, 2015), 교육심리학(공저, 동문사, 2016)
교육철학 및 교육사(공저, 정민사, 2017)
인간과 교육(공저, 정민사, 2017)
교육학의 이해(공저, 정민사, 2018)

· 신봉호(申鳳浩)

국립순천대학교 대학원 교육학 전공 교육학 박사
현) 중등학교 교장, 순천대학교 겸임교수, 한국상담평가학회, 전남미래교육연구회 이사
저서) 교육학개론(공저, 동문사, 2015)
교육심리학(공저, 동문사, 2016)
교육철학 및 교육사(공저, 정민사, 2017)
인간과 교육(공저, 정민사, 2017)
교육학의 이해(공저, 정민사, 2018)
학부모와 함께 하는 학교교육(공저, 전라남도교육연구정보원, 2013)

교육학개론

초판 1쇄 발행 / 2019년 1월 25일
초판 1쇄 인쇄 / 2019년 1월 30일

•

공저자 / 안길훈 · 정수애 · 권경애 · 엄재춘 · 김회엽
조혜영 · 조남미 · 조영옥 · 전상준 · 신봉호
발행인 / 이 중 수
발행처 / **동 문 사**

•

서울특별시 서대문구 홍제원 1길 12
(홍제동 137-8)
Tel : 02)736-3718(대), 736-3710, 3720
Fax : 02)736-3719
등록번호 : 제9-17호
가격 : 21,000원

•

ISBN : 979-11-6328-045-3(93370)
E-mail : dong736@naver.com
www.dongmunsa.com